Statistiques de l'OCDE STAN pour l'analyse structurelle 2014

Cet ouvrage est publié sous la responsabilité du Secrétaire général de l'OCDE. Les opinions et les interprétations exprimées ne reflètent pas nécessairement les vues officielles des pays membres de l'OCDE.

Ce document et toute carte qu'il peut comprendre sont sans préjudice du statut de tout territoire, de la souveraineté s'exerçant sur ce dernier, du tracé des frontières et limites internationales, et du nom de tout territoire, ville ou région.

Merci de citer cet ouvrage comme suit :
OCDE (2015), *Statistiques de l'OCDE STAN pour l'analyse structurelle* 2014, Éditions OCDE.
http://dx.doi.org/10.1787/stan-2014-fr

ISBN 978-92-64-22678-4 (imprimé)
ISBN 978-92-64-22679-1 (PDF)

Annuel : Statistiques de l'OCDE STAN pour l'analyse structurelle
ISSN 2225-2177 (imprimé)
ISSN 2225-2185 (en ligne)

Les données statistiques concernant Israël sont fournies par et sous la responsabilité des autorités israéliennes compétentes. L'utilisation de ces données par l'OCDE est sans préjudice du statut des hauteurs du Golan, de Jérusalem-Est et des colonies de peuplement israéliennes en Cisjordanie aux termes du droit international.

Les corrigenda des publications de l'OCDE sont disponibles sur : *www.oecd.org/about/publishing/corrigenda.htm*.

Table des matières

Guide de l'utilisateur 5

Tableaux par pays

Autriche 8
Belgique 14
République tchèque 20
Danemark 26
Finlande 32
France 38
Allemagne 43
Hongrie 49
Italie 55
Corée 61
Pays-Bas 65
Norvège 71
Slovénie 77
Suède 83
États-Unis 89

Guide de l'utilisateur

Présentation et contenu

Cette publication contient les données conformes à la CITI Rev. 4 pour 15 économies de l'OCDE.

Les données pour l'Australie, le Canada, l'Espagne, l'Estonie, la Grèce, l'Irlande, l'Islande, l'Israël, le Japon, le Luxembourg, le Mexique, la Nouvelle-Zélande, la Pologne, le Portugal, la République slovaque, le Royaume-Uni, la Suède et la Suisse sont disponibles dans la classification précédente, CITI Rev. 3 seulement et ne sont pas incluses dans cette publication. Les données pour ces pays seront disponibles dans les prochains mois selon la classification CITI Rev. 4.

Selon la version de CITI utilisée, les données sont disponibles dans ces deux bases de données :

- OECD (2013), « STAN Industrie Rév. 4 », Statistiques de l'OCDE STAN pour l'analyse structurelle (base de données), *http://dx.doi.org/10.1787/data-00649-fr*.
- OECD (2011), « STAN Industrie Rév. 3, 2008 », *Statistiques de l'OCDE STAN pour l'analyse structurelle* (base de données), *http://dx.doi.org/10.1787/data-00029-fr*.

Signes et abréviations

..	Non disponible
.	Point décimal
n.c.a.	non classé ailleurs

Sources et méthodes :

- Liste des secteurs économiques couverts (PDF) : *http://www.oecd.org/sti/ind/2stan-indlist.pdf* (en anglais).
- Liste des variables (PDF) : *http://www.oecd.org/industry/ind/STAN_var_list_EN.pdf* (en anglais).
- Table de couverture (XLS) : *http://www.oecd.org/sti/ind/STAN_coverage_EN.XLS* (en anglais).
- Notes par pays (PDF) : *http://www.oecd.org/sti/ind/STAN_Country_Notes_EN.pdf* (en anglais).

Nous contacter

- Veuillez contacter *oecdilibrary@oecd.org* pour plus d'informations.

Classification

- La Classification internationale type par industrie (CITI) Rév. 4 est disponible en ligne *http://unstats.un.org/unsd/cr/registry/isic-4.asp*.

Classification CITI Rév. 4

Section	Divisions	Description
A	**01-03**	**AGRICULTURE, SYLVICULTURE ET PÊCHE**
B	**05-09**	**ACTIVITÉS EXTRACTIVES**
C	**10-33**	**ACTIVITÉS DE FABRICATION**
	10-12	Fabrication de produits alimentaires, de boissons et de produits à base de tabac
	13-15	Fabrication de textiles, d'articles d'habillement, de cuir et d'articles de cuir
	16-18	Production de d'articles en bois et en papier; imprimerie et reproduction de supports enregistrés
	19-23	Fabrication de produits chimiques, pétroliers raffinés, en caoutchouc et en matières plastiques, et d'autres produits minéraux non métalliques
	20-21	Fabrication de produits chimique et pharmaceutiques
	22-23	Fabrication d'articles en caoutchouc et en matières plastiques et d'autres produits minéraux non métalliques
	24-25	Fabrication de produits métallurgiques de base et d'ouvrages en métaux (sauf machines et matériel)
	241+2431	Sidérurgie et première transformation de l'acier et fonderie de métaux ferreux
	242+2432	Métallurgie et première transformation des métaux précieux et des métaux non ferreux et fonderie de métaux non ferreux
	26-28	
	26	Fabrication d'ordinateurs, d'articles électroniques et optiques
	262	Fabrication d'ordinateurs et de matériel périphérique
	27	Fabrication de matériels électriques
	28	Fabrication de machines et de matériel, n.c.a.
	29-30	
	29	Construction de véhicules automobiles, de remorques et semi-remorques
	30	Fabrication d'autres matériels de transport
	31-33	Fabrication de meubles; autres activités de fabrication; réparation et installation de machines et de matériel
	31-32	Fabrication de meubles et autres activités de fabrication
	33	Réparation et installation de machines et de matériel
D+E	**35-39**	
D	35	Production et distribution d'électricité, de gaz, de vapeur et climatisation
E	36-39	Distribution d'eau; réseau d'assainissement; gestion des déchets et activités de remise en état
F	**41-43**	**CONSTRUCTION**
G-I	45-56	
G	**45-47**	**Commerce de gros et de détail, réparations de véhicules automobiles et de motocycles**
H	**49-53**	**Transports et entreposage**
I	**55-56**	**Activités d'hébergement et de restauration**
J	**58-63**	**Information et communication**
	58-60	Activités d'édition; de production de films cinématographiques et vidéo, de programmes de télévision, d'enregistrements sonores et d'édition musicale; de programmation et de diffusion
	61	Télécommunications
	62-63	Programmation informatique; conseils et activités connexes et activités de services d'information
K	**64-66**	**Activités financières et d'assurances**
L-N	**68-82**	
L	68	Activités immobilières
M+N	69-82	
M	69-75	Activités professionnelles, scientifiques et techniques
	69-71	Activités juridiques et comptables; de bureaux principaux; activités de conseils en matière de gestion; d'architecture et d'ingénierie; activités d'essais et d'analyses techniques
	73-75	Publicité et études de marché; autres activités professionnelles, scientifiques et techniques
N	77-82	Activités de services administratifs et d'appui
O-U	84-99	
O-Q	84-88	
O	**84**	**Administration publique et défense; sécurité sociale obligatoire**
P	**85**	**Éducation**
Q	**86-88**	**Santé et activités d'action sociale**
R-U	90-99	
R	**90-93**	**Arts, spectacles et loisirs**
S	**94-96**	**Autres activités de services**
T	**97-98**	**Activités des ménages privés employant du personnel domestique; activités non différenciées de production de biens et de services des ménages privés pour usage propre**
B-E	**05-39**	**INDUSTRIES MANUFACTURIÈRES ET ÉNERGIE**
	24-33x	**Industrie du métal; réparation**
G-U	**45-99**	**TOTAL SERVICES**
G-N	**45-82**	**SERVICES DU SECTEUR DES ENTREPRISES**
	45-82x	**SERVICES DU SECTEUR DES ENTREPRISES sauf activités immobilières**
	05-82x	**SECTEUR DES ENTREPRISES NON-AGRICOLES sauf activités immobilières**
	ENERGYP	**Activités génératrices d'énergie**

Statistiques de l'OCDE STAN pour l'analyse structurelle 2014

Tableaux par pays

AUTRICHE

Tableau 1. Production brute, prix courants

CITI Rév. 4

Millions EUR

		2004	2005	2006	2007	2008	2009	2010	2011
	TOTAL	**422 558**	**449 984**	**485 668**	**518 711**	**549 477**	**521 664**	**547 783**	**584 993**
01-03	**AGRICULTURE, SYLVICULTURE ET PÊCHE**	**7 713**	**7 294**	**7 818**	**8 836**	**8 996**	**8 008**	**8 789**	**10 018**
05-09	**INDUSTRIES EXTRACTIVES**	**1 589**	**1 759**	**2 025**	**2 066**	**2 440**	**2 108**	**2 266**	**2 457**
10-33	**ACTIVITÉS DE FABRICATION**	**118 590**	**126 211**	**138 369**	**151 431**	**159 044**	**137 253**	**151 555**	**168 667**
10-12	Produits alimentaires, boissons et tabac	13 673	14 038	14 900	16 030	17 402	16 738	17 348	18 992
13-15	Textiles, habillement, cuir et articles de cuir	3 680	3 399	3 446	3 331	3 252	2 752	3 094	3 015
16-18	Bois, papier, imprimerie et reproduction de supports enregistrés	14 194	14 460	15 734	16 909	16 782	14 679	16 256	17 083
19-23	Produits chimiques, caoutchouc, plastique, minéraux	20 366	22 401	25 032	27 378	29 696	25 806	32 994	37 007
20-21	Produits chimiques et pharmaceutiques	7 273	8 031	8 987	10 439	11 121	10 648	16 504	17 661
22-23	Produits en caoutchouc et en plastique, autres produits minéraux	9 716	10 101	11 184	11 921	12 471	10 940	11 353	12 321
24-25	Produits métalliques de base et ouvrages en métaux	18 540	21 496	24 463	27 379	28 933	23 916	23 580	27 342
241x2431	Métaux ferreux	..	..	..	..	..	..	..	..
242x2432	Métaux non ferreux	..	..	..	..	..	..	..	..
26-28	Machines et matériel	24 781	26 350	29 023	32 521	34 704	29 846	30 947	34 519
26	Ordinateurs, articles électroniques et optiques	6 787	6 890	7 239	5 546	5 395	4 710	5 202	5 234
262	Fabrication d'ordinateurs et d'équipements périphériques	..	..	..	..	..	..	..	..
27	Équipements électriques	5 693	6 065	6 676	9 610	10 402	9 678	9 665	10 155
28	Machines et équipements n.c.a.	12 302	13 395	15 108	17 365	18 907	15 458	16 080	19 130
29-30	Matériel de transport	16 227	16 622	18 043	18 836	17 392	12 776	14 959	17 020
29	Automobiles, remorques et semi-remorques	13 973	14 584	15 842	16 361	14 367	10 221	12 303	14 226
30	Autres matériels de transport	2 253	2 038	2 200	2 475	3 025	2 555	2 657	2 795
31-33	Meubles ; réparation et installation de machines et de matériel	7 128	7 445	7 728	9 046	10 883	10 740	12 378	13 688
31-32	Meubles, autres activités manufacturières	5 253	5 301	5 630	6 037	7 064	7 059	7 203	8 805
33	Réparation et installation de machines et d'équipements	1 875	2 144	2 099	3 009	3 819	3 681	5 175	4 883
35-39	**ÉLECTRICITÉ, GAZ, EAU ET TRAITEMENT DES DÉCHETS**	**20 095**	**22 540**	**27 149**	**28 917**	**34 441**	**35 113**	**36 711**	**41 704**
35	Production et distribution d'électricité, de gaz, de vapeur et d'air conditionné	15 334	17 623	21 914	23 252	28 321	29 065	30 216	34 682
36-39	Distribution d'eau ; assainissement, gestion des déchets et dépollution	4 761	4 916	5 235	5 665	6 120	6 048	6 495	7 022
41-43	**CONSTRUCTION**	**33 408**	**34 910**	**37 226**	**40 828**	**45 492**	**44 183**	**43 935**	**47 312**
45-56	commerce, transports, hébergement et restauration	84 853	89 888	95 534	100 365	104 169	101 179	104 662	108 799
45-47	**Commerce de gros et de détail ; réparations automobiles et motocycles**	**47 155**	**49 606**	**52 470**	**55 114**	**56 459**	**55 225**	**57 567**	**59 592**
49-53	**Transports et entreposage**	**22 064**	**23 879**	**25 569**	**26 972**	**28 283**	**26 164**	**26 790**	**27 888**
55-56	**Activités d'hébergement et de restauration**	**15 635**	**16 404**	**17 494**	**18 279**	**19 427**	**19 790**	**20 305**	**21 319**
58-63	**Information et communication**	**17 515**	**17 990**	**18 445**	**18 857**	**19 180**	**18 954**	**19 043**	**19 058**
58-60	Édition, audiovisuel et diffusion	4 058	4 181	4 360	4 530	4 788	4 700	4 861	4 962
61	Télécommunications	7 418	7 497	7 521	7 453	7 339	7 003	6 738	6 451
62-63	Technologies de l'information et informatique	6 040	6 312	6 564	6 874	7 053	7 252	7 443	7 646
64-66	**Activités financières et d'assurance**	**19 573**	**21 453**	**23 472**	**24 913**	**24 993**	**22 390**	**23 839**	**24 857**
68-82	**Immobilier, locations et activités de services aux entreprises**	**58 424**	**64 462**	**69 093**	**73 139**	**77 042**	**76 474**	**79 392**	**82 693**
68	Activités immobilières	28 116	30 635	31 956	32 999	33 756	34 608	36 289	37 961
69-82	Activ. spécialis., scient., tech. ; serv. admin. et de soutien	30 307	33 827	37 137	40 140	43 286	41 866	43 102	44 732
69-75	Activités professionnelles, scientifiques et techniques	19 128	21 382	22 946	24 955	26 496	25 687	26 201	27 032
69-71	Activités juridiques et comptables, d'architecture et d'ingénierie	12 762	14 533	16 273	18 070	19 341	18 975	19 275	19 886
73-75	Autres activités professionnelles, scientifiques et techniques	5 691	6 133	6 001	6 084	5 960	5 506	5 648	5 886
77-82	Activités de services administratifs et de soutien	11 179	12 445	14 191	15 185	16 790	16 179	16 901	17 699
84-99	Services collectifs, sociaux et personnels	60 797	63 477	66 537	69 360	73 680	76 001	77 591	79 427
84-88	Administration publique, enseignement, santé humaine et action social	51 530	53 738	56 417	58 770	62 506	64 586	65 943	67 552
84	**Administration publique et défense ; sécurité sociale obligatoire**	**18 467**	**19 232**	**20 110**	**20 670**	**22 264**	**22 717**	**22 891**	**23 065**
85	**Éducation**	**13 289**	**13 857**	**14 558**	**15 212**	**16 126**	**16 932**	**17 412**	**17 720**
86-88	**Santé humaine et action sociale**	**19 774**	**20 649**	**21 749**	**22 888**	**24 115**	**24 937**	**25 641**	**26 767**
90-99	Autres activités de services	9 267	9 739	10 121	10 589	11 174	11 415	11 648	11 875
90-93	**Arts, spectacles et loisirs**	**3 655**	**3 976**	**4 136**	**4 438**	**4 877**	**4 898**	**4 997**	**5 143**
94-96	**Autres activités de services**	**5 537**	**5 687**	**5 906**	**6 070**	**6 213**	**6 426**	**6 555**	**6 625**
97-98	**Activités des ménages en tant qu'employeurs et pour usage propre**	**75**	**76**	**78**	**81**	**84**	**91**	**96**	**107**
99	**Activités extra-territoriales**	..	..	..	..	..	..	..	..
05-39	**INDUSTRIES MANUFACTURIÈRES ET ÉNERGIE**	**140 274**	**150 509**	**167 543**	**182 413**	**195 925**	**174 474**	**190 533**	**212 827**
24-33x	**Industrie du métal ; réparation**	**61 423**	**66 612**	**73 627**	**81 746**	**84 849**	**70 219**	**74 661**	**83 765**
45-99	**TOTAL SERVICES**	**241 163**	**257 270**	**273 081**	**286 634**	**299 064**	**294 999**	**304 526**	**314 835**
45-82	**SERVICES DU SECTEUR DES ENTREPRISES**	**180 366**	**193 793**	**206 543**	**217 274**	**225 384**	**218 998**	**226 935**	**235 408**
45-82x	**SERVICES DU SECTEUR DES ENTREPRISES sauf activités immobilières**	**152 249**	**163 158**	**174 588**	**184 275**	**191 628**	**184 390**	**190 645**	**197 447**
05-82x	**SECTEUR DES ENTREPRISES NON-AGRICOLES sauf activités immobilières**	**325 931**	**348 577**	**379 357**	**407 516**	**433 045**	**403 047**	**425 113**	**457 586**
ENERGYP	**Activités génératrices d'énergie**	**19 290**	**22 622**	**27 688**	**29 188**	**35 685**	**34 295**	**36 493**	**43 054**

.. Non disponible

Note : Voir les métadonnées détaillées sur : http://metalinks.oecd.org/stan/20141219/5503.

Informations sur les données concernant Israël : http://oe.cd/israel-disclaimer.

Responsabilité : http://oe.cd/disclaimer

Tableau 2. Valeur ajoutée, prix courants

CITI Rév. 4

Millions EUR

		2004	2005	2006	2007	2008	2009	2010	2011
	TOTAL	**211 849**	**221 074**	**234 591**	**248 118**	**256 193**	**249 617**	**259 029**	**272 532**
01-03	**AGRICULTURE, SYLVICULTURE ET PÊCHE**	**3 663**	**3 303**	**3 600**	**4 141**	**4 050**	**3 405**	**3 847**	**4 494**
05-09	**INDUSTRIES EXTRACTIVES**	**904**	**985**	**1 055**	**981**	**1 342**	**1 078**	**1 194**	**1 389**
10-33	**ACTIVITÉS DE FABRICATION**	**40 303**	**42 477**	**45 671**	**49 454**	**48 786**	**44 408**	**47 583**	**50 925**
10-12	Produits alimentaires, boissons et tabac	4 462	4 409	4 477	4 890	4 668	4 948	5 127	5 108
13-15	Textiles, habillement, cuir et articles de cuir	1 270	1 189	1 214	1 164	1 080	982	1 042	966
16-18	Bois, papier, imprimerie et reproduction de supports enregistrés	4 832	4 740	5 054	5 310	4 975	4 650	5 053	5 200
19-23	Produits chimiques, caoutchouc, plastique, minéraux	7 468	8 118	8 636	9 663	9 007	8 709	9 458	10 313
20-21	Produits chimiques et pharmaceutiques	2 680	3 208	3 582	4 375	4 051	4 164	4 877	5 516
22-23	Produits en caoutchouc et en plastique, autres produits minéraux	4 063	4 184	4 505	4 768	4 513	4 030	4 214	4 489
24-25	Produits métalliques de base et ouvrages en métaux	6 733	7 371	8 214	8 826	8 725	7 711	7 243	8 505
241x2431	Métaux ferreux	..	..	..	..	..	..	..	..
242x2432	Métaux non ferreux	..	..	..	..	..	..	..	..
26-28	Machines et matériel	9 252	9 799	10 724	11 439	12 047	10 576	11 581	12 313
26	Ordinateurs, articles électroniques et optiques	2 647	2 919	3 143	2 189	2 118	1 913	2 081	2 035
262	Fabrication d'ordinateurs et d'équipements périphériques	..	..	..	..	..	..	..	..
27	Équipements électriques	2 086	2 071	2 278	3 381	3 739	3 400	3 957	3 901
28	Machines et équipements n.c.a.	4 519	4 809	5 304	5 869	6 189	5 264	5 544	6 378
29-30	Matériel de transport	3 257	3 640	4 012	4 240	4 158	3 218	3 601	4 038
29	Automobiles, remorques et semi-remorques	2 777	3 188	3 338	3 494	3 277	2 560	2 825	3 234
30	Autres matériels de transport	479	452	674	746	881	658	776	804
31-33	Meubles ; réparation et installation de machines et de matériel	3 029	3 211	3 340	3 923	4 125	3 615	4 477	4 482
31-32	Meubles, autres activités manufacturières	2 239	2 286	2 423	2 621	2 527	2 192	2 425	2 562
33	Réparation et installation de machines et d'équipements	790	925	918	1 302	1 598	1 424	2 052	1 920
35-39	**ÉLECTRICITÉ, GAZ, EAU ET TRAITEMENT DES DÉCHETS**	**7 227**	**7 291**	**7 710**	**7 814**	**8 121**	**8 630**	**8 211**	**9 062**
35	Production et distribution d'électricité, de gaz, de vapeur et d'air conditionné	4 727	4 821	5 106	5 076	5 436	5 914	5 468	6 082
36-39	Distribution d'eau ; assainissement, gestion des déchets et dépollution	2 501	2 469	2 604	2 738	2 685	2 716	2 743	2 980
41-43	**CONSTRUCTION**	**15 672**	**15 926**	**16 254**	**17 608**	**18 314**	**17 523**	**17 444**	**18 499**
45-56	commerce, transports, hébergement et restauration	48 162	49 192	52 494	55 184	57 307	56 247	58 055	61 080
45-47	**Commerce de gros et de détail ; réparations automobiles et motocycles**	**27 093**	**28 425**	**30 483**	**31 999**	**32 952**	**32 150**	**33 665**	**34 911**
49-53	**Transports et entreposage**	**11 527**	**10 671**	**11 171**	**11 882**	**12 275**	**11 785**	**11 796**	**12 819**
55-56	**Activités d'hébergement et de restauration**	**9 542**	**10 095**	**10 839**	**11 303**	**12 080**	**12 313**	**12 594**	**13 350**
58-63	**Information et communication**	**7 585**	**7 915**	**8 083**	**8 168**	**8 346**	**8 154**	**8 312**	**8 278**
58-60	Édition, audiovisuel et diffusion	1 625	1 705	1 696	1 729	1 746	1 676	1 714	1 747
61	Télécommunications	3 059	3 091	3 153	3 113	3 074	2 953	2 998	2 847
62-63	Technologies de l'information et informatique	2 901	3 119	3 234	3 326	3 526	3 525	3 600	3 684
64-66	**Activités financières et d'assurance**	**11 046**	**11 622**	**12 777**	**13 666**	**13 916**	**12 066**	**13 142**	**13 876**
68-82	**Immobilier, locations et activités de services aux entreprises**	**35 454**	**38 635**	**41 114**	**43 426**	**45 789**	**45 838**	**47 802**	**50 093**
68	Activités immobilières	19 128	20 895	21 900	22 521	23 035	23 760	24 750	26 050
69-82	Activ. spécialis., scient., tech. ; serv. admin. et de soutien	16 326	17 739	19 214	20 905	22 755	22 078	23 051	24 043
69-75	Activités professionnelles, scientifiques et techniques	9 059	9 812	10 333	11 055	12 031	11 905	12 255	12 642
69-71	Activités juridiques et comptables, d'architecture et d'ingénierie	7 019	7 642	8 306	9 011	9 709	9 712	10 048	10 398
73-75	Autres activités professionnelles, scientifiques et techniques	1 693	1 797	1 747	1 705	1 793	1 685	1 709	1 744
77-82	Activités de services administratifs et de soutien	7 267	7 927	8 881	9 849	10 724	10 173	10 796	11 401
84-99	Services collectifs, sociaux et personnels	41 832	43 730	45 834	47 677	50 220	52 267	53 439	54 836
84-88	Administration publique, enseignement, santé humaine et action social	36 061	37 603	39 558	41 029	43 233	44 979	45 976	47 219
84	**Administration publique et défense ; sécurité sociale obligatoire**	**12 334**	**12 832**	**13 439**	**13 721**	**14 466**	**15 106**	**15 393**	**15 545**
85	**Éducation**	**11 069**	**11 560**	**12 137**	**12 695**	**13 396**	**14 104**	**14 514**	**14 774**
86-88	**Santé humaine et action sociale**	**12 658**	**13 210**	**13 982**	**14 613**	**15 371**	**15 768**	**16 069**	**16 900**
90-99	Autres activités de services	5 771	6 127	6 276	6 648	6 987	7 288	7 462	7 617
90-93	**Arts, spectacles et loisirs**	**2 349**	**2 615**	**2 675**	**2 904**	**3 142**	**3 222**	**3 282**	**3 374**
94-96	**Autres activités de services**	**3 347**	**3 436**	**3 523**	**3 663**	**3 760**	**3 975**	**4 084**	**4 136**
97-98	**Activités des ménages en tant qu'employeurs et pour usage propre**	**75**	**76**	**78**	**81**	**84**	**91**	**96**	**107**
99	**Activités extra-territoriales**	..	..	..	..	..	..	..	..
05-39	**INDUSTRIES MANUFACTURIÈRES ET ÉNERGIE**	**48 434**	**50 752**	**54 436**	**58 249**	**58 249**	**54 116**	**56 988**	**61 376**
24-33x	**Industrie du métal ; réparation**	**20 031**	**21 734**	**23 868**	**25 807**	**26 528**	**22 928**	**24 478**	**26 777**
45-99	**TOTAL SERVICES**	**144 080**	**151 092**	**160 302**	**168 120**	**175 579**	**174 572**	**180 749**	**188 163**
45-82	**SERVICES DU SECTEUR DES ENTREPRISES**	**102 248**	**107 363**	**114 468**	**120 443**	**125 359**	**122 305**	**127 311**	**133 327**
45-82x	**SERVICES DU SECTEUR DES ENTREPRISES sauf activités immobilières**	**83 120**	**86 467**	**92 568**	**97 922**	**102 324**	**98 545**	**102 560**	**107 277**
05-82x	**SECTEUR DES ENTREPRISES NON-AGRICOLES sauf activités immobilières**	**147 226**	**153 146**	**163 257**	**173 779**	**178 888**	**170 185**	**176 993**	**187 152**
ENERGYP	**Activités génératrices d'énergie**	**5 901**	**6 081**	**6 260**	**6 156**	**6 770**	**7 058**	**6 577**	**7 353**

.. Non disponible

Note : Voir les métadonnées détaillées sur : http://metalinks.oecd.org/stan/20141219/5503.

Informations sur les données concernant Israël : http://oe.cd/israel-disclaimer.

Responsabilité : http://oe.cd/disclaimer

Tableau 3. Valeur ajoutée, volumes

CITI Rév. 4

Millions 2005 EUR

		2004	2005	2006	2007	2008	2009	2010	2011
	TOTAL	**215 538**	**221 074**	**229 956**	**238 713**	**242 615**	**232 469**	**237 502**	**244 963**
01-03	**AGRICULTURE, SYLVICULTURE ET PÊCHE**	**3 355**	**3 303**	**3 274**	**3 552**	**3 760**	**3 514**	**3 364**	**3 878**
05-09	**INDUSTRIES EXTRACTIVES**	**946**	**985**	**976**	**954**	**1 150**	**1 096**	**1 067**	**1 030**
10-33	**ACTIVITÉS DE FABRICATION**	**40 506**	**42 477**	**45 768**	**49 580**	**49 925**	**43 449**	**46 582**	**50 546**
10-12	Produits alimentaires, boissons et tabac	4 575	4 409	4 517	5 286	4 979	4 365	4 654	4 921
13-15	Textiles, habillement, cuir et articles de cuir	1 289	1 189	1 248	1 207	1 098	954	1 053	959
16-18	Bois, papier, imprimerie et reproduction de supports enregistrés	4 745	4 740	5 205	5 517	5 120	4 809	5 163	5 288
19-23	Produits chimiques, caoutchouc, plastique, minéraux	7 120	8 118	8 601	9 563	9 511	10 011	10 194	11 147
20-21	Produits chimiques et pharmaceutiques	2 606	3 208	3 340	4 061	3 604	3 928	4 368	4 786
22-23	Produits en caoutchouc et en plastique, autres produits minéraux	4 125	4 184	4 438	4 509	4 266	3 568	3 634	3 822
24-25	Produits métalliques de base et ouvrages en métaux	7 021	7 371	7 930	8 249	8 146	6 664	6 453	7 207
241x2431	Métaux ferreux	..	..	..	..	..	..	..	..
242x2432	Métaux non ferreux	..	..	..	..	..	..	..	..
26-28	Machines et matériel	9 457	9 799	10 873	11 489	12 486	10 249	11 474	12 616
26	Ordinateurs, articles électroniques et optiques	2 755	2 919	3 035	2 269	2 311	2 094	2 302	2 311
262	Fabrication d'ordinateurs et d'équipements périphériques	..	..	..	..	..	..	..	..
27	Équipements électriques	2 086	2 071	2 229	3 308	3 870	3 241	3 878	4 066
28	Machines et équipements n.c.a.	4 613	4 809	5 609	5 925	6 305	4 929	5 308	6 221
29-30	Matériel de transport	3 264	3 640	4 039	4 357	4 521	3 055	3 416	3 991
29	Automobiles, remorques et semi-remorques	2 802	3 188	3 292	3 496	3 487	2 332	2 593	3 122
30	Autres matériels de transport	458	452	746	868	1 064	747	854	885
31-33	Meubles ; réparation et installation de machines et de matériel	3 074	3 211	3 356	3 917	4 043	3 370	4 179	4 400
31-32	Meubles, autres activités manufacturières	2 284	2 286	2 427	2 626	2 523	2 088	2 382	2 752
33	Réparation et installation de machines et d'équipements	792	925	928	1 293	1 521	1 281	1 785	1 663
35-39	**ÉLECTRICITÉ, GAZ, EAU ET TRAITEMENT DES DÉCHETS**	**7 689**	**7 291**	**6 968**	**6 538**	**6 333**	**6 657**	**6 439**	**6 966**
35	Production et distribution d'électricité, de gaz, de vapeur et d'air conditionné	5 093	4 821	4 567	4 141	4 022	4 407	4 183	4 577
36-39	Distribution d'eau ; assainissement, gestion des déchets et dépollution	2 597	2 469	2 401	2 401	2 314	2 224	2 238	2 367
41-43	**CONSTRUCTION**	**15 862**	**15 926**	**15 710**	**16 263**	**16 085**	**14 534**	**14 168**	**14 664**
45-56	commerce, transports, hébergement et restauration	48 683	49 192	51 204	52 461	52 314	51 022	51 502	52 132
45-47	**Commerce de gros et de détail ; réparations automobiles et motocycles**	**27 649**	**28 425**	**29 601**	**30 174**	**29 527**	**29 441**	**29 844**	**30 220**
49-53	**Transports et entreposage**	**11 175**	**10 671**	**11 183**	**11 613**	**11 720**	**10 635**	**10 556**	**10 664**
55-56	**Activités d'hébergement et de restauration**	**9 825**	**10 095**	**10 420**	**10 679**	**11 078**	**10 909**	**11 066**	**11 212**
58-63	**Information et communication**	**7 356**	**7 915**	**8 290**	**8 544**	**8 566**	**8 230**	**8 152**	**8 080**
58-60	Édition, audiovisuel et diffusion	1 641	1 705	1 765	1 827	1 777	1 596	1 503	1 502
61	Télécommunications	2 804	3 091	3 321	3 468	3 408	3 326	3 282	3 132
62-63	Technologies de l'information et informatique	2 918	3 119	3 204	3 253	3 371	3 300	3 356	3 415
64-66	**Activités financières et d'assurance**	**11 222**	**11 622**	**12 628**	**13 644**	**14 308**	**14 636**	**15 427**	**15 640**
68-82	**Immobilier, locations et activités de services aux entreprises**	**37 016**	**38 635**	**40 410**	**41 852**	**43 667**	**42 342**	**43 751**	**44 784**
68	Activités immobilières	20 446	20 895	21 428	21 740	22 385	22 145	22 720	23 300
69-82	Activ. spécialis., scient., tech. ; serv. admin. et de soutien	16 592	17 739	18 982	20 117	21 285	20 216	21 049	21 503
69-75	Activités professionnelles, scientifiques et techniques	9 232	9 812	10 125	10 473	10 868	10 507	10 768	10 902
69-71	Activités juridiques et comptables, d'architecture et d'ingénierie	7 138	7 642	8 165	8 555	8 781	8 534	8 755	8 869
73-75	Autres activités professionnelles, scientifiques et techniques	1 740	1 797	1 688	1 597	1 603	1 515	1 569	1 603
77-82	Activités de services administratifs et de soutien	7 360	7 927	8 857	9 648	10 429	9 707	10 292	10 621
84-99	Services collectifs, sociaux et personnels	42 921	43 730	44 729	45 430	46 661	46 757	47 178	47 455
84-88	Administration publique, enseignement, santé humaine et action social	36 896	37 603	38 584	39 063	40 180	40 269	40 605	40 883
84	**Administration publique et défense ; sécurité sociale obligatoire**	**12 611**	**12 832**	**13 098**	**13 024**	**13 341**	**13 423**	**13 448**	**13 349**
85	**Éducation**	**11 349**	**11 560**	**11 852**	**12 103**	**12 445**	**12 599**	**12 785**	**12 840**
86-88	**Santé humaine et action sociale**	**12 935**	**13 210**	**13 634**	**13 935**	**14 394**	**14 245**	**14 371**	**14 698**
90-99	Autres activités de services	6 026	6 127	6 145	6 368	6 482	6 488	6 573	6 572
90-93	**Arts, spectacles et loisirs**	**2 554**	**2 615**	**2 627**	**2 782**	**2 911**	**2 850**	**2 879**	**2 879**
94-96	**Autres activités de services**	**3 395**	**3 436**	**3 441**	**3 510**	**3 497**	**3 562**	**3 617**	**3 609**
97-98	**Activités des ménages en tant qu'employeurs et pour usage propre**	**76**	**76**	**76**	**77**	**75**	**77**	**78**	**84**
99	**Activités extra-territoriales**	..	..	..	..	..	..	..	..
05-39	**INDUSTRIES MANUFACTURIÈRES ET ÉNERGIE**	**49 107**	**50 752**	**53 712**	**56 972**	**57 266**	**51 392**	**54 137**	**58 583**
24-33x	**Industrie du métal ; réparation**	**20 527**	**21 734**	**23 770**	**25 378**	**26 628**	**21 262**	**23 080**	**25 405**
45-99	**TOTAL SERVICES**	**147 199**	**151 092**	**157 261**	**161 922**	**165 491**	**162 937**	**165 831**	**167 904**
45-82	**SERVICES DU SECTEUR DES ENTREPRISES**	**104 280**	**107 363**	**112 532**	**116 496**	**118 831**	**116 165**	**118 663**	**120 476**
45-82x	**SERVICES DU SECTEUR DES ENTREPRISES sauf activités immobilières**	**83 843**	**86 467**	**91 104**	**94 759**	**96 447**	**94 029**	**95 950**	**97 180**
05-82x	**SECTEUR DES ENTREPRISES NON-AGRICOLES sauf activités immobilières**	**148 811**	**153 146**	**160 525**	**167 989**	**169 780**	**159 998**	**164 194**	**170 321**
ENERGYP	**Activités génératrices d'énergie**	**5 957**	**6 081**	**5 911**	**5 575**	**6 220**	**7 467**	**6 714**	**7 411**

.. Non disponible

Note : Voir les métadonnées détaillées sur : http://metalinks.oecd.org/stan/20141219/5503.

Informations sur les données concernant Israël : http://oe.cd/israel-disclaimer.

Responsabilité : http://oe.cd/disclaimer

Tableau 4. Formation brute de capital fixe, prix courants

CITI Rév. 4

Millions EUR

		2004	2005	2006	2007	2008	2009	2010	2011
	TOTAL	**52 302**	**53 738**	**55 216**	**58 772**	**61 145**	**57 149**	**58 779**	**64 451**
01-03	**AGRICULTURE, SYLVICULTURE ET PÊCHE**	**1 663**	**1 773**	**1 686**	**1 954**	**2 236**	**2 247**	**2 184**	**2 370**
05-09	**INDUSTRIES EXTRACTIVES**	**184**	**259**	**319**	**413**	**525**	**424**	**349**	**454**
10-33	**ACTIVITÉS DE FABRICATION**	**5 746**	**5 548**	**6 550**	**6 935**	**7 050**	**6 217**	**6 113**	**6 987**
10-12	Produits alimentaires, boissons et tabac	758	603	681	630	729	662	694	745
13-15	Textiles, habillement, cuir et articles de cuir	100	91	93	89	100	71	77	88
16-18	Bois, papier, imprimerie et reproduction de supports enregistrés	794	704	901	889	771	675	648	665
19-23	Produits chimiques, caoutchouc, plastique, minéraux	1 246	1 232	1 418	1 794	1 856	1 345	1 550	1 797
20-21	Produits chimiques et pharmaceutiques	465	347	475	707	809	600	702	798
22-23	Produits en caoutchouc et en plastique, autres produits minéraux	588	693	850	782	815	598	636	726
24-25	Produits métalliques de base et ouvrages en métaux	952	1 074	1 395	1 547	1 518	1 490	1 213	1 374
241x2431	Métaux ferreux	..	..	..	..	..	..	..	..
242x2432	Métaux non ferreux	..	..	..	..	..	..	..	..
26-28	Machines et matériel	1 047	1 069	1 272	1 253	1 295	1 177	1 187	1 411
26	Ordinateurs, articles électroniques et optiques	314	300	372	321	255	203	227	258
262	Fabrication d'ordinateurs et d'équipements périphériques	..	..	..	..	..	..	..	..
27	Équipements électriques	211	288	314	327	406	413	508	587
28	Machines et équipements n.c.a.	522	481	586	606	633	561	452	566
29-30	Matériel de transport	569	511	491	399	497	459	426	535
29	Automobiles, remorques et semi-remorques	528	472	431	326	413	415	375	475
30	Autres matériels de transport	40	39	60	73	84	44	51	59
31-33	Meubles ; réparation et installation de machines et de matériel	281	263	298	334	285	337	318	371
31-32	Meubles, autres activités manufacturières	217	202	223	210	217	195	210	255
33	Réparation et installation de machines et d'équipements	64	62	75	124	68	143	108	116
35-39	**ÉLECTRICITÉ, GAZ, EAU ET TRAITEMENT DES DÉCHETS**	**2 454**	**2 693**	**2 946**	**2 684**	**2 854**	**3 074**	**3 217**	**3 891**
35	Production et distribution d'électricité, de gaz, de vapeur et d'air conditionné	1 220	1 567	1 850	1 565	1 814	2 258	2 092	2 601
36-39	Distribution d'eau ; assainissement, gestion des déchets et dépollution	1 234	1 126	1 097	1 120	1 039	815	1 125	1 290
41-43	**CONSTRUCTION**	**1 868**	**1 728**	**1 705**	**1 528**	**1 265**	**1 184**	**1 368**	**1 581**
45-56	commerce, transports, hébergement et restauration	9 813	9 905	9 057	10 322	10 414	9 679	10 536	11 687
45-47	**Commerce de gros et de détail ; réparations automobiles et motocycles**	**2 697**	**2 753**	**2 848**	**2 943**	**3 011**	**2 651**	**2 794**	**2 957**
49-53	**Transports et entreposage**	**6 082**	**6 022**	**5 063**	**6 229**	**6 231**	**5 871**	**6 697**	**7 602**
55-56	**Activités d'hébergement et de restauration**	**1 035**	**1 130**	**1 146**	**1 150**	**1 172**	**1 157**	**1 045**	**1 129**
58-63	**Information et communication**	**2 059**	**1 903**	**2 002**	**2 052**	**2 171**	**2 017**	**2 160**	**2 356**
58-60	Édition, audiovisuel et diffusion	290	42	221	224	308	260	306	304
61	Télécommunications	1 193	1 271	1 288	1 242	1 383	1 259	1 318	1 495
62-63	Technologies de l'information et informatique	576	590	493	586	480	497	536	557
64-66	**Activités financières et d'assurance**	**1 700**	**1 648**	**1 571**	**1 448**	**1 427**	**1 496**	**1 621**	**1 818**
68-82	**Immobilier, locations et activités de services aux entreprises**	**21 910**	**23 164**	**24 284**	**26 106**	**27 410**	**24 756**	**25 255**	**27 427**
68	Activités immobilières	15 950	17 344	17 928	19 123	20 080	19 369	19 644	21 211
69-82	Activ. spécialis., scient., tech. ; serv. admin. et de soutien	5 961	5 820	6 356	6 983	7 330	5 388	5 612	6 216
69-75	Activités professionnelles, scientifiques et techniques	1 049	1 234	1 302	1 419	1 705	1 220	1 310	1 418
69-71	Activités juridiques et comptables, d'architecture et d'ingénierie	717	904	1 026	1 145	1 434	972	1 033	1 128
73-75	Autres activités professionnelles, scientifiques et techniques	199	172	190	181	152	137	149	158
77-82	Activités de services administratifs et de soutien	4 911	4 585	5 054	5 563	5 624	4 168	4 301	4 798
84-99	Services collectifs, sociaux et personnels	4 904	5 118	5 097	5 331	5 794	6 055	5 975	5 880
84-88	Administration publique, enseignement, santé humaine et action social	3 956	4 165	4 076	4 294	4 673	4 906	4 861	4 738
84	**Administration publique et défense ; sécurité sociale obligatoire**	**1 743**	**1 844**	**1 864**	**1 890**	**2 047**	**1 950**	**1 757**	**1 609**
85	**Éducation**	**606**	**600**	**577**	**580**	**656**	**751**	**823**	**812**
86-88	**Santé humaine et action sociale**	**1 607**	**1 721**	**1 635**	**1 823**	**1 971**	**2 206**	**2 280**	**2 317**
90-99	Autres activités de services	948	952	1 021	1 038	1 121	1 148	1 115	1 142
90-93	**Arts, spectacles et loisirs**	**468**	**496**	**540**	**551**	**573**	**618**	**585**	**589**
94-96	**Autres activités de services**	**480**	**457**	**481**	**487**	**548**	**531**	**530**	**554**
97-98	**Activités des ménages en tant qu'employeurs et pour usage propre**	**0**	**0**	**0**	**0**	**0**	**0**	**0**	**0**
99	**Activités extra-territoriales**	..	..	..	..	..	..	..	..
05-39	**INDUSTRIES MANUFACTURIÈRES ET ÉNERGIE**	**8 385**	**8 500**	**9 815**	**10 032**	**10 429**	**9 715**	**9 679**	**11 332**
24-33x	**Industrie du métal ; réparation**	**2 632**	**2 716**	**3 233**	**3 323**	**3 378**	**3 269**	**2 934**	**3 436**
45-99	**TOTAL SERVICES**	**40 386**	**41 737**	**42 010**	**45 259**	**47 215**	**44 003**	**45 548**	**49 167**
45-82	**SERVICES DU SECTEUR DES ENTREPRISES**	**35 483**	**36 619**	**36 913**	**39 927**	**41 421**	**37 948**	**39 573**	**43 287**
45-82x	**SERVICES DU SECTEUR DES ENTREPRISES sauf activités immobilières**	**19 533**	**19 275**	**18 985**	**20 805**	**21 341**	**18 580**	**19 929**	**22 076**
05-82x	**SECTEUR DES ENTREPRISES NON-AGRICOLES sauf activités immobilières**	**29 785**	**29 503**	**30 504**	**32 364**	**33 035**	**29 479**	**30 976**	**34 989**
ENERGYP	**Activités génératrices d'énergie**	**1 494**	**1 886**	**2 146**	**2 148**	**2 449**	**2 734**	**2 558**	**3 228**

.. Non disponible

Note : Voir les métadonnées détaillées sur : http://metalinks.oecd.org/stan/20141219/5503.

Informations sur les données concernant Israël : http://oe.cd/israel-disclaimer.

Responsabilité : http://oe.cd/disclaimer

Tableau 5. Nombre de personnes engagées, emploi total

CITI Rév. 4

Milliers

		2004	2005	2006	2007	2008	2009	2010	2011
	TOTAL	**3 958**	**4 008**	**4 075**	**4 151**	**4 240**	**4 202**	**4 230**	**4 304**
01-03	**AGRICULTURE, SYLVICULTURE ET PÊCHE**	**269**	**268**	**260**	**258**	**255**	**249**	**243**	**244**
05-09	**INDUSTRIES EXTRACTIVES**	**7**	**6**	**6**	**6**	**7**	**6**	**6**	**6**
10-33	**ACTIVITÉS DE FABRICATION**	**623**	**625**	**627**	**639**	**647**	**620**	**613**	**621**
10-12	Produits alimentaires, boissons et tabac	84	82	82	83	81	81	81	80
13-15	Textiles, habillement, cuir et articles de cuir	31	28	27	26	24	22	21	21
16-18	Bois, papier, imprimerie et reproduction de supports enregistrés	73	73	73	75	73	68	67	66
19-23	Produits chimiques, caoutchouc, plastique, minéraux	93	92	93	95	95	92	91	93
20-21	Produits chimiques et pharmaceutiques	27	27	28	29	28	28	29	30
22-23	Produits en caoutchouc et en plastique, autres produits minéraux	64	64	64	65	65	62	61	62
24-25	Produits métalliques de base et ouvrages en métaux	103	105	107	108	111	107	105	107
241x2431	Métaux ferreux	..	..	..	..	..	..	..	..
242x2432	Métaux non ferreux	..	..	..	..	..	..	..	..
26-28	Machines et matériel	131	133	135	137	143	139	133	138
26	Ordinateurs, articles électroniques et optiques	31	31	32	24	25	25	21	21
262	Fabrication d'ordinateurs et d'équipements périphériques	..	..	..	..	..	..	..	..
27	Équipements électriques	32	32	32	41	43	42	41	42
28	Machines et équipements n.c.a.	68	70	70	72	75	73	71	74
29-30	Matériel de transport	40	40	41	41	42	38	36	38
29	Automobiles, remorques et semi-remorques	34	34	34	34	34	31	29	31
30	Autres matériels de transport	6	6	7	7	8	7	7	7
31-33	Meubles ; réparation et installation de machines et de matériel	68	70	70	74	76	74	78	77
31-32	Meubles, autres activités manufacturières	55	53	53	52	53	51	50	49
33	Réparation et installation de machines et d'équipements	13	17	17	22	23	23	28	28
35-39	**ÉLECTRICITÉ, GAZ, EAU ET TRAITEMENT DES DÉCHETS**	**47**	**47**	**46**	**47**	**48**	**49**	**50**	**50**
35	Production et distribution d'électricité, de gaz, de vapeur et d'air conditionné	27	27	26	27	27	28	28	28
36-39	Distribution d'eau ; assainissement, gestion des déchets et dépollution	19	19	20	20	21	21	21	22
41-43	**CONSTRUCTION**	**270**	**270**	**273**	**282**	**291**	**291**	**293**	**299**
45-56	commerce, transports, hébergement et restauration	1 060	1 065	1 083	1 098	1 121	1 109	1 114	1 140
45-47	**Commerce de gros et de détail ; réparations automobiles et motocycles**	**608**	**610**	**619**	**628**	**637**	**628**	**631**	**646**
49-53	**Transports et entreposage**	**214**	**214**	**216**	**217**	**220**	**215**	**212**	**213**
55-56	**Activités d'hébergement et de restauration**	**238**	**241**	**248**	**253**	**264**	**266**	**271**	**280**
58-63	**Information et communication**	**95**	**95**	**96**	**99**	**101**	**100**	**103**	**105**
58-60	Édition, audiovisuel et diffusion	24	25	25	26	26	26	26	27
61	Télécommunications	20	20	19	19	19	18	17	17
62-63	Technologies de l'information et informatique	51	51	52	54	56	57	59	62
64-66	**Activités financières et d'assurance**	**122**	**126**	**128**	**130**	**133**	**132**	**133**	**132**
68-82	**Immobilier, locations et activités de services aux entreprises**	**419**	**440**	**463**	**482**	**502**	**491**	**509**	**529**
68	Activités immobilières	56	60	61	62	64	64	65	67
69-82	Activ. spécialis., scient., tech. ; serv. admin. et de soutien	363	381	402	420	438	427	444	462
69-75	Activités professionnelles, scientifiques et techniques	203	210	214	223	227	231	237	241
69-71	Activités juridiques et comptables, d'architecture et d'ingénierie	140	145	153	161	163	168	171	173
73-75	Autres activités professionnelles, scientifiques et techniques	53	54	50	50	51	50	52	54
77-82	Activités de services administratifs et de soutien	160	171	188	197	210	196	206	220
84-99	Services collectifs, sociaux et personnels	1 046	1 066	1 092	1 109	1 136	1 154	1 167	1 179
84-88	Administration publique, enseignement, santé humaine et action social	862	878	904	916	938	952	964	973
84	**Administration publique et défense ; sécurité sociale obligatoire**	**257**	**261**	**265**	**259**	**262**	**263**	**263**	**262**
85	**Éducation**	**241**	**246**	**254**	**258**	**268**	**271**	**275**	**276**
86-88	**Santé humaine et action sociale**	**364**	**371**	**385**	**399**	**408**	**418**	**425**	**434**
90-99	Autres activités de services	184	187	188	193	198	202	204	206
90-93	**Arts, spectacles et loisirs**	**57**	**60**	**62**	**65**	**67**	**69**	**67**	**67**
94-96	**Autres activités de services**	**117**	**117**	**116**	**118**	**120**	**122**	**126**	**128**
97-98	**Activités des ménages en tant qu'employeurs et pour usage propre**	**10**	**11**	**10**	**11**	**11**	**11**	**11**	**12**
99	**Activités extra-territoriales**	..	..	..	..	..	..	..	..
05-39	**INDUSTRIES MANUFACTURIÈRES ET ÉNERGIE**	**677**	**678**	**679**	**693**	**702**	**676**	**669**	**677**
24-33x	**Industrie du métal ; réparation**	**287**	**296**	**299**	**309**	**320**	**307**	**302**	**310**
45-99	**TOTAL SERVICES**	**2 743**	**2 792**	**2 863**	**2 919**	**2 993**	**2 986**	**3 025**	**3 084**
45-82	**SERVICES DU SECTEUR DES ENTREPRISES**	**1 696**	**1 726**	**1 771**	**1 810**	**1 857**	**1 832**	**1 858**	**1 906**
45-82x	**SERVICES DU SECTEUR DES ENTREPRISES sauf activités immobilières**	**1 640**	**1 667**	**1 709**	**1 748**	**1 793**	**1 768**	**1 793**	**1 839**
05-82x	**SECTEUR DES ENTREPRISES NON-AGRICOLES sauf activités immobilières**	**2 586**	**2 614**	**2 661**	**2 722**	**2 786**	**2 735**	**2 754**	**2 815**
ENERGYP	**Activités génératrices d'énergie**	**30**	**30**	**29**	**30**	**30**	**31**	**31**	**31**

.. Non disponible

Note : Voir les métadonnées détaillées sur : http://metalinks.oecd.org/stan/20141219/5503.

Informations sur les données concernant Israël : http://oe.cd/israel-disclaimer.

Responsabilité : http://oe.cd/disclaimer

Tableau 6. Coûts de la main-d'oeuvre (rémunération des salariés), prix courants

CITI Rév. 4

Millions EUR

		2004	2005	2006	2007	2008	2009	2010	2011
	TOTAL	**115 356**	**119 524**	**125 134**	**131 536**	**138 470**	**139 693**	**142 609**	**148 178**
01-03	**AGRICULTURE, SYLVICULTURE ET PÊCHE**	**473**	**481**	**483**	**537**	**527**	**536**	**571**	**627**
05-09	**INDUSTRIES EXTRACTIVES**	**295**	**294**	**294**	**319**	**326**	**340**	**347**	**361**
10-33	**ACTIVITÉS DE FABRICATION**	**23 231**	**23 972**	**24 951**	**26 423**	**28 139**	**27 309**	**27 538**	**28 730**
10-12	Produits alimentaires, boissons et tabac	2 405	2 411	2 484	2 623	2 642	2 635	2 689	2 751
13-15	Textiles, habillement, cuir et articles de cuir	794	756	738	716	721	660	659	667
16-18	Bois, papier, imprimerie et reproduction de supports enregistrés	2 506	2 577	2 680	2 816	2 919	2 740	2 708	2 775
19-23	Produits chimiques, caoutchouc, plastique, minéraux	3 907	3 963	4 122	4 356	4 575	4 419	4 563	4 760
20-21	Produits chimiques et pharmaceutiques	1 278	1 315	1 353	1 468	1 562	1 540	1 659	1 744
22-23	Produits en caoutchouc et en plastique, autres produits minéraux	2 448	2 474	2 594	2 711	2 824	2 698	2 726	2 855
24-25	Produits métalliques de base et ouvrages en métaux	3 792	3 978	4 229	4 462	4 898	4 823	4 724	5 000
241x2431	Métaux ferreux	..	..	..	..	..	..	..	..
242x2432	Métaux non ferreux	..	..	..	..	..	..	..	..
26-28	Machines et matériel	6 049	6 308	6 573	6 866	7 527	7 367	7 209	7 642
26	Ordinateurs, articles électroniques et optiques	1 838	1 865	1 942	1 356	1 389	1 388	1 154	1 213
262	Fabrication d'ordinateurs et d'équipements périphériques	..	..	..	..	..	..	..	..
27	Équipements électriques	1 369	1 445	1 455	2 077	2 344	2 280	2 297	2 394
28	Machines et équipements n.c.a.	2 842	2 998	3 176	3 433	3 795	3 699	3 758	4 034
29-30	Matériel de transport	1 763	1 816	1 931	2 061	2 186	2 015	2 005	2 089
29	Automobiles, remorques et semi-remorques	1 386	1 445	1 522	1 609	1 666	1 524	1 531	1 604
30	Autres matériels de transport	377	371	409	452	520	491	474	485
31-33	Meubles ; réparation et installation de machines et de matériel	2 015	2 163	2 195	2 523	2 670	2 650	2 981	3 047
31-32	Meubles, autres activités manufacturières	1 411	1 364	1 401	1 484	1 533	1 504	1 499	1 516
33	Réparation et installation de machines et d'équipements	604	799	794	1 040	1 137	1 146	1 482	1 531
35-39	**ÉLECTRICITÉ, GAZ, EAU ET TRAITEMENT DES DÉCHETS**	**2 552**	**2 557**	**2 566**	**2 739**	**2 873**	**2 990**	**2 968**	**3 042**
35	Production et distribution d'électricité, de gaz, de vapeur et d'air conditionné	1 860	1 845	1 828	1 942	2 025	2 069	2 032	2 103
36-39	Distribution d'eau ; assainissement, gestion des déchets et dépollution	692	713	738	797	847	921	936	939
41-43	**CONSTRUCTION**	**8 680**	**8 736**	**9 143**	**9 573**	**9 878**	**10 077**	**10 100**	**10 581**
45-56	commerce, transports, hébergement et restauration	25 553	26 391	27 745	28 912	30 394	30 374	30 822	32 297
45-47	**Commerce de gros et de détail ; réparations automobiles et motocycles**	**15 276**	**15 528**	**16 390**	**17 105**	**17 924**	**18 002**	**18 387**	**19 290**
49-53	**Transports et entreposage**	**6 789**	**7 161**	**7 488**	**7 748**	**8 174**	**8 025**	**7 949**	**8 280**
55-56	**Activités d'hébergement et de restauration**	**3 488**	**3 702**	**3 867**	**4 059**	**4 296**	**4 346**	**4 486**	**4 728**
58-63	**Information et communication**	**3 947**	**3 957**	**4 160**	**4 306**	**4 476**	**4 522**	**4 560**	**4 913**
58-60	Édition, audiovisuel et diffusion	928	967	1 018	1 041	1 085	1 083	1 062	1 182
61	Télécommunications	1 066	1 018	1 051	1 073	1 079	1 036	1 028	1 039
62-63	Technologies de l'information et informatique	1 953	1 973	2 092	2 192	2 313	2 403	2 470	2 692
64-66	**Activités financières et d'assurance**	**6 626**	**6 884**	**7 296**	**7 563**	**7 932**	**7 852**	**8 027**	**8 088**
68-82	**Immobilier, locations et activités de services aux entreprises**	**10 161**	**10 917**	**11 668**	**12 777**	**13 687**	**13 472**	**14 271**	**15 110**
68	Activités immobilières	1 343	1 477	1 413	1 566	1 644	1 666	1 741	1 868
69-82	Activ. spécialis., scient., tech. ; serv. admin. et de soutien	8 818	9 440	10 255	11 211	12 043	11 806	12 530	13 241
69-75	Activités professionnelles, scientifiques et techniques	5 234	5 503	5 800	6 389	6 757	6 915	7 224	7 486
69-71	Activités juridiques et comptables, d'architecture et d'ingénierie	3 973	4 160	4 515	5 071	5 314	5 469	5 717	5 884
73-75	Autres activités professionnelles, scientifiques et techniques	925	961	891	876	892	870	890	979
77-82	Activités de services administratifs et de soutien	3 584	3 937	4 454	4 821	5 286	4 892	5 306	5 755
84-99	Services collectifs, sociaux et personnels	33 837	35 334	36 829	38 387	40 238	42 221	43 406	44 430
84-88	Administration publique, enseignement, santé humaine et action social	30 342	31 704	33 099	34 502	36 183	37 875	38 918	39 794
84	**Administration publique et défense ; sécurité sociale obligatoire**	**10 404**	**10 866**	**11 424**	**11 638**	**12 131**	**12 593**	**12 805**	**12 926**
85	**Éducation**	**9 788**	**10 280**	**10 726**	**11 213**	**11 902**	**12 609**	**13 001**	**13 254**
86-88	**Santé humaine et action sociale**	**10 151**	**10 557**	**10 949**	**11 651**	**12 150**	**12 672**	**13 111**	**13 614**
90-99	Autres activités de services	3 495	3 630	3 730	3 885	4 055	4 347	4 488	4 636
90-93	**Arts, spectacles et loisirs**	**1 316**	**1 411**	**1 488**	**1 592**	**1 671**	**1 807**	**1 891**	**1 977**
94-96	**Autres activités de services**	**2 104**	**2 143**	**2 163**	**2 211**	**2 300**	**2 449**	**2 501**	**2 552**
97-98	**Activités des ménages en tant qu'employeurs et pour usage propre**	**75**	**76**	**78**	**81**	**84**	**91**	**96**	**107**
99	**Activités extra-territoriales**	..	..	..	..	..	..	..	..
05-39	**INDUSTRIES MANUFACTURIÈRES ET ÉNERGIE**	**26 079**	**26 824**	**27 811**	**29 481**	**31 337**	**30 639**	**30 853**	**32 133**
24-33x	**Industrie du métal ; réparation**	**12 208**	**12 900**	**13 527**	**14 428**	**15 748**	**15 351**	**15 420**	**16 261**
45-99	**TOTAL SERVICES**	**80 124**	**83 483**	**87 697**	**91 945**	**96 727**	**98 442**	**101 085**	**104 838**
45-82	**SERVICES DU SECTEUR DES ENTREPRISES**	**46 287**	**48 150**	**50 869**	**53 558**	**56 490**	**56 220**	**57 679**	**60 408**
45-82x	**SERVICES DU SECTEUR DES ENTREPRISES sauf activités immobilières**	**44 944**	**46 672**	**49 455**	**51 991**	**54 845**	**54 555**	**55 938**	**58 539**
05-82x	**SECTEUR DES ENTREPRISES NON-AGRICOLES sauf activités immobilières**	**79 702**	**82 232**	**86 410**	**91 045**	**96 060**	**95 270**	**96 891**	**101 253**
ENERGYP	**Activités génératrices d'énergie**	**2 138**	**2 115**	**2 094**	**2 220**	**2 330**	**2 373**	**2 336**	**2 399**

.. Non disponible

Note : Voir les métadonnées détaillées sur : http://metalinks.oecd.org/stan/20141219/5503.

Informations sur les données concernant Israël : http://oe.cd/israel-disclaimer.

Responsabilité : http://oe.cd/disclaimer

BELGIQUE

Tableau 1. Production brute, prix courants

CITI Rév. 4

Millions EUR

		2004	2005	2006	2007	2008	2009	2010	2011
	TOTAL	**600 478**	**631 092**	**677 631**	**715 764**	**752 181**	**694 088**	**746 705**	**795 539**
01-03	**AGRICULTURE, SYLVICULTURE ET PÊCHE**	**6 966**	**6 344**	**6 773**	**7 114**	**7 332**	**6 820**	**7 631**	**7 854**
05-09	**INDUSTRIES EXTRACTIVES**	**782**	**734**	**845**	**905**	**1 005**	**934**	**978**	**1 185**
10-33	**ACTIVITÉS DE FABRICATION**	**177 694**	**184 094**	**203 238**	**215 181**	**222 545**	**176 115**	**198 876**	**219 516**
10-12	Produits alimentaires, boissons et tabac	26 583	26 062	26 995	29 612	32 504	31 826	32 685	35 342
13-15	Textiles, habillement, cuir et articles de cuir	7 876	6 910	7 311	7 448	6 637	5 256	5 648	5 901
16-18	Bois, papier, imprimerie et reproduction de supports enregistrés	10 439	10 256	10 814	11 657	11 358	10 005	10 527	11 313
19-23	Produits chimiques, caoutchouc, plastique, minéraux	59 489	68 096	76 778	80 689	88 407	65 327	79 162	89 074
20-21	Produits chimiques et pharmaceutiques	31 451	32 454	34 484	36 369	39 517	30 774	36 221	38 690
22-23	Produits en caoutchouc et en plastique, autres produits minéraux	12 144	12 006	12 978	13 642	13 898	11 875	12 544	14 071
24-25	Produits métalliques de base et ouvrages en métaux	28 470	30 277	36 335	39 819	38 455	27 620	33 057	36 972
241x2431	Métaux ferreux	..	..	..	..	..	..	..	..
242x2432	Métaux non ferreux	..	..	..	..	..	..	..	..
26-28	Machines et matériel	16 528	15 694	16 665	17 677	18 059	14 610	15 135	16 464
26	Ordinateurs, articles électroniques et optiques	4 302	3 734	3 800	4 124	3 750	3 305	3 559	3 581
262	Fabrication d'ordinateurs et d'équipements périphériques	205	199	200	224	264	345	..	..
27	Équipements électriques	4 093	3 868	4 211	3 606	3 961	3 731	3 506	3 900
28	Machines et équipements n.c.a.	8 134	8 093	8 655	9 947	10 348	7 574	8 070	8 984
29-30	Matériel de transport	23 326	22 085	23 654	23 422	21 994	16 245	17 096	18 647
29	Automobiles, remorques et semi-remorques	21 807	20 700	22 261	21 892	20 411	14 801	15 657	17 154
30	Autres matériels de transport	1 520	1 385	1 393	1 530	1 583	1 444	1 439	1 493
31-33	Meubles ; réparation et installation de machines et de matériel	4 984	4 714	4 686	4 856	5 132	5 227	5 567	5 803
31-32	Meubles, autres activités manufacturières	3 577	3 322	3 339	3 593	3 785	3 429	3 606	3 746
33	Réparation et installation de machines et d'équipements	1 407	1 392	1 347	1 264	1 347	1 798	1 961	2 057
35-39	**ÉLECTRICITÉ, GAZ, EAU ET TRAITEMENT DES DÉCHETS**	**14 837**	**15 777**	**18 063**	**18 933**	**20 404**	**20 459**	**22 580**	**24 311**
35	Production et distribution d'électricité, de gaz, de vapeur et d'air conditionné	9 046	9 295	10 662	10 994	12 124	12 842	13 736	14 766
36-39	Distribution d'eau ; assainissement, gestion des déchets et dépollution	5 791	6 482	7 401	7 939	8 280	7 617	8 844	9 545
41-43	**CONSTRUCTION**	**42 200**	**44 663**	**51 163**	**54 501**	**59 712**	**59 564**	**62 250**	**66 648**
45-56	commerce, transports, hébergement et restauration	124 028	132 681	137 304	144 884	151 445	137 653	149 285	159 014
45-47	**Commerce de gros et de détail ; réparations automobiles et motocycles**	**73 891**	**77 362**	**78 771**	**82 599**	**84 482**	**77 662**	**84 964**	**89 452**
49-53	**Transports et entreposage**	**39 255**	**44 030**	**46 695**	**49 692**	**53 693**	**46 949**	**50 490**	**54 968**
55-56	**Activités d'hébergement et de restauration**	**10 881**	**11 289**	**11 839**	**12 594**	**13 270**	**13 043**	**13 831**	**14 594**
58-63	**Information et communication**	**22 990**	**22 947**	**24 283**	**25 192**	**26 261**	**26 624**	**27 060**	**27 891**
58-60	Édition, audiovisuel et diffusion	5 600	5 433	5 578	5 747	5 997	5 863	6 253	6 352
61	Télécommunications	10 372	10 513	10 817	10 604	10 848	10 842	10 611	10 567
62-63	Technologies de l'information et informatique	7 018	7 001	7 888	8 841	9 416	9 918	10 196	10 972
64-66	**Activités financières et d'assurance**	**32 665**	**34 436**	**36 712**	**38 367**	**39 555**	**40 576**	**43 680**	**43 924**
68-82	**Immobilier, locations et activités de services aux entreprises**	**94 613**	**101 565**	**107 409**	**114 571**	**121 488**	**118 092**	**122 690**	**128 428**
68	Activités immobilières	31 679	32 792	34 193	35 247	37 044	36 982	38 249	39 570
69-82	Activ. spécialis., scient., tech. ; serv. admin. et de soutien	62 934	68 774	73 216	79 325	84 444	81 110	84 442	88 858
69-75	Activités professionnelles, scientifiques et techniques	42 602	46 471	50 002	53 414	57 540	55 738	57 053	59 396
69-71	Activités juridiques et comptables, d'architecture et d'ingénierie	32 906	36 026	39 280	42 419	45 939	45 244	46 370	48 022
73-75	Autres activités professionnelles, scientifiques et techniques	8 169	8 738	8 991	9 266	9 740	8 510	8 860	9 476
77-82	Activités de services administratifs et de soutien	20 332	22 303	23 214	25 911	26 904	25 373	27 389	29 462
84-99	Services collectifs, sociaux et personnels	83 704	87 851	91 840	96 117	102 435	107 252	111 675	116 770
84-88	Administration publique, enseignement, santé humaine et action social	73 370	77 013	80 611	84 300	89 876	94 182	97 686	102 110
84	**Administration publique et défense ; sécurité sociale obligatoire**	**25 529**	**26 950**	**28 315**	**29 287**	**30 926**	**32 142**	**32 809**	**33 798**
85	**Éducation**	**19 042**	**19 886**	**20 822**	**21 826**	**23 334**	**24 239**	**25 189**	**26 399**
86-88	**Santé humaine et action sociale**	**28 799**	**30 177**	**31 473**	**33 187**	**35 616**	**37 801**	**39 688**	**41 913**
90-99	Autres activités de services	10 334	10 839	11 230	11 817	12 559	13 070	13 989	14 660
90-93	**Arts, spectacles et loisirs**	**3 820**	**4 035**	**4 313**	**4 666**	**4 893**	**4 286**	**4 498**	**4 757**
94-96	**Autres activités de services**	**5 859**	**6 159**	**6 336**	**6 621**	**7 148**	**8 289**	**9 043**	**9 458**
97-98	**Activités des ménages en tant qu'employeurs et pour usage propre**	**655**	**644**	**581**	**530**	**519**	**496**	**448**	**445**
99	**Activités extra-territoriales**	..	..	..	..	..	..	..	..
05-39	**INDUSTRIES MANUFACTURIÈRES ET ÉNERGIE**	**193 313**	**200 606**	**222 147**	**235 018**	**243 954**	**197 507**	**222 434**	**245 012**
24-33x	**Industrie du métal ; réparation**	**69 730**	**69 448**	**78 002**	**82 182**	**79 855**	**60 272**	**67 249**	**74 139**
45-99	**TOTAL SERVICES**	**358 000**	**379 479**	**397 548**	**419 131**	**441 183**	**430 197**	**454 390**	**476 026**
45-82	**SERVICES DU SECTEUR DES ENTREPRISES**	**274 296**	**291 628**	**305 708**	**323 014**	**338 748**	**322 945**	**342 715**	**359 256**
45-82x	**SERVICES DU SECTEUR DES ENTREPRISES sauf activités immobilières**	**242 617**	**258 837**	**271 515**	**287 767**	**301 704**	**285 963**	**304 466**	**319 686**
05-82x	**SECTEUR DES ENTREPRISES NON-AGRICOLES sauf activités immobilières**	**478 129**	**504 106**	**544 825**	**577 286**	**605 370**	**543 034**	**589 150**	**631 346**
ENERGYP	**Activités génératrices d'énergie**	**24 940**	**32 932**	**39 978**	**41 672**	**47 116**	**35 520**	..	..

.. Non disponible

Note : Voir les métadonnées détaillées sur : http://metalinks.oecd.org/stan/20141219/5503.

Informations sur les données concernant Israël : http://oe.cd/israel-disclaimer.

Responsabilité : http://oe.cd/disclaimer

Tableau 2. Valeur ajoutée, prix courants

CITI Rév. 4

Millions EUR

		2004	2005	2006	2007	2008	2009	2010	2011
	TOTAL	**259 623**	**270 430**	**284 138**	**299 309**	**309 670**	**304 807**	**317 850**	**330 588**
01-03	**AGRICULTURE, SYLVICULTURE ET PÊCHE**	**2 729**	**2 106**	**2 418**	**2 488**	**2 077**	**2 050**	**2 455**	**2 319**
05-09	**INDUSTRIES EXTRACTIVES**	**308**	**321**	**363**	**328**	**339**	**312**	**308**	**344**
10-33	**ACTIVITÉS DE FABRICATION**	**43 907**	**44 960**	**45 969**	**47 449**	**46 315**	**40 868**	**43 751**	**45 603**
10-12	Produits alimentaires, boissons et tabac	6 228	6 214	6 190	6 433	6 548	6 929	6 616	6 710
13-15	Textiles, habillement, cuir et articles de cuir	2 066	1 946	1 943	1 967	1 701	1 484	1 502	1 457
16-18	Bois, papier, imprimerie et reproduction de supports enregistrés	3 294	3 242	3 321	3 439	3 274	2 973	2 884	3 003
19-23	Produits chimiques, caoutchouc, plastique, minéraux	14 231	15 216	15 393	15 605	15 364	13 529	15 624	16 047
20-21	Produits chimiques et pharmaceutiques	8 534	9 162	9 299	9 250	9 247	8 867	10 348	10 698
22-23	Produits en caoutchouc et en plastique, autres produits minéraux	4 109	4 157	4 297	4 442	4 420	3 992	3 927	4 270
24-25	Produits métalliques de base et ouvrages en métaux	7 216	7 228	7 554	8 506	7 808	5 949	6 486	7 470
241x2431	Métaux ferreux	..	..	..	..	..	..	..	..
242x2432	Métaux non ferreux	..	..	..	..	..	..	..	..
26-28	Machines et matériel	5 339	5 592	6 064	6 145	6 273	5 238	5 586	5 914
26	Ordinateurs, articles électroniques et optiques	1 328	1 357	1 429	1 429	1 295	1 089	1 257	1 247
262	Fabrication d'ordinateurs et d'équipements périphériques	70	68	70	97	115	130	..	..
27	Équipements électriques	1 492	1 521	1 592	1 341	1 492	1 425	1 390	1 502
28	Machines et équipements n.c.a.	2 519	2 714	3 043	3 376	3 486	2 724	2 939	3 164
29-30	Matériel de transport	3 823	3 800	3 757	3 566	3 511	2 799	3 080	3 033
29	Automobiles, remorques et semi-remorques	3 353	3 311	3 311	3 063	3 016	2 344	2 615	2 564
30	Autres matériels de transport	471	490	445	504	495	455	465	469
31-33	Meubles ; réparation et installation de machines et de matériel	1 710	1 722	1 749	1 788	1 836	1 966	1 971	1 970
31-32	Meubles, autres activités manufacturières	1 189	1 192	1 211	1 277	1 321	1 287	1 256	1 259
33	Réparation et installation de machines et d'équipements	521	530	538	511	515	679	716	711
35-39	**ÉLECTRICITÉ, GAZ, EAU ET TRAITEMENT DES DÉCHETS**	**7 030**	**6 907**	**7 717**	**8 098**	**8 716**	**9 016**	**9 507**	**10 288**
35	Production et distribution d'électricité, de gaz, de vapeur et d'air conditionné	4 879	4 685	5 408	5 597	6 220	6 702	6 836	7 515
36-39	Distribution d'eau ; assainissement, gestion des déchets et dépollution	2 150	2 223	2 309	2 501	2 496	2 314	2 670	2 774
41-43	**CONSTRUCTION**	**13 192**	**13 707**	**15 323**	**16 636**	**17 996**	**17 751**	**17 934**	**18 898**
45-56	commerce, transports, hébergement et restauration	53 656	56 431	58 505	62 093	63 984	61 357	63 633	66 497
45-47	**Commerce de gros et de détail ; réparations automobiles et motocycles**	**34 072**	**35 253**	**36 113**	**38 571**	**39 326**	**37 865**	**39 428**	**41 243**
49-53	**Transports et entreposage**	**15 351**	**16 823**	**17 835**	**18 697**	**19 581**	**18 504**	**18 825**	**19 693**
55-56	**Activités d'hébergement et de restauration**	**4 233**	**4 355**	**4 556**	**4 825**	**5 077**	**4 988**	**5 380**	**5 561**
58-63	**Information et communication**	**10 820**	**11 231**	**11 698**	**12 380**	**12 875**	**13 063**	**13 362**	**13 610**
58-60	Édition, audiovisuel et diffusion	2 034	2 086	2 196	2 348	2 458	2 560	2 696	2 705
61	Télécommunications	5 241	5 393	5 409	5 359	5 366	5 385	5 528	5 421
62-63	Technologies de l'information et informatique	3 545	3 752	4 093	4 674	5 051	5 118	5 138	5 485
64-66	**Activités financières et d'assurance**	**15 860**	**16 139**	**16 546**	**16 757**	**16 389**	**18 665**	**20 989**	**20 800**
68-82	**Immobilier, locations et activités de services aux entreprises**	**53 551**	**57 062**	**61 190**	**65 681**	**69 457**	**67 521**	**69 340**	**72 196**
68	Activités immobilières	23 372	24 995	26 678	28 367	29 466	28 340	28 929	29 804
69-82	Activ. spécialis., scient., tech. ; serv. admin. et de soutien	30 179	32 067	34 512	37 314	39 990	39 181	40 411	42 393
69-75	Activités professionnelles, scientifiques et techniques	19 684	20 972	22 705	24 308	26 425	26 684	26 906	27 773
69-71	Activités juridiques et comptables, d'architecture et d'ingénierie	16 916	18 065	19 658	21 073	22 996	23 549	23 779	24 473
73-75	Autres activités professionnelles, scientifiques et techniques	2 087	2 177	2 288	2 480	2 601	2 293	2 387	2 520
77-82	Activités de services administratifs et de soutien	10 495	11 095	11 807	13 006	13 565	12 498	13 505	14 620
84-99	Services collectifs, sociaux et personnels	58 571	61 567	64 409	67 399	71 522	74 204	76 572	80 033
84-88	Administration publique, enseignement, santé humaine et action social	53 220	55 977	58 603	61 361	65 235	67 970	70 113	73 313
84	**Administration publique et défense ; sécurité sociale obligatoire**	**18 704**	**19 853**	**20 932**	**21 716**	**22 744**	**23 554**	**24 082**	**24 914**
85	**Éducation**	**16 824**	**17 631**	**18 372**	**19 241**	**20 578**	**21 240**	**22 076**	**23 155**
86-88	**Santé humaine et action sociale**	**17 691**	**18 493**	**19 298**	**20 404**	**21 914**	**23 176**	**23 956**	**25 244**
90-99	Autres activités de services	5 351	5 590	5 806	6 038	6 287	6 234	6 459	6 721
90-93	**Arts, spectacles et loisirs**	**1 698**	**1 802**	**1 920**	**2 037**	**2 116**	**1 971**	**2 013**	**2 118**
94-96	**Autres activités de services**	**2 998**	**3 144**	**3 305**	**3 471**	**3 652**	**3 767**	**3 998**	**4 158**
97-98	**Activités des ménages en tant qu'employeurs et pour usage propre**	**655**	**644**	**581**	**530**	**519**	**496**	**448**	**445**
99	**Activités extra-territoriales**	..	..	..	..	..	..	..	..
05-39	**INDUSTRIES MANUFACTURIÈRES ET ÉNERGIE**	**51 245**	**52 188**	**54 050**	**55 875**	**55 370**	**50 197**	**53 565**	**56 236**
24-33x	**Industrie du métal ; réparation**	**16 899**	**17 150**	**17 913**	**18 729**	**18 107**	**14 666**	**15 868**	**17 128**
45-99	**TOTAL SERVICES**	**192 457**	**202 429**	**212 347**	**224 310**	**234 227**	**234 809**	**243 896**	**253 136**
45-82	**SERVICES DU SECTEUR DES ENTREPRISES**	**133 886**	**140 862**	**147 938**	**156 911**	**162 704**	**160 606**	**167 324**	**173 103**
45-82x	**SERVICES DU SECTEUR DES ENTREPRISES sauf activités immobilières**	**110 515**	**115 867**	**121 260**	**128 544**	**133 238**	**132 266**	**138 395**	**143 300**
05-82x	**SECTEUR DES ENTREPRISES NON-AGRICOLES sauf activités immobilières**	**174 952**	**181 762**	**190 633**	**201 056**	**206 604**	**200 213**	**209 894**	**218 433**
ENERGYP	**Activités génératrices d'énergie**	**6 467**	**6 581**	**7 205**	**7 510**	**7 917**	**7 372**	..	..

.. Non disponible

Note : Voir les métadonnées détaillées sur : http://metalinks.oecd.org/stan/20141219/5503.

Informations sur les données concernant Israël : http://oe.cd/israel-disclaimer.

Responsabilité : http://oe.cd/disclaimer

Tableau 3. Valeur ajoutée, volumes

CITI Rév. 4

Millions 2005 EUR

		2004	2005	2006	2007	2008	2009	2010	2011
	TOTAL	**265 726**	**270 430**	**277 614**	**285 557**	**290 011**	**281 659**	**287 914**	**293 989**
01-03	**AGRICULTURE, SYLVICULTURE ET PÊCHE**	**2 399**	**2 106**	**2 326**	**2 298**	**2 389**	**2 387**	**2 486**	**2 682**
05-09	**INDUSTRIES EXTRACTIVES**	**298**	**321**	**349**	**366**	**448**	**424**	**439**	**552**
10-33	**ACTIVITÉS DE FABRICATION**	**44 457**	**44 960**	**45 282**	**46 879**	**46 804**	**40 000**	**42 168**	**43 440**
10-12	Produits alimentaires, boissons et tabac	6 182	6 214	6 337	6 770	7 147	6 997	7 000	7 676
13-15	Textiles, habillement, cuir et articles de cuir	2 062	1 946	2 059	2 194	2 108	1 709	1 682	1 691
16-18	Bois, papier, imprimerie et reproduction de supports enregistrés	3 299	3 242	3 365	3 543	3 467	3 186	3 089	3 336
19-23	Produits chimiques, caoutchouc, plastique, minéraux	14 416	15 216	15 351	15 550	16 067	13 295	14 741	14 664
20-21	Produits chimiques et pharmaceutiques	9 333	9 162	9 131	9 011	9 064	7 790	8 567	8 104
22-23	Produits en caoutchouc et en plastique, autres produits minéraux	4 082	4 157	4 223	4 464	4 590	4 141	4 139	4 709
24-25	Produits métalliques de base et ouvrages en métaux	7 864	7 228	7 391	8 087	7 595	6 669	7 395	8 162
241x2431	Métaux ferreux	..	..	..	..	..	..	..	..
242x2432	Métaux non ferreux	..	..	..	..	..	..	..	..
26-28	Machines et matériel	5 550	5 592	5 857	5 915	5 714	4 597	4 664	4 774
26	Ordinateurs, articles électroniques et optiques	1 405	1 357	1 361	1 343	1 143	891	1 016	992
262	Fabrication d'ordinateurs et d'équipements périphériques	64	68	71	88	89	..	..	..
27	Équipements électriques	1 616	1 521	1 547	1 336	1 459	1 289	1 170	1 196
28	Machines et équipements n.c.a.	2 539	2 714	2 948	3 236	3 121	2 434	2 483	2 594
29-30	Matériel de transport	3 342	3 800	3 278	3 264	3 173	2 068	2 196	1 959
29	Automobiles, remorques et semi-remorques	2 909	3 311	2 775	2 660	2 584	1 586	1 714	1 499
30	Autres matériels de transport	433	490	503	640	626	552	533	527
31-33	Meubles ; réparation et installation de machines et de matériel	1 866	1 722	1 644	1 589	1 610	1 649	1 613	1 654
31-32	Meubles, autres activités manufacturières	1 335	1 192	1 180	1 214	1 227	1 137	1 118	1 131
33	Réparation et installation de machines et d'équipements	535	530	464	383	391	498	482	506
35-39	**ÉLECTRICITÉ, GAZ, EAU ET TRAITEMENT DES DÉCHETS**	**7 215**	**6 907**	**7 283**	**7 413**	**7 375**	**8 560**	**8 918**	**8 804**
35	Production et distribution d'électricité, de gaz, de vapeur et d'air conditionné	4 778	4 685	5 155	5 260	5 327	6 528	6 694	6 482
36-39	Distribution d'eau ; assainissement, gestion des déchets et dépollution	2 457	2 223	2 128	2 154	2 056	2 055	2 238	2 318
41-43	**CONSTRUCTION**	**13 120**	**13 707**	**14 933**	**15 172**	**15 302**	**15 018**	**15 094**	**15 816**
45-56	commerce, transports, hébergement et restauration	56 546	56 431	56 660	59 417	60 062	57 571	58 790	60 422
45-47	**Commerce de gros et de détail ; réparations automobiles et motocycles**	**36 453**	**35 253**	**35 353**	**37 723**	**37 812**	**36 812**	**37 595**	**38 224**
49-53	**Transports et entreposage**	**15 824**	**16 823**	**16 859**	**17 216**	**17 726**	**16 724**	**17 195**	**18 372**
55-56	**Activités d'hébergement et de restauration**	**4 311**	**4 355**	**4 448**	**4 495**	**4 523**	**4 072**	**4 049**	**3 912**
58-63	**Information et communication**	**11 223**	**11 231**	**11 563**	**11 945**	**12 346**	**12 578**	**12 590**	**12 860**
58-60	Édition, audiovisuel et diffusion	2 059	2 086	2 172	2 173	2 287	2 324	2 389	2 414
61	Télécommunications	5 590	5 393	5 441	5 346	5 367	5 541	5 579	5 543
62-63	Technologies de l'information et informatique	3 584	3 752	3 950	4 413	4 670	4 696	4 607	4 871
64-66	**Activités financières et d'assurance**	**15 612**	**16 139**	**17 708**	**17 387**	**17 483**	**17 393**	**18 172**	**17 625**
68-82	**Immobilier, locations et activités de services aux entreprises**	**54 155**	**57 062**	**59 187**	**61 389**	**63 551**	**62 144**	**63 249**	**64 994**
68	Activités immobilières	25 092	24 995	25 289	25 431	25 989	25 819	26 368	26 989
69-82	Activ. spécialis., scient., tech. ; serv. admin. et de soutien	29 198	32 067	33 899	35 987	37 618	36 352	36 907	38 032
69-75	Activités professionnelles, scientifiques et techniques	19 307	20 972	22 435	23 934	25 264	25 387	25 097	25 430
69-71	Activités juridiques et comptables, d'architecture et d'ingénierie	16 820	18 065	19 407	20 777	21 950	22 386	22 060	22 235
73-75	Autres activités professionnelles, scientifiques et techniques	1 811	2 177	2 265	2 417	2 512	2 205	2 333	2 445
77-82	Activités de services administratifs et de soutien	9 900	11 095	11 464	12 055	12 370	11 026	11 823	12 588
84-99	Services collectifs, sociaux et personnels	60 727	61 567	62 322	63 221	64 135	64 854	65 415	66 308
84-88	Administration publique, enseignement, santé humaine et action social	55 255	55 977	56 589	57 427	58 143	59 110	59 574	60 321
84	**Administration publique et défense ; sécurité sociale obligatoire**	**19 315**	**19 853**	**20 430**	**20 717**	**21 007**	**21 036**	**21 299**	**21 401**
85	**Éducation**	**17 579**	**17 631**	**17 633**	**17 683**	**17 739**	**17 860**	**18 026**	**18 211**
86-88	**Santé humaine et action sociale**	**18 363**	**18 493**	**18 526**	**19 027**	**19 399**	**20 208**	**20 245**	**20 699**
90-99	Autres activités de services	5 473	5 590	5 734	5 793	5 994	5 724	5 824	5 973
90-93	**Arts, spectacles et loisirs**	**1 767**	**1 802**	**1 825**	**1 835**	**1 943**	**1 717**	**1 706**	**1 764**
94-96	**Autres activités de services**	**3 038**	**3 144**	**3 344**	**3 468**	**3 591**	**3 591**	**3 761**	**3 859**
97-98	**Activités des ménages en tant qu'employeurs et pour usage propre**	**668**	**644**	**564**	**495**	**462**	**430**	**381**	**375**
99	**Activités extra-territoriales**	..	..	..	..	..	..	..	..
05-39	**INDUSTRIES MANUFACTURIÈRES ET ÉNERGIE**	**51 965**	**52 188**	**52 914**	**54 654**	**54 611**	**49 334**	**51 891**	**53 129**
24-33x	**Industrie du métal ; réparation**	**17 175**	**17 150**	**16 990**	**17 618**	**16 850**	**13 816**	**14 642**	**15 111**
45-99	**TOTAL SERVICES**	**198 188**	**202 429**	**207 441**	**213 436**	**217 690**	**214 686**	**218 335**	**222 255**
45-82	**SERVICES DU SECTEUR DES ENTREPRISES**	**137 466**	**140 862**	**145 119**	**150 227**	**153 576**	**149 768**	**152 890**	**155 937**
45-82x	**SERVICES DU SECTEUR DES ENTREPRISES sauf activités immobilières**	**112 411**	**115 867**	**119 830**	**124 828**	**127 620**	**123 941**	**126 513**	**128 939**
05-82x	**SECTEUR DES ENTREPRISES NON-AGRICOLES sauf activités immobilières**	**177 493**	**181 762**	**187 677**	**194 647**	**197 526**	**188 420**	**193 537**	**197 952**
ENERGYP	**Activités génératrices d'énergie**	**5 877**	**6 581**	**7 152**	**7 337**	**7 739**	**8 211**	..	..

.. Non disponible

Note : Voir les métadonnées détaillées sur : http://metalinks.oecd.org/stan/20141219/5503.

Informations sur les données concernant Israël : http://oe.cd/israel-disclaimer.

Responsabilité : http://oe.cd/disclaimer

Tableau 4. Formation brute de capital fixe, prix courants

CITI Rév. 4

Millions EUR

		2004	2005	2006	2007	2008	2009	2010	2011
	TOTAL	**57 849**	**62 685**	**66 710**	**72 881**	**77 286**	**70 888**	**71 114**	**76 407**
01-03	**AGRICULTURE, SYLVICULTURE ET PÊCHE**	**489**	**556**	**670**	**809**	**952**	**1 030**	**995**	**1 118**
05-09	**INDUSTRIES EXTRACTIVES**	**58**	**62**	**70**	**96**	**107**	**81**	**80**	**99**
10-33	**ACTIVITÉS DE FABRICATION**	**7 020**	**7 503**	**7 897**	**9 105**	**8 774**	**7 197**	**6 697**	**7 807**
10-12	Produits alimentaires, boissons et tabac	1 187	1 234	1 349	1 474	1 375	1 323	1 233	1 400
13-15	Textiles, habillement, cuir et articles de cuir	298	247	236	266	238	168	190	226
16-18	Bois, papier, imprimerie et reproduction de supports enregistrés	681	736	706	780	787	601	527	561
19-23	Produits chimiques, caoutchouc, plastique, minéraux	2 446	2 639	2 801	3 584	3 457	2 650	2 524	3 144
20-21	Produits chimiques et pharmaceutiques	1 536	1 715	1 806	2 331	2 126	1 623	1 578	2 126
22-23	Produits en caoutchouc et en plastique, autres produits minéraux	704	680	753	854	889	687	651	775
24-25	Produits métalliques de base et ouvrages en métaux	994	1 053	1 010	1 246	1 303	1 012	923	1 070
241x2431	Métaux ferreux	..	..	..	..	..	..	..	..
242x2432	Métaux non ferreux	..	..	..	..	..	..	..	..
26-28	Machines et matériel	601	642	716	843	773	639	595	668
26	Ordinateurs, articles électroniques et optiques	174	195	181	229	213	179	220	203
262	Fabrication d'ordinateurs et d'équipements périphériques	6	8	5	8	22	12	..	..
27	Équipements électriques	162	143	146	117	116	148	108	137
28	Machines et équipements n.c.a.	265	304	389	497	444	311	268	327
29-30	Matériel de transport	575	719	816	647	550	494	364	347
29	Automobiles, remorques et semi-remorques	499	638	738	578	477	436	286	260
30	Autres matériels de transport	76	81	77	68	73	58	78	87
31-33	Meubles ; réparation et installation de machines et de matériel	239	232	262	265	291	311	341	392
31-32	Meubles, autres activités manufacturières	182	191	210	203	229	213	203	210
33	Réparation et installation de machines et d'équipements	57	41	52	62	62	99	138	182
35-39	**ÉLECTRICITÉ, GAZ, EAU ET TRAITEMENT DES DÉCHETS**	**2 354**	**1 932**	**2 665**	**3 043**	**3 743**	**3 923**	**4 132**	**4 083**
35	Production et distribution d'électricité, de gaz, de vapeur et d'air conditionné	1 431	890	1 479	1 740	2 307	2 568	2 659	2 538
36-39	Distribution d'eau ; assainissement, gestion des déchets et dépollution	924	1 042	1 186	1 303	1 436	1 355	1 473	1 545
41-43	**CONSTRUCTION**	**1 942**	**2 465**	**2 618**	**3 245**	**3 563**	**3 368**	**3 193**	**3 702**
45-56	commerce, transports, hébergement et restauration	12 464	13 443	12 457	13 571	13 713	12 818	12 096	13 235
45-47	**Commerce de gros et de détail ; réparations automobiles et motocycles**	**4 848**	**5 061**	**5 390**	**5 928**	**5 859**	**5 178**	**5 167**	**5 830**
49-53	**Transports et entreposage**	**6 819**	**7 591**	**6 181**	**6 640**	**6 796**	**6 591**	**5 994**	**6 466**
55-56	**Activités d'hébergement et de restauration**	**797**	**791**	**886**	**1 003**	**1 058**	**1 048**	**935**	**939**
58-63	**Information et communication**	**2 260**	**2 635**	**2 597**	**2 745**	**3 091**	**2 885**	**2 909**	**3 720**
58-60	Édition, audiovisuel et diffusion	485	593	571	619	629	699	727	742
61	Télécommunications	1 115	1 301	1 255	1 240	1 379	1 253	1 135	1 816
62-63	Technologies de l'information et informatique	661	741	771	885	1 084	933	1 047	1 162
64-66	**Activités financières et d'assurance**	**3 077**	**2 722**	**2 968**	**3 049**	**3 634**	**2 752**	**3 005**	**3 497**
68-82	**Immobilier, locations et activités de services aux entreprises**	**22 417**	**24 993**	**28 181**	**30 069**	**32 290**	**29 048**	**30 306**	**30 687**
68	Activités immobilières	16 775	19 180	22 118	23 427	25 155	22 945	23 617	23 399
69-82	Activ. spécialis., scient., tech. ; serv. admin. et de soutien	5 642	5 813	6 063	6 643	7 135	6 103	6 689	7 289
69-75	Activités professionnelles, scientifiques et techniques	2 436	2 509	2 596	2 839	2 947	3 233	3 514	3 589
69-71	Activités juridiques et comptables, d'architecture et d'ingénierie	1 766	1 872	2 010	2 219	2 309	2 558	2 807	2 856
73-75	Autres activités professionnelles, scientifiques et techniques	434	449	376	416	462	503	511	528
77-82	Activités de services administratifs et de soutien	3 205	3 304	3 467	3 804	4 188	2 870	3 175	3 700
84-99	Services collectifs, sociaux et personnels	5 767	6 375	6 587	7 149	7 419	7 787	7 700	8 458
84-88	Administration publique, enseignement, santé humaine et action social	4 745	5 426	5 451	5 935	6 252	6 565	6 523	7 169
84	**Administration publique et défense ; sécurité sociale obligatoire**	**1 775**	**2 386**	**2 225**	**2 619**	**2 680**	**2 941**	**2 636**	**2 880**
85	**Éducation**	**607**	**666**	**694**	**678**	**742**	**816**	**891**	**1 101**
86-88	**Santé humaine et action sociale**	**2 363**	**2 374**	**2 533**	**2 638**	**2 830**	**2 808**	**2 996**	**3 188**
90-99	Autres activités de services	1 023	949	1 136	1 214	1 168	1 222	1 177	1 289
90-93	**Arts, spectacles et loisirs**	**487**	**549**	**563**	**644**	**597**	**585**	**548**	**618**
94-96	**Autres activités de services**	**536**	**400**	**573**	**570**	**571**	**638**	**629**	**671**
97-98	**Activités des ménages en tant qu'employeurs et pour usage propre**	**0**	**0**	**0**	**0**	**0**	**0**	**0**	**0**
99	**Activités extra-territoriales**	..	..	..	..	..	..	..	..
05-39	**INDUSTRIES MANUFACTURIÈRES ET ÉNERGIE**	**9 433**	**9 496**	**10 632**	**12 245**	**12 624**	**11 201**	**10 910**	**11 988**
24-33x	**Industrie du métal ; réparation**	**2 227**	**2 455**	**2 594**	**2 798**	**2 688**	**2 242**	**2 020**	**2 266**
45-99	**TOTAL SERVICES**	**45 985**	**50 168**	**52 791**	**56 582**	**60 147**	**55 289**	**56 016**	**59 598**
45-82	**SERVICES DU SECTEUR DES ENTREPRISES**	**40 218**	**43 793**	**46 204**	**49 433**	**52 728**	**47 502**	**48 315**	**51 140**
45-82x	**SERVICES DU SECTEUR DES ENTREPRISES sauf activités immobilières**	**23 443**	**24 613**	**24 085**	**26 006**	**27 573**	**24 557**	**24 699**	**27 741**
05-82x	**SECTEUR DES ENTREPRISES NON-AGRICOLES sauf activités immobilières**	**34 817**	**36 574**	**37 335**	**41 496**	**43 760**	**39 126**	**38 802**	**43 432**
ENERGYP	**Activités génératrices d'énergie**	**1 636**	**1 135**	**1 721**	**2 140**	**2 749**	**2 908**	..	..

.. Non disponible

Note : Voir les métadonnées détaillées sur : http://metalinks.oecd.org/stan/20141219/5503.

Informations sur les données concernant Israël : http://oe.cd/israel-disclaimer.

Responsabilité : http://oe.cd/disclaimer

Tableau 5. Nombre de personnes engagées, emploi total

CITI Rév. 4

Milliers

		2004	2005	2006	2007	2008	2009	2010	2011
	TOTAL	4 204	4 264	4 312	4 383	4 461	4 453	4 483	4 545
01-03	AGRICULTURE, SYLVICULTURE ET PÊCHE	76	75	73	71	69	67	64	61
05-09	INDUSTRIES EXTRACTIVES	3	3	3	3	3	3	3	3
10-33	ACTIVITÉS DE FABRICATION	605	600	594	590	590	561	542	540
10-12	Produits alimentaires, boissons et tabac	99	99	99	99	98	98	97	97
13-15	Textiles, habillement, cuir et articles de cuir	46	43	41	40	38	34	32	30
16-18	Bois, papier, imprimerie et reproduction de supports enregistrés	51	50	50	49	49	46	44	44
19-23	Produits chimiques, caoutchouc, plastique, minéraux	132	132	131	131	131	126	123	124
20-21	Produits chimiques et pharmaceutiques	70	71	71	71	71	68	67	68
22-23	Produits en caoutchouc et en plastique, autres produits minéraux	57	57	55	56	56	54	51	51
24-25	Produits métalliques de base et ouvrages en métaux	107	107	106	108	109	102	97	97
241x2431	Métaux ferreux	..	..	..	..	..	..	..	..
242x2432	Métaux non ferreux	..	..	..	..	..	..	..	..
26-28	Machines et matériel	74	73	73	73	76	72	69	69
26	Ordinateurs, articles électroniques et optiques	17	16	16	16	15	15	14	14
262	Fabrication d'ordinateurs et d'équipements périphériques	1	1	1	1	1	1	..	..
27	Équipements électriques	21	21	20	19	20	20	19	18
28	Machines et équipements n.c.a.	36	36	37	38	40	37	36	36
29-30	Matériel de transport	59	59	58	55	53	46	44	43
29	Automobiles, remorques et semi-remorques	53	52	52	48	46	39	37	36
30	Autres matériels de transport	7	7	7	7	7	7	6	6
31-33	Meubles ; réparation et installation de machines et de matériel	37	37	36	36	36	38	37	37
31-32	Meubles, autres activités manufacturières	28	27	27	26	26	25	24	24
33	Réparation et installation de machines et d'équipements	9	9	9	9	9	13	13	13
35-39	ÉLECTRICITÉ, GAZ, EAU ET TRAITEMENT DES DÉCHETS	40	40	41	44	45	46	46	47
35	Production et distribution d'électricité, de gaz, de vapeur et d'air conditionné	17	17	18	18	19	20	21	21
36-39	Distribution d'eau ; assainissement, gestion des déchets et dépollution	23	23	24	25	26	26	26	26
41-43	CONSTRUCTION	238	242	252	262	269	271	273	278
45-56	commerce, transports, hébergement et restauration	979	986	984	994	1 003	991	990	996
45-47	Commerce de gros et de détail ; réparations automobiles et motocycles	580	585	584	593	597	590	590	594
49-53	Transports et entreposage	251	251	251	253	257	254	251	250
55-56	Activités d'hébergement et de restauration	148	150	148	148	149	147	150	152
58-63	Information et communication	96	99	101	105	108	108	107	108
58-60	Édition, audiovisuel et diffusion	25	25	25	25	25	25	24	24
61	Télécommunications	30	32	32	31	31	30	30	30
62-63	Technologies de l'information et informatique	41	42	45	48	52	53	52	54
64-66	Activités financières et d'assurance	143	143	142	143	140	139	137	138
68-82	Immobilier, locations et activités de services aux entreprises	622	647	677	713	754	760	790	822
68	Activités immobilières	22	22	20	21	21	23	23	24
69-82	Activ. spécialis., scient., tech. ; serv. admin. et de soutien	600	625	656	693	732	737	767	798
69-75	Activités professionnelles, scientifiques et techniques	341	353	367	382	404	419	425	435
69-71	Activités juridiques et comptables, d'architecture et d'ingénierie	298	308	324	339	358	374	379	387
73-75	Autres activités professionnelles, scientifiques et techniques	35	35	35	34	37	37	37	39
77-82	Activités de services administratifs et de soutien	259	272	289	311	329	318	342	363
84-99	Services collectifs, sociaux et personnels	1 402	1 431	1 443	1 457	1 482	1 508	1 532	1 552
84-88	Administration publique, enseignement, santé humaine et action social	1 194	1 221	1 238	1 256	1 279	1 308	1 335	1 352
84	Administration publique et défense ; sécurité sociale obligatoire	413	420	422	427	430	432	434	433
85	Éducation	334	341	345	348	355	367	372	374
86-88	Santé humaine et action sociale	447	460	471	482	495	509	530	545
90-99	Autres activités de services	209	209	205	201	203	200	197	200
90-93	Arts, spectacles et loisirs	37	38	39	40	41	40	39	40
94-96	Autres activités de services	103	104	107	109	112	112	115	118
97-98	Activités des ménages en tant qu'employeurs et pour usage propre	69	68	59	53	50	48	43	42
99	Activités extra-territoriales	..	..	..	..	..	..	..	..
05-39	INDUSTRIES MANUFACTURIÈRES ET ÉNERGIE	648	643	638	637	638	610	591	590
24-33x	Industrie du métal ; réparation	250	248	247	246	247	233	222	221
45-99	TOTAL SERVICES	3 242	3 304	3 348	3 413	3 486	3 505	3 556	3 616
45-82	SERVICES DU SECTEUR DES ENTREPRISES	1 840	1 874	1 904	1 955	2 005	1 998	2 024	2 063
45-82x	SERVICES DU SECTEUR DES ENTREPRISES sauf activités immobilières	1 818	1 852	1 884	1 935	1 983	1 975	2 001	2 039
05-82x	SECTEUR DES ENTREPRISES NON-AGRICOLES sauf activités immobilières	2 705	2 736	2 775	2 834	2 890	2 855	2 864	2 907
ENERGYP	Activités génératrices d'énergie	22	21	22	23	24	25	..	..

.. Non disponible

Note : Voir les métadonnées détaillées sur : http://metalinks.oecd.org/stan/20141219/5503.

Informations sur les données concernant Israël : http://oe.cd/israel-disclaimer.

Responsabilité : http://oe.cd/disclaimer

Tableau 6. Coûts de la main-d'oeuvre (rémunération des salariés), prix courants

CITI Rév. 4

Millions EUR

		2004	2005	2006	2007	2008	2009	2010	2011
	TOTAL	147 333	152 328	159 652	168 043	177 277	178 689	182 359	190 569
01-03	AGRICULTURE, SYLVICULTURE ET PÊCHE	302	302	315	335	351	381	395	429
05-09	INDUSTRIES EXTRACTIVES	146	149	151	158	160	159	155	166
10-33	ACTIVITÉS DE FABRICATION	28 411	28 479	29 258	30 431	31 062	29 238	29 544	30 146
10-12	Produits alimentaires, boissons et tabac	3 535	3 539	3 631	3 766	3 893	3 991	3 981	4 096
13-15	Textiles, habillement, cuir et articles de cuir	1 420	1 360	1 368	1 377	1 337	1 182	1 148	1 145
16-18	Bois, papier, imprimerie et reproduction de supports enregistrés	1 981	1 978	2 007	2 042	2 079	1 982	1 946	1 978
19-23	Produits chimiques, caoutchouc, plastique, minéraux	8 226	8 416	8 657	8 959	9 427	9 053	9 047	9 397
20-21	Produits chimiques et pharmaceutiques	4 979	5 106	5 324	5 501	5 843	5 584	5 633	5 840
22-23	Produits en caoutchouc et en plastique, autres produits minéraux	2 662	2 711	2 754	2 868	2 957	2 804	2 785	2 917
24-25	Produits métalliques de base et ouvrages en métaux	4 944	5 032	5 148	5 363	5 591	4 977	5 006	5 141
241x2431	Métaux ferreux	..	..	..	..	..	..	..	..
242x2432	Métaux non ferreux	..	..	..	..	..	..	..	..
26-28	Machines et matériel	3 937	3 926	4 096	4 148	4 436	4 123	4 062	4 276
26	Ordinateurs, articles électroniques et optiques	1 090	1 061	1 092	1 072	1 060	1 027	999	1 006
262	Fabrication d'ordinateurs et d'équipements périphériques	37	39	42	61	72	105	..	..
27	Équipements électriques	1 073	1 034	1 048	1 024	1 121	1 151	1 083	1 081
28	Machines et équipements n.c.a.	1 775	1 831	1 956	2 052	2 255	1 944	1 980	2 189
29-30	Matériel de transport	3 141	2 995	3 090	3 501	2 959	2 439	2 886	2 592
29	Automobiles, remorques et semi-remorques	2 763	2 624	2 706	3 098	2 535	2 036	2 500	2 201
30	Autres matériels de transport	378	371	384	402	423	403	386	391
31-33	Meubles ; réparation et installation de machines et de matériel	1 227	1 234	1 262	1 277	1 341	1 491	1 467	1 521
31-32	Meubles, autres activités manufacturières	783	784	798	819	849	825	820	841
33	Réparation et installation de machines et d'équipements	445	450	464	458	492	666	647	680
35-39	ÉLECTRICITÉ, GAZ, EAU ET TRAITEMENT DES DÉCHETS	2 823	2 879	3 035	3 272	3 512	3 482	3 590	3 704
35	Production et distribution d'électricité, de gaz, de vapeur et d'air conditionné	1 702	1 727	1 802	1 953	2 081	2 039	2 111	2 196
36-39	Distribution d'eau ; assainissement, gestion des déchets et dépollution	1 122	1 152	1 233	1 318	1 430	1 443	1 479	1 508
41-43	CONSTRUCTION	7 212	7 370	7 958	8 496	9 067	9 249	9 300	10 113
45-56	commerce, transports, hébergement et restauration	30 631	31 472	32 980	34 771	36 804	37 459	37 879	39 441
45-47	Commerce de gros et de détail ; réparations automobiles et motocycles	18 069	18 745	19 715	20 982	22 196	22 640	22 877	23 897
49-53	Transports et entreposage	10 254	10 343	10 743	11 108	11 751	11 863	11 892	12 193
55-56	Activités d'hébergement et de restauration	2 308	2 384	2 522	2 682	2 858	2 957	3 111	3 351
58-63	Information et communication	5 603	5 690	5 936	6 293	6 695	6 849	6 753	6 907
58-60	Édition, audiovisuel et diffusion	1 221	1 245	1 282	1 335	1 388	1 431	1 441	1 467
61	Télécommunications	1 925	1 899	1 889	1 861	1 903	1 885	1 923	1 860
62-63	Technologies de l'information et informatique	2 458	2 545	2 765	3 097	3 405	3 533	3 389	3 580
64-66	Activités financières et d'assurance	8 717	8 924	9 197	9 668	9 925	9 843	9 746	10 012
68-82	Immobilier, locations et activités de services aux entreprises	14 195	15 057	16 403	17 894	19 405	19 095	19 924	21 483
68	Activités immobilières	592	629	617	677	731	758	771	817
69-82	Activ. spécialis., scient., tech. ; serv. admin. et de soutien	13 603	14 427	15 787	17 218	18 674	18 337	19 154	20 666
69-75	Activités professionnelles, scientifiques et techniques	6 602	6 921	7 488	8 109	8 895	9 241	9 339	9 858
69-71	Activités juridiques et comptables, d'architecture et d'ingénierie	5 087	5 348	5 841	6 403	7 009	7 313	7 395	7 803
73-75	Autres activités professionnelles, scientifiques et techniques	957	996	1 026	1 059	1 196	1 211	1 206	1 285
77-82	Activités de services administratifs et de soutien	7 001	7 506	8 298	9 109	9 780	9 096	9 815	10 808
84-99	Services collectifs, sociaux et personnels	49 294	52 007	54 418	56 726	60 295	62 935	65 073	68 168
84-88	Administration publique, enseignement, santé humaine et action social	45 787	48 344	50 593	52 765	56 041	58 537	60 547	63 451
84	Administration publique et défense ; sécurité sociale obligatoire	17 254	18 264	19 185	19 836	20 739	21 535	21 952	22 692
85	Éducation	15 695	16 466	17 126	17 941	19 234	19 962	20 729	21 749
86-88	Santé humaine et action sociale	12 838	13 614	14 282	14 988	16 067	17 040	17 867	19 011
90-99	Autres activités de services	3 507	3 663	3 825	3 961	4 255	4 398	4 525	4 717
90-93	Arts, spectacles et loisirs	799	858	934	1 006	1 132	1 126	1 131	1 205
94-96	Autres activités de services	2 054	2 160	2 310	2 425	2 604	2 776	2 947	3 067
97-98	Activités des ménages en tant qu'employeurs et pour usage propre	655	644	581	530	519	496	448	445
99	Activités extra-territoriales	..	..	..	..	..	..	..	..
05-39	INDUSTRIES MANUFACTURIÈRES ET ÉNERGIE	31 380	31 507	32 444	33 861	34 734	32 879	33 289	34 017
24-33x	Industrie du métal ; réparation	12 466	12 403	12 798	13 469	13 477	12 205	12 601	12 689
45-99	TOTAL SERVICES	108 440	113 149	118 935	125 352	133 125	136 181	139 375	146 011
45-82	SERVICES DU SECTEUR DES ENTREPRISES	59 146	61 142	64 517	68 626	72 830	73 246	74 303	77 843
45-82x	SERVICES DU SECTEUR DES ENTREPRISES sauf activités immobilières	58 554	60 513	63 900	67 950	72 099	72 488	73 532	77 026
05-82x	SECTEUR DES ENTREPRISES NON-AGRICOLES sauf activités immobilières	97 145	99 391	104 302	110 306	115 900	114 615	116 121	121 155
ENERGYP	Activités génératrices d'énergie	2 287	2 326	2 382	2 543	2 708	2 704	..	..

.. Non disponible

Note : Voir les métadonnées détaillées sur : http://metalinks.oecd.org/stan/20141219/5503.

Informations sur les données concernant Israël : http://oe.cd/israel-disclaimer.

Responsabilité : http://oe.cd/disclaimer

RÉPUBLIQUE TCHÈQUE

Tableau 1. Production brute, prix courants

CITI Rév. 4

Millions CZK

		2004	2005	2006	2007	2008	2009	2010	2011
	TOTAL	**7 162 337**	**7 611 835**	**8 507 426**	**9 379 629**	**9 742 514**	**8 895 618**	**9 292 547**	**9 682 823**
01-03	**AGRICULTURE, SYLVICULTURE ET PÊCHE**	**170 148**	**166 591**	**176 309**	**196 625**	**203 801**	**173 098**	**170 359**	**209 434**
05-09	**INDUSTRIES EXTRACTIVES**	**69 531**	**73 322**	**81 239**	**91 556**	**103 700**	**86 837**	**89 818**	**92 988**
10-33	**ACTIVITÉS DE FABRICATION**	**2 752 067**	**2 950 321**	**3 356 731**	**3 655 388**	**3 648 707**	**3 001 601**	**3 323 801**	**3 624 661**
10-12	Produits alimentaires, boissons et tabac	326 998	324 454	326 344	343 836	355 160	334 076	318 581	331 681
13-15	Textiles, habillement, cuir et articles de cuir	103 799	99 643	102 434	108 114	101 641	84 574	84 959	93 002
16-18	Bois, papier, imprimerie et reproduction de supports enregistrés	168 873	176 366	192 753	215 311	212 277	182 998	187 322	190 490
19-23	Produits chimiques, caoutchouc, plastique, minéraux	520 187	593 828	665 717	665 060	695 801	549 912	617 195	676 992
20-21	Produits chimiques et pharmaceutiques	149 613	160 474	180 327	170 737	183 165	148 831	175 234	190 257
22-23	Produits en caoutchouc et en plastique, autres produits minéraux	306 243	324 399	378 763	395 964	388 883	321 978	334 774	364 162
24-25	Produits métalliques de base et ouvrages en métaux	445 059	471 483	524 690	555 199	573 420	396 523	456 626	516 418
241x2431	Métaux ferreux	..	..	..	..	..	..	..	..
242x2432	Métaux non ferreux	..	..	..	..	..	..	..	..
26-28	Machines et matériel	572 694	589 296	742 825	851 856	839 242	652 024	727 215	778 521
26	Ordinateurs, articles électroniques et optiques	227 643	214 454	288 936	317 816	319 078	242 468	269 930	265 248
262	Fabrication d'ordinateurs et d'équipements périphériques	..	..	..	..	..	..	..	..
27	Équipements électriques	158 145	158 674	182 249	217 151	208 012	172 373	199 513	227 552
28	Machines et équipements n.c.a.	186 906	216 168	271 640	316 889	312 152	237 183	257 772	285 721
29-30	Matériel de transport	465 130	541 516	632 608	714 912	673 823	633 357	749 644	854 194
29	Automobiles, remorques et semi-remorques	439 111	511 549	598 642	668 315	622 405	582 842	701 389	801 658
30	Autres matériels de transport	26 019	29 967	33 966	46 597	51 418	50 515	48 255	52 536
31-33	Meubles ; réparation et installation de machines et de matériel	149 327	153 735	169 360	201 100	197 343	168 137	182 259	183 363
31-32	Meubles, autres activités manufacturières	75 946	78 174	81 985	100 186	95 092	84 655	91 095	91 348
33	Réparation et installation de machines et d'équipements	73 381	75 561	87 375	100 914	102 251	83 482	91 164	92 015
35-39	**ÉLECTRICITÉ, GAZ, EAU ET TRAITEMENT DES DÉCHETS**	**351 287**	**374 019**	**448 887**	**453 474**	**498 957**	**486 181**	**501 752**	**510 211**
35	Production et distribution d'électricité, de gaz, de vapeur et d'air conditionné	272 080	294 005	358 015	354 375	390 645	386 414	391 925	388 770
36-39	Distribution d'eau ; assainissement, gestion des déchets et dépollution	79 207	80 014	90 872	99 099	108 312	99 767	109 827	121 441
41-43	**CONSTRUCTION**	**625 915**	**661 898**	**763 688**	**903 006**	**923 078**	**862 465**	**850 037**	**810 014**
45-56	commerce, transports, hébergement et restauration	1 212 349	1 250 794	1 380 129	1 520 955	1 579 047	1 487 359	1 544 920	1 587 063
45-47	**Commerce de gros et de détail ; réparations automobiles et motocycles**	**636 463**	**658 021**	**738 494**	**780 034**	**815 523**	**784 929**	**837 920**	**868 849**
49-53	**Transports et entreposage**	**429 772**	**450 062**	**492 698**	**560 356**	**579 606**	**530 815**	**553 962**	**562 288**
55-56	**Activités d'hébergement et de restauration**	**146 114**	**142 711**	**148 937**	**180 565**	**183 918**	**171 615**	**153 038**	**155 926**
58-63	**Information et communication**	**248 786**	**277 088**	**312 217**	**345 858**	**357 882**	**363 300**	**356 234**	**355 155**
58-60	Édition, audiovisuel et diffusion	63 577	72 832	83 006	85 596	83 011	84 970	82 952	80 395
61	Télécommunications	122 633	126 677	135 894	141 557	142 456	138 012	129 599	120 760
62-63	Technologies de l'information et informatique	62 576	77 579	93 317	118 705	132 415	140 318	143 683	154 000
64-66	**Activités financières et d'assurance**	**196 925**	**211 133**	**230 627**	**261 830**	**284 111**	**286 989**	**306 817**	**321 035**
68-82	**Immobilier, locations et activités de services aux entreprises**	**772 926**	**843 107**	**905 673**	**1 048 609**	**1 194 639**	**1 162 383**	**1 162 943**	**1 189 568**
68	Activités immobilières	327 965	363 609	396 104	441 131	522 021	525 090	543 535	552 446
69-82	Activ. spécialis., scient., tech. ; serv. admin. et de soutien	444 961	479 498	509 569	607 478	672 618	637 293	619 408	637 122
69-75	Activités professionnelles, scientifiques et techniques	317 394	345 012	361 159	430 397	481 924	450 555	446 785	465 837
69-71	Activités juridiques et comptables, d'architecture et d'ingénierie	178 893	191 805	206 385	255 396	291 205	290 929	287 095	294 885
73-75	Autres activités professionnelles, scientifiques et techniques	125 409	138 479	139 511	157 957	172 138	140 382	140 487	149 317
77-82	Activités de services administratifs et de soutien	127 567	134 486	148 410	177 081	190 694	186 738	172 623	171 285
84-99	Services collectifs, sociaux et personnels	762 403	803 562	851 926	902 328	948 592	985 405	985 866	982 694
84-88	Administration publique, enseignement, santé humaine et action social	625 445	665 528	696 196	735 887	781 480	818 881	818 076	809 302
84	**Administration publique et défense ; sécurité sociale obligatoire**	**308 232**	**327 292**	**335 889**	**348 052**	**367 421**	**380 614**	**377 734**	**360 250**
85	**Éducation**	**148 284**	**157 378**	**168 449**	**178 691**	**186 798**	**193 901**	**193 670**	**198 874**
86-88	**Santé humaine et action sociale**	**168 929**	**180 858**	**191 858**	**209 144**	**227 261**	**244 366**	**246 672**	**250 178**
90-99	Autres activités de services	136 958	138 034	155 730	166 441	167 112	166 524	167 790	173 392
90-93	**Arts, spectacles et loisirs**	**71 563**	**73 940**	**85 735**	**89 229**	**93 974**	**94 486**	**92 289**	**96 309**
94-96	**Autres activités de services**	**64 972**	**63 659**	**69 501**	**76 772**	**72 709**	**71 549**	**75 011**	**76 578**
97-98	**Activités des ménages en tant qu'employeurs et pour usage propre**	**423**	**435**	**494**	**440**	**429**	**489**	**490**	**505**
99	**Activités extra-territoriales**	..	..	..	..	..	..	..	..
05-39	**INDUSTRIES MANUFACTURIÈRES ET ÉNERGIE**	**3 172 885**	**3 397 662**	**3 886 857**	**4 200 418**	**4 251 364**	**3 574 619**	**3 915 371**	**4 227 860**
24-33x	**Industrie du métal ; réparation**	**1 556 264**	**1 677 856**	**1 987 498**	**2 222 881**	**2 188 736**	**1 765 386**	**2 024 649**	**2 241 148**
45-99	**TOTAL SERVICES**	**3 193 389**	**3 385 684**	**3 680 572**	**4 079 580**	**4 364 271**	**4 285 436**	**4 356 780**	**4 435 515**
45-82	**SERVICES DU SECTEUR DES ENTREPRISES**	**2 430 986**	**2 582 122**	**2 828 646**	**3 177 252**	**3 415 679**	**3 300 031**	**3 370 914**	**3 452 821**
45-82x	**SERVICES DU SECTEUR DES ENTREPRISES sauf activités immobilières**	**2 103 021**	**2 218 513**	**2 432 542**	**2 736 121**	**2 893 658**	**2 774 941**	**2 827 379**	**2 900 375**
05-82x	**SECTEUR DES ENTREPRISES NON-AGRICOLES sauf activités immobilières**	**5 901 821**	**6 278 073**	**7 083 087**	**7 839 545**	**8 068 100**	**7 212 025**	**7 592 787**	**7 938 249**
ENERGYP	**Activités génératrices d'énergie**	**386 696**	**455 946**	**524 150**	**519 033**	**591 813**	**528 988**	**566 625**	**581 273**

.. Non disponible

Note : Voir les métadonnées détaillées sur : http://metalinks.oecd.org/stan/20141219/5503.

Informations sur les données concernant Israël : http://oe.cd/israel-disclaimer.

Responsabilité : http://oe.cd/disclaimer

RÉPUBLIQUE TCHÈQUE

Tableau 2. Valeur ajoutée, prix courants

CITI Rév. 4

Millions CZK

		2004	2005	2006	2007	2008	2009	2010	2011
	TOTAL	2 644 465	2 807 821	3 037 204	3 304 348	3 479 922	3 390 231	3 428 965	3 462 434
01-03	AGRICULTURE, SYLVICULTURE ET PÊCHE	72 820	71 691	74 434	79 068	80 293	65 122	56 699	74 618
05-09	INDUSTRIES EXTRACTIVES	32 672	35 783	40 695	44 342	50 355	42 997	43 044	45 334
10-33	ACTIVITÉS DE FABRICATION	667 761	716 877	776 768	848 243	846 306	764 613	786 305	824 567
10-12	Produits alimentaires, boissons et tabac	86 595	84 831	83 064	81 115	82 975	92 597	83 372	82 419
13-15	Textiles, habillement, cuir et articles de cuir	26 146	26 186	26 977	27 078	29 018	26 658	21 295	22 227
16-18	Bois, papier, imprimerie et reproduction de supports enregistrés	53 014	50 998	54 829	61 055	61 520	53 675	54 603	51 323
19-23	Produits chimiques, caoutchouc, plastique, minéraux	131 503	139 884	152 027	161 294	163 166	145 638	148 598	150 824
20-21	Produits chimiques et pharmaceutiques	37 886	43 007	41 075	43 369	42 514	35 070	43 556	43 844
22-23	Produits en caoutchouc et en plastique, autres produits minéraux	86 742	91 247	105 015	111 977	112 687	108 915	102 837	105 246
24-25	Produits métalliques de base et ouvrages en métaux	111 282	128 738	133 294	142 136	139 827	107 903	110 637	122 103
241x2431	Métaux ferreux	..	..	..	..	..	..	..	..
242x2432	Métaux non ferreux	..	..	..	..	..	..	..	..
26-28	Machines et matériel	105 989	119 807	139 223	164 706	161 003	144 073	152 970	162 635
26	Ordinateurs, articles électroniques et optiques	22 226	24 553	25 890	28 248	26 237	19 950	22 377	22 986
262	Fabrication d'ordinateurs et d'équipements périphériques	..	..	..	..	..	..	..	..
27	Équipements électriques	36 288	38 309	45 878	53 997	51 469	49 852	55 416	61 285
28	Machines et équipements n.c.a.	47 475	56 945	67 455	82 461	83 297	74 271	75 177	78 364
29-30	Matériel de transport	101 471	111 386	127 676	144 245	141 863	131 635	151 191	165 724
29	Automobiles, remorques et semi-remorques	93 289	102 956	119 057	133 200	130 303	117 683	137 729	150 914
30	Autres matériels de transport	8 182	8 430	8 619	11 045	11 560	13 952	13 462	14 810
31-33	Meubles ; réparation et installation de machines et de matériel	51 761	55 047	59 678	66 614	66 934	62 434	63 639	67 312
31-32	Meubles, autres activités manufacturières	26 978	28 396	29 780	31 361	30 368	29 295	29 686	30 454
33	Réparation et installation de machines et d'équipements	24 783	26 651	29 898	35 253	36 566	33 139	33 953	36 858
35-39	ÉLECTRICITÉ, GAZ, EAU ET TRAITEMENT DES DÉCHETS	120 290	124 791	144 495	154 826	188 842	211 037	185 463	176 264
35	Production et distribution d'électricité, de gaz, de vapeur et d'air conditionné	85 923	92 167	110 653	118 145	149 162	170 389	144 182	134 607
36-39	Distribution d'eau ; assainissement, gestion des déchets et dépollution	34 367	32 624	33 842	36 681	39 680	40 648	41 281	41 657
41-43	CONSTRUCTION	182 301	189 292	199 158	224 875	235 658	242 216	250 680	234 436
45-56	commerce, transports, hébergement et restauration	569 688	593 189	647 239	690 162	701 890	643 782	669 609	678 554
45-47	Commerce de gros et de détail ; réparations automobiles et motocycles	308 376	338 185	375 453	394 329	403 884	362 557	385 477	396 356
49-53	Transports et entreposage	189 463	189 951	207 005	222 745	225 995	215 423	220 537	216 571
55-56	Activités d'hébergement et de restauration	71 849	65 053	64 781	73 088	72 011	65 802	63 595	65 627
58-63	Information et communication	119 647	135 006	150 846	169 263	177 179	176 277	174 973	175 347
58-60	Édition, audiovisuel et diffusion	24 681	28 566	31 782	33 990	33 885	31 971	33 151	32 115
61	Télécommunications	64 360	65 962	71 981	75 597	75 998	73 095	69 463	64 971
62-63	Technologies de l'information et informatique	30 606	40 478	47 083	59 676	67 296	71 211	72 359	78 261
64-66	Activités financières et d'assurance	86 664	81 532	91 324	113 313	139 269	150 280	163 218	167 642
68-82	Immobilier, locations et activités de services aux entreprises	325 585	362 883	386 529	424 549	479 482	487 417	489 606	475 687
68	Activités immobilières	155 245	176 361	190 612	201 399	230 488	252 618	250 293	234 330
69-82	Activ. spécialis., scient., tech. ; serv. admin. et de soutien	170 340	186 522	195 917	223 150	248 994	234 799	239 313	241 357
69-75	Activités professionnelles, scientifiques et techniques	123 677	138 695	142 902	158 286	175 657	167 810	171 621	177 183
69-71	Activités juridiques et comptables, d'architecture et d'ingénierie	81 999	95 516	94 723	112 343	122 849	119 130	120 424	122 771
73-75	Autres activités professionnelles, scientifiques et techniques	33 992	34 319	38 866	35 727	41 986	37 210	40 047	41 383
77-82	Activités de services administratifs et de soutien	46 663	47 827	53 015	64 864	73 337	66 989	67 692	64 174
84-99	Services collectifs, sociaux et personnels	467 037	496 777	525 716	555 707	580 648	606 490	609 368	609 985
84-88	Administration publique, enseignement, santé humaine et action social	400 533	429 400	449 921	475 425	502 608	526 237	527 320	524 817
84	Administration publique et défense ; sécurité sociale obligatoire	186 259	197 389	207 035	219 522	229 095	238 398	238 651	227 922
85	Éducation	108 871	117 110	123 949	132 644	138 031	142 506	142 822	146 749
86-88	Santé humaine et action sociale	105 403	114 901	118 937	123 259	135 482	145 333	145 847	150 146
90-99	Autres activités de services	66 504	67 377	75 795	80 282	78 040	80 253	82 048	85 168
90-93	Arts, spectacles et loisirs	31 675	32 924	36 833	37 798	38 515	40 736	39 496	41 238
94-96	Autres activités de services	34 406	34 018	38 468	42 044	39 096	39 028	42 062	43 425
97-98	Activités des ménages en tant qu'employeurs et pour usage propre	423	435	494	440	429	489	490	505
99	Activités extra-territoriales	..	..	..	..	..	..	..	..
05-39	INDUSTRIES MANUFACTURIÈRES ET ÉNERGIE	820 723	877 451	961 958	1 047 411	1 085 503	1 018 647	1 014 812	1 046 165
24-33x	Industrie du métal ; réparation	343 525	386 582	430 091	486 340	479 259	416 750	448 751	487 320
45-99	TOTAL SERVICES	1 568 621	1 669 387	1 801 654	1 952 994	2 078 468	2 064 246	2 106 774	2 107 215
45-82	SERVICES DU SECTEUR DES ENTREPRISES	1 101 584	1 172 610	1 275 938	1 397 287	1 497 820	1 457 756	1 497 406	1 497 230
45-82x	SERVICES DU SECTEUR DES ENTREPRISES sauf activités immobilières	946 339	996 249	1 085 326	1 195 888	1 267 332	1 205 138	1 247 113	1 262 900
05-82x	SECTEUR DES ENTREPRISES NON-AGRICOLES sauf activités immobilières	1 949 363	2 062 992	2 246 442	2 468 174	2 588 493	2 466 001	2 512 605	2 543 501
ENERGYP	Activités génératrices d'énergie	118 183	125 219	148 113	158 092	196 786	204 917	180 963	173 075

.. Non disponible

Note : Voir les métadonnées détaillées sur : http://metalinks.oecd.org/stan/20141219/5503.

Informations sur les données concernant Israël : http://oe.cd/israel-disclaimer.

Responsabilité : http://oe.cd/disclaimer

RÉPUBLIQUE TCHÈQUE

Tableau 3. Valeur ajoutée, volumes

CITI Rév. 4

Millions 2005 CZK

		2004	2005	2006	2007	2008	2009	2010	2011
	TOTAL	2 624 445	2 807 821	3 024 003	3 190 042	3 319 527	3 148 397	3 247 319	3 307 990
01-03	AGRICULTURE, SYLVICULTURE ET PÊCHE	68 522	71 691	67 475	52 775	56 634	71 609	52 591	49 676
05-09	INDUSTRIES EXTRACTIVES	41 629	35 783	40 801	39 990	35 178	31 243	28 890	26 874
10-33	ACTIVITÉS DE FABRICATION	601 880	716 877	846 515	911 858	1 009 021	853 496	961 630	1 039 201
10-12	Produits alimentaires, boissons et tabac	72 049	84 831	89 112	80 261	79 010	73 689	74 736	76 123
13-15	Textiles, habillement, cuir et articles de cuir	19 004	26 186	29 088	23 869	31 120	26 637	21 571	21 141
16-18	Bois, papier, imprimerie et reproduction de supports enregistrés	49 438	50 998	57 626	61 712	66 697	58 403	65 359	61 066
19-23	Produits chimiques, caoutchouc, plastique, minéraux	119 493	139 884	178 769	196 571	233 129	205 702	217 279	212 644
20-21	Produits chimiques et pharmaceutiques	34 795	43 007	41 599	49 100	59 490	52 197	58 551	55 573
22-23	Produits en caoutchouc et en plastique, autres produits minéraux	82 385	91 247	111 651	122 470	135 634	118 345	124 304	127 737
24-25	Produits métalliques de base et ouvrages en métaux	112 544	128 738	139 242	131 275	121 233	102 937	117 030	123 963
241x2431	Métaux ferreux	..	..	..	..	..	..	..	..
242x2432	Métaux non ferreux	..	..	..	..	..	..	..	..
26-28	Machines et matériel	95 832	119 807	142 194	170 058	186 620	145 369	179 251	207 400
26	Ordinateurs, articles électroniques et optiques	19 036	24 553	24 533	24 436	19 607	12 720	23 185	27 631
262	Fabrication d'ordinateurs et d'équipements périphériques	..	..	..	..	..	..	..	..
27	Équipements électriques	34 465	38 309	47 015	56 326	60 232	53 172	63 533	73 750
28	Machines et équipements n.c.a.	42 572	56 945	70 646	89 810	109 283	82 598	90 884	103 965
29-30	Matériel de transport	88 313	111 386	147 035	176 403	220 209	178 117	225 185	275 380
29	Automobiles, remorques et semi-remorques	80 713	102 956	138 161	165 303	210 279	166 420	215 005	263 273
30	Autres matériels de transport	7 677	8 430	8 874	11 048	10 628	10 684	11 012	13 288
31-33	Meubles ; réparation et installation de machines et de matériel	46 749	55 047	63 449	72 875	81 086	68 946	72 148	77 570
31-32	Meubles, autres activités manufacturières	22 979	28 396	32 997	37 215	44 698	38 856	42 062	45 610
33	Réparation et installation de machines et d'équipements	23 921	26 651	30 452	35 605	36 816	30 722	31 170	33 261
35-39	ÉLECTRICITÉ, GAZ, EAU ET TRAITEMENT DES DÉCHETS	124 693	124 791	125 167	126 158	142 521	135 065	117 594	110 122
35	Production et distribution d'électricité, de gaz, de vapeur et d'air conditionné	88 554	92 167	92 502	92 815	108 230	97 909	88 146	82 169
36-39	Distribution d'eau ; assainissement, gestion des déchets et dépollution	36 219	32 624	32 665	33 408	33 826	37 530	28 013	26 651
41-43	CONSTRUCTION	190 022	189 292	193 178	205 334	203 525	200 436	210 030	200 302
45-56	commerce, transports, hébergement et restauration	569 799	593 189	643 675	690 684	665 107	625 017	649 505	673 540
45-47	Commerce de gros et de détail ; réparations automobiles et motocycles	302 570	338 185	369 572	398 973	379 500	365 290	387 819	416 402
49-53	Transports et entreposage	190 157	189 951	212 363	222 589	221 662	208 936	215 184	207 543
55-56	Activités d'hébergement et de restauration	79 031	65 053	61 740	68 823	63 754	51 173	48 390	51 587
58-63	Information et communication	118 644	135 006	148 994	164 964	172 298	167 434	168 973	169 267
58-60	Édition, audiovisuel et diffusion	25 004	28 566	31 924	33 758	35 627	32 286	33 118	30 754
61	Télécommunications	64 567	65 962	69 994	73 601	73 614	72 616	70 683	66 809
62-63	Technologies de l'information et informatique	29 358	40 478	47 076	57 708	63 152	62 408	64 810	70 612
64-66	Activités financières et d'assurance	89 464	81 532	91 012	107 770	124 440	134 960	138 062	140 389
68-82	Immobilier, locations et activités de services aux entreprises	335 048	362 883	367 232	391 832	417 617	403 967	415 620	423 076
68	Activités immobilières	158 422	176 361	186 109	191 141	206 525	214 503	217 836	221 110
69-82	Activ. spécialis., scient., tech. ; serv. admin. et de soutien	176 699	186 522	181 123	200 296	210 824	190 014	198 217	202 376
69-75	Activités professionnelles, scientifiques et techniques	127 849	138 695	131 110	141 426	146 500	133 492	140 375	144 457
69-71	Activités juridiques et comptables, d'architecture et d'ingénierie	83 979	95 516	86 931	100 763	103 040	98 078	101 022	103 615
73-75	Autres activités professionnelles, scientifiques et techniques	35 575	34 319	35 387	31 791	34 077	26 075	29 677	29 268
77-82	Activités de services administratifs et de soutien	48 898	47 827	50 013	58 970	64 471	56 576	57 830	57 855
84-99	Services collectifs, sociaux et personnels	497 026	496 777	499 954	503 766	501 735	501 833	503 095	497 778
84-88	Administration publique, enseignement, santé humaine et action social	426 932	429 400	425 461	429 082	433 892	436 506	437 672	430 320
84	Administration publique et défense ; sécurité sociale obligatoire	198 866	197 389	200 375	204 361	211 083	216 692	218 362	215 208
85	Éducation	115 200	117 110	119 658	122 988	124 203	123 939	127 141	126 941
86-88	Santé humaine et action sociale	112 874	114 901	105 428	102 114	99 462	97 431	94 673	91 306
90-99	Autres activités de services	70 062	67 377	74 493	74 669	67 628	65 102	65 200	67 121
90-93	Arts, spectacles et loisirs	33 448	32 924	36 067	34 895	33 056	31 734	30 748	31 904
94-96	Autres activités de services	36 181	34 018	37 944	39 366	34 177	32 927	34 102	34 853
97-98	Activités des ménages en tant qu'employeurs et pour usage propre	431	435	482	418	383	433	427	433
99	Activités extra-territoriales	..	..	..	..	..	..	..	..
05-39	INDUSTRIES MANUFACTURIÈRES ET ÉNERGIE	763 015	877 451	1 012 483	1 075 944	1 183 938	1 024 746	1 091 479	1 143 795
24-33x	Industrie du métal ; réparation	319 699	386 582	458 923	512 504	556 963	452 534	543 334	623 919
45-99	TOTAL SERVICES	1 608 857	1 669 387	1 750 867	1 857 916	1 881 883	1 835 620	1 876 423	1 903 301
45-82	SERVICES DU SECTEUR DES ENTREPRISES	1 112 759	1 172 610	1 250 913	1 354 977	1 381 580	1 334 346	1 374 949	1 408 573
45-82x	SERVICES DU SECTEUR DES ENTREPRISES sauf activités immobilières	954 231	996 249	1 064 804	1 163 886	1 174 811	1 119 087	1 156 633	1 187 106
05-82x	SECTEUR DES ENTREPRISES NON-AGRICOLES sauf activités immobilières	1 902 845	2 062 992	2 270 465	2 446 142	2 559 495	2 352 197	2 465 099	2 533 665
ENERGYP	Activités génératrices d'énergie	122 182	125 219	150 306	147 048	168 634	152 563	137 616	124 963

.. Non disponible

Note : Voir les métadonnées détaillées sur : http://metalinks.oecd.org/stan/20141219/5503.

Informations sur les données concernant Israël : http://oe.cd/israel-disclaimer.

Responsabilité : http://oe.cd/disclaimer

RÉPUBLIQUE TCHÈQUE

Tableau 4. Formation brute de capital fixe, prix courants

CITI Rév. 4

Millions CZK

		2004	2005	2006	2007	2008	2009	2010	2011
	TOTAL	**759 293**	**804 594**	**860 157**	**989 608**	**1 031 182**	**926 081**	**932 524**	**917 338**
01-03	**AGRICULTURE, SYLVICULTURE ET PÊCHE**	**19 108**	**19 175**	**20 309**	**26 850**	**24 920**	**19 771**	**20 954**	**30 531**
05-09	**INDUSTRIES EXTRACTIVES**	**9 022**	**9 321**	**9 881**	**11 293**	**14 377**	**14 635**	**11 604**	**16 380**
10-33	**ACTIVITÉS DE FABRICATION**	**187 411**	**180 971**	**181 379**	**221 087**	**210 717**	**149 551**	**131 631**	**156 823**
10-12	Produits alimentaires, boissons et tabac	24 442	19 063	20 359	21 396	16 219	16 782	13 532	14 340
13-15	Textiles, habillement, cuir et articles de cuir	6 516	4 034	4 226	5 571	4 348	2 401	2 361	4 346
16-18	Bois, papier, imprimerie et reproduction de supports enregistrés	13 027	14 111	13 237	17 208	15 488	11 013	12 391	11 754
19-23	Produits chimiques, caoutchouc, plastique, minéraux	39 066	38 289	38 996	45 979	40 889	29 191	22 936	28 589
20-21	Produits chimiques et pharmaceutiques	10 075	10 180	9 786	14 145	11 665	9 143	8 940	9 418
22-23	Produits en caoutchouc et en plastique, autres produits minéraux	27 758	26 858	27 152	29 315	27 540	17 501	12 445	18 291
24-25	Produits métalliques de base et ouvrages en métaux	21 810	23 262	26 389	33 945	39 767	23 416	22 437	22 852
241x2431	Métaux ferreux	..	..	..	..	..	..	..	..
242x2432	Métaux non ferreux	..	..	..	..	..	..	..	..
26-28	Machines et matériel	32 375	30 866	34 019	42 028	41 169	29 213	25 350	29 321
26	Ordinateurs, articles électroniques et optiques	6 086	5 750	8 414	12 271	10 904	6 473	6 041	5 261
262	Fabrication d'ordinateurs et d'équipements périphériques	..	..	..	..	..	..	..	..
27	Équipements électriques	11 594	8 739	9 658	9 456	9 130	8 262	7 592	9 280
28	Machines et équipements n.c.a.	14 695	16 377	15 947	20 301	21 135	14 478	11 717	14 780
29-30	Matériel de transport	42 348	43 105	34 665	44 357	42 882	29 481	20 714	36 879
29	Automobiles, remorques et semi-remorques	40 751	41 505	32 967	41 953	40 250	26 781	18 425	34 015
30	Autres matériels de transport	1 597	1 600	1 698	2 404	2 632	2 700	2 289	2 864
31-33	Meubles ; réparation et installation de machines et de matériel	7 827	8 241	9 488	10 603	9 955	8 054	11 910	8 742
31-32	Meubles, autres activités manufacturières	3 909	4 110	4 769	5 234	4 991	4 191	5 286	5 100
33	Réparation et installation de machines et d'équipements	3 918	4 131	4 719	5 369	4 964	3 863	6 624	3 642
35-39	**ÉLECTRICITÉ, GAZ, EAU ET TRAITEMENT DES DÉCHETS**	**35 556**	**40 607**	**43 668**	**61 250**	**66 568**	**78 191**	**109 211**	**84 524**
35	Production et distribution d'électricité, de gaz, de vapeur et d'air conditionné	21 991	26 437	31 219	46 003	50 392	61 196	95 129	68 042
36-39	Distribution d'eau ; assainissement, gestion des déchets et dépollution	13 565	14 170	12 449	15 247	16 176	16 995	14 082	16 482
41-43	**CONSTRUCTION**	**25 623**	**24 836**	**26 459**	**31 598**	**39 847**	**32 235**	**37 772**	**32 197**
45-56	commerce, transports, hébergement et restauration	155 973	193 617	196 657	209 573	225 999	193 707	177 260	175 268
45-47	**Commerce de gros et de détail ; réparations automobiles et motocycles**	**56 957**	**68 631**	**65 174**	**70 659**	**72 880**	**61 198**	**61 352**	**61 621**
49-53	**Transports et entreposage**	**89 080**	**113 930**	**119 210**	**128 604**	**144 386**	**124 824**	**110 501**	**105 318**
55-56	**Activités d'hébergement et de restauration**	**9 936**	**11 056**	**12 273**	**10 310**	**8 733**	**7 685**	**5 407**	**8 329**
58-63	**Information et communication**	**34 931**	**34 526**	**40 267**	**43 091**	**37 732**	**43 188**	**43 763**	**29 501**
58-60	Édition, audiovisuel et diffusion	10 248	9 414	10 954	13 188	13 748	10 558	10 645	10 063
61	Télécommunications	17 440	17 979	21 517	20 865	14 629	20 788	22 563	6 969
62-63	Technologies de l'information et informatique	7 243	7 133	7 796	9 038	9 355	11 842	10 555	12 469
64-66	**Activités financières et d'assurance**	**16 115**	**13 698**	**17 038**	**17 499**	**24 177**	**15 835**	**18 672**	**24 275**
68-82	**Immobilier, locations et activités de services aux entreprises**	**168 672**	**187 808**	**209 816**	**253 175**	**265 458**	**233 823**	**245 820**	**235 026**
68	Activités immobilières	137 277	153 120	171 281	211 586	210 689	190 998	198 938	175 285
69-82	Activ. spécialis., scient., tech. ; serv. admin. et de soutien	31 395	34 688	38 535	41 589	54 769	42 825	46 882	59 741
69-75	Activités professionnelles, scientifiques et techniques	17 675	19 990	21 632	21 263	30 289	27 207	32 661	39 013
69-71	Activités juridiques et comptables, d'architecture et d'ingénierie	10 982	12 381	13 250	13 887	21 993	19 096	22 163	21 156
73-75	Autres activités professionnelles, scientifiques et techniques	4 635	4 990	5 067	3 785	5 541	5 162	7 779	14 088
77-82	Activités de services administratifs et de soutien	13 720	14 698	16 903	20 326	24 480	15 618	14 221	20 728
84-99	Services collectifs, sociaux et personnels	106 882	100 035	114 683	114 192	121 387	145 145	135 837	132 813
84-88	Administration publique, enseignement, santé humaine et action social	92 875	81 810	98 725	97 450	103 271	125 920	121 928	115 038
84	**Administration publique et défense ; sécurité sociale obligatoire**	**61 938**	**51 567**	**66 439**	**63 569**	**67 085**	**85 485**	**80 509**	**70 553**
85	**Éducation**	**9 822**	**12 219**	**13 233**	**16 997**	**17 680**	**16 212**	**16 424**	**19 532**
86-88	**Santé humaine et action sociale**	**21 115**	**18 024**	**19 053**	**16 884**	**18 506**	**24 223**	**24 995**	**24 953**
90-99	Autres activités de services	14 007	18 225	15 958	16 742	18 116	19 225	13 909	17 775
90-93	**Arts, spectacles et loisirs**	**10 277**	**13 553**	**10 607**	**11 596**	**13 216**	**13 912**	**9 770**	**12 334**
94-96	**Autres activités de services**	**3 730**	**4 672**	**5 351**	**5 146**	**4 900**	**5 313**	**4 139**	**5 441**
97-98	**Activités des ménages en tant qu'employeurs et pour usage propre**	**0**	**0**	**0**	**0**	**0**	**0**	**0**	**0**
99	**Activités extra-territoriales**	**0**	**0**	**0**	**0**	**0**	**0**	**0**	**0**
05-39	**INDUSTRIES MANUFACTURIÈRES ET ÉNERGIE**	**231 989**	**230 899**	**234 928**	**293 630**	**291 662**	**242 377**	**252 446**	**257 727**
24-33x	**Industrie du métal ; réparation**	**100 451**	**101 364**	**99 792**	**125 699**	**128 782**	**85 973**	**75 125**	**92 694**
45-99	**TOTAL SERVICES**	**482 573**	**529 684**	**578 461**	**637 530**	**674 753**	**631 698**	**621 352**	**596 883**
45-82	**SERVICES DU SECTEUR DES ENTREPRISES**	**375 691**	**429 649**	**463 778**	**523 338**	**553 366**	**486 553**	**485 515**	**464 070**
45-82x	**SERVICES DU SECTEUR DES ENTREPRISES sauf activités immobilières**	**238 414**	**276 529**	**292 497**	**311 752**	**342 677**	**295 555**	**286 577**	**288 785**
05-82x	**SECTEUR DES ENTREPRISES NON-AGRICOLES sauf activités immobilières**	**496 026**	**532 264**	**553 884**	**636 980**	**674 186**	**570 167**	**576 795**	**578 709**
ENERGYP	**Activités génératrices d'énergie**	**28 714**	**33 541**	**39 646**	**55 522**	**62 101**	**74 168**	**105 649**	**81 311**

.. Non disponible

Note : Voir les métadonnées détaillées sur : http://metalinks.oecd.org/stan/20141219/5503.

Informations sur les données concernant Israël : http://oe.cd/israel-disclaimer.

Responsabilité : http://oe.cd/disclaimer

Tableau 5. Nombre de personnes engagées, emploi total

CITI Rév. 4

Milliers

		2004	2005	2006	2007	2008	2009	2010	2011
	TOTAL	**4 815**	**4 915**	**4 981**	**5 086**	**5 204**	**5 111**	**5 059**	**5 072**
01-03	**AGRICULTURE, SYLVICULTURE ET PÊCHE**	**197**	**185**	**182**	**173**	**177**	**171**	**161**	**164**
05-09	**INDUSTRIES EXTRACTIVES**	**44**	**43**	**44**	**41**	**43**	**37**	**36**	**35**
10-33	**ACTIVITÉS DE FABRICATION**	**1 281**	**1 319**	**1 324**	**1 360**	**1 375**	**1 255**	**1 228**	**1 267**
10-12	Produits alimentaires, boissons et tabac	150	145	140	130	131	133	130	125
13-15	Textiles, habillement, cuir et articles de cuir	104	101	89	83	78	67	62	62
16-18	Bois, papier, imprimerie et reproduction de supports enregistrés	129	120	122	119	121	115	112	109
19-23	Produits chimiques, caoutchouc, plastique, minéraux	187	195	204	201	207	187	182	184
20-21	Produits chimiques et pharmaceutiques	43	45	44	42	42	44	45	43
22-23	Produits en caoutchouc et en plastique, autres produits minéraux	140	146	156	156	161	141	134	138
24-25	Produits métalliques de base et ouvrages en métaux	219	234	225	233	242	216	213	224
241x2431	Métaux ferreux	..	..	..	..	..	..	..	..
242x2432	Métaux non ferreux	..	..	..	..	..	..	..	..
26-28	Machines et matériel	239	253	269	297	296	256	250	266
26	Ordinateurs, articles électroniques et optiques	41	44	48	52	53	45	41	41
262	Fabrication d'ordinateurs et d'équipements périphériques	..	..	..	..	..	..	..	..
27	Équipements électriques	86	89	96	100	99	89	92	103
28	Machines et équipements n.c.a.	112	121	125	145	144	122	116	123
29-30	Matériel de transport	130	147	154	172	174	158	160	174
29	Automobiles, remorques et semi-remorques	116	131	140	155	156	138	141	154
30	Autres matériels de transport	15	15	14	17	18	20	19	20
31-33	Meubles ; réparation et installation de machines et de matériel	122	123	123	124	124	122	121	123
31-32	Meubles, autres activités manufacturières	77	77	74	74	72	70	69	69
33	Réparation et installation de machines et d'équipements	46	46	48	51	52	52	52	54
35-39	**ÉLECTRICITÉ, GAZ, EAU ET TRAITEMENT DES DÉCHETS**	**90**	**89**	**85**	**86**	**88**	**88**	**86**	**88**
35	Production et distribution d'électricité, de gaz, de vapeur et d'air conditionné	36	37	34	32	32	32	30	32
36-39	Distribution d'eau ; assainissement, gestion des déchets et dépollution	54	52	51	54	56	56	55	56
41-43	**CONSTRUCTION**	**448**	**456**	**456**	**458**	**474**	**490**	**483**	**469**
45-56	commerce, transports, hébergement et restauration	1 159	1 182	1 210	1 228	1 258	1 271	1 267	1 273
45-47	**Commerce de gros et de détail ; réparations automobiles et motocycles**	**665**	**690**	**709**	**716**	**741**	**747**	**754**	**765**
49-53	**Transports et entreposage**	**311**	**309**	**312**	**319**	**319**	**316**	**307**	**300**
55-56	**Activités d'hébergement et de restauration**	**183**	**183**	**189**	**193**	**197**	**208**	**206**	**208**
58-63	**Information et communication**	**91**	**98**	**105**	**113**	**121**	**129**	**126**	**124**
58-60	Édition, audiovisuel et diffusion	26	29	30	31	30	30	30	28
61	Télécommunications	25	25	24	23	22	22	22	20
62-63	Technologies de l'information et informatique	39	45	51	60	68	76	75	76
64-66	**Activités financières et d'assurance**	**82**	**80**	**84**	**87**	**91**	**92**	**92**	**93**
68-82	**Immobilier, locations et activités de services aux entreprises**	**433**	**460**	**478**	**505**	**522**	**525**	**526**	**518**
68	Activités immobilières	75	86	94	102	106	104	104	102
69-82	Activ. spécialis., scient., tech. ; serv. admin. et de soutien	358	374	384	403	415	421	422	417
69-75	Activités professionnelles, scientifiques et techniques	226	242	248	259	269	275	277	280
69-71	Activités juridiques et comptables, d'architecture et d'ingénierie	147	160	161	181	178	181	183	182
73-75	Autres activités professionnelles, scientifiques et techniques	61	64	69	59	72	75	76	77
77-82	Activités de services administratifs et de soutien	133	132	136	144	146	146	145	137
84-99	Services collectifs, sociaux et personnels	989	1 003	1 013	1 035	1 056	1 052	1 053	1 042
84-88	Administration publique, enseignement, santé humaine et action social	834	857	858	874	897	888	887	870
84	**Administration publique et défense ; sécurité sociale obligatoire**	**301**	**301**	**306**	**305**	**305**	**302**	**301**	**284**
85	**Éducation**	**277**	**279**	**285**	**290**	**291**	**291**	**287**	**282**
86-88	**Santé humaine et action sociale**	**256**	**277**	**267**	**279**	**301**	**295**	**299**	**304**
90-99	Autres activités de services	155	146	155	161	159	164	167	172
90-93	**Arts, spectacles et loisirs**	**61**	**60**	**61**	**62**	**62**	**64**	**65**	**66**
94-96	**Autres activités de services**	**93**	**85**	**93**	**99**	**96**	**99**	**101**	**105**
97-98	**Activités des ménages en tant qu'employeurs et pour usage propre**	**1**	**1**	**1**	**1**	**1**	**1**	**1**	**1**
99	**Activités extra-territoriales**	..	..	..	..	..	..	..	..
05-39	**INDUSTRIES MANUFACTURIÈRES ET ÉNERGIE**	**1 416**	**1 451**	**1 453**	**1 487**	**1 506**	**1 380**	**1 350**	**1 390**
24-33x	**Industrie du métal ; réparation**	**634**	**680**	**696**	**753**	**765**	**682**	**674**	**718**
45-99	**TOTAL SERVICES**	**2 755**	**2 824**	**2 890**	**2 969**	**3 048**	**3 070**	**3 065**	**3 050**
45-82	**SERVICES DU SECTEUR DES ENTREPRISES**	**1 766**	**1 821**	**1 877**	**1 933**	**1 991**	**2 018**	**2 011**	**2 008**
45-82x	**SERVICES DU SECTEUR DES ENTREPRISES sauf activités immobilières**	**1 691**	**1 735**	**1 783**	**1 832**	**1 885**	**1 914**	**1 908**	**1 907**
05-82x	**SECTEUR DES ENTREPRISES NON-AGRICOLES sauf activités immobilières**	**3 554**	**3 641**	**3 692**	**3 777**	**3 865**	**3 784**	**3 741**	**3 765**
ENERGYP	**Activités génératrices d'énergie**	**73**	**72**	**69**	**63**	**66**	**61**	**58**	**58**

.. Non disponible

Note : Voir les métadonnées détaillées sur : http://metalinks.oecd.org/stan/20141219/5503.

Informations sur les données concernant Israël : http://oe.cd/israel-disclaimer.

Responsabilité : http://oe.cd/disclaimer

Tableau 6. Coûts de la main-d'oeuvre (rémunération des salariés), prix courants

CITI Rév. 4

Millions CZK

		2004	2005	2006	2007	2008	2009	2010	2011
	TOTAL	1 211 545	1 298 533	1 393 737	1 513 324	1 616 517	1 567 461	1 589 156	1 626 056
01-03	AGRICULTURE, SYLVICULTURE ET PÊCHE	34 111	33 623	35 192	36 340	38 035	35 817	33 739	34 035
05-09	INDUSTRIES EXTRACTIVES	18 711	18 562	19 741	20 673	22 368	19 202	19 366	19 520
10-33	ACTIVITÉS DE FABRICATION	336 835	361 828	390 021	428 090	452 686	405 493	408 690	435 534
10-12	Produits alimentaires, boissons et tabac	36 151	35 284	35 688	37 561	39 245	39 092	39 197	38 061
13-15	Textiles, habillement, cuir et articles de cuir	18 839	18 362	16 906	16 933	15 847	13 401	12 412	13 033
16-18	Bois, papier, imprimerie et reproduction de supports enregistrés	21 969	23 167	24 912	26 775	27 541	25 252	25 365	24 448
19-23	Produits chimiques, caoutchouc, plastique, minéraux	58 465	63 047	67 024	72 792	77 138	68 785	68 741	70 843
20-21	Produits chimiques et pharmaceutiques	14 529	15 717	15 665	16 901	17 864	18 689	19 008	18 450
22-23	Produits en caoutchouc et en plastique, autres produits minéraux	42 489	45 869	49 883	54 497	57 388	48 571	48 272	50 980
24-25	Produits métalliques de base et ouvrages en métaux	57 464	61 163	64 683	70 291	74 403	64 821	67 526	72 375
241x2431	Métaux ferreux	..	..	..	..	..	..	..	..
242x2432	Métaux non ferreux	..	..	..	..	..	..	..	..
26-28	Machines et matériel	69 621	76 248	88 208	99 200	105 311	89 818	88 711	98 410
26	Ordinateurs, articles électroniques et optiques	12 265	13 614	15 748	18 208	19 577	16 606	15 064	15 677
262	Fabrication d'ordinateurs et d'équipements périphériques	..	..	..	..	..	..	..	..
27	Équipements électriques	22 183	23 837	29 517	31 074	31 532	27 150	28 712	34 353
28	Machines et équipements n.c.a.	35 173	38 797	42 943	49 918	54 202	46 062	44 935	48 380
29-30	Matériel de transport	44 712	53 564	58 494	67 754	73 428	66 028	69 196	79 623
29	Automobiles, remorques et semi-remorques	39 635	48 210	52 422	61 072	65 905	57 679	60 829	70 840
30	Autres matériels de transport	5 077	5 354	6 072	6 682	7 523	8 349	8 367	8 783
31-33	Meubles ; réparation et installation de machines et de matériel	29 614	30 993	34 106	36 784	39 773	38 296	37 542	38 741
31-32	Meubles, autres activités manufacturières	14 651	14 960	15 565	16 937	17 679	16 618	16 365	17 006
33	Réparation et installation de machines et d'équipements	14 963	16 033	18 541	19 847	22 094	21 678	21 177	21 735
35-39	ÉLECTRICITÉ, GAZ, EAU ET TRAITEMENT DES DÉCHETS	34 082	35 202	35 689	37 713	38 604	39 258	37 262	40 338
35	Production et distribution d'électricité, de gaz, de vapeur et d'air conditionné	18 717	19 218	18 963	19 377	19 396	19 271	18 091	19 308
36-39	Distribution d'eau ; assainissement, gestion des déchets et dépollution	15 365	15 984	16 726	18 336	19 208	19 987	19 171	21 030
41-43	CONSTRUCTION	77 519	82 476	88 721	97 138	104 821	102 094	103 611	99 574
45-56	commerce, transports, hébergement et restauration	245 118	261 964	281 473	305 931	330 013	320 089	328 467	337 195
45-47	Commerce de gros et de détail ; réparations automobiles et motocycles	134 597	146 888	158 076	173 915	191 790	182 110	192 055	199 981
49-53	Transports et entreposage	86 268	89 617	95 362	101 854	107 936	107 666	106 464	105 594
55-56	Activités d'hébergement et de restauration	24 253	25 459	28 035	30 162	30 287	30 313	29 948	31 620
58-63	Information et communication	44 287	48 890	54 818	62 695	69 980	72 349	72 879	74 190
58-60	Édition, audiovisuel et diffusion	9 734	10 660	11 908	12 954	13 650	14 131	13 027	12 241
61	Télécommunications	15 446	15 474	15 835	15 557	16 134	15 758	15 574	15 550
62-63	Technologies de l'information et informatique	19 107	22 756	27 075	34 184	40 196	42 460	44 278	46 399
64-66	Activités financières et d'assurance	40 539	42 221	46 528	50 894	54 198	52 166	53 748	55 086
68-82	Immobilier, locations et activités de services aux entreprises	88 347	99 938	106 490	116 994	129 898	131 901	135 666	136 133
68	Activités immobilières	10 875	13 121	14 625	14 348	17 347	17 295	16 478	17 538
69-82	Activ. spécialis., scient., tech. ; serv. admin. et de soutien	77 472	86 817	91 865	102 646	112 551	114 606	119 188	118 595
69-75	Activités professionnelles, scientifiques et techniques	52 919	59 951	63 467	71 821	78 308	80 153	82 455	83 122
69-71	Activités juridiques et comptables, d'architecture et d'ingénierie	34 413	39 080	39 639	48 896	51 609	53 243	55 959	56 539
73-75	Autres activités professionnelles, scientifiques et techniques	12 175	13 844	16 359	14 523	18 018	17 672	17 411	16 459
77-82	Activités de services administratifs et de soutien	24 553	26 866	28 398	30 825	34 243	34 453	36 733	35 473
84-99	Services collectifs, sociaux et personnels	291 996	313 829	335 064	356 856	375 914	389 092	395 728	394 451
84-88	Administration publique, enseignement, santé humaine et action social	266 973	288 350	308 115	327 738	344 627	356 986	362 722	360 455
84	Administration publique et défense ; sécurité sociale obligatoire	117 822	126 599	134 305	142 826	147 835	152 316	150 928	139 331
85	Éducation	80 185	86 679	92 580	99 566	102 085	107 210	106 719	110 690
86-88	Santé humaine et action sociale	68 966	75 072	81 230	85 346	94 707	97 460	105 075	110 434
90-99	Autres activités de services	25 023	25 479	26 949	29 118	31 287	32 106	33 006	33 996
90-93	Arts, spectacles et loisirs	13 664	14 413	15 062	15 798	16 612	17 027	17 084	17 179
94-96	Autres activités de services	10 936	10 631	11 393	12 727	14 281	14 590	15 432	16 312
97-98	Activités des ménages en tant qu'employeurs et pour usage propre	423	435	494	440	394	489	490	505
99	Activités extra-territoriales	..	..	..	..	..	..	..	..
05-39	INDUSTRIES MANUFACTURIÈRES ET ÉNERGIE	389 628	415 592	445 451	486 476	513 658	463 953	465 318	495 392
24-33x	Industrie du métal ; réparation	186 760	207 008	229 926	257 092	275 236	242 345	246 610	272 143
45-99	TOTAL SERVICES	710 287	766 842	824 373	893 370	960 003	965 597	986 488	997 055
45-82	SERVICES DU SECTEUR DES ENTREPRISES	418 291	453 013	489 309	536 514	584 089	576 505	590 760	602 604
45-82x	SERVICES DU SECTEUR DES ENTREPRISES sauf activités immobilières	407 416	439 892	474 684	522 166	566 742	559 210	574 282	585 066
05-82x	SECTEUR DES ENTREPRISES NON-AGRICOLES sauf activités immobilières	874 563	937 960	1 008 856	1 105 780	1 185 221	1 125 257	1 143 211	1 180 032
ENERGYP	Activités génératrices d'énergie	33 179	33 546	34 332	35 156	37 166	33 719	32 976	34 251

.. Non disponible

Note : Voir les métadonnées détaillées sur : http://metalinks.oecd.org/stan/20141219/5503.

Informations sur les données concernant Israël : http://oe.cd/israel-disclaimer.

Responsabilité : http://oe.cd/disclaimer

Tableau 1. Production brute, prix courants

CITI Rév. 4

Millions DKK

		2004	2005	2006	2007	2008	2009	2010	2011
	TOTAL	**2 456 477**	**2 658 384**	**2 876 057**	**3 053 601**	**3 206 828**	**2 952 381**	**3 085 177**	**3 228 991**
01-03	**AGRICULTURE, SYLVICULTURE ET PÊCHE**	**65 013**	**60 475**	**62 498**	**65 593**	**67 942**	**65 414**	**77 000**	**82 105**
05-09	**INDUSTRIES EXTRACTIVES**	**42 009**	**57 058**	**64 795**	**65 370**	**74 315**	**50 082**	**57 771**	**69 916**
10-33	**ACTIVITÉS DE FABRICATION**	**507 446**	**548 801**	**585 323**	**622 817**	**656 427**	**549 361**	**561 468**	**592 396**
10-12	Produits alimentaires, boissons et tabac	128 441	133 218	134 192	137 366	146 072	133 311	142 464	144 715
13-15	Textiles, habillement, cuir et articles de cuir	11 311	11 187	11 087	10 955	10 268	8 821	8 930	8 540
16-18	Bois, papier, imprimerie et reproduction de supports enregistrés	36 746	37 422	38 074	39 030	38 665	31 339	29 857	28 849
19-23	Produits chimiques, caoutchouc, plastique, minéraux	113 457	132 804	142 263	149 648	155 669	132 076	148 940	163 024
20-21	Produits chimiques et pharmaceutiques	58 181	66 235	67 211	67 488	71 140	70 894	84 230	89 599
22-23	Produits en caoutchouc et en plastique, autres produits minéraux	38 400	42 732	46 636	51 567	47 303	36 519	33 966	36 119
24-25	Produits métalliques de base et ouvrages en métaux	46 522	49 056	54 666	62 003	64 082	47 772	45 949	49 571
241x2431	Métaux ferreux	5 954	5 227	6 216	8 696	..	..	..	..
242x2432	Métaux non ferreux	3 979	3 757	4 297	4 435	..	..	..	..
26-28	Machines et matériel	116 597	126 583	143 747	161 989	182 006	146 588	135 250	146 885
26	Ordinateurs, articles électroniques et optiques	24 297	26 296	29 141	31 910	27 977	24 321	25 385	25 743
262	Fabrication d'ordinateurs et d'équipements périphériques	1 822	1 918	1 841	1 698	1 469	1 420	..	..
27	Équipements électriques	14 220	15 026	16 715	18 254	20 137	15 126	16 486	16 702
28	Machines et équipements n.c.a.	78 080	85 261	97 891	111 825	133 892	107 141	93 379	104 440
29-30	Matériel de transport	15 984	16 192	16 563	16 866	16 719	12 665	12 430	13 504
29	Automobiles, remorques et semi-remorques	7 395	7 762	7 844	8 232	7 837	5 065	6 263	6 302
30	Autres matériels de transport	8 589	8 430	8 719	8 634	8 881	7 601	6 168	7 202
31-33	Meubles ; réparation et installation de machines et de matériel	38 388	42 339	44 731	44 959	42 946	36 788	37 648	37 309
31-32	Meubles, autres activités manufacturières	29 351	32 382	33 678	32 813	29 098	25 485	27 609	27 466
33	Réparation et installation de machines et d'équipements	9 037	9 957	11 053	12 146	13 848	11 303	10 039	9 843
35-39	**ÉLECTRICITÉ, GAZ, EAU ET TRAITEMENT DES DÉCHETS**	**66 781**	**72 874**	**83 193**	**80 927**	**92 210**	**84 976**	**94 458**	**98 071**
35	Production et distribution d'électricité, de gaz, de vapeur et d'air conditionné	43 747	47 846	57 054	53 667	61 954	53 582	61 967	63 008
36-39	Distribution d'eau ; assainissement, gestion des déchets et dépollution	23 034	25 028	26 139	27 260	30 255	31 394	32 491	35 063
41-43	**CONSTRUCTION**	**173 429**	**186 851**	**215 239**	**223 357**	**219 873**	**190 042**	**180 445**	**196 968**
45-56	commerce, transports, hébergement et restauration	543 231	603 521	668 030	724 402	752 105	655 397	722 913	758 575
45-47	**Commerce de gros et de détail ; réparations automobiles et motocycles**	**276 666**	**296 366**	**330 122**	**349 010**	**360 764**	**334 544**	**353 374**	**375 455**
49-53	**Transports et entreposage**	**226 203**	**263 912**	**289 919**	**323 594**	**337 044**	**269 141**	**318 489**	**328 738**
55-56	**Activités d'hébergement et de restauration**	**40 362**	**43 243**	**47 988**	**51 798**	**54 296**	**51 713**	**51 049**	**54 382**
58-63	**Information et communication**	**126 741**	**134 066**	**141 341**	**148 098**	**152 452**	**151 844**	**152 375**	**158 916**
58-60	Édition, audiovisuel et diffusion	35 892	38 909	40 006	44 542	43 485	41 386	41 141	42 635
61	Télécommunications	47 592	49 211	50 857	47 440	48 226	47 150	45 375	46 042
62-63	Technologies de l'information et informatique	43 257	45 946	50 478	56 116	60 741	63 307	65 859	70 239
64-66	**Activités financières et d'assurance**	**110 625**	**120 682**	**127 517**	**135 934**	**147 030**	**149 365**	**157 360**	**162 025**
68-82	**Immobilier, locations et activités de services aux entreprises**	**347 118**	**381 523**	**412 137**	**449 563**	**475 302**	**454 273**	**461 003**	**489 982**
68	Activités immobilières	177 274	189 204	202 248	215 107	219 062	221 289	228 810	240 004
69-82	Activ. spécialis., scient., tech. ; serv. admin. et de soutien	169 844	192 319	209 889	234 456	256 240	232 984	232 193	249 978
69-75	Activités professionnelles, scientifiques et techniques	110 216	123 507	136 445	153 174	172 028	157 057	153 050	161 243
69-71	Activités juridiques et comptables, d'architecture et d'ingénierie	73 547	82 761	91 916	104 597	114 004	103 901	99 767	110 212
73-75	Autres activités professionnelles, scientifiques et techniques	28 059	31 447	34 503	37 822	39 839	35 132	34 329	33 898
77-82	Activités de services administratifs et de soutien	59 628	68 811	73 444	81 281	84 212	75 927	79 143	88 735
84-99	Services collectifs, sociaux et personnels	474 085	492 533	515 984	537 540	569 173	601 624	620 382	620 037
84-88	Administration publique, enseignement, santé humaine et action social	407 112	421 716	443 950	462 412	491 156	522 904	538 563	536 456
84	**Administration publique et défense ; sécurité sociale obligatoire**	**121 702**	**125 099**	**132 695**	**139 097**	**144 364**	**152 295**	**150 683**	**150 390**
85	**Éducation**	**97 600**	**100 616**	**104 027**	**104 439**	**112 563**	**119 557**	**132 144**	**134 412**
86-88	**Santé humaine et action sociale**	**187 810**	**196 001**	**207 228**	**218 877**	**234 228**	**251 053**	**255 735**	**251 655**
90-99	Autres activités de services	66 973	70 817	72 034	75 128	78 017	78 720	81 819	83 581
90-93	**Arts, spectacles et loisirs**	**31 313**	**33 627**	**34 802**	**36 314**	**38 025**	**37 817**	**39 096**	**40 475**
94-96	**Autres activités de services**	**33 702**	**35 178**	**35 169**	**36 673**	**37 805**	**38 608**	**40 354**	**40 879**
97-98	**Activités des ménages en tant qu'employeurs et pour usage propre**	**1 959**	**2 011**	**2 063**	**2 141**	**2 187**	**2 295**	**2 370**	**2 228**
99	**Activités extra-territoriales**	..	..	..	..	..	..	..	..
05-39	**INDUSTRIES MANUFACTURIÈRES ET ÉNERGIE**	**616 236**	**678 733**	**733 311**	**769 114**	**822 952**	**684 419**	**713 697**	**760 383**
24-33x	**Industrie du métal ; réparation**	**188 140**	**201 788**	**226 029**	**253 004**	**276 655**	**218 328**	**203 668**	**219 803**
45-99	**TOTAL SERVICES**	**1 601 800**	**1 732 325**	**1 865 009**	**1 995 537**	**2 096 062**	**2 012 503**	**2 114 033**	**2 189 535**
45-82	**SERVICES DU SECTEUR DES ENTREPRISES**	**1 127 715**	**1 239 792**	**1 349 025**	**1 457 997**	**1 526 889**	**1 410 879**	**1 493 651**	**1 569 498**
45-82x	**SERVICES DU SECTEUR DES ENTREPRISES sauf activités immobilières**	**950 441**	**1 050 588**	**1 146 777**	**1 242 890**	**1 307 827**	**1 189 590**	**1 264 841**	**1 329 494**
05-82x	**SECTEUR DES ENTREPRISES NON-AGRICOLES sauf activités immobilières**	**1 740 106**	**1 916 172**	**2 095 327**	**2 235 361**	**2 350 652**	**2 064 051**	**2 158 983**	**2 286 845**
ENERGYP	**Activités génératrices d'énergie**	**100 240**	**126 129**	**147 333**	**146 803**	**169 819**	**124 565**	..	..

.. Non disponible

Note : Voir les métadonnées détaillées sur : http://metalinks.oecd.org/stan/20141219/5503.

Informations sur les données concernant Israël : http://oe.cd/israel-disclaimer.

Responsabilité : http://oe.cd/disclaimer

Tableau 2. Valeur ajoutée, prix courants

CITI Rév. 4

Millions DKK

		2004	2005	2006	2007	2008	2009	2010	2011
	TOTAL	**1 252 885**	**1 308 856**	**1 379 449**	**1 435 655**	**1 498 736**	**1 431 293**	**1 516 712**	**1 540 077**
01-03	**AGRICULTURE, SYLVICULTURE ET PÊCHE**	**23 095**	**17 336**	**16 750**	**14 954**	**14 257**	**14 204**	**21 818**	**21 946**
05-09	**INDUSTRIES EXTRACTIVES**	**35 973**	**50 404**	**56 836**	**56 679**	**62 589**	**39 376**	**47 883**	**59 880**
10-33	**ACTIVITÉS DE FABRICATION**	**172 996**	**176 874**	**186 954**	**193 828**	**192 448**	**168 496**	**172 766**	**166 902**
10-12	Produits alimentaires, boissons et tabac	32 340	32 728	30 580	30 599	30 083	29 940	26 777	23 739
13-15	Textiles, habillement, cuir et articles de cuir	3 680	3 124	3 348	3 277	3 101	2 522	2 427	2 498
16-18	Bois, papier, imprimerie et reproduction de supports enregistrés	14 538	14 201	14 336	14 287	13 990	11 302	10 492	9 627
19-23	Produits chimiques, caoutchouc, plastique, minéraux	40 129	44 081	45 967	45 944	44 131	42 316	49 450	51 124
20-21	Produits chimiques et pharmaceutiques	23 207	26 222	25 284	23 510	23 644	27 331	35 689	34 679
22-23	Produits en caoutchouc et en plastique, autres produits minéraux	16 816	17 529	19 428	21 314	18 773	14 567	13 250	15 177
24-25	Produits métalliques de base et ouvrages en métaux	18 932	18 735	20 638	21 345	22 401	18 294	17 651	18 320
241x2431	Métaux ferreux	1 313	1 580	1 973	2 573	..	..	..	..
242x2432	Métaux non ferreux	1 344	996	1 010	991	..	..	..	..
26-28	Machines et matériel	43 462	43 198	49 843	56 812	57 044	46 520	47 229	44 472
26	Ordinateurs, articles électroniques et optiques	11 375	11 870	12 775	14 086	11 472	10 525	11 949	11 388
262	Fabrication d'ordinateurs et d'équipements périphériques	610	651	646	569	418	545	..	..
27	Équipements électriques	5 501	5 031	5 555	6 405	7 595	5 601	6 202	5 727
28	Machines et équipements n.c.a.	26 586	26 297	31 513	36 321	37 977	30 394	29 078	27 357
29-30	Matériel de transport	4 132	4 477	4 586	4 439	4 803	3 073	3 724	3 287
29	Automobiles, remorques et semi-remorques	2 409	2 859	2 967	2 899	2 832	1 750	2 034	1 957
30	Autres matériels de transport	1 723	1 618	1 619	1 541	1 971	1 323	1 690	1 330
31-33	Meubles ; réparation et installation de machines et de matériel	15 782	16 330	17 657	17 124	16 896	14 529	15 017	13 835
31-32	Meubles, autres activités manufacturières	12 218	12 638	13 406	12 793	11 491	9 877	10 789	9 914
33	Réparation et installation de machines et d'équipements	3 564	3 692	4 251	4 331	5 405	4 651	4 228	3 921
35-39	**ÉLECTRICITÉ, GAZ, EAU ET TRAITEMENT DES DÉCHETS**	**33 662**	**34 706**	**37 448**	**36 226**	**37 471**	**35 244**	**41 465**	**37 427**
35	Production et distribution d'électricité, de gaz, de vapeur et d'air conditionné	24 269	25 274	27 931	26 359	26 027	23 807	29 774	25 490
36-39	Distribution d'eau ; assainissement, gestion des déchets et dépollution	9 394	9 431	9 517	9 867	11 444	11 438	11 691	11 937
41-43	**CONSTRUCTION**	**66 225**	**70 898**	**78 980**	**81 301**	**89 639**	**75 989**	**66 146**	**74 172**
45-56	commerce, transports, hébergement et restauration	256 203	265 407	278 075	295 803	295 671	258 815	300 437	297 278
45-47	**Commerce de gros et de détail ; réparations automobiles et motocycles**	**150 354**	**155 560**	**172 391**	**182 893**	**185 842**	**169 733**	**181 264**	**183 935**
49-53	**Transports et entreposage**	**87 799**	**90 961**	**84 556**	**90 398**	**86 734**	**67 419**	**97 877**	**92 667**
55-56	**Activités d'hébergement et de restauration**	**18 049**	**18 885**	**21 129**	**22 512**	**23 095**	**21 663**	**21 296**	**20 675**
58-63	**Information et communication**	**54 470**	**54 788**	**58 456**	**60 283**	**64 502**	**66 374**	**67 928**	**68 812**
58-60	Édition, audiovisuel et diffusion	15 042	16 117	15 925	15 569	16 539	15 119	16 576	16 968
61	Télécommunications	19 427	19 802	20 464	20 188	20 812	20 414	18 470	17 902
62-63	Technologies de l'information et informatique	20 001	18 869	22 067	24 526	27 150	30 842	32 882	33 942
64-66	**Activités financières et d'assurance**	**67 186**	**70 990**	**74 510**	**82 109**	**91 257**	**94 604**	**95 231**	**101 552**
68-82	**Immobilier, locations et activités de services aux entreprises**	**211 764**	**227 875**	**238 131**	**250 627**	**264 871**	**268 181**	**278 479**	**289 851**
68	Activités immobilières	124 544	131 125	136 508	143 690	148 829	154 964	161 306	167 267
69-82	Activ. spécialis., scient., tech. ; serv. admin. et de soutien	87 220	96 750	101 623	106 937	116 042	113 217	117 173	122 584
69-75	Activités professionnelles, scientifiques et techniques	57 244	62 430	66 088	68 357	77 400	76 532	79 781	82 388
69-71	Activités juridiques et comptables, d'architecture et d'ingénierie	41 393	45 284	48 276	51 576	55 128	54 465	57 811	62 107
73-75	Autres activités professionnelles, scientifiques et techniques	11 831	12 955	13 751	13 102	14 745	13 343	12 798	12 394
77-82	Activités de services administratifs et de soutien	29 976	34 320	35 535	38 580	38 641	36 686	37 392	40 195
84-99	Services collectifs, sociaux et personnels	331 310	339 577	353 309	363 848	386 032	410 009	424 560	422 256
84-88	Administration publique, enseignement, santé humaine et action social	288 597	295 115	308 046	317 494	336 909	360 075	372 002	369 628
84	**Administration publique et défense ; sécurité sociale obligatoire**	**79 892**	**81 349**	**84 630**	**88 320**	**92 998**	**98 240**	**95 057**	**94 329**
85	**Éducation**	**72 157**	**73 772**	**76 509**	**76 903**	**82 514**	**87 076**	**97 182**	**98 655**
86-88	**Santé humaine et action sociale**	**136 548**	**139 993**	**146 907**	**152 270**	**161 396**	**174 759**	**179 764**	**176 644**
90-99	Autres activités de services	42 713	44 462	45 263	46 354	49 123	49 934	52 558	52 628
90-93	**Arts, spectacles et loisirs**	**18 656**	**19 445**	**20 298**	**20 511**	**22 360**	**21 923**	**22 792**	**23 022**
94-96	**Autres activités de services**	**22 098**	**23 005**	**22 902**	**23 702**	**24 575**	**25 716**	**27 396**	**27 379**
97-98	**Activités des ménages en tant qu'employeurs et pour usage propre**	**1 959**	**2 011**	**2 063**	**2 141**	**2 187**	**2 295**	**2 370**	**2 228**
99	**Activités extra-territoriales**	..	..	..	..	..	..	..	..
05-39	**INDUSTRIES MANUFACTURIÈRES ET ÉNERGIE**	**242 631**	**261 984**	**281 238**	**286 733**	**292 508**	**243 116**	**262 114**	**264 209**
24-33x	**Industrie du métal ; réparation**	**70 090**	**70 102**	**79 318**	**86 927**	**89 653**	**72 538**	**72 832**	**70 000**
45-99	**TOTAL SERVICES**	**920 933**	**958 637**	**1 002 481**	**1 052 670**	**1 102 333**	**1 097 983**	**1 166 635**	**1 179 749**
45-82	**SERVICES DU SECTEUR DES ENTREPRISES**	**589 623**	**619 060**	**649 172**	**688 822**	**716 301**	**687 974**	**742 075**	**757 493**
45-82x	**SERVICES DU SECTEUR DES ENTREPRISES sauf activités immobilières**	**465 079**	**487 935**	**512 664**	**545 132**	**567 472**	**533 010**	**580 769**	**590 226**
05-82x	**SECTEUR DES ENTREPRISES NON-AGRICOLES sauf activités immobilières**	**773 935**	**820 817**	**872 882**	**913 166**	**949 619**	**852 115**	**909 029**	**928 607**
ENERGYP	**Activités génératrices d'énergie**	**59 305**	**74 960**	**84 788**	**82 922**	**88 963**	**62 219**	..	..

.. Non disponible

Note : Voir les métadonnées détaillées sur : http://metalinks.oecd.org/stan/20141219/5503.

Informations sur les données concernant Israël : http://oe.cd/israel-disclaimer.

Responsabilité : http://oe.cd/disclaimer

DANEMARK

Tableau 3. Valeur ajoutée, volumes

CITI Rév. 4

Millions 2005 DKK

		2004	2005	2006	2007	2008	2009	2010	2011
	TOTAL	1 289 221	1 308 856	1 350 380	1 371 851	1 366 434	1 296 155	1 314 083	1 330 387
01-03	**AGRICULTURE, SYLVICULTURE ET PÊCHE**	19 166	17 336	16 142	15 649	14 175	14 945	14 683	13 854
05-09	**INDUSTRIES EXTRACTIVES**	50 543	50 404	46 542	41 864	38 330	34 381	32 430	28 894
10-33	**ACTIVITÉS DE FABRICATION**	177 253	176 874	185 545	190 854	183 785	158 893	163 835	168 829
10-12	Produits alimentaires, boissons et tabac	35 654	32 728	30 812	31 114	28 563	28 165	26 443	26 188
13-15	Textiles, habillement, cuir et articles de cuir	3 665	3 124	3 439	3 438	3 218	2 568	2 558	2 398
16-18	Bois, papier, imprimerie et reproduction de supports enregistrés	14 186	14 201	15 026	14 667	14 060	11 164	9 538	8 909
19-23	Produits chimiques, caoutchouc, plastique, minéraux	39 180	44 081	45 029	44 871	42 427	40 521	44 640	48 371
20-21	Produits chimiques et pharmaceutiques	22 778	26 222	25 406	24 932	25 855	28 659	34 323	36 990
22-23	Produits en caoutchouc et en plastique, autres produits minéraux	16 437	17 529	19 129	20 085	17 561	13 145	12 545	13 833
24-25	Produits métalliques de base et ouvrages en métaux	20 446	18 735	20 878	20 265	20 453	16 482	15 767	15 936
241x2431	Métaux ferreux	2 217	1 580	2 204	2 495	..	..	..	..
242x2432	Métaux non ferreux	1 227	996	801	733	..	..	..	..
26-28	Machines et matériel	44 510	43 198	47 863	54 320	53 785	42 209	45 621	48 510
26	Ordinateurs, articles électroniques et optiques	11 319	11 870	13 117	14 933	12 968	11 908	14 120	14 404
262	Fabrication d'ordinateurs et d'équipements périphériques	556	651	717	690	606	816	..	..
27	Équipements électriques	5 210	5 031	4 543	5 171	6 219	4 516	4 957	4 971
28	Machines et équipements n.c.a.	28 032	26 297	30 203	34 216	34 213	25 871	26 942	29 474
29-30	Matériel de transport	4 368	4 477	4 607	4 175	3 704	3 253	4 457	4 604
29	Automobiles, remorques et semi-remorques	2 359	2 859	3 054	3 318	3 162	1 834	2 373	2 541
30	Autres matériels de transport	2 118	1 618	1 553	895	683	892	1 312	1 296
31-33	Meubles ; réparation et installation de machines et de matériel	15 781	16 330	17 892	17 756	17 231	14 245	14 558	13 563
31-32	Meubles, autres activités manufacturières	12 275	12 638	13 493	13 072	11 510	9 542	9 918	9 154
33	Réparation et installation de machines et d'équipements	3 507	3 692	4 399	4 693	5 800	4 767	4 695	4 479
35-39	**ÉLECTRICITÉ, GAZ, EAU ET TRAITEMENT DES DÉCHETS**	35 589	34 706	34 692	33 173	34 489	31 783	35 888	32 641
35	Production et distribution d'électricité, de gaz, de vapeur et d'air conditionné	25 702	25 274	25 024	24 023	25 054	22 971	26 791	22 831
36-39	Distribution d'eau ; assainissement, gestion des déchets et dépollution	9 886	9 431	9 667	9 138	9 421	8 782	9 238	9 750
41-43	**CONSTRUCTION**	68 413	70 898	75 123	73 262	75 357	67 342	57 673	62 710
45-56	commerce, transports, hébergement et restauration	260 548	265 407	282 432	288 501	269 550	242 884	256 774	262 315
45-47	**Commerce de gros et de détail ; réparations automobiles et motocycles**	148 312	155 560	166 404	169 541	162 009	147 275	153 263	154 781
49-53	**Transports et entreposage**	93 883	90 961	95 632	98 181	86 302	75 186	83 662	87 911
55-56	**Activités d'hébergement et de restauration**	18 717	18 885	20 396	20 852	20 510	19 464	19 734	19 472
58-63	**Information et communication**	52 329	54 788	59 543	67 019	74 592	76 291	77 378	79 969
58-60	Édition, audiovisuel et diffusion	13 571	16 117	16 235	16 432	17 209	15 931	16 856	17 123
61	Télécommunications	19 149	19 802	20 902	25 881	30 961	31 433	28 017	27 811
62-63	Technologies de l'information et informatique	19 784	18 869	22 407	24 712	26 842	29 195	31 359	33 407
64-66	**Activités financières et d'assurance**	64 251	70 990	78 316	90 761	100 221	96 539	93 970	98 547
68-82	**Immobilier, locations et activités de services aux entreprises**	220 644	227 875	228 419	230 232	232 697	228 096	233 296	241 027
68	Activités immobilières	131 092	131 125	130 321	134 096	135 332	138 333	139 585	141 450
69-82	Activ. spécialis., scient., tech. ; serv. admin. et de soutien	89 649	96 750	98 098	96 105	97 327	90 167	93 919	99 587
69-75	Activités professionnelles, scientifiques et techniques	59 118	62 430	63 890	60 211	62 936	59 121	62 434	65 517
69-71	Activités juridiques et comptables, d'architecture et d'ingénierie	43 143	45 284	45 790	44 621	43 658	40 956	44 096	48 107
73-75	Autres activités professionnelles, scientifiques et techniques	11 827	12 955	14 230	12 183	13 004	11 098	10 956	10 645
77-82	Activités de services administratifs et de soutien	30 548	34 320	34 208	35 884	34 271	30 862	31 216	33 830
84-99	Services collectifs, sociaux et personnels	340 752	339 577	343 627	343 004	348 014	351 173	354 645	350 768
84-88	Administration publique, enseignement, santé humaine et action social	296 112	295 115	300 934	300 452	304 788	308 896	311 897	308 499
84	**Administration publique et défense ; sécurité sociale obligatoire**	81 786	81 349	82 176	82 981	83 243	84 591	80 130	79 378
85	**Éducation**	73 813	73 772	75 084	73 054	74 808	75 060	81 821	82 502
86-88	**Santé humaine et action sociale**	140 514	139 993	143 675	144 404	146 734	149 239	149 954	146 641
90-99	Autres activités de services	44 640	44 462	42 693	42 554	43 227	42 314	42 785	42 306
90-93	**Arts, spectacles et loisirs**	19 535	19 445	18 579	18 534	19 266	18 440	18 638	18 764
94-96	**Autres activités de services**	23 096	23 005	22 146	22 030	21 970	21 858	22 138	21 750
97-98	**Activités des ménages en tant qu'employeurs et pour usage propre**	2 009	2 011	1 967	1 989	1 978	2 019	2 012	1 788
99	**Activités extra-territoriales**	..	..	..	..	..	..	..	..
05-39	**INDUSTRIES MANUFACTURIÈRES ET ÉNERGIE**	263 400	261 984	266 779	264 879	255 155	224 228	231 199	227 930
24-33x	**Industrie du métal ; réparation**	72 775	70 102	77 747	83 600	83 755	66 776	70 490	73 498
45-99	**TOTAL SERVICES**	938 079	958 637	992 337	1 018 474	1 022 284	991 804	1 012 938	1 028 552
45-82	**SERVICES DU SECTEUR DES ENTREPRISES**	597 453	619 060	648 710	675 736	674 385	640 143	658 141	678 206
45-82x	**SERVICES DU SECTEUR DES ENTREPRISES sauf activités immobilières**	466 574	487 935	518 389	541 737	539 053	501 370	518 245	536 509
05-82x	**SECTEUR DES ENTREPRISES NON-AGRICOLES sauf activités immobilières**	797 734	820 817	860 291	879 146	868 649	791 210	804 755	824 708
ENERGYP	**Activités génératrices d'énergie**	75 112	74 960	70 809	64 614	61 176	55 365	..	..

.. Non disponible

Note : Voir les métadonnées détaillées sur : http://metalinks.oecd.org/stan/20141219/5503.

Informations sur les données concernant Israël : http://oe.cd/israel-disclaimer.

Responsabilité : http://oe.cd/disclaimer

Tableau 4. Formation brute de capital fixe, prix courants

CITI Rév. 4

Millions DKK

		2004	2005	2006	2007	2008	2009	2010	2011
	TOTAL	282 942	301 621	353 363	368 698	368 757	300 846	297 285	308 930
01-03	**AGRICULTURE, SYLVICULTURE ET PÊCHE**	11 047	12 169	14 566	17 754	16 540	9 808	7 388	7 069
05-09	**INDUSTRIES EXTRACTIVES**	5 791	4 975	5 832	7 751	8 263	8 919	7 069	7 425
10-33	**ACTIVITÉS DE FABRICATION**	31 268	27 813	30 568	33 734	37 183	28 798	25 323	27 109
10-12	Produits alimentaires, boissons et tabac	7 714	6 079	5 948	7 241	8 962	8 146	6 069	6 346
13-15	Textiles, habillement, cuir et articles de cuir	447	428	658	576	500	275	229	251
16-18	Bois, papier, imprimerie et reproduction de supports enregistrés	2 619	2 137	2 218	2 232	2 159	1 812	1 528	1 650
19-23	Produits chimiques, caoutchouc, plastique, minéraux	9 451	8 543	9 934	9 912	9 968	7 725	7 010	7 525
20-21	Produits chimiques et pharmaceutiques	5 600	5 184	5 070	4 905	5 174	3 635	3 700	3 827
22-23	Produits en caoutchouc et en plastique, autres produits minéraux	3 285	2 755	4 205	3 997	3 873	3 687	3 004	3 378
24-25	Produits métalliques de base et ouvrages en métaux	2 509	2 463	2 595	3 304	4 311	2 720	2 073	2 279
241x2431	Métaux ferreux	283	299	313	554	..	..	..	..
242x2432	Métaux non ferreux	107	93	85	135	..	..	..	..
26-28	Machines et matériel	5 667	5 247	6 576	7 824	8 859	5 741	6 126	6 610
26	Ordinateurs, articles électroniques et optiques	1 427	1 437	1 613	1 576	1 515	1 262	1 528	1 648
262	Fabrication d'ordinateurs et d'équipements périphériques	112	92	121	119	162	..	..	..
27	Équipements électriques	530	478	411	503	895	529	579	632
28	Machines et équipements n.c.a.	3 710	3 332	4 552	5 745	6 449	3 950	4 019	4 330
29-30	Matériel de transport	634	750	626	762	488	430	434	469
29	Automobiles, remorques et semi-remorques	233	287	332	521	294	240	233	..
30	Autres matériels de transport	401	462	294	241	194	190	201	..
31-33	Meubles ; réparation et installation de machines et de matériel	2 226	2 168	2 012	1 883	1 937	1 948	1 853	1 980
31-32	Meubles, autres activités manufacturières	1 667	1 516	1 538	1 333	1 503	1 605	1 530	..
33	Réparation et installation de machines et d'équipements	559	652	474	551	434	343	323	..
35-39	**ÉLECTRICITÉ, GAZ, EAU ET TRAITEMENT DES DÉCHETS**	13 444	12 354	15 302	14 993	15 338	15 915	14 480	16 097
35	Production et distribution d'électricité, de gaz, de vapeur et d'air conditionné	7 316	6 998	10 425	8 823	8 257	9 877	8 683	9 709
36-39	Distribution d'eau ; assainissement, gestion des déchets et dépollution	6 128	5 356	4 877	6 170	7 081	6 038	5 797	6 388
41-43	**CONSTRUCTION**	5 218	6 875	9 079	8 190	7 032	5 485	7 987	9 591
45-56	commerce, transports, hébergement et restauration	54 110	53 900	61 752	66 477	80 513	62 632	54 730	..
45-47	**Commerce de gros et de détail ; réparations automobiles et motocycles**	18 151	19 432	21 223	23 362	23 236	15 742	15 960	..
49-53	**Transports et entreposage**	33 076	31 430	37 221	39 809	54 583	44 692	36 969	29 811
55-56	**Activités d'hébergement et de restauration**	2 883	3 038	3 308	3 306	2 694	2 198	1 801	1 786
58-63	**Information et communication**	17 816	17 362	20 769	18 860	21 767	18 280	21 235	22 826
58-60	Édition, audiovisuel et diffusion	3 581	3 589	3 712	2 908	4 627	2 767	3 020	3 058
61	Télécommunications	8 499	7 554	10 494	8 513	10 366	8 635	9 447	10 404
62-63	Technologies de l'information et informatique	5 737	6 218	6 563	7 439	6 774	6 878	8 769	9 363
64-66	**Activités financières et d'assurance**	6 094	5 699	7 095	7 713	8 125	9 792	12 887	12 820
68-82	**Immobilier, locations et activités de services aux entreprises**	100 488	121 529	143 686	148 833	126 591	98 595	97 773	110 382
68	Activités immobilières	85 366	104 593	124 221	127 962	105 481	84 654	84 049	97 372
69-82	Activ. spécialis., scient., tech. ; serv. admin. et de soutien	15 122	16 936	19 465	20 871	21 110	13 941	13 724	13 010
69-75	Activités professionnelles, scientifiques et techniques	5 360	6 462	7 135	9 474	9 740	6 926	6 552	6 709
69-71	Activités juridiques et comptables, d'architecture et d'ingénierie	3 467	3 868	4 668	6 132	6 206	4 602	4 521	4 677
73-75	Autres activités professionnelles, scientifiques et techniques	1 344	1 432	1 380	1 580	1 283	776	936	990
77-82	Activités de services administratifs et de soutien	9 762	10 474	12 330	11 397	11 370	7 015	7 172	6 301
84-99	Services collectifs, sociaux et personnels	37 667	38 944	44 714	44 395	47 407	42 620	48 412	..
84-88	Administration publique, enseignement, santé humaine et action social	24 200	26 698	30 863	29 854	32 591	31 744	36 810	37 582
84	**Administration publique et défense ; sécurité sociale obligatoire**	9 637	11 756	15 174	13 805	15 755	13 365	15 702	16 671
85	**Éducation**	6 443	6 419	6 176	7 232	6 702	7 907	8 904	8 788
86-88	**Santé humaine et action sociale**	8 120	8 523	9 513	8 817	10 134	10 472	12 204	12 123
90-99	Autres activités de services	13 467	12 246	13 851	14 541	14 816	10 876	11 602	..
90-93	**Arts, spectacles et loisirs**	8 736	6 880	7 028	7 348	7 388	5 235	5 879	5 279
94-96	**Autres activités de services**	4 731	5 366	6 823	7 193	7 428	5 641	5 723	..
97-98	**Activités des ménages en tant qu'employeurs et pour usage propre**	0	0	0	0	0	0	0	0
99	**Activités extra-territoriales**	..	..	..	..	..	..	..	..
05-39	**INDUSTRIES MANUFACTURIÈRES ET ÉNERGIE**	50 503	45 142	51 702	56 478	60 784	53 632	46 872	50 631
24-33x	**Industrie du métal ; réparation**	9 369	9 112	10 271	12 441	14 092	9 234	8 956	..
45-99	**TOTAL SERVICES**	216 175	237 434	278 016	286 278	284 403	231 919	235 037	..
45-82	**SERVICES DU SECTEUR DES ENTREPRISES**	178 508	198 490	233 302	241 883	236 996	189 299	186 625	..
45-82x	**SERVICES DU SECTEUR DES ENTREPRISES sauf activités immobilières**	93 142	93 897	109 081	113 921	131 515	104 645	102 576	..
05-82x	**SECTEUR DES ENTREPRISES NON-AGRICOLES sauf activités immobilières**	148 863	145 914	169 862	178 589	199 331	163 762	157 435	..
ENERGYP	**Activités génératrices d'énergie**	13 360	12 259	16 667	17 135	..	..	..	..

.. Non disponible

Note : Voir les métadonnées détaillées sur : http://metalinks.oecd.org/stan/20141219/5503.

Informations sur les données concernant Israël : http://oe.cd/israel-disclaimer.

Responsabilité : http://oe.cd/disclaimer

Tableau 5. Nombre de personnes engagées, emploi total

CITI Rév. 4

Milliers

		2004	2005	2006	2007	2008	2009	2010	2011
	TOTAL	**2 698**	**2 727**	**2 783**	**2 861**	**2 904**	**2 841**	**2 775**	**2 767**
01-03	**AGRICULTURE, SYLVICULTURE ET PÊCHE**	**81**	**79**	**76**	**74**	**73**	**74**	**72**	**72**
05-09	**INDUSTRIES EXTRACTIVES**	**3**	**3**	**3**	**3**	**3**	**3**	**3**	**3**
10-33	**ACTIVITÉS DE FABRICATION**	**370**	**363**	**361**	**370**	**377**	**338**	**313**	**311**
10-12	Produits alimentaires, boissons et tabac	72	68	66	65	67	63	60	58
13-15	Textiles, habillement, cuir et articles de cuir	10	9	9	8	8	7	7	7
16-18	Bois, papier, imprimerie et reproduction de supports enregistrés	33	33	33	32	32	28	26	25
19-23	Produits chimiques, caoutchouc, plastique, minéraux	65	64	64	67	67	62	58	59
20-21	Produits chimiques et pharmaceutiques	28	29	28	29	30	30	30	30
22-23	Produits en caoutchouc et en plastique, autres produits minéraux	36	35	35	37	36	31	28	28
24-25	Produits métalliques de base et ouvrages en métaux	46	45	47	50	52	44	40	41
241x2431	Métaux ferreux	4	3	3	4	..	..	..	..
242x2432	Métaux non ferreux	3	2	2	2	..	..	..	..
26-28	Machines et matériel	95	93	94	99	103	92	84	84
26	Ordinateurs, articles électroniques et optiques	20	21	21	21	22	20	19	19
262	Fabrication d'ordinateurs et d'équipements périphériques	1	1	1	1	1	..	..	..
27	Équipements électriques	12	11	12	13	14	11	10	10
28	Machines et équipements n.c.a.	63	61	61	65	68	62	56	56
29-30	Matériel de transport	11	11	11	11	11	9	8	7
29	Automobiles, remorques et semi-remorques	6	7	6	7	7	5	5	5
30	Autres matériels de transport	5	4	4	3	4	3	3	2
31-33	Meubles ; réparation et installation de machines et de matériel	39	39	38	38	37	33	30	30
31-32	Meubles, autres activités manufacturières	30	30	29	28	26	23	21	21
33	Réparation et installation de machines et d'équipements	9	9	9	10	11	10	9	9
35-39	**ÉLECTRICITÉ, GAZ, EAU ET TRAITEMENT DES DÉCHETS**	**23**	**23**	**23**	**24**	**25**	**26**	**26**	**26**
35	Production et distribution d'électricité, de gaz, de vapeur et d'air conditionné	10	10	11	11	13	13	13	13
36-39	Distribution d'eau ; assainissement, gestion des déchets et dépollution	12	12	12	12	13	13	13	13
41-43	**CONSTRUCTION**	**161**	**172**	**184**	**193**	**194**	**174**	**163**	**163**
45-56	commerce, transports, hébergement et restauration	657	667	689	717	741	718	700	703
45-47	**Commerce de gros et de détail ; réparations automobiles et motocycles**	**416**	**423**	**437**	**456**	**473**	**460**	**450**	**449**
49-53	**Transports et entreposage**	**154**	**154**	**159**	**164**	**166**	**159**	**154**	**156**
55-56	**Activités d'hébergement et de restauration**	**87**	**90**	**93**	**97**	**102**	**99**	**96**	**99**
58-63	**Information et communication**	**98**	**96**	**100**	**104**	**108**	**107**	**104**	**104**
58-60	Édition, audiovisuel et diffusion	37	37	37	37	36	34	33	32
61	Télécommunications	20	19	19	18	17	16	16	15
62-63	Technologies de l'information et informatique	40	40	45	49	55	57	55	56
64-66	**Activités financières et d'assurance**	**82**	**83**	**86**	**97**	**100**	**98**	**92**	**91**
68-82	**Immobilier, locations et activités de services aux entreprises**	**270**	**285**	**299**	**317**	**322**	**312**	**302**	**306**
68	Activités immobilières	37	39	40	41	43	40	40	41
69-82	Activ. spécialis., scient., tech. ; serv. admin. et de soutien	233	246	259	275	279	272	262	265
69-75	Activités professionnelles, scientifiques et techniques	130	136	140	148	153	154	149	150
69-71	Activités juridiques et comptables, d'architecture et d'ingénierie	86	90	93	98	104	106	104	105
73-75	Autres activités professionnelles, scientifiques et techniques	32	34	35	38	39	38	36	36
77-82	Activités de services administratifs et de soutien	103	110	119	127	126	118	113	114
84-99	Services collectifs, sociaux et personnels	954	957	962	962	961	990	1 000	987
84-88	Administration publique, enseignement, santé humaine et action social	827	830	833	833	828	857	867	855
84	**Administration publique et défense ; sécurité sociale obligatoire**	**161**	**160**	**159**	**161**	**159**	**166**	**158**	**160**
85	**Éducation**	**199**	**202**	**200**	**195**	**198**	**203**	**222**	**226**
86-88	**Santé humaine et action sociale**	**467**	**468**	**474**	**477**	**471**	**488**	**486**	**470**
90-99	Autres activités de services	127	127	128	129	133	133	133	132
90-93	**Arts, spectacles et loisirs**	**42**	**42**	**43**	**43**	**45**	**45**	**44**	**44**
94-96	**Autres activités de services**	**68**	**68**	**68**	**69**	**72**	**71**	**71**	**72**
97-98	**Activités des ménages en tant qu'employeurs et pour usage propre**	**17**	**17**	**17**	**17**	**17**	**17**	**17**	**16**
99	**Activités extra-territoriales**	..	..	..	..	..	..	..	..
05-39	**INDUSTRIES MANUFACTURIÈRES ET ÉNERGIE**	**396**	**388**	**387**	**397**	**406**	**367**	**343**	**340**
24-33x	**Industrie du métal ; réparation**	**160**	**158**	**160**	**170**	**177**	**155**	**141**	**141**
45-99	**TOTAL SERVICES**	**2 060**	**2 088**	**2 136**	**2 197**	**2 232**	**2 225**	**2 197**	**2 191**
45-82	**SERVICES DU SECTEUR DES ENTREPRISES**	**1 107**	**1 131**	**1 174**	**1 235**	**1 271**	**1 235**	**1 197**	**1 204**
45-82x	**SERVICES DU SECTEUR DES ENTREPRISES sauf activités immobilières**	**1 069**	**1 092**	**1 134**	**1 194**	**1 228**	**1 195**	**1 157**	**1 163**
05-82x	**SECTEUR DES ENTREPRISES NON-AGRICOLES sauf activités immobilières**	**1 626**	**1 652**	**1 705**	**1 783**	**1 827**	**1 737**	**1 663**	**1 666**
ENERGYP	**Activités génératrices d'énergie**	**12**	**12**	**13**	**14**	..	..	..	..

.. Non disponible

Note : Voir les métadonnées détaillées sur : http://metalinks.oecd.org/stan/20141219/5503.

Informations sur les données concernant Israël : http://oe.cd/israel-disclaimer.

Responsabilité : http://oe.cd/disclaimer

Tableau 6. Coûts de la main-d'oeuvre (rémunération des salariés), prix courants

CITI Rév. 4

Millions DKK

		2004	2005	2006	2007	2008	2009	2010	2011
	TOTAL	**785 480**	**823 659**	**871 273**	**929 268**	**979 286**	**977 279**	**979 251**	**991 165**
01-03	**AGRICULTURE, SYLVICULTURE ET PÊCHE**	**7 628**	**7 741**	**7 734**	**7 904**	**7 926**	**8 234**	**8 204**	**8 365**
05-09	**INDUSTRIES EXTRACTIVES**	**1 200**	**1 260**	**1 354**	**1 528**	**1 674**	**1 790**	**1 832**	**1 960**
10-33	**ACTIVITÉS DE FABRICATION**	**119 977**	**123 647**	**127 875**	**136 453**	**141 853**	**129 025**	**123 552**	**125 320**
10-12	Produits alimentaires, boissons et tabac	21 863	21 481	21 597	21 806	22 636	21 865	21 302	20 999
13-15	Textiles, habillement, cuir et articles de cuir	2 609	2 531	2 440	2 411	2 368	2 073	1 981	2 048
16-18	Bois, papier, imprimerie et reproduction de supports enregistrés	10 448	10 602	11 030	11 301	11 283	9 977	9 333	8 867
19-23	Produits chimiques, caoutchouc, plastique, minéraux	24 237	25 616	26 487	29 039	30 097	28 303	27 895	29 068
20-21	Produits chimiques et pharmaceutiques	12 356	13 307	13 487	15 078	16 026	16 272	16 663	17 503
22-23	Produits en caoutchouc et en plastique, autres produits minéraux	11 558	11 966	12 599	13 519	13 622	11 585	10 810	11 175
24-25	Produits métalliques de base et ouvrages en métaux	13 762	14 233	15 165	16 769	17 916	14 900	14 007	14 537
241x2431	Métaux ferreux	1 094	942	1 125	1 380	..	..	..	..
242x2432	Métaux non ferreux	862	781	832	803	..	..	..	..
26-28	Machines et matériel	32 195	33 419	35 125	38 642	40 971	37 190	35 216	35 911
26	Ordinateurs, articles électroniques et optiques	7 140	7 868	8 022	8 589	9 094	8 388	8 300	8 586
262	Fabrication d'ordinateurs et d'équipements périphériques	477	403	454	436	535	543	..	..
27	Équipements électriques	3 633	3 679	4 089	4 548	4 681	3 855	3 535	3 622
28	Machines et équipements n.c.a.	21 422	21 872	23 014	25 505	27 196	24 947	23 381	23 703
29-30	Matériel de transport	3 468	3 799	3 701	3 821	3 836	3 291	2 977	2 870
29	Automobiles, remorques et semi-remorques	1 783	2 257	2 203	2 489	2 445	1 872	1 712	1 876
30	Autres matériels de transport	1 685	1 543	1 498	1 332	1 391	1 419	1 265	994
31-33	Meubles ; réparation et installation de machines et de matériel	11 395	11 967	12 330	12 665	12 746	11 425	10 839	11 020
31-32	Meubles, autres activités manufacturières	8 573	8 907	9 061	9 081	8 740	7 762	7 423	7 495
33	Réparation et installation de machines et d'équipements	2 822	3 060	3 269	3 584	4 006	3 663	3 417	3 526
35-39	**ÉLECTRICITÉ, GAZ, EAU ET TRAITEMENT DES DÉCHETS**	**8 147**	**8 598**	**9 167**	**9 734**	**10 920**	**11 457**	**11 933**	**12 319**
35	Production et distribution d'électricité, de gaz, de vapeur et d'air conditionné	4 078	4 273	4 812	5 249	6 031	6 565	6 690	6 931
36-39	Distribution d'eau ; assainissement, gestion des déchets et dépollution	4 069	4 325	4 356	4 484	4 889	4 893	5 244	5 389
41-43	**CONSTRUCTION**	**48 474**	**53 649**	**59 459**	**64 386**	**66 545**	**58 752**	**55 512**	**56 213**
45-56	commerce, transports, hébergement et restauration	163 595	174 683	185 733	201 564	213 148	206 133	204 060	208 961
45-47	**Commerce de gros et de détail ; réparations automobiles et motocycles**	**105 767**	**114 650**	**121 024**	**131 741**	**138 483**	**134 075**	**132 302**	**134 574**
49-53	**Transports et entreposage**	**44 550**	**45 692**	**49 171**	**53 074**	**56 617**	**54 602**	**54 395**	**56 324**
55-56	**Activités d'hébergement et de restauration**	**13 279**	**14 340**	**15 538**	**16 749**	**18 047**	**17 456**	**17 363**	**18 063**
58-63	**Information et communication**	**38 831**	**39 436**	**43 551**	**46 382**	**49 487**	**50 116**	**50 734**	**52 152**
58-60	Édition, audiovisuel et diffusion	11 648	12 090	13 122	13 790	14 013	13 637	13 420	13 747
61	Télécommunications	8 541	8 334	8 551	8 394	8 730	8 571	8 603	8 612
62-63	Technologies de l'information et informatique	18 642	19 012	21 878	24 197	26 745	27 908	28 711	29 793
64-66	**Activités financières et d'assurance**	**38 245**	**40 443**	**43 653**	**51 652**	**53 823**	**55 811**	**54 597**	**55 553**
68-82	**Immobilier, locations et activités de services aux entreprises**	**72 322**	**79 630**	**85 980**	**94 393**	**99 874**	**97 664**	**97 381**	**100 491**
68	Activités immobilières	9 322	10 635	11 553	12 153	12 921	11 804	12 114	12 838
69-82	Activ. spécialis., scient., tech. ; serv. admin. et de soutien	63 000	68 995	74 427	82 240	86 953	85 860	85 267	87 653
69-75	Activités professionnelles, scientifiques et techniques	41 515	45 492	48 307	53 350	56 867	57 869	57 720	59 473
69-71	Activités juridiques et comptables, d'architecture et d'ingénierie	30 062	33 287	35 350	39 115	43 002	44 288	44 553	45 999
73-75	Autres activités professionnelles, scientifiques et techniques	7 263	7 593	8 314	9 431	10 020	9 632	9 160	9 380
77-82	Activités de services administratifs et de soutien	21 485	23 503	26 120	28 890	30 086	27 991	27 547	28 180
84-99	Services collectifs, sociaux et personnels	287 061	294 573	306 767	315 271	334 037	358 296	371 445	369 830
84-88	Administration publique, enseignement, santé humaine et action social	258 223	264 829	275 776	282 651	299 535	323 184	335 508	333 790
84	**Administration publique et défense ; sécurité sociale obligatoire**	**68 318**	**69 577**	**71 695**	**74 274**	**78 102**	**83 869**	**80 601**	**80 133**
85	**Éducation**	**65 286**	**67 459**	**69 926**	**70 276**	**75 313**	**80 583**	**90 592**	**91 647**
86-88	**Santé humaine et action sociale**	**124 619**	**127 794**	**134 156**	**138 101**	**146 121**	**158 732**	**164 316**	**162 010**
90-99	Autres activités de services	28 838	29 744	30 991	32 620	34 502	35 112	35 937	36 040
90-93	**Arts, spectacles et loisirs**	**9 409**	**9 753**	**10 395**	**10 782**	**11 494**	**11 832**	**11 965**	**12 004**
94-96	**Autres activités de services**	**17 470**	**17 979**	**18 533**	**19 697**	**20 821**	**20 985**	**21 602**	**21 809**
97-98	**Activités des ménages en tant qu'employeurs et pour usage propre**	**1 959**	**2 011**	**2 063**	**2 141**	**2 187**	**2 295**	**2 370**	**2 228**
99	**Activités extra-territoriales**	..	..	..	..	..	..	..	..
05-39	**INDUSTRIES MANUFACTURIÈRES ET ÉNERGIE**	**129 324**	**133 505**	**138 396**	**147 715**	**154 447**	**142 272**	**137 317**	**139 599**
24-33x	**Industrie du métal ; réparation**	**52 247**	**54 511**	**57 260**	**62 816**	**66 729**	**59 044**	**55 617**	**56 844**
45-99	**TOTAL SERVICES**	**600 054**	**628 765**	**665 684**	**709 262**	**750 369**	**768 020**	**778 217**	**786 987**
45-82	**SERVICES DU SECTEUR DES ENTREPRISES**	**312 993**	**334 192**	**358 917**	**393 991**	**416 332**	**409 724**	**406 772**	**417 157**
45-82x	**SERVICES DU SECTEUR DES ENTREPRISES sauf activités immobilières**	**303 671**	**323 557**	**347 364**	**381 838**	**403 411**	**397 920**	**394 658**	**404 319**
05-82x	**SECTEUR DES ENTREPRISES NON-AGRICOLES sauf activités immobilières**	**481 469**	**510 711**	**545 219**	**593 939**	**624 403**	**598 944**	**587 487**	**600 131**
ENERGYP	**Activités génératrices d'énergie**	**5 082**	**5 357**	**6 063**	**6 680**	**7 606**	**8 293**	..	..

.. Non disponible

Note : Voir les métadonnées détaillées sur : http://metalinks.oecd.org/stan/20141219/5503.

Informations sur les données concernant Israël : http://oe.cd/israel-disclaimer.

Responsabilité : http://oe.cd/disclaimer

FINLANDE

Tableau 1. Production brute, prix courants

CITI Rév. 4

Millions EUR

		2004	2005	2006	2007	2008	2009	2010	2011
	TOTAL	**286 815**	**303 038**	**328 947**	**355 646**	**372 546**	**331 980**	**350 523**	**375 295**
01-03	**AGRICULTURE, SYLVICULTURE ET PÊCHE**	**7 639**	**7 811**	**7 642**	**9 213**	**8 860**	**8 200**	**8 593**	**9 248**
05-09	**INDUSTRIES EXTRACTIVES**	**1 097**	**1 110**	**1 413**	**1 432**	**1 648**	**1 461**	**1 854**	**2 164**
10-33	**ACTIVITÉS DE FABRICATION**	**96 605**	**102 953**	**115 751**	**126 748**	**130 596**	**98 039**	**106 702**	**116 996**
10-12	Produits alimentaires, boissons et tabac	8 607	8 599	9 056	9 613	10 588	10 200	10 323	11 271
13-15	Textiles, habillement, cuir et articles de cuir	1 316	1 277	1 327	1 310	1 243	996	989	1 023
16-18	Bois, papier, imprimerie et reproduction de supports enregistrés	21 443	20 135	22 848	24 182	22 521	17 093	20 461	20 918
19-23	Produits chimiques, caoutchouc, plastique, minéraux	16 218	17 407	20 199	21 694	24 277	18 489	20 693	25 409
20-21	Produits chimiques et pharmaceutiques	6 392	6 428	7 135	7 444	8 228	6 908	7 350	8 677
22-23	Produits en caoutchouc et en plastique, autres produits minéraux	5 014	5 349	5 943	6 476	6 615	5 029	5 490	6 204
24-25	Produits métalliques de base et ouvrages en métaux	13 684	14 980	18 411	20 763	19 659	12 795	15 890	17 814
241x2431	Métaux ferreux	6 036	6 703	..	..	..	..	..	..
242x2432	Métaux non ferreux	2 306	2 387	..	..	..	..	..	..
26-28	Machines et matériel	28 215	32 530	35 342	39 774	42 794	31 060	31 112	32 853
26	Ordinateurs, articles électroniques et optiques	15 965	18 741	19 087	21 061	22 280	15 441	14 957	13 980
262	Fabrication d'ordinateurs et d'équipements périphériques	77	78	89	94	77	59	..	..
27	Équipements électriques	2 828	3 173	3 584	4 044	4 762	3 615	3 925	4 188
28	Machines et équipements n.c.a.	9 422	10 616	12 671	14 669	15 752	12 004	12 230	14 685
29-30	Matériel de transport	2 806	3 522	4 195	4 610	4 378	3 079	2 821	2 838
29	Automobiles, remorques et semi-remorques	1 419	1 744	1 993	2 136	2 005	1 261	1 355	1 602
30	Autres matériels de transport	1 387	1 778	2 202	2 474	2 373	1 818	1 466	1 236
31-33	Meubles ; réparation et installation de machines et de matériel	4 316	4 503	4 373	4 802	5 136	4 327	4 413	4 870
31-32	Meubles, autres activités manufacturières	2 281	2 165	2 226	2 235	2 074	1 671	1 721	1 871
33	Réparation et installation de machines et d'équipements	2 035	2 338	2 147	2 567	3 062	2 656	2 692	2 999
35-39	**ÉLECTRICITÉ, GAZ, EAU ET TRAITEMENT DES DÉCHETS**	**7 116**	**7 051**	**8 324**	**8 472**	**9 855**	**9 705**	**11 520**	**11 127**
35	Production et distribution d'électricité, de gaz, de vapeur et d'air conditionné	5 325	5 155	6 105	6 130	7 189	7 164	8 586	7 960
36-39	Distribution d'eau ; assainissement, gestion des déchets et dépollution	1 791	1 896	2 219	2 342	2 666	2 541	2 934	3 167
41-43	**CONSTRUCTION**	**21 848**	**24 091**	**25 893**	**29 888**	**32 035**	**27 824**	**28 291**	**30 624**
45-56	commerce, transports, hébergement et restauration	48 564	51 578	55 047	58 080	60 137	54 972	56 726	61 446
45-47	**Commerce de gros et de détail ; réparations automobiles et motocycles**	**26 090**	**27 666**	**29 505**	**30 730**	**31 209**	**28 926**	**29 311**	**31 955**
49-53	**Transports et entreposage**	**17 308**	**18 459**	**19 906**	**21 587**	**22 533**	**19 798**	**21 049**	**22 716**
55-56	**Activités d'hébergement et de restauration**	**5 166**	**5 453**	**5 636**	**5 763**	**6 395**	**6 248**	**6 366**	**6 775**
58-63	**Information et communication**	**16 003**	**15 677**	**16 237**	**15 253**	**15 993**	**15 673**	**15 859**	**16 517**
58-60	Édition, audiovisuel et diffusion	4 045	4 095	4 161	4 582	4 797	4 823	4 868	4 950
61	Télécommunications	7 291	6 592	6 412	4 756	4 693	4 609	4 620	4 758
62-63	Technologies de l'information et informatique	4 667	4 990	5 664	5 915	6 503	6 241	6 371	6 809
64-66	**Activités financières et d'assurance**	**6 272**	**6 246**	**7 358**	**8 588**	**8 191**	**8 091**	**8 462**	**8 755**
68-82	**Immobilier, locations et activités de services aux entreprises**	**35 462**	**37 731**	**40 254**	**43 986**	**47 089**	**47 465**	**49 806**	**52 991**
68	Activités immobilières	21 001	21 975	22 951	24 070	25 271	26 779	28 190	29 650
69-82	Activ. spécialis., scient., tech. ; serv. admin. et de soutien	14 461	15 756	17 303	19 916	21 818	20 686	21 616	23 341
69-75	Activités professionnelles, scientifiques et techniques	9 405	10 138	10 987	12 458	13 173	12 223	12 735	13 626
69-71	Activités juridiques et comptables, d'architecture et d'ingénierie	5 991	6 562	7 325	8 701	9 405	8 484	8 904	9 617
73-75	Autres activités professionnelles, scientifiques et techniques	2 292	2 390	2 467	2 561	2 396	2 339	2 336	2 473
77-82	Activités de services administratifs et de soutien	5 056	5 618	6 316	7 458	8 645	8 463	8 881	9 715
84-99	Services collectifs, sociaux et personnels	46 209	48 790	51 028	53 986	58 142	60 550	62 710	65 427
84-88	Administration publique, enseignement, santé humaine et action social	39 431	41 643	43 471	45 896	49 617	51 939	53 775	56 057
84	**Administration publique et défense ; sécurité sociale obligatoire**	**14 286**	**15 015**	**15 600**	**16 416**	**17 679**	**18 190**	**18 484**	**19 103**
85	**Éducation**	**9 173**	**9 521**	**9 769**	**10 245**	**10 885**	**11 300**	**11 806**	**12 264**
86-88	**Santé humaine et action sociale**	**15 972**	**17 107**	**18 102**	**19 235**	**21 053**	**22 449**	**23 485**	**24 690**
90-99	Autres activités de services	6 778	7 147	7 557	8 090	8 525	8 611	8 935	9 370
90-93	**Arts, spectacles et loisirs**	**2 875**	**3 075**	**3 216**	**3 498**	**3 685**	**3 715**	**3 851**	**4 081**
94-96	**Autres activités de services**	**3 795**	**3 950**	**4 217**	**4 464**	**4 717**	**4 734**	**4 905**	**5 104**
97-98	**Activités des ménages en tant qu'employeurs et pour usage propre**	**108**	**122**	**124**	**128**	**123**	**162**	**179**	**185**
99	**Activités extra-territoriales**	..	..	..	..	..	..	..	..
05-39	**INDUSTRIES MANUFACTURIÈRES ET ÉNERGIE**	**104 818**	**111 114**	**125 488**	**136 652**	**142 099**	**109 205**	**120 076**	**130 287**
24-33x	**Industrie du métal ; réparation**	**46 740**	**53 370**	**60 095**	**67 714**	**69 893**	**49 590**	**52 515**	**56 504**
45-99	**TOTAL SERVICES**	**152 510**	**160 022**	**169 924**	**179 893**	**189 552**	**186 751**	**193 563**	**205 136**
45-82	**SERVICES DU SECTEUR DES ENTREPRISES**	**106 301**	**111 232**	**118 896**	**125 907**	**131 410**	**126 201**	**130 853**	**139 709**
45-82x	**SERVICES DU SECTEUR DES ENTREPRISES sauf activités immobilières**	**85 300**	**89 257**	**95 945**	**101 837**	**106 139**	**99 422**	**102 663**	**110 059**
05-82x	**SECTEUR DES ENTREPRISES NON-AGRICOLES sauf activités immobilières**	**211 966**	**224 462**	**247 326**	**268 377**	**280 273**	**236 451**	**251 030**	**270 970**
ENERGYP	**Activités génératrices d'énergie**	**10 137**	**10 785**	**13 226**	**13 904**	**16 623**	**13 716**	**16 439**	**18 488**

.. Non disponible

Note : Voir les métadonnées détaillées sur : http://metalinks.oecd.org/stan/20141219/5503.

Informations sur les données concernant Israël : http://oe.cd/israel-disclaimer.

Responsabilité : http://oe.cd/disclaimer

Tableau 2. Valeur ajoutée, prix courants

CITI Rév. 4

Millions EUR

		2004	2005	2006	2007	2008	2009	2010	2011
	TOTAL	132 631	136 782	143 779	157 084	162 525	149 895	155 632	163 401
01-03	**AGRICULTURE, SYLVICULTURE ET PÊCHE**	3 806	3 789	3 479	4 723	4 463	4 244	4 486	4 717
05-09	**INDUSTRIES EXTRACTIVES**	371	368	505	542	638	537	723	773
10-33	**ACTIVITÉS DE FABRICATION**	30 193	30 726	33 297	36 662	34 959	25 188	27 137	28 190
10-12	Produits alimentaires, boissons et tabac	2 318	2 344	2 269	2 432	2 471	2 737	2 534	2 698
13-15	Textiles, habillement, cuir et articles de cuir	523	529	545	506	521	410	396	409
16-18	Bois, papier, imprimerie et reproduction de supports enregistrés	6 304	5 685	6 204	6 300	5 189	3 532	4 746	4 772
19-23	Produits chimiques, caoutchouc, plastique, minéraux	4 931	4 767	5 057	5 551	5 308	4 519	4 714	5 462
20-21	Produits chimiques et pharmaceutiques	1 936	1 984	2 058	2 307	2 300	2 106	2 339	2 817
22-23	Produits en caoutchouc et en plastique, autres produits minéraux	2 024	2 093	2 261	2 442	2 391	1 841	1 894	2 116
24-25	Produits métalliques de base et ouvrages en métaux	3 615	4 119	4 907	5 471	5 502	3 157	3 422	3 853
241x2431	Métaux ferreux	1 222	1 386	..	..	..	..	..	..
242x2432	Métaux non ferreux	275	379	..	..	..	..	..	..
26-28	Machines et matériel	9 836	10 424	11 560	13 385	12 717	8 149	8 697	8 208
26	Ordinateurs, articles électroniques et optiques	6 185	6 382	6 894	8 111	6 970	3 405	3 514	2 390
262	Fabrication d'ordinateurs et d'équipements périphériques	19	19	26	28	25	20	..	..
27	Équipements électriques	885	1 063	1 170	1 294	1 581	1 227	1 375	1 430
28	Machines et équipements n.c.a.	2 766	2 979	3 496	3 980	4 166	3 517	3 808	4 388
29-30	Matériel de transport	844	938	983	988	1 042	712	728	790
29	Automobiles, remorques et semi-remorques	362	419	435	504	493	321	353	423
30	Autres matériels de transport	482	519	548	484	549	391	375	367
31-33	Meubles ; réparation et installation de machines et de matériel	1 822	1 920	1 772	2 029	2 209	1 972	1 900	1 998
31-32	Meubles, autres activités manufacturières	933	834	825	834	764	637	632	652
33	Réparation et installation de machines et d'équipements	889	1 086	947	1 195	1 445	1 335	1 268	1 346
35-39	**ÉLECTRICITÉ, GAZ, EAU ET TRAITEMENT DES DÉCHETS**	3 657	3 524	4 049	4 281	4 462	4 847	5 563	5 228
35	Production et distribution d'électricité, de gaz, de vapeur et d'air conditionné	2 808	2 628	3 061	3 245	3 305	3 656	4 162	3 758
36-39	Distribution d'eau ; assainissement, gestion des déchets et dépollution	849	896	988	1 036	1 157	1 191	1 401	1 470
41-43	**CONSTRUCTION**	8 334	9 273	9 945	11 098	11 874	10 683	10 460	11 163
45-56	commerce, transports, hébergement et restauration	23 734	24 532	24 484	26 386	28 003	25 627	26 241	28 285
45-47	**Commerce de gros et de détail ; réparations automobiles et motocycles**	13 565	14 117	14 066	15 194	16 551	15 043	15 201	16 777
49-53	**Transports et entreposage**	8 023	8 144	8 026	8 623	8 775	8 058	8 424	8 694
55-56	**Activités d'hébergement et de restauration**	2 146	2 271	2 392	2 569	2 677	2 526	2 616	2 814
58-63	**Information et communication**	7 469	6 797	6 836	7 477	7 834	7 692	7 799	8 112
58-60	Édition, audiovisuel et diffusion	1 866	1 820	1 787	2 040	2 206	2 263	2 272	2 293
61	Télécommunications	2 949	2 157	2 065	2 079	2 078	2 154	2 136	2 143
62-63	Technologies de l'information et informatique	2 654	2 820	2 984	3 358	3 550	3 275	3 391	3 676
64-66	**Activités financières et d'assurance**	3 471	3 390	4 200	5 086	4 577	4 361	4 407	4 532
68-82	**Immobilier, locations et activités de services aux entreprises**	22 361	23 586	24 944	27 118	29 741	29 590	30 589	32 515
68	Activités immobilières	14 214	14 759	15 368	16 181	17 515	17 871	18 440	19 481
69-82	Activ. spécialis., scient., tech. ; serv. admin. et de soutien	8 147	8 827	9 576	10 937	12 226	11 719	12 149	13 034
69-75	Activités professionnelles, scientifiques et techniques	5 062	5 362	5 719	6 563	6 989	6 724	6 907	7 370
69-71	Activités juridiques et comptables, d'architecture et d'ingénierie	3 487	3 717	4 027	4 820	5 032	4 768	4 873	5 266
73-75	Autres activités professionnelles, scientifiques et techniques	883	918	969	1 092	1 119	1 084	1 120	1 163
77-82	Activités de services administratifs et de soutien	3 085	3 465	3 857	4 374	5 237	4 995	5 242	5 664
84-99	Services collectifs, sociaux et personnels	29 235	30 797	32 040	33 711	35 974	37 126	38 227	39 886
84-88	Administration publique, enseignement, santé humaine et action social	25 572	26 923	27 886	29 291	31 285	32 337	33 241	34 658
84	**Administration publique et défense ; sécurité sociale obligatoire**	7 966	8 327	8 592	8 941	9 449	9 571	9 712	9 960
85	**Éducation**	6 503	6 784	6 946	7 277	7 715	7 962	8 270	8 618
86-88	**Santé humaine et action sociale**	11 103	11 812	12 348	13 073	14 121	14 804	15 259	16 080
90-99	Autres activités de services	3 663	3 874	4 154	4 420	4 689	4 789	4 986	5 228
90-93	**Arts, spectacles et loisirs**	1 523	1 596	1 683	1 797	1 991	1 961	2 031	2 163
94-96	**Autres activités de services**	2 032	2 156	2 347	2 495	2 575	2 666	2 776	2 880
97-98	**Activités des ménages en tant qu'employeurs et pour usage propre**	108	122	124	128	123	162	179	185
99	**Activités extra-territoriales**	..	..	..	..	..	..	..	..
05-39	**INDUSTRIES MANUFACTURIÈRES ET ÉNERGIE**	34 221	34 618	37 851	41 485	40 059	30 572	33 423	34 191
24-33x	**Industrie du métal ; réparation**	15 184	16 567	18 397	21 039	20 706	13 353	14 115	14 197
45-99	**TOTAL SERVICES**	86 270	89 102	92 504	99 778	106 129	104 396	107 263	113 330
45-82	**SERVICES DU SECTEUR DES ENTREPRISES**	57 035	58 305	60 464	66 067	70 155	67 270	69 036	73 444
45-82x	**SERVICES DU SECTEUR DES ENTREPRISES sauf activités immobilières**	42 821	43 546	45 096	49 886	52 640	49 399	50 596	53 963
05-82x	**SECTEUR DES ENTREPRISES NON-AGRICOLES sauf activités immobilières**	85 376	87 437	92 892	102 469	104 573	90 654	94 479	99 317
ENERGYP	**Activités génératrices d'énergie**	3 779	3 318	3 799	4 047	3 922	4 228	4 643	4 287

.. Non disponible

Note : Voir les métadonnées détaillées sur : http://metalinks.oecd.org/stan/20141219/5503.

Informations sur les données concernant Israël : http://oe.cd/israel-disclaimer.

Responsabilité : http://oe.cd/disclaimer

FINLANDE

Tableau 3. Valeur ajoutée, volumes

CITI Rév. 4

Millions 2000 EUR

		2004	2005	2006	2007	2008	2009	2010	2011
	TOTAL	**133 122**	**136 782**	**142 595**	**151 281**	**151 811**	**137 956**	**142 434**	**145 511**
01-03	**AGRICULTURE, SYLVICULTURE ET PÊCHE**	**3 617**	**3 789**	**3 847**	**4 329**	**4 258**	**4 547**	**4 291**	**4 430**
05-09	**INDUSTRIES EXTRACTIVES**	**411**	**368**	**405**	**429**	**500**	**476**	**594**	**609**
10-33	**ACTIVITÉS DE FABRICATION**	**29 479**	**30 726**	**34 737**	**38 460**	**36 658**	**27 204**	**29 690**	**30 281**
10-12	Produits alimentaires, boissons et tabac	2 281	2 344	2 323	2 597	2 399	2 276	2 241	2 106
13-15	Textiles, habillement, cuir et articles de cuir	526	529	555	520	519	412	407	418
16-18	Bois, papier, imprimerie et reproduction de supports enregistrés	6 256	5 685	6 428	6 520	5 893	3 783	4 886	4 846
19-23	Produits chimiques, caoutchouc, plastique, minéraux	5 110	4 767	4 999	5 301	4 977	4 872	5 018	5 939
20-21	Produits chimiques et pharmaceutiques	1 953	1 984	1 977	2 176	2 104	2 307	2 492	2 983
22-23	Produits en caoutchouc et en plastique, autres produits minéraux	1 970	2 093	2 347	2 420	2 363	1 738	1 873	2 093
24-25	Produits métalliques de base et ouvrages en métaux	3 759	4 119	5 004	5 102	3 785	2 526	2 840	3 010
241x2431	Métaux ferreux	..	..	..	..	..	..	..	..
242x2432	Métaux non ferreux	..	..	..	..	..	..	..	..
26-28	Machines et matériel	8 968	10 424	12 655	15 553	16 466	10 884	12 057	11 372
26	Ordinateurs, articles électroniques et optiques	5 336	6 382	7 926	10 058	10 777	6 398	7 129	4 625
262	Fabrication d'ordinateurs et d'équipements périphériques	..	..	..	..	..	..	..	..
27	Équipements électriques	854	1 063	1 178	1 401	1 608	1 107	1 283	1 296
28	Machines et équipements n.c.a.	2 807	2 979	3 551	4 132	4 147	3 165	3 430	4 084
29-30	Matériel de transport	833	938	1 015	989	956	649	609	677
29	Automobiles, remorques et semi-remorques	335	419	506	610	550	343	353	439
30	Autres matériels de transport	503	519	509	403	416	303	262	259
31-33	Meubles ; réparation et installation de machines et de matériel	1 852	1 920	1 758	1 978	2 050	1 739	1 701	1 757
31-32	Meubles, autres activités manufacturières	948	834	825	812	722	548	555	570
33	Réparation et installation de machines et d'équipements	904	1 086	933	1 165	1 326	1 187	1 141	1 183
35-39	**ÉLECTRICITÉ, GAZ, EAU ET TRAITEMENT DES DÉCHETS**	**3 484**	**3 524**	**3 473**	**3 663**	**3 489**	**3 463**	**3 536**	**3 380**
35	Production et distribution d'électricité, de gaz, de vapeur et d'air conditionné	2 623	2 628	2 484	2 650	2 452	2 499	2 490	2 354
36-39	Distribution d'eau ; assainissement, gestion des déchets et dépollution	859	896	989	1 007	1 044	957	1 049	1 036
41-43	**CONSTRUCTION**	**8 825**	**9 273**	**9 579**	**9 940**	**9 681**	**8 842**	**9 623**	**10 070**
45-56	commerce, transports, hébergement et restauration	23 835	24 532	24 331	26 364	27 705	24 320	25 797	26 481
45-47	**Commerce de gros et de détail ; réparations automobiles et motocycles**	**13 780**	**14 117**	**14 140**	**15 788**	**17 212**	**15 182**	**15 974**	**16 119**
49-53	**Transports et entreposage**	**7 850**	**8 144**	**7 856**	**8 146**	**8 167**	**7 065**	**7 700**	**8 101**
55-56	**Activités d'hébergement et de restauration**	**2 207**	**2 271**	**2 335**	**2 443**	**2 394**	**2 139**	**2 179**	**2 279**
58-63	**Information et communication**	**6 846**	**6 797**	**7 136**	**7 745**	**8 009**	**7 944**	**8 239**	**8 708**
58-60	Édition, audiovisuel et diffusion	1 952	1 820	1 748	1 957	2 097	2 107	2 084	2 105
61	Télécommunications	2 191	2 157	2 537	2 584	2 594	2 899	3 158	3 492
62-63	Technologies de l'information et informatique	2 699	2 820	2 851	3 167	3 263	2 970	3 077	3 254
64-66	**Activités financières et d'assurance**	**3 102**	**3 390**	**3 918**	**4 117**	**3 927**	**4 141**	**4 112**	**3 681**
68-82	**Immobilier, locations et activités de services aux entreprises**	**23 116**	**23 586**	**24 317**	**25 435**	**26 616**	**25 335**	**25 311**	**26 505**
68	Activités immobilières	14 526	14 759	15 146	15 519	16 286	15 833	15 676	16 345
69-82	Activ. spécialis., scient., tech. ; serv. admin. et de soutien	8 588	8 827	9 171	9 907	10 323	9 525	9 647	10 167
69-75	Activités professionnelles, scientifiques et techniques	5 381	5 362	5 440	5 824	5 664	5 228	5 252	5 487
69-71	Activités juridiques et comptables, d'architecture et d'ingénierie	3 687	3 717	3 819	4 245	3 996	3 639	3 647	3 871
73-75	Autres activités professionnelles, scientifiques et techniques	968	918	908	961	934	868	863	875
77-82	Activités de services administratifs et de soutien	3 210	3 465	3 731	4 084	4 682	4 317	4 421	4 712
84-99	Services collectifs, sociaux et personnels	30 438	30 797	30 852	30 984	31 101	30 790	30 658	30 896
84-88	Administration publique, enseignement, santé humaine et action social	26 627	26 923	26 817	26 793	26 894	26 616	26 418	26 552
84	**Administration publique et défense ; sécurité sociale obligatoire**	**8 316**	**8 327**	**8 307**	**8 292**	**8 256**	**8 137**	**8 021**	**7 964**
85	**Éducation**	**6 738**	**6 784**	**6 766**	**6 697**	**6 654**	**6 569**	**6 633**	**6 595**
86-88	**Santé humaine et action sociale**	**11 573**	**11 812**	**11 744**	**11 803**	**11 979**	**11 904**	**11 759**	**11 978**
90-99	Autres activités de services	3 811	3 874	4 035	4 192	4 208	4 176	4 246	4 356
90-93	**Arts, spectacles et loisirs**	**1 597**	**1 596**	**1 634**	**1 684**	**1 755**	**1 682**	**1 701**	**1 767**
94-96	**Autres activités de services**	**2 106**	**2 156**	**2 277**	**2 381**	**2 312**	**2 346**	**2 388**	**2 430**
97-98	**Activités des ménages en tant qu'employeurs et pour usage propre**	**108**	**122**	**124**	**128**	**141**	**150**	**160**	**161**
99	**Activités extra-territoriales**	..	..	..	..	..	..	..	..
05-39	**INDUSTRIES MANUFACTURIÈRES ET ÉNERGIE**	**33 370**	**34 618**	**38 615**	**42 513**	**40 636**	**31 425**	**34 033**	**34 351**
24-33x	**Industrie du métal ; réparation**	**14 447**	**16 567**	**19 607**	**22 754**	**22 221**	**15 108**	**16 438**	**16 250**
45-99	**TOTAL SERVICES**	**87 318**	**89 102**	**90 554**	**94 593**	**97 199**	**92 596**	**94 037**	**96 155**
45-82	**SERVICES DU SECTEUR DES ENTREPRISES**	**56 891**	**58 305**	**59 702**	**63 641**	**66 166**	**61 765**	**63 403**	**65 350**
45-82x	**SERVICES DU SECTEUR DES ENTREPRISES sauf activités immobilières**	**42 369**	**43 546**	**44 556**	**48 124**	**49 881**	**45 920**	**47 743**	**49 001**
05-82x	**SECTEUR DES ENTREPRISES NON-AGRICOLES sauf activités immobilières**	**84 571**	**87 437**	**92 750**	**100 545**	**100 252**	**86 553**	**91 748**	**93 818**
ENERGYP	**Activités génératrices d'énergie**	**3 804**	**3 318**	**3 159**	**3 353**	**2 981**	**3 256**	**3 110**	**3 080**

.. Non disponible

Note : Voir les métadonnées détaillées sur : http://metalinks.oecd.org/stan/20141219/5503.

Informations sur les données concernant Israël : http://oe.cd/israel-disclaimer.

Responsabilité : http://oe.cd/disclaimer

Tableau 4. Formation brute de capital fixe, prix courants

CITI Rév. 4

Millions EUR

		2004	2005	2006	2007	2008	2009	2010	2011
	TOTAL	**29 439**	**31 566**	**33 144**	**38 338**	**39 659**	**34 005**	**33 818**	**37 093**
01-03	**AGRICULTURE, SYLVICULTURE ET PÊCHE**	**1 373**	**1 453**	**1 497**	**1 720**	**1 680**	**1 645**	**1 531**	**1 659**
05-09	**INDUSTRIES EXTRACTIVES**	**131**	**159**	**192**	**396**	**751**	**375**	**341**	**298**
10-33	**ACTIVITÉS DE FABRICATION**	**3 478**	**3 648**	**3 817**	**4 651**	**4 236**	**3 505**	**2 900**	**3 305**
10-12	Produits alimentaires, boissons et tabac	322	399	372	441	437	364	302	348
13-15	Textiles, habillement, cuir et articles de cuir	31	38	41	42	29	7	13	31
16-18	Bois, papier, imprimerie et reproduction de supports enregistrés	926	1 026	1 048	1 043	1 111	476	487	636
19-23	Produits chimiques, caoutchouc, plastique, minéraux	627	727	832	1 463	757	869	541	572
20-21	Produits chimiques et pharmaceutiques	289	202	259	376	341	437	198	261
22-23	Produits en caoutchouc et en plastique, autres produits minéraux	251	286	313	261	285	245	176	209
24-25	Produits métalliques de base et ouvrages en métaux	754	452	436	582	728	703	519	534
241x2431	Métaux ferreux	532	165	..	..	..	..	..	..
242x2432	Métaux non ferreux	36	41	..	..	..	..	..	..
26-28	Machines et matériel	648	797	878	863	952	919	883	1 010
26	Ordinateurs, articles électroniques et optiques	407	513	544	460	473	382	525	558
262	Fabrication d'ordinateurs et d'équipements périphériques	1	1	2	3	0	1	..	..
27	Équipements électriques	68	76	85	122	138	119	110	105
28	Machines et équipements n.c.a.	173	208	249	281	341	418	248	347
29-30	Matériel de transport	66	79	96	79	88	84	64	71
29	Automobiles, remorques et semi-remorques	36	34	35	30	35	43	39	66
30	Autres matériels de transport	30	45	61	49	53	41	25	5
31-33	Meubles ; réparation et installation de machines et de matériel	104	130	114	138	134	83	91	103
31-32	Meubles, autres activités manufacturières	49	63	44	64	56	46	39	41
33	Réparation et installation de machines et d'équipements	55	67	70	74	78	37	52	62
35-39	**ÉLECTRICITÉ, GAZ, EAU ET TRAITEMENT DES DÉCHETS**	**1 439**	**1 417**	**1 495**	**1 648**	**2 101**	**2 276**	**2 094**	**2 191**
35	Production et distribution d'électricité, de gaz, de vapeur et d'air conditionné	1 064	993	983	1 096	1 497	1 678	1 431	1 531
36-39	Distribution d'eau ; assainissement, gestion des déchets et dépollution	375	424	512	552	604	598	663	660
41-43	**CONSTRUCTION**	**588**	**660**	**722**	**810**	**914**	**657**	**685**	**876**
45-56	commerce, transports, hébergement et restauration	3 007	2 730	2 695	3 262	3 189	3 201	2 709	3 055
45-47	**Commerce de gros et de détail ; réparations automobiles et motocycles**	**1 267**	**1 196**	**923**	**1 390**	**1 490**	**1 318**	**1 239**	**1 350**
49-53	**Transports et entreposage**	**1 591**	**1 371**	**1 563**	**1 666**	**1 480**	**1 681**	**1 265**	**1 539**
55-56	**Activités d'hébergement et de restauration**	**149**	**163**	**209**	**206**	**219**	**202**	**205**	**166**
58-63	**Information et communication**	**1 073**	**1 180**	**1 204**	**1 265**	**1 305**	**1 171**	**1 332**	**1 378**
58-60	Édition, audiovisuel et diffusion	320	354	352	394	351	360	394	437
61	Télécommunications	509	471	437	471	529	500	561	572
62-63	Technologies de l'information et informatique	244	355	415	400	425	311	377	369
64-66	**Activités financières et d'assurance**	**230**	**344**	**372**	**520**	**479**	**426**	**248**	**278**
68-82	**Immobilier, locations et activités de services aux entreprises**	**13 283**	**15 447**	**16 696**	**18 986**	**19 543**	**15 135**	**16 746**	**18 628**
68	Activités immobilières	12 463	14 592	15 744	17 846	18 296	14 300	15 734	17 377
69-82	Activ. spécialis., scient., tech. ; serv. admin. et de soutien	820	855	952	1 140	1 247	835	1 012	1 251
69-75	Activités professionnelles, scientifiques et techniques	364	386	353	542	519	322	475	582
69-71	Activités juridiques et comptables, d'architecture et d'ingénierie	215	245	228	375	353	204	364	439
73-75	Autres activités professionnelles, scientifiques et techniques	73	67	72	80	91	64	66	76
77-82	Activités de services administratifs et de soutien	456	469	599	598	728	513	537	669
84-99	Services collectifs, sociaux et personnels	4 837	4 528	4 454	5 080	5 461	5 614	5 232	5 425
84-88	Administration publique, enseignement, santé humaine et action social	4 191	3 904	3 788	4 311	4 662	4 847	4 481	4 668
84	**Administration publique et défense ; sécurité sociale obligatoire**	**2 547**	**2 362**	**2 080**	**2 434**	**2 634**	**2 836**	**2 523**	**2 574**
85	**Éducation**	**873**	**745**	**764**	**818**	**892**	**815**	**866**	**913**
86-88	**Santé humaine et action sociale**	**771**	**797**	**944**	**1 059**	**1 136**	**1 196**	**1 092**	**1 181**
90-99	Autres activités de services	646	624	666	769	799	767	751	757
90-93	**Arts, spectacles et loisirs**	**424**	**411**	**472**	**537**	**525**	**493**	**473**	**484**
94-96	**Autres activités de services**	**222**	**213**	**194**	**232**	**274**	**274**	**278**	**273**
97-98	**Activités des ménages en tant qu'employeurs et pour usage propre**	**0**	**0**	**0**	**0**	**0**	**0**	**0**	**0**
99	**Activités extra-territoriales**	..	..	..	..	..	..	..	..
05-39	**INDUSTRIES MANUFACTURIÈRES ET ÉNERGIE**	**5 048**	**5 224**	**5 504**	**6 695**	**7 088**	**6 156**	**5 335**	**5 794**
24-33x	**Industrie du métal ; réparation**	**1 523**	**1 395**	**1 480**	**1 598**	**1 846**	**1 743**	**1 518**	**1 677**
45-99	**TOTAL SERVICES**	**22 430**	**24 229**	**25 421**	**29 113**	**29 977**	**25 547**	**26 267**	**28 764**
45-82	**SERVICES DU SECTEUR DES ENTREPRISES**	**17 593**	**19 701**	**20 967**	**24 033**	**24 516**	**19 933**	**21 035**	**23 339**
45-82x	**SERVICES DU SECTEUR DES ENTREPRISES sauf activités immobilières**	**5 130**	**5 109**	**5 223**	**6 187**	**6 220**	**5 633**	**5 301**	**5 962**
05-82x	**SECTEUR DES ENTREPRISES NON-AGRICOLES sauf activités immobilières**	**10 766**	**10 993**	**11 449**	**13 692**	**14 222**	**12 446**	**11 321**	**12 632**
ENERGYP	**Activités génératrices d'énergie**	**1 151**	**1 232**	**1 243**	**1 922**	**1 628**	**1 865**	**1 598**	**1 633**

.. Non disponible

Note : Voir les métadonnées détaillées sur : http://metalinks.oecd.org/stan/20141219/5503.

Informations sur les données concernant Israël : http://oe.cd/israel-disclaimer.

Responsabilité : http://oe.cd/disclaimer

Tableau 5. Nombre de personnes engagées, emploi total

CITI Rév. 4

Milliers

		2004	2005	2006	2007	2008	2009	2010	2011
	TOTAL	**2 357**	**2 389**	**2 433**	**2 486**	**2 550**	**2 484**	**2 482**	**2 511**
01-03	**AGRICULTURE, SYLVICULTURE ET PÊCHE**	**123**	**123**	**123**	**123**	**122**	**121**	**122**	**117**
05-09	**INDUSTRIES EXTRACTIVES**	**5**	**6**	**6**	**6**	**6**	**6**	**7**	**7**
10-33	**ACTIVITÉS DE FABRICATION**	**412**	**413**	**416**	**420**	**429**	**397**	**382**	**380**
10-12	Produits alimentaires, boissons et tabac	40	39	39	39	39	38	38	38
13-15	Textiles, habillement, cuir et articles de cuir	16	15	15	14	13	13	12	12
16-18	Bois, papier, imprimerie et reproduction de supports enregistrés	80	77	76	73	72	65	63	61
19-23	Produits chimiques, caoutchouc, plastique, minéraux	54	53	54	55	57	53	51	51
20-21	Produits chimiques et pharmaceutiques	19	18	18	19	19	18	17	17
22-23	Produits en caoutchouc et en plastique, autres produits minéraux	32	32	33	34	35	32	31	31
24-25	Produits métalliques de base et ouvrages en métaux	61	63	65	68	71	64	61	61
241x2431	Métaux ferreux	12	13	..	..	..	..	..	..
242x2432	Métaux non ferreux	4	3	..	..	..	..	..	..
26-28	Machines et matériel	104	107	109	112	116	108	103	102
26	Ordinateurs, articles électroniques et optiques	42	44	44	44	42	39	38	35
262	Fabrication d'ordinateurs et d'équipements périphériques	0	0	0	0	0	0	..	..
27	Équipements électriques	16	16	15	16	20	18	17	17
28	Machines et équipements n.c.a.	46	47	50	52	55	51	48	50
29-30	Matériel de transport	18	18	19	20	21	18	17	16
29	Automobiles, remorques et semi-remorques	8	8	8	9	9	8	7	7
30	Autres matériels de transport	11	10	11	11	12	11	10	9
31-33	Meubles ; réparation et installation de machines et de matériel	40	41	40	40	42	39	38	38
31-32	Meubles, autres activités manufacturières	21	19	20	19	18	17	16	16
33	Réparation et installation de machines et d'équipements	19	21	20	21	23	23	22	22
35-39	**ÉLECTRICITÉ, GAZ, EAU ET TRAITEMENT DES DÉCHETS**	**23**	**23**	**23**	**23**	**25**	**26**	**25**	**25**
35	Production et distribution d'électricité, de gaz, de vapeur et d'air conditionné	13	13	13	13	13	13	12	12
36-39	Distribution d'eau ; assainissement, gestion des déchets et dépollution	10	10	10	10	13	13	13	13
41-43	**CONSTRUCTION**	**160**	**167**	**174**	**187**	**193**	**182**	**186**	**191**
45-56	commerce, transports, hébergement et restauration	521	529	537	551	564	536	535	539
45-47	**Commerce de gros et de détail ; réparations automobiles et motocycles**	**299**	**306**	**309**	**318**	**326**	**302**	**299**	**303**
49-53	**Transports et entreposage**	**146**	**146**	**151**	**154**	**156**	**154**	**157**	**156**
55-56	**Activités d'hébergement et de restauration**	**76**	**77**	**78**	**79**	**81**	**79**	**80**	**81**
58-63	**Information et communication**	**92**	**92**	**94**	**93**	**97**	**95**	**95**	**97**
58-60	Édition, audiovisuel et diffusion	27	26	27	28	29	30	30	31
61	Télécommunications	21	20	19	17	16	15	15	14
62-63	Technologies de l'information et informatique	44	45	49	48	52	50	50	52
64-66	**Activités financières et d'assurance**	**39**	**39**	**41**	**41**	**43**	**46**	**46**	**47**
68-82	**Immobilier, locations et activités de services aux entreprises**	**206**	**215**	**226**	**242**	**257**	**253**	**260**	**275**
68	Activités immobilières	19	20	20	21	21	21	22	22
69-82	Activ. spécialis., scient., tech. ; serv. admin. et de soutien	187	195	206	221	236	232	238	252
69-75	Activités professionnelles, scientifiques et techniques	104	106	112	121	127	123	123	131
69-71	Activités juridiques et comptables, d'architecture et d'ingénierie	64	66	73	76	81	79	79	86
73-75	Autres activités professionnelles, scientifiques et techniques	23	24	24	28	30	28	27	29
77-82	Activités de services administratifs et de soutien	83	89	94	100	109	109	115	121
84-99	Services collectifs, sociaux et personnels	777	784	793	800	815	822	825	834
84-88	Administration publique, enseignement, santé humaine et action social	671	675	681	683	696	701	699	707
84	**Administration publique et défense ; sécurité sociale obligatoire**	**181**	**180**	**180**	**178**	**177**	**177**	**175**	**174**
85	**Éducation**	**162**	**161**	**162**	**162**	**164**	**165**	**168**	**171**
86-88	**Santé humaine et action sociale**	**328**	**334**	**340**	**344**	**354**	**360**	**357**	**362**
90-99	Autres activités de services	106	109	112	117	119	121	126	127
90-93	**Arts, spectacles et loisirs**	**39**	**40**	**41**	**42**	**43**	**45**	**46**	**47**
94-96	**Autres activités de services**	**60**	**60**	**63**	**67**	**67**	**67**	**70**	**70**
97-98	**Activités des ménages en tant qu'employeurs et pour usage propre**	**7**	**8**	**8**	**8**	**9**	**9**	**10**	**10**
99	**Activités extra-territoriales**	..	..	..	..	..	..	..	..
05-39	**INDUSTRIES MANUFACTURIÈRES ET ÉNERGIE**	**440**	**441**	**445**	**450**	**461**	**430**	**413**	**411**
24-33x	**Industrie du métal ; réparation**	**202**	**209**	**214**	**221**	**231**	**213**	**203**	**201**
45-99	**TOTAL SERVICES**	**1 634**	**1 658**	**1 691**	**1 727**	**1 774**	**1 751**	**1 761**	**1 792**
45-82	**SERVICES DU SECTEUR DES ENTREPRISES**	**857**	**874**	**898**	**927**	**960**	**929**	**936**	**958**
45-82x	**SERVICES DU SECTEUR DES ENTREPRISES sauf activités immobilières**	**838**	**854**	**878**	**906**	**939**	**908**	**914**	**936**
05-82x	**SECTEUR DES ENTREPRISES NON-AGRICOLES sauf activités immobilières**	**1 438**	**1 462**	**1 498**	**1 542**	**1 593**	**1 520**	**1 513**	**1 537**
ENERGYP	**Activités génératrices d'énergie**	**16**	**16**	**16**	**15**	**16**	**16**	**15**	**14**

.. Non disponible

Note : Voir les métadonnées détaillées sur : http://metalinks.oecd.org/stan/20141219/5503.

Informations sur les données concernant Israël : http://oe.cd/israel-disclaimer.

Responsabilité : http://oe.cd/disclaimer

Tableau 6. Coûts de la main-d'oeuvre (rémunération des salariés), prix courants

CITI Rév. 4

Millions EUR

		2004	2005	2006	2007	2008	2009	2010	2011
	TOTAL	**73 301**	**77 140**	**80 640**	**85 452**	**91 507**	**90 553**	**92 092**	**96 349**
01-03	**AGRICULTURE, SYLVICULTURE ET PÊCHE**	**821**	**886**	**925**	**965**	**977**	**1 011**	**1 167**	**1 169**
05-09	**INDUSTRIES EXTRACTIVES**	**164**	**168**	**196**	**209**	**238**	**238**	**233**	**250**
10-33	**ACTIVITÉS DE FABRICATION**	**16 201**	**16 810**	**17 607**	**18 327**	**18 766**	**16 893**	**16 643**	**17 226**
10-12	Produits alimentaires, boissons et tabac	1 417	1 438	1 455	1 492	1 534	1 469	1 469	1 504
13-15	Textiles, habillement, cuir et articles de cuir	367	359	358	350	347	281	253	264
16-18	Bois, papier, imprimerie et reproduction de supports enregistrés	3 333	3 174	3 297	3 266	3 152	2 761	2 725	2 769
19-23	Produits chimiques, caoutchouc, plastique, minéraux	2 195	2 264	2 351	2 502	2 542	2 320	2 388	2 482
20-21	Produits chimiques et pharmaceutiques	869	888	905	955	998	913	946	971
22-23	Produits en caoutchouc et en plastique, autres produits minéraux	1 164	1 246	1 315	1 394	1 389	1 241	1 273	1 349
24-25	Produits métalliques de base et ouvrages en métaux	2 210	2 358	2 587	2 712	2 810	2 407	2 354	2 489
241x2431	Métaux ferreux	578	638	..	..	..	..	..	..
242x2432	Métaux non ferreux	155	161	..	..	..	..	..	..
26-28	Machines et matériel	4 720	5 158	5 445	5 715	5 996	5 487	5 416	5 604
26	Ordinateurs, articles électroniques et optiques	2 180	2 437	2 552	2 555	2 577	2 426	2 422	2 325
262	Fabrication d'ordinateurs et d'équipements périphériques	13	11	14	15	16	14	..	..
27	Équipements électriques	592	633	637	713	847	780	761	781
28	Machines et équipements n.c.a.	1 948	2 088	2 256	2 447	2 572	2 281	2 233	2 498
29-30	Matériel de transport	656	664	729	802	831	711	645	648
29	Automobiles, remorques et semi-remorques	292	289	308	345	345	288	274	297
30	Autres matériels de transport	364	375	421	457	486	423	371	351
31-33	Meubles ; réparation et installation de machines et de matériel	1 303	1 395	1 385	1 488	1 554	1 457	1 393	1 466
31-32	Meubles, autres activités manufacturières	589	561	576	552	526	470	456	474
33	Réparation et installation de machines et d'équipements	714	834	809	936	1 028	987	937	992
35-39	**ÉLECTRICITÉ, GAZ, EAU ET TRAITEMENT DES DÉCHETS**	**930**	**999**	**1 056**	**1 082**	**1 122**	**1 201**	**1 208**	**1 263**
35	Production et distribution d'électricité, de gaz, de vapeur et d'air conditionné	614	662	698	696	696	741	733	758
36-39	Distribution d'eau ; assainissement, gestion des déchets et dépollution	316	337	358	386	426	460	475	505
41-43	**CONSTRUCTION**	**4 993**	**5 354**	**5 744**	**6 482**	**7 364**	**6 905**	**7 096**	**7 536**
45-56	commerce, transports, hébergement et restauration	13 773	14 534	14 888	15 858	17 165	17 026	17 089	17 917
45-47	**Commerce de gros et de détail ; réparations automobiles et motocycles**	**8 017**	**8 520**	**8 605**	**9 161**	**9 914**	**9 788**	**9 698**	**10 218**
49-53	**Transports et entreposage**	**4 233**	**4 412**	**4 647**	**4 997**	**5 397**	**5 358**	**5 477**	**5 674**
55-56	**Activités d'hébergement et de restauration**	**1 523**	**1 602**	**1 636**	**1 700**	**1 854**	**1 880**	**1 914**	**2 025**
58-63	**Information et communication**	**3 812**	**3 989**	**4 150**	**4 257**	**4 684**	**4 698**	**4 745**	**4 989**
58-60	Édition, audiovisuel et diffusion	1 089	1 129	1 150	1 203	1 257	1 330	1 364	1 418
61	Télécommunications	828	829	785	749	778	791	757	759
62-63	Technologies de l'information et informatique	1 895	2 031	2 215	2 305	2 649	2 577	2 624	2 812
64-66	**Activités financières et d'assurance**	**1 833**	**1 883**	**2 050**	**2 196**	**2 308**	**2 541**	**2 587**	**2 749**
68-82	**Immobilier, locations et activités de services aux entreprises**	**6 402**	**6 959**	**7 482**	**8 255**	**9 246**	**9 309**	**9 778**	**10 495**
68	Activités immobilières	580	630	646	677	714	747	766	797
69-82	Activ. spécialis., scient., tech. ; serv. admin. et de soutien	5 822	6 329	6 836	7 578	8 532	8 562	9 012	9 698
69-75	Activités professionnelles, scientifiques et techniques	3 623	3 829	4 032	4 481	4 971	5 023	5 208	5 525
69-71	Activités juridiques et comptables, d'architecture et d'ingénierie	2 340	2 501	2 764	3 077	3 461	3 487	3 630	3 911
73-75	Autres activités professionnelles, scientifiques et techniques	569	587	620	661	719	698	718	757
77-82	Activités de services administratifs et de soutien	2 199	2 500	2 804	3 097	3 561	3 539	3 804	4 173
84-99	Services collectifs, sociaux et personnels	24 372	25 558	26 542	27 821	29 637	30 731	31 546	32 755
84-88	Administration publique, enseignement, santé humaine et action social	21 729	22 804	23 656	24 713	26 387	27 367	28 019	29 084
84	**Administration publique et défense ; sécurité sociale obligatoire**	**6 057**	**6 286**	**6 474**	**6 722**	**7 098**	**7 285**	**7 370**	**7 489**
85	**Éducation**	**5 881**	**6 116**	**6 281**	**6 524**	**6 934**	**7 182**	**7 483**	**7 798**
86-88	**Santé humaine et action sociale**	**9 791**	**10 402**	**10 901**	**11 467**	**12 355**	**12 900**	**13 166**	**13 797**
90-99	Autres activités de services	2 643	2 754	2 886	3 108	3 250	3 364	3 527	3 671
90-93	**Arts, spectacles et loisirs**	**1 042**	**1 078**	**1 126**	**1 197**	**1 293**	**1 318**	**1 373**	**1 447**
94-96	**Autres activités de services**	**1 493**	**1 554**	**1 636**	**1 783**	**1 834**	**1 884**	**1 975**	**2 039**
97-98	**Activités des ménages en tant qu'employeurs et pour usage propre**	**108**	**122**	**124**	**128**	**123**	**162**	**179**	**185**
99	**Activités extra-territoriales**	..	..	..	..	..	..	..	..
05-39	**INDUSTRIES MANUFACTURIÈRES ET ÉNERGIE**	**17 295**	**17 977**	**18 859**	**19 618**	**20 126**	**18 332**	**18 084**	**18 739**
24-33x	**Industrie du métal ; réparation**	**8 300**	**9 014**	**9 570**	**10 165**	**10 665**	**9 592**	**9 352**	**9 733**
45-99	**TOTAL SERVICES**	**50 192**	**52 923**	**55 112**	**58 387**	**63 040**	**64 305**	**65 745**	**68 905**
45-82	**SERVICES DU SECTEUR DES ENTREPRISES**	**25 820**	**27 365**	**28 570**	**30 566**	**33 403**	**33 574**	**34 199**	**36 150**
45-82x	**SERVICES DU SECTEUR DES ENTREPRISES sauf activités immobilières**	**25 240**	**26 735**	**27 924**	**29 889**	**32 689**	**32 827**	**33 433**	**35 353**
05-82x	**SECTEUR DES ENTREPRISES NON-AGRICOLES sauf activités immobilières**	**47 528**	**50 066**	**52 527**	**55 989**	**60 179**	**58 064**	**58 613**	**61 628**
ENERGYP	**Activités génératrices d'énergie**	**776**	**792**	**829**	**849**	**851**	**907**	**902**	**920**

.. Non disponible

Note : Voir les métadonnées détaillées sur : http://metalinks.oecd.org/stan/20141219/5503.

Informations sur les données concernant Israël : http://oe.cd/israel-disclaimer.

Responsabilité : http://oe.cd/disclaimer

Tableau 1. Production brute, prix courants

CITI Rév. 4

Millions EUR

		2004	2005	2006	2007	2008	2009	2010	2011
	TOTAL	2 957 073	3 094 223	3 263 634	3 439 543	3 543 843	3 371 007	3 500 654	3 647 356
01-03	**AGRICULTURE, SYLVICULTURE ET PÊCHE**	74 821	74 705	72 455	78 723	80 452	74 759	80 332	85 740
05-09	**INDUSTRIES EXTRACTIVES**	5 045	5 378	6 121	6 393	6 215	5 531	5 459	6 000
10-33	**ACTIVITÉS DE FABRICATION**	704 223	727 991	760 934	790 903	806 772	683 572	727 186	781 571
10-12	Produits alimentaires, boissons et tabac	131 132	130 589	134 173	143 462	150 971	140 703	141 832	151 129
13-15	Textiles, habillement, cuir et articles de cuir	24 999	23 756	22 599	22 513	21 289	16 761	16 821	16 552
16-18	Bois, papier, imprimerie et reproduction de supports enregistrés	40 991	40 765	41 661	42 889	42 141	36 005	37 648	38 231
19-23	Produits chimiques, caoutchouc, plastique, minéraux	167 156	181 080	193 139	197 948	210 163	167 957	178 972	197 961
20-21	Produits chimiques et pharmaceutiques	78 279	81 988	86 790	89 100	93 420	82 281	86 037	91 378
22-23	Produits en caoutchouc et en plastique, autres produits minéraux	55 273	57 054	59 207	61 541	60 163	49 735	52 116	55 990
24-25	Produits métalliques de base et ouvrages en métaux	82 508	87 141	95 753	103 203	102 329	82 377	90 595	98 584
241x2431	Métaux ferreux	23 088	24 831	26 729	30 215	..	..	..	..
242x2432	Métaux non ferreux	9 041	9 358	12 849	12 842	..	..	..	..
26-28	Machines et matériel	93 013	92 575	96 292	99 389	98 849	80 438	86 188	91 230
26	Ordinateurs, articles électroniques et optiques	31 113	28 482	28 594	27 931	26 535	21 801	22 430	22 801
262	Fabrication d'ordinateurs et d'équipements périphériques	2 635	1 730	1 377	1 371	1 099	855	..	..
27	Équipements électriques	24 437	25 343	26 261	28 655	28 682	24 427	26 632	28 470
28	Machines et équipements n.c.a.	37 464	38 749	41 437	42 803	43 632	34 210	37 126	39 959
29-30	Matériel de transport	117 200	122 934	126 255	126 776	125 092	104 624	117 501	126 969
29	Automobiles, remorques et semi-remorques	77 973	76 684	74 637	73 965	67 339	49 004	58 102	..
30	Autres matériels de transport	39 227	46 250	51 618	52 811	57 753	55 620	59 399	..
31-33	Meubles ; réparation et installation de machines et de matériel	47 224	49 152	51 063	54 722	55 938	54 707	57 629	60 915
31-32	Meubles, autres activités manufacturières	17 041	16 921	16 799	17 622	17 779	16 353	16 920	..
33	Réparation et installation de machines et d'équipements	30 183	32 231	34 264	37 100	38 159	38 354	40 709	..
35-39	**ÉLECTRICITÉ, GAZ, EAU ET TRAITEMENT DES DÉCHETS**	85 746	96 455	106 489	123 849	129 424	128 193	139 238	142 050
35	Production et distribution d'électricité, de gaz, de vapeur et d'air conditionné	58 345	67 405	75 271	90 268	95 425	96 801	104 705	105 772
36-39	Distribution d'eau ; assainissement, gestion des déchets et dépollution	27 401	29 050	31 218	33 581	33 999	31 392	34 533	36 278
41-43	**CONSTRUCTION**	204 850	222 125	245 919	269 888	284 173	265 318	256 249	269 807
45-56	commerce, transports, hébergement et restauration	530 240	549 887	571 014	597 252	617 005	588 527	611 734	640 362
45-47	**Commerce de gros et de détail ; réparations automobiles et motocycles**	313 833	322 991	332 212	343 536	356 220	341 126	353 225	371 117
49-53	**Transports et entreposage**	145 980	153 356	161 559	172 249	177 701	164 144	172 874	180 774
55-56	**Activités d'hébergement et de restauration**	70 426	73 541	77 243	81 468	83 084	83 257	85 635	88 471
58-63	**Information et communication**	146 921	153 768	160 309	166 632	175 466	173 148	179 259	180 979
58-60	Édition, audiovisuel et diffusion	44 343	45 191	46 733	48 240	50 165	48 647	50 351	51 649
61	Télécommunications	52 240	55 882	56 078	58 225	61 167	62 430	64 109	62 408
62-63	Technologies de l'information et informatique	50 338	52 695	57 497	60 166	64 134	62 071	64 799	66 922
64-66	**Activités financières et d'assurance**	144 133	149 742	160 678	172 085	167 432	179 905	187 793	186 227
68-82	**Immobilier, locations et activités de services aux entreprises**	562 604	595 548	639 881	673 305	697 881	672 623	693 674	722 755
68	Activités immobilières	225 801	239 660	254 188	266 091	273 745	275 548	282 931	289 503
69-82	Activ. spécialis., scient., tech. ; serv. admin. et de soutien	336 803	355 888	385 694	407 214	424 136	397 075	410 743	433 253
69-75	Activités professionnelles, scientifiques et techniques	192 300	203 050	220 078	232 495	243 396	231 800	237 141	250 128
69-71	Activités juridiques et comptables, d'architecture et d'ingénierie	132 212	140 957	154 987	165 385	174 636	165 957	170 291	180 872
73-75	Autres activités professionnelles, scientifiques et techniques	26 657	27 884	29 462	30 273	30 992	27 265	27 838	29 048
77-82	Activités de services administratifs et de soutien	144 503	152 838	165 616	174 719	180 740	165 275	173 602	183 125
84-99	Services collectifs, sociaux et personnels	498 490	518 624	539 833	560 514	579 022	599 432	619 730	631 865
84-88	Administration publique, enseignement, santé humaine et action social	421 913	438 965	455 388	472 862	489 000	507 917	525 265	535 105
84	**Administration publique et défense ; sécurité sociale obligatoire**	163 166	168 889	173 371	178 671	183 467	191 319	197 502	198 491
85	**Éducation**	99 498	103 060	106 048	110 416	115 281	117 696	121 712	124 335
86-88	**Santé humaine et action sociale**	159 250	167 016	175 968	183 775	190 252	198 902	206 051	212 279
90-99	Autres activités de services	76 577	79 659	84 446	87 652	90 022	91 515	94 465	96 761
90-93	**Arts, spectacles et loisirs**	34 264	36 033	38 919	40 756	42 010	43 426	45 578	46 717
94-96	**Autres activités de services**	36 483	37 491	39 285	40 551	41 298	41 192	41 822	42 913
97-98	**Activités des ménages en tant qu'employeurs et pour usage propre**	5 830	6 136	6 242	6 345	6 714	6 897	7 065	7 130
99	**Activités extra-territoriales**	..	..	..	..	..	..	..	..
05-39	**INDUSTRIES MANUFACTURIÈRES ET ÉNERGIE**	795 014	829 824	873 544	921 144	942 411	817 296	871 883	929 621
24-33x	**Industrie du métal ; réparation**	322 904	334 881	352 564	366 469	364 429	305 793	334 993	..
45-99	**TOTAL SERVICES**	1 882 388	1 967 569	2 071 715	2 169 788	2 236 806	2 213 635	2 292 190	2 362 189
45-82	**SERVICES DU SECTEUR DES ENTREPRISES**	1 383 898	1 448 945	1 531 882	1 609 274	1 657 784	1 614 203	1 672 460	1 730 324
45-82x	**SERVICES DU SECTEUR DES ENTREPRISES sauf activités immobilières**	1 158 097	1 209 285	1 277 694	1 343 183	1 384 039	1 338 655	1 389 529	1 440 821
05-82x	**SECTEUR DES ENTREPRISES NON-AGRICOLES sauf activités immobilières**	2 157 961	2 261 234	2 397 158	2 534 215	2 610 624	2 421 268	2 517 661	2 640 248
ENERGYP	**Activités génératrices d'énergie**	92 336	110 088	123 409	138 473	152 651	133 259	146 058	..

.. Non disponible

Note : Voir les métadonnées détaillées sur : http://metalinks.oecd.org/stan/20141219/5503.

Informations sur les données concernant Israël : http://oe.cd/israel-disclaimer.

Responsabilité : http://oe.cd/disclaimer

Tableau 2. Valeur ajoutée, prix courants

CITI Rév. 4

Millions EUR

		2004	2005	2006	2007	2008	2009	2010	2011
	TOTAL	1 485 747	1 539 885	1 606 258	1 689 831	1 735 078	1 701 213	1 741 492	1 788 995
01-03	**AGRICULTURE, SYLVICULTURE ET PÊCHE**	31 623	30 315	28 678	32 026	30 858	26 176	31 757	32 847
05-09	**INDUSTRIES EXTRACTIVES**	1 720	1 961	2 111	2 378	2 451	2 220	2 279	2 714
10-33	**ACTIVITÉS DE FABRICATION**	193 399	194 550	192 376	201 057	195 783	180 154	179 420	180 709
10-12	Produits alimentaires, boissons et tabac	34 348	33 700	33 144	34 687	34 354	33 844	30 102	30 101
13-15	Textiles, habillement, cuir et articles de cuir	7 728	7 083	6 692	6 915	6 546	5 592	5 417	5 006
16-18	Bois, papier, imprimerie et reproduction de supports enregistrés	13 824	13 305	12 948	13 243	13 017	11 998	11 611	11 749
19-23	Produits chimiques, caoutchouc, plastique, minéraux	42 492	44 686	44 616	46 522	43 541	40 329	39 700	38 400
20-21	Produits chimiques et pharmaceutiques	20 512	21 872	22 211	22 469	21 737	21 047	20 222	18 388
22-23	Produits en caoutchouc et en plastique, autres produits minéraux	20 077	20 121	20 219	20 934	19 619	17 648	16 996	16 543
24-25	Produits métalliques de base et ouvrages en métaux	26 181	27 186	27 313	29 372	29 211	25 959	26 489	30 745
241x2431	Métaux ferreux	4 137	4 392	4 085	4 787	..	..	..	..
242x2432	Métaux non ferreux	1 406	1 490	1 537	1 810	..	..	..	..
26-28	Machines et matériel	30 235	28 896	28 718	30 026	29 018	24 450	23 943	25 490
26	Ordinateurs, articles électroniques et optiques	10 321	9 470	9 249	9 279	8 355	6 863	6 003	5 978
262	Fabrication d'ordinateurs et d'équipements périphériques	627	469	373	412	369	330	..	..
27	Équipements électriques	7 778	7 243	6 881	7 447	7 346	6 686	6 513	7 448
28	Machines et équipements n.c.a.	12 136	12 182	12 587	13 300	13 317	10 900	11 427	12 064
29-30	Matériel de transport	17 888	18 413	17 159	17 592	17 280	14 674	17 476	13 790
29	Automobiles, remorques et semi-remorques	13 438	11 963	10 101	10 240	9 392	7 138	9 197	7 257
30	Autres matériels de transport	4 450	6 450	7 058	7 353	7 887	7 536	8 279	6 533
31-33	Meubles ; réparation et installation de machines et de matériel	20 703	21 282	21 787	22 701	22 816	23 309	24 682	25 428
31-32	Meubles, autres activités manufacturières	7 869	7 783	7 693	7 655	7 441	7 286	7 197	7 414
33	Réparation et installation de machines et d'équipements	12 834	13 499	14 094	15 045	15 376	16 022	17 485	18 014
35-39	**ÉLECTRICITÉ, GAZ, EAU ET TRAITEMENT DES DÉCHETS**	39 554	40 103	43 061	38 783	38 101	39 180	41 208	41 128
35	Production et distribution d'électricité, de gaz, de vapeur et d'air conditionné	28 761	29 785	31 768	26 723	25 636	26 801	27 595	27 004
36-39	Distribution d'eau ; assainissement, gestion des déchets et dépollution	10 793	10 318	11 292	12 060	12 465	12 379	13 613	14 124
41-43	**CONSTRUCTION**	80 549	86 174	94 826	105 186	113 829	109 182	106 368	110 148
45-56	commerce, transports, hébergement et restauration	276 170	282 994	289 751	304 752	319 863	311 713	320 275	332 029
45-47	**Commerce de gros et de détail ; réparations automobiles et motocycles**	168 901	170 329	173 183	179 966	191 087	186 204	192 103	203 004
49-53	**Transports et entreposage**	70 714	73 978	76 271	81 783	85 231	82 370	84 042	84 931
55-56	**Activités d'hébergement et de restauration**	36 555	38 687	40 297	43 003	43 545	43 140	44 130	44 094
58-63	**Information et communication**	77 689	78 457	81 890	84 722	86 786	84 629	86 546	86 109
58-60	Édition, audiovisuel et diffusion	19 342	19 442	19 998	19 924	19 902	19 456	20 026	20 309
61	Télécommunications	26 549	26 661	26 696	27 377	27 907	27 900	27 878	25 903
62-63	Technologies de l'information et informatique	31 798	32 354	35 196	37 421	38 978	37 273	38 642	39 896
64-66	**Activités financières et d'assurance**	62 723	64 651	67 922	69 571	62 913	75 755	83 733	83 302
68-82	**Immobilier, locations et activités de services aux entreprises**	354 365	377 607	407 166	435 977	454 561	430 341	437 178	455 519
68	Activités immobilières	184 054	197 525	213 052	227 888	237 228	227 872	229 051	236 733
69-82	Activ. spécialis., scient., tech. ; serv. admin. et de soutien	170 311	180 082	194 114	208 089	217 333	202 469	208 127	218 786
69-75	Activités professionnelles, scientifiques et techniques	87 947	93 628	101 353	108 632	114 493	109 760	110 597	116 339
69-71	Activités juridiques et comptables, d'architecture et d'ingénierie	62 343	67 022	73 623	79 157	84 323	79 918	80 994	86 531
73-75	Autres activités professionnelles, scientifiques et techniques	11 851	12 901	13 415	14 384	14 519	13 537	13 435	13 853
77-82	Activités de services administratifs et de soutien	82 363	86 454	92 761	99 457	102 840	92 709	97 530	102 448
84-99	Services collectifs, sociaux et personnels	367 956	383 075	398 478	415 379	429 932	441 862	452 727	464 490
84-88	Administration publique, enseignement, santé humaine et action social	318 321	331 583	344 634	359 162	372 082	383 696	393 312	404 254
84	**Administration publique et défense ; sécurité sociale obligatoire**	115 538	120 001	123 332	127 364	130 266	134 552	136 065	139 914
85	**Éducation**	82 134	84 957	86 800	90 693	94 596	96 568	99 391	101 490
86-88	**Santé humaine et action sociale**	120 649	126 625	134 501	141 105	147 221	152 576	157 856	162 851
90-99	Autres activités de services	49 635	51 491	53 844	56 217	57 850	58 166	59 415	60 236
90-93	**Arts, spectacles et loisirs**	19 938	20 967	22 095	23 382	24 092	24 431	25 272	25 641
94-96	**Autres activités de services**	23 867	24 388	25 508	26 491	27 045	26 838	27 078	27 464
97-98	**Activités des ménages en tant qu'employeurs et pour usage propre**	5 830	6 136	6 242	6 345	6 714	6 897	7 065	7 130
99	**Activités extra-territoriales**	..	..	..	..	..	..	..	..
05-39	**INDUSTRIES MANUFACTURIÈRES ET ÉNERGIE**	234 672	236 614	237 548	242 218	236 335	221 554	222 907	224 551
24-33x	**Industrie du métal ; réparation**	87 139	87 993	87 283	92 036	90 884	81 105	85 393	88 038
45-99	**TOTAL SERVICES**	1 138 903	1 186 783	1 245 207	1 310 401	1 354 056	1 344 300	1 380 459	1 421 449
45-82	**SERVICES DU SECTEUR DES ENTREPRISES**	770 946	803 709	846 729	895 022	924 124	902 438	927 732	956 959
45-82x	**SERVICES DU SECTEUR DES ENTREPRISES sauf activités immobilières**	586 892	606 183	633 677	667 134	686 896	674 566	698 681	720 226
05-82x	**SECTEUR DES ENTREPRISES NON-AGRICOLES sauf activités immobilières**	902 114	928 971	966 051	1 014 538	1 037 059	1 005 302	1 027 956	1 054 925
ENERGYP	**Activités génératrices d'énergie**	30 738	32 748	34 239	30 156	28 178	28 670	30 338	..

.. Non disponible

Note : Voir les métadonnées détaillées sur : http://metalinks.oecd.org/stan/20141219/5503.

Informations sur les données concernant Israël : http://oe.cd/israel-disclaimer.

Responsabilité : http://oe.cd/disclaimer

FRANCE

Tableau 3. Valeur ajoutée, volumes

CITI Rév. 4

Millions 2005 EUR

		2004	2005	2006	2007	2008	2009	2010	2011
	TOTAL	**1 514 511**	**1 539 885**	**1 578 339**	**1 616 274**	**1 618 275**	**1 570 336**	**1 593 789**	**1 622 145**
01-03	**AGRICULTURE, SYLVICULTURE ET PÊCHE**	**32 091**	**30 315**	**30 271**	**30 031**	**31 307**	**33 300**	**31 390**	**32 616**
05-09	**INDUSTRIES EXTRACTIVES**	**2 154**	**1 961**	**2 020**	**2 108**	**2 045**	**1 834**	**1 757**	**1 725**
10-33	**ACTIVITÉS DE FABRICATION**	**190 208**	**194 550**	**196 822**	**201 274**	**192 891**	**178 710**	**185 484**	**186 877**
10-12	Produits alimentaires, boissons et tabac	33 351	33 700	33 495	33 990	31 201	31 491	30 976	30 741
13-15	Textiles, habillement, cuir et articles de cuir	7 406	7 083	6 726	7 013	6 723	5 471	5 380	5 314
16-18	Bois, papier, imprimerie et reproduction de supports enregistrés	13 559	13 305	12 910	13 013	13 402	13 325	13 495	13 439
19-23	Produits chimiques, caoutchouc, plastique, minéraux	41 702	44 686	46 628	47 896	44 636	41 921	43 814	42 995
20-21	Produits chimiques et pharmaceutiques	19 624	21 872	22 615	23 393	22 111	22 535	23 503	21 969
22-23	Produits en caoutchouc et en plastique, autres produits minéraux	19 508	20 121	20 613	21 056	20 489	18 017	18 491	19 128
24-25	Produits métalliques de base et ouvrages en métaux	27 863	27 186	27 346	27 838	27 004	26 163	26 544	29 038
241x2431	Métaux ferreux	4 279	4 392	4 327	3 942	..	..	..	..
242x2432	Métaux non ferreux	1 999	1 490	970	1 260	..	..	..	..
26-28	Machines et matériel	28 424	28 896	31 257	32 203	31 859	26 002	27 769	29 545
26	Ordinateurs, articles électroniques et optiques	8 731	9 470	11 561	11 908	12 206	10 916	12 165	13 368
262	Fabrication d'ordinateurs et d'équipements périphériques	476	469	428	475	483	..	..	..
27	Équipements électriques	7 722	7 243	6 865	7 060	6 772	5 560	5 622	5 959
28	Machines et équipements n.c.a.	12 073	12 182	12 832	13 235	12 987	9 927	10 658	11 168
29-30	Matériel de transport	17 491	18 413	16 810	16 973	15 908	12 302	14 689	12 400
29	Automobiles, remorques et semi-remorques	12 561	11 963	10 763	10 676	9 496	5 914	7 499	6 214
30	Autres matériels de transport	4 758	6 450	6 047	6 260	6 284	5 985	6 727	5 795
31-33	Meubles ; réparation et installation de machines et de matériel	20 486	21 282	21 650	22 378	22 213	21 621	22 190	23 211
31-32	Meubles, autres activités manufacturières	7 761	7 783	7 812	7 933	7 454	7 132	6 948	7 396
33	Réparation et installation de machines et d'équipements	12 724	13 499	13 839	14 440	14 723	14 449	15 172	15 754
35-39	**ÉLECTRICITÉ, GAZ, EAU ET TRAITEMENT DES DÉCHETS**	**41 436**	**40 103**	**40 434**	**40 615**	**38 443**	**35 305**	**35 837**	**35 650**
35	Production et distribution d'électricité, de gaz, de vapeur et d'air conditionné	31 349	29 785	29 878	29 982	27 860	24 164	24 280	23 927
36-39	Distribution d'eau ; assainissement, gestion des déchets et dépollution	10 165	10 318	10 556	10 633	10 472	10 716	11 116	11 268
41-43	**CONSTRUCTION**	**83 646**	**86 174**	**88 044**	**92 106**	**90 568**	**85 171**	**81 047**	**81 045**
45-56	commerce, transports, hébergement et restauration	279 134	282 994	287 940	297 226	301 667	285 582	294 067	302 749
45-47	**Commerce de gros et de détail ; réparations automobiles et motocycles**	**169 606**	**170 329**	**172 414**	**177 947**	**182 711**	**172 215**	**177 926**	**183 652**
49-53	**Transports et entreposage**	**71 602**	**73 978**	**76 232**	**78 798**	**78 483**	**73 717**	**76 501**	**79 047**
55-56	**Activités d'hébergement et de restauration**	**37 908**	**38 687**	**39 293**	**40 484**	**40 542**	**39 702**	**39 680**	**40 108**
58-63	**Information et communication**	**77 698**	**78 457**	**85 376**	**89 619**	**92 412**	**88 424**	**91 133**	**93 376**
58-60	Édition, audiovisuel et diffusion	19 053	19 442	20 028	20 747	20 364	18 633	19 038	19 810
61	Télécommunications	26 632	26 661	30 291	31 707	32 441	31 694	32 146	32 910
62-63	Technologies de l'information et informatique	32 016	32 354	35 057	37 153	39 510	38 080	39 890	40 567
64-66	**Activités financières et d'assurance**	**63 096**	**64 651**	**67 572**	**70 775**	**68 775**	**72 237**	**71 564**	**74 027**
68-82	**Immobilier, locations et activités de services aux entreprises**	**365 827**	**377 607**	**389 943**	**398 434**	**401 168**	**387 803**	**396 609**	**405 389**
68	Activités immobilières	192 061	197 525	202 462	204 099	203 950	205 730	208 325	210 560
69-82	Activ. spécialis., scient., tech. ; serv. admin. et de soutien	173 781	180 082	187 481	194 381	197 330	181 700	187 890	194 410
69-75	Activités professionnelles, scientifiques et techniques	90 584	93 628	98 298	101 712	103 998	99 716	102 752	106 903
69-71	Activités juridiques et comptables, d'architecture et d'ingénierie	64 241	67 022	71 380	74 018	75 305	71 266	73 654	77 162
73-75	Autres activités professionnelles, scientifiques et techniques	12 130	12 901	13 047	13 441	13 592	13 289	13 637	14 068
77-82	Activités de services administratifs et de soutien	83 202	86 454	89 183	92 667	93 334	81 989	85 134	87 537
84-99	Services collectifs, sociaux et personnels	379 276	383 075	389 918	394 145	398 688	402 355	405 953	409 996
84-88	Administration publique, enseignement, santé humaine et action social	328 556	331 583	337 047	340 416	343 447	347 236	350 427	354 469
84	**Administration publique et défense ; sécurité sociale obligatoire**	**117 887**	**120 001**	**121 085**	**122 111**	**121 964**	**124 704**	**125 250**	**126 811**
85	**Éducation**	**85 654**	**84 957**	**84 356**	**85 251**	**84 307**	**82 813**	**82 525**	**83 184**
86-88	**Santé humaine et action sociale**	**125 041**	**126 625**	**131 606**	**133 054**	**137 161**	**139 820**	**142 819**	**144 672**
90-99	Autres activités de services	50 722	51 491	52 871	53 730	55 250	55 107	55 509	55 483
90-93	**Arts, spectacles et loisirs**	**20 521**	**20 967**	**21 597**	**21 966**	**22 723**	**22 925**	**23 359**	**23 480**
94-96	**Autres activités de services**	**24 051**	**24 388**	**25 193**	**25 763**	**26 361**	**26 001**	**25 894**	**25 869**
97-98	**Activités des ménages en tant qu'employeurs et pour usage propre**	**6 152**	**6 136**	**6 081**	**6 003**	**6 164**	**6 168**	**6 233**	**6 117**
99	**Activités extra-territoriales**	..	..	..	..	..	..	..	..
05-39	**INDUSTRIES MANUFACTURIÈRES ET ÉNERGIE**	**233 638**	**236 614**	**239 276**	**243 946**	**233 352**	**215 819**	**222 955**	**224 046**
24-33x	**Industrie du métal ; réparation**	**86 416**	**87 993**	**89 252**	**91 439**	**89 443**	**79 160**	**84 713**	**86 664**
45-99	**TOTAL SERVICES**	**1 165 075**	**1 186 783**	**1 220 749**	**1 249 984**	**1 262 391**	**1 235 520**	**1 258 377**	**1 284 499**
45-82	**SERVICES DU SECTEUR DES ENTREPRISES**	**785 835**	**803 709**	**830 830**	**855 853**	**863 712**	**833 078**	**852 389**	**874 575**
45-82x	**SERVICES DU SECTEUR DES ENTREPRISES sauf activités immobilières**	**593 741**	**606 183**	**628 368**	**651 948**	**660 142**	**626 651**	**643 415**	**663 389**
05-82x	**SECTEUR DES ENTREPRISES NON-AGRICOLES sauf activités immobilières**	**911 073**	**928 971**	**955 688**	**988 127**	**984 338**	**927 969**	**946 508**	**967 481**
ENERGYP	**Activités génératrices d'énergie**	**31 638**	**30 054**	**30 143**	..	..	..	..	..

.. Non disponible

Note : Voir les métadonnées détaillées sur : http://metalinks.oecd.org/stan/20141219/5503.

Informations sur les données concernant Israël : http://oe.cd/israel-disclaimer.

Responsabilité : http://oe.cd/disclaimer

Tableau 5. Nombre de personnes engagées, emploi total

CITI Rév. 4

Milliers

		2004	2005	2006	2007	2008	2009	2010	2011
	TOTAL	**26 176**	**26 349**	**26 634**	**27 006**	**27 137**	**26 783**	**26 766**	**26 891**
01-03	**AGRICULTURE, SYLVICULTURE ET PÊCHE**	**900**	**889**	**864**	**839**	**813**	**792**	**765**	**746**
05-09	**INDUSTRIES EXTRACTIVES**	**21**	**21**	**21**	**21**	**22**	**21**	**21**	..
10-33	**ACTIVITÉS DE FABRICATION**	**3 415**	**3 342**	**3 281**	**3 241**	**3 200**	**3 047**	**2 931**	**2 906**
10-12	Produits alimentaires, boissons et tabac	631	628	630	626	623	613	609	606
13-15	Textiles, habillement, cuir et articles de cuir	204	185	168	160	151	134	125	..
16-18	Bois, papier, imprimerie et reproduction de supports enregistrés	282	271	263	257	251	236	226	..
19-23	Produits chimiques, caoutchouc, plastique, minéraux	586	583	566	558	552	512	494	..
20-21	Produits chimiques et pharmaceutiques	223	227	221	218	215	205	200	..
22-23	Produits en caoutchouc et en plastique, autres produits minéraux	354	347	336	332	328	299	286	..
24-25	Produits métalliques de base et ouvrages en métaux	507	497	493	492	487	473	445	..
241x2431	Métaux ferreux	78	76	73	72	..	..	..	..
242x2432	Métaux non ferreux	29	28	27	26	..	..	..	..
26-28	Machines et matériel	485	466	457	455	453	410	389	383
26	Ordinateurs, articles électroniques et optiques	156	145	148	148	145	126	120	..
262	Fabrication d'ordinateurs et d'équipements périphériques	7	6	5	5	..	..	..	..
27	Équipements électriques	111	107	99	99	99	94	90	..
28	Machines et équipements n.c.a.	218	213	210	209	210	190	179	..
29-30	Matériel de transport	314	314	307	301	294	277	263	263
29	Automobiles, remorques et semi-remorques	213	212	202	195	187	173	161	..
30	Autres matériels de transport	100	102	106	107	107	104	101	..
31-33	Meubles ; réparation et installation de machines et de matériel	408	398	396	391	390	393	380	..
31-32	Meubles, autres activités manufacturières	176	171	167	163	161	153	146	..
33	Réparation et installation de machines et d'équipements	232	227	229	228	229	240	233	..
35-39	**ÉLECTRICITÉ, GAZ, EAU ET TRAITEMENT DES DÉCHETS**	**267**	**270**	**270**	**272**	**267**	**283**	**288**	..
35	Production et distribution d'électricité, de gaz, de vapeur et d'air conditionné	143	141	140	138	134	143	145	..
36-39	Distribution d'eau ; assainissement, gestion des déchets et dépollution	125	128	130	134	133	140	142	..
41-43	**CONSTRUCTION**	**1 607**	**1 673**	**1 747**	**1 825**	**1 877**	**1 881**	**1 850**	**1 838**
45-56	commerce, transports, hébergement et restauration	6 065	6 071	6 075	6 155	6 198	6 155	6 145	6 187
45-47	**Commerce de gros et de détail ; réparations automobiles et motocycles**	**3 684**	**3 679**	**3 651**	**3 694**	**3 713**	**3 700**	**3 685**	**3 702**
49-53	**Transports et entreposage**	**1 387**	**1 368**	**1 385**	**1 395**	**1 410**	**1 378**	**1 359**	**1 362**
55-56	**Activités d'hébergement et de restauration**	**994**	**1 024**	**1 039**	**1 066**	**1 076**	**1 077**	**1 101**	**1 122**
58-63	**Information et communication**	**732**	**723**	**744**	**762**	**782**	**773**	**771**	**788**
58-60	Édition, audiovisuel et diffusion	217	214	217	222	226	222	220	..
61	Télécommunications	146	145	145	142	138	138	136	..
62-63	Technologies de l'information et informatique	369	364	382	398	418	413	415	..
64-66	**Activités financières et d'assurance**	**764**	**776**	**782**	**797**	**799**	**814**	**824**	**832**
68-82	**Immobilier, locations et activités de services aux entreprises**	**3 568**	**3 657**	**3 773**	**3 899**	**3 928**	**3 725**	**3 810**	**3 918**
68	Activités immobilières	252	263	269	275	277	257	255	257
69-82	Activ. spécialis., scient., tech. ; serv. admin. et de soutien	3 316	3 394	3 505	3 624	3 651	3 468	3 555	3 660
69-75	Activités professionnelles, scientifiques et techniques	1 373	1 397	1 444	1 483	1 517	1 523	1 519	..
69-71	Activités juridiques et comptables, d'architecture et d'ingénierie	902	906	955	992	1 019	1 028	1 031	..
73-75	Autres activités professionnelles, scientifiques et techniques	255	273	270	268	270	257	251	..
77-82	Activités de services administratifs et de soutien	1 943	1 997	2 061	2 141	2 134	1 945	2 036	..
84-99	Services collectifs, sociaux et personnels	8 836	8 926	9 075	9 194	9 251	9 290	9 363	..
84-88	Administration publique, enseignement, santé humaine et action social	7 457	7 528	7 612	7 710	7 741	7 756	7 801	..
84	**Administration publique et défense ; sécurité sociale obligatoire**	**2 478**	**2 489**	**2 477**	**2 500**	**2 475**	**2 453**	**2 465**	..
85	**Éducation**	**1 817**	**1 789**	**1 799**	**1 810**	**1 811**	**1 786**	**1 768**	..
86-88	**Santé humaine et action sociale**	**3 161**	**3 250**	**3 336**	**3 400**	**3 455**	**3 518**	**3 567**	..
90-99	Autres activités de services	1 379	1 398	1 464	1 484	1 511	1 534	1 562	1 576
90-93	**Arts, spectacles et loisirs**	**490**	**490**	**506**	**523**	**533**	**539**	**554**	..
94-96	**Autres activités de services**	**671**	**683**	**721**	**722**	**734**	**751**	**761**	..
97-98	**Activités des ménages en tant qu'employeurs et pour usage propre**	**217**	**225**	**236**	**239**	**244**	**244**	**247**	..
99	**Activités extra-territoriales**	..	..	..	..	..	..	..	..
05-39	**INDUSTRIES MANUFACTURIÈRES ET ÉNERGIE**	**3 704**	**3 633**	**3 573**	**3 534**	**3 489**	**3 352**	**3 239**	..
24-33x	**Industrie du métal ; réparation**	**1 537**	**1 505**	**1 487**	**1 476**	**1 463**	**1 400**	**1 331**	..
45-99	**TOTAL SERVICES**	**19 965**	**20 154**	**20 450**	**20 807**	**20 959**	**20 758**	**20 912**	..
45-82	**SERVICES DU SECTEUR DES ENTREPRISES**	**11 129**	**11 228**	**11 375**	**11 613**	**11 707**	**11 468**	**11 549**	**11 724**
45-82x	**SERVICES DU SECTEUR DES ENTREPRISES sauf activités immobilières**	**10 877**	**10 964**	**11 106**	**11 338**	**11 431**	**11 210**	**11 295**	**11 467**
05-82x	**SECTEUR DES ENTREPRISES NON-AGRICOLES sauf activités immobilières**	**16 188**	**16 271**	**16 426**	**16 698**	**16 796**	**16 443**	**16 384**	..
ENERGYP	**Activités génératrices d'énergie**	**152**	**151**	**149**	**148**	**143**	**151**	**153**	..

.. Non disponible

Note : Voir les métadonnées détaillées sur : http://metalinks.oecd.org/stan/20141219/5503.

Informations sur les données concernant Israël : http://oe.cd/israel-disclaimer.

Responsabilité : http://oe.cd/disclaimer

FRANCE

Tableau 6. Coûts de la main-d'oeuvre (rémunération des salariés), prix courants

CITI Rév. 4

Millions EUR

		2004	2005	2006	2007	2008	2009	2010	2011
	TOTAL	**868 838**	**900 545**	**939 246**	**977 023**	**1 007 296**	**1 009 855**	**1 032 695**	**1 067 480**
01-03	**AGRICULTURE, SYLVICULTURE ET PÊCHE**	**7 501**	**7 764**	**8 010**	**8 001**	**8 004**	**7 855**	**7 955**	..
05-09	**INDUSTRIES EXTRACTIVES**	**931**	**907**	**929**	**960**	**980**	**951**	**940**	..
10-33	**ACTIVITÉS DE FABRICATION**	**126 411**	**127 877**	**129 232**	**131 310**	**133 509**	**128 283**	**127 527**	..
10-12	Produits alimentaires, boissons et tabac	18 363	18 573	19 016	19 326	19 683	19 875	19 972	..
13-15	Textiles, habillement, cuir et articles de cuir	5 448	5 215	4 908	4 828	4 679	4 046	3 844	..
16-18	Bois, papier, imprimerie et reproduction de supports enregistrés	9 269	9 172	9 129	9 099	9 110	8 624	8 493	..
19-23	Produits chimiques, caoutchouc, plastique, minéraux	25 495	26 011	26 115	26 631	26 908	25 026	24 855	..
20-21	Produits chimiques et pharmaceutiques	11 722	11 858	11 989	12 214	12 292	11 862	11 891	..
22-23	Produits en caoutchouc et en plastique, autres produits minéraux	13 015	13 252	13 248	13 514	13 628	12 360	12 181	..
24-25	Produits métalliques de base et ouvrages en métaux	18 632	18 969	19 354	19 758	20 127	19 579	19 625	..
241x2431	Métaux ferreux	3 052	3 050	3 088	3 120	..	..	..	..
242x2432	Métaux non ferreux	1 217	1 228	1 219	1 247	..	..	..	..
26-28	Machines et matériel	19 728	20 076	20 497	20 898	21 378	19 442	18 435	..
26	Ordinateurs, articles électroniques et optiques	6 660	6 658	6 789	6 781	6 839	5 885	5 399	..
262	Fabrication d'ordinateurs et d'équipements périphériques	264	201	171	175	..	..	..	..
27	Équipements électriques	5 149	5 177	5 196	5 373	5 518	5 424	5 227	..
28	Machines et équipements n.c.a.	7 919	8 241	8 513	8 745	9 021	8 133	7 809	..
29-30	Matériel de transport	13 543	13 799	13 981	14 092	14 396	13 748	13 965	..
29	Automobiles, remorques et semi-remorques	8 279	8 288	8 141	8 069	8 051	7 320	7 273	..
30	Autres matériels de transport	5 264	5 511	5 840	6 022	6 345	6 428	6 692	..
31-33	Meubles ; réparation et installation de machines et de matériel	15 934	16 061	16 231	16 679	17 228	17 943	18 338	..
31-32	Meubles, autres activités manufacturières	..	..	4 906	4 918	4 934	4 735	4 728	..
33	Réparation et installation de machines et d'équipements	..	..	11 325	11 761	12 294	13 208	13 610	..
35-39	**ÉLECTRICITÉ, GAZ, EAU ET TRAITEMENT DES DÉCHETS**	**14 850**	**14 687**	**15 051**	**15 450**	**16 089**	**17 301**	**17 801**	..
35	Production et distribution d'électricité, de gaz, de vapeur et d'air conditionné	10 068	9 869	9 930	9 997	10 570	11 313	11 525	..
36-39	Distribution d'eau ; assainissement, gestion des déchets et dépollution	4 782	4 819	5 121	5 453	5 519	5 988	6 276	..
41-43	**CONSTRUCTION**	**50 441**	**53 541**	**57 873**	**61 893**	**65 210**	**65 649**	**66 816**	..
45-56	commerce, transports, hébergement et restauration	175 849	181 483	188 055	195 509	201 846	201 692	208 301	..
45-47	**Commerce de gros et de détail ; réparations automobiles et motocycles**	**103 996**	**106 836**	**109 981**	**113 766**	**117 476**	**117 860**	**121 947**	..
49-53	**Transports et entreposage**	**50 107**	**51 582**	**53 567**	**55 942**	**57 653**	**56 459**	**57 446**	..
55-56	**Activités d'hébergement et de restauration**	**21 746**	**23 065**	**24 507**	**25 801**	**26 717**	**27 373**	**28 908**	..
58-63	**Information et communication**	**41 223**	**42 991**	**45 768**	**47 549**	**50 129**	**49 280**	**51 159**	..
58-60	Édition, audiovisuel et diffusion	11 037	11 476	12 035	12 609	12 706	12 668	12 848	..
61	Télécommunications	7 774	7 903	8 400	8 349	8 270	8 293	8 402	..
62-63	Technologies de l'information et informatique	22 412	23 612	25 333	26 590	29 153	28 319	29 909	..
64-66	**Activités financières et d'assurance**	**40 248**	**42 860**	**45 407**	**47 052**	**46 712**	**49 234**	**50 533**	..
68-82	**Immobilier, locations et activités de services aux entreprises**	**129 093**	**135 076**	**144 781**	**153 890**	**159 947**	**155 403**	**158 327**	..
68	Activités immobilières	10 842	11 959	12 995	13 729	14 050	12 795	13 164	..
69-82	Activ. spécialis., scient., tech. ; serv. admin. et de soutien	118 251	123 117	131 786	140 161	145 897	142 608	145 163	..
69-75	Activités professionnelles, scientifiques et techniques	64 208	66 437	71 360	75 861	79 973	82 110	84 378	..
69-71	Activités juridiques et comptables, d'architecture et d'ingénierie	45 043	46 455	50 375	54 040	57 547	58 963	60 980	..
73-75	Autres activités professionnelles, scientifiques et techniques	7 359	7 681	8 239	8 551	8 840	8 538	8 722	..
77-82	Activités de services administratifs et de soutien	54 043	56 681	60 426	64 300	65 924	60 498	60 785	..
84-99	Services collectifs, sociaux et personnels	282 291	293 359	304 141	315 408	324 870	334 207	343 336	..
84-88	Administration publique, enseignement, santé humaine et action social	248 539	258 095	267 188	276 835	284 878	293 176	300 682	..
84	**Administration publique et défense ; sécurité sociale obligatoire**	**92 214**	**95 524**	**97 363**	**99 930**	**101 187**	**104 916**	**105 651**	..
85	**Éducation**	**73 004**	**74 863**	**76 194**	**79 435**	**82 336**	**83 808**	**86 314**	..
86-88	**Santé humaine et action sociale**	**83 322**	**87 709**	**93 631**	**97 470**	**101 355**	**104 452**	**108 717**	..
90-99	Autres activités de services	33 752	35 264	36 952	38 573	39 992	41 031	42 654	..
90-93	**Arts, spectacles et loisirs**	**13 212**	**13 727**	**14 538**	**15 513**	**16 232**	**16 669**	**17 428**	..
94-96	**Autres activités de services**	**14 752**	**15 452**	**16 227**	**16 768**	**17 100**	**17 523**	**18 222**	..
97-98	**Activités des ménages en tant qu'employeurs et pour usage propre**	**5 787**	**6 085**	**6 188**	**6 292**	**6 660**	**6 839**	**7 004**	..
99	**Activités extra-territoriales**	..	..	..	..	..	..	..	..
05-39	**INDUSTRIES MANUFACTURIÈRES ET ÉNERGIE**	**142 193**	**143 470**	**145 211**	**147 720**	**150 578**	**146 535**	**146 268**	..
24-33x	**Industrie du métal ; réparation**	..	..	**65 157**	**66 508**	**68 195**	**65 977**	**65 635**	..
45-99	**TOTAL SERVICES**	**668 704**	**695 770**	**728 151**	**759 408**	**783 504**	**789 816**	**811 656**	..
45-82	**SERVICES DU SECTEUR DES ENTREPRISES**	**386 413**	**402 410**	**424 011**	**444 000**	**458 634**	**455 609**	**468 320**	..
45-82x	**SERVICES DU SECTEUR DES ENTREPRISES sauf activités immobilières**	**375 571**	**390 451**	**411 016**	**430 271**	**444 584**	**442 814**	**455 156**	..
05-82x	**SECTEUR DES ENTREPRISES NON-AGRICOLES sauf activités immobilières**	**568 204**	**587 463**	**614 100**	**639 885**	**660 372**	**654 998**	**668 240**	..
ENERGYP	**Activités génératrices d'énergie**	..	..	**10 867**	**10 959**	**11 604**	**12 162**	**12 349**	..

.. Non disponible

Note : Voir les métadonnées détaillées sur : http://metalinks.oecd.org/stan/20141219/5503.

Informations sur les données concernant Israël : http://oe.cd/israel-disclaimer.

Responsabilité : http://oe.cd/disclaimer

Tableau 1. Production brute, prix courants

CITI Rév. 4

Millions EUR

		2004	2005	2006	2007	2008	2009	2010	2011
	TOTAL	**3 959 180**	**4 088 720**	**4 314 540**	**4 557 590**	**4 695 150**	**4 364 840**	**4 677 630**	**5 006 760**
01-03	**AGRICULTURE, SYLVICULTURE ET PÊCHE**	**45 110**	**39 820**	**41 640**	**47 380**	**51 270**	**44 170**	**46 600**	**52 940**
05-09	**INDUSTRIES EXTRACTIVES**	**12 340**	**12 110**	**13 030**	**13 610**	**13 680**	**11 610**	**12 580**	**14 080**
10-33	**ACTIVITÉS DE FABRICATION**	**1 324 950**	**1 389 460**	**1 515 430**	**1 635 980**	**1 664 270**	**1 354 360**	**1 543 630**	**1 739 470**
10-12	Produits alimentaires, boissons et tabac	141 010	142 740	149 740	155 440	164 560	152 680	159 320	..
13-15	Textiles, habillement, cuir et articles de cuir	24 260	23 470	24 290	25 100	23 520	19 610	21 600	..
16-18	Bois, papier, imprimerie et reproduction de supports enregistrés	72 750	75 240	80 170	83 960	81 500	73 950	80 600	..
19-23	Produits chimiques, caoutchouc, plastique, minéraux	271 060	287 580	310 640	325 480	345 690	284 890	326 780	..
20-21	Produits chimiques et pharmaceutiques	129 160	134 470	144 460	157 010	160 890	140 820	160 000	..
22-23	Produits en caoutchouc et en plastique, autres produits minéraux	92 780	94 660	103 140	107 790	108 320	94 230	104 270	..
24-25	Produits métalliques de base et ouvrages en métaux	162 450	176 760	203 300	228 920	232 900	167 060	200 300	..
241x2431	Métaux ferreux	45 167	51 253	57 691	67 356	72 197	46 331	..	..
242x2432	Métaux non ferreux	26 063	28 707	38 469	42 094	39 443	25 639	..	..
26-28	Machines et matériel	317 650	328 240	363 510	396 890	404 550	316 440	356 160	..
26	Ordinateurs, articles électroniques et optiques	65 830	67 190	73 030	85 880	76 180	55 090	63 810	..
262	Fabrication d'ordinateurs et d'équipements périphériques	10 960	11 000	10 528	12 012	9 770	4 830	..	..
27	Équipements électriques	87 350	87 840	97 720	94 080	98 670	85 230	95 460	..
28	Machines et équipements n.c.a.	164 470	173 210	192 760	216 930	229 700	176 120	196 890	..
29-30	Matériel de transport	269 770	285 660	307 630	336 650	328 830	262 680	317 580	..
29	Automobiles, remorques et semi-remorques	247 510	260 440	280 670	307 060	296 820	231 800	284 820	..
30	Autres matériels de transport	22 260	25 220	26 960	29 590	32 010	30 880	32 760	..
31-33	Meubles ; réparation et installation de machines et de matériel	66 000	69 770	76 150	83 540	82 720	77 050	81 290	..
31-32	Meubles, autres activités manufacturières	39 050	40 560	44 570	47 110	47 810	41 910	46 740	..
33	Réparation et installation de machines et d'équipements	26 950	29 210	31 580	36 430	34 910	35 140	34 550	..
35-39	**ÉLECTRICITÉ, GAZ, EAU ET TRAITEMENT DES DÉCHETS**	**121 410**	**130 460**	**145 140**	**158 150**	**171 200**	**173 310**	**189 060**	**189 100**
35	Production et distribution d'électricité, de gaz, de vapeur et d'air conditionné	81 650	88 410	99 240	110 840	122 620	126 850	137 660	136 960
36-39	Distribution d'eau ; assainissement, gestion des déchets et dépollution	39 760	42 050	45 900	47 310	48 580	46 460	51 400	52 140
41-43	**CONSTRUCTION**	**190 470**	**185 480**	**198 740**	**207 430**	**220 440**	**220 360**	**230 660**	**248 890**
45-56	commerce, transports, hébergement et restauration	604 470	625 920	654 370	682 520	705 570	662 910	708 050	758 480
45-47	**Commerce de gros et de détail ; réparations automobiles et motocycles**	**344 570**	**352 130**	**363 960**	**374 660**	**383 160**	**369 750**	**396 990**	**425 120**
49-53	**Transports et entreposage**	**196 860**	**209 240**	**223 500**	**238 490**	**251 450**	**222 320**	**235 670**	**253 010**
55-56	**Activités d'hébergement et de restauration**	**63 040**	**64 550**	**66 910**	**69 370**	**70 960**	**70 840**	**75 390**	**80 350**
58-63	**Information et communication**	**161 040**	**165 080**	**167 190**	**176 440**	**184 550**	**198 430**	**196 630**	**199 040**
58-60	Édition, audiovisuel et diffusion	55 120	56 110	57 620	60 940	64 470	68 470	67 280	..
61	Télécommunications	63 480	63 050	62 480	63 500	64 550	70 010	67 130	..
62-63	Technologies de l'information et informatique	42 440	45 920	47 090	52 000	55 530	59 950	62 220	..
64-66	**Activités financières et d'assurance**	**228 480**	**233 470**	**234 740**	**230 330**	**228 470**	**239 600**	**252 050**	**254 600**
68-82	**Immobilier, locations et activités de services aux entreprises**	**650 000**	**676 180**	**701 180**	**745 060**	**768 090**	**739 120**	**757 510**	**787 420**
68	Activités immobilières	300 080	306 850	315 440	329 900	339 260	349 300	351 400	359 010
69-82	Activ. spécialis., scient., tech. ; serv. admin. et de soutien	349 920	369 330	385 740	415 160	428 830	389 820	406 110	428 410
69-75	Activités professionnelles, scientifiques et techniques	208 450	216 650	230 740	249 090	258 340	230 710	236 350	250 110
69-71	Activités juridiques et comptables, d'architecture et d'ingénierie	154 490	162 330	173 760	189 180	197 160	174 790	178 850	..
73-75	Autres activités professionnelles, scientifiques et techniques	39 570	40 870	43 150	44 880	43 790	40 170	41 640	..
77-82	Activités de services administratifs et de soutien	141 470	152 680	155 000	166 070	170 490	159 110	169 760	178 300
84-99	Services collectifs, sociaux et personnels	620 910	630 740	643 080	660 690	687 610	720 970	740 860	762 740
84-88	Administration publique, enseignement, santé humaine et action social	492 900	501 830	510 900	524 410	547 430	577 720	594 450	612 700
84	**Administration publique et défense ; sécurité sociale obligatoire**	**182 200**	**185 460**	**188 010**	**190 920**	**202 320**	**213 640**	**219 080**	**225 860**
85	**Éducation**	**115 500**	**117 990**	**116 990**	**122 080**	**124 980**	**129 650**	**132 500**	**136 800**
86-88	**Santé humaine et action sociale**	**195 200**	**198 380**	**205 900**	**211 410**	**220 130**	**234 430**	**242 870**	**250 040**
90-99	Autres activités de services	128 010	128 910	132 180	136 280	140 180	143 250	146 410	150 040
90-93	**Arts, spectacles et loisirs**	**42 210**	**42 910**	**44 610**	**46 350**	**48 220**	**48 440**	**50 040**	**52 510**
94-96	**Autres activités de services**	**79 490**	**79 640**	**81 120**	**83 260**	**85 270**	**87 950**	**89 350**	**90 290**
97-98	**Activités des ménages en tant qu'employeurs et pour usage propre**	**6 310**	**6 360**	**6 450**	**6 670**	**6 690**	**6 860**	**7 020**	**7 240**
99	**Activités extra-territoriales**	..	..	..	..	..	..	..	..
05-39	**INDUSTRIES MANUFACTURIÈRES ET ÉNERGIE**	**1 458 700**	**1 532 030**	**1 673 600**	**1 807 740**	**1 849 150**	**1 539 280**	**1 745 270**	**1 942 650**
24-33x	**Industrie du métal ; réparation**	**776 820**	**819 870**	**906 020**	**998 890**	**1 001 190**	**781 320**	**908 590**	..
45-99	**TOTAL SERVICES**	**2 264 900**	**2 331 390**	**2 400 560**	**2 495 040**	**2 574 290**	**2 561 030**	**2 655 100**	**2 762 280**
45-82	**SERVICES DU SECTEUR DES ENTREPRISES**	**1 643 990**	**1 700 650**	**1 757 480**	**1 834 350**	**1 886 680**	**1 840 060**	**1 914 240**	**1 999 540**
45-82x	**SERVICES DU SECTEUR DES ENTREPRISES sauf activités immobilières**	**1 343 910**	**1 393 800**	**1 442 040**	**1 504 450**	**1 547 420**	**1 490 760**	**1 562 840**	**1 640 530**
05-82x	**SECTEUR DES ENTREPRISES NON-AGRICOLES sauf activités immobilières**	**2 993 080**	**3 111 310**	**3 314 380**	**3 519 620**	**3 617 010**	**3 250 400**	**3 538 770**	**3 832 070**
ENERGYP	**Activités génératrices d'énergie**	**137 729**	**153 571**	**169 548**	**179 601**	**207 120**	**183 002**	..	..

.. Non disponible

Note : Voir les métadonnées détaillées sur : http://metalinks.oecd.org/stan/20141219/5503.

Informations sur les données concernant Israël : http://oe.cd/israel-disclaimer.

Responsabilité : http://oe.cd/disclaimer

ALLEMAGNE

Tableau 2. Valeur ajoutée, prix courants

CITI Rév. 4

Millions EUR

		2004	2005	2006	2007	2008	2009	2010	2011
	TOTAL	**1 983 540**	**2 006 360**	**2 086 280**	**2 176 990**	**2 217 000**	**2 117 350**	**2 236 630**	**2 317 430**
01-03	**AGRICULTURE, SYLVICULTURE ET PÊCHE**	**21 210**	**16 090**	**17 130**	**18 960**	**21 190**	**15 920**	**17 830**	**21 570**
05-09	**INDUSTRIES EXTRACTIVES**	**4 030**	**4 060**	**5 060**	**5 150**	**6 570**	**5 330**	**5 470**	**6 760**
10-33	**ACTIVITÉS DE FABRICATION**	**434 940**	**441 780**	**475 030**	**502 420**	**492 100**	**412 010**	**481 740**	**524 510**
10-12	Produits alimentaires, boissons et tabac	38 450	37 320	37 740	37 980	37 220	37 350	38 240	..
13-15	Textiles, habillement, cuir et articles de cuir	7 930	7 590	7 770	7 830	7 570	6 280	6 950	..
16-18	Bois, papier, imprimerie et reproduction de supports enregistrés	26 520	26 450	27 130	27 280	25 710	23 380	24 350	..
19-23	Produits chimiques, caoutchouc, plastique, minéraux	85 650	87 380	92 840	96 230	96 150	86 790	97 910	..
20-21	Produits chimiques et pharmaceutiques	44 930	47 050	48 950	52 200	53 690	48 850	55 080	..
22-23	Produits en caoutchouc et en plastique, autres produits minéraux	35 910	35 580	37 680	39 150	39 030	34 350	37 280	..
24-25	Produits métalliques de base et ouvrages en métaux	58 020	61 520	67 960	73 240	74 080	55 820	62 390	..
241x2431	Métaux ferreux	12 374	14 015	15 081	18 427	18 416	11 715	..	..
242x2432	Métaux non ferreux	6 706	6 705	7 279	7 713	7 354	6 175	..	..
26-28	Machines et matériel	123 660	123 930	134 430	145 240	146 960	116 860	137 430	..
26	Ordinateurs, articles électroniques et optiques	25 440	25 130	26 320	30 760	27 290	20 000	24 900	..
262	Fabrication d'ordinateurs et d'équipements périphériques	3 365	3 096	2 967	3 506	3 001	1 426	..	..
27	Équipements électriques	33 230	32 140	36 100	34 840	36 690	33 330	38 710	..
28	Machines et équipements n.c.a.	64 990	66 660	72 010	79 640	82 980	63 530	73 820	..
29-30	Matériel de transport	67 420	68 710	76 180	82 070	72 150	54 640	80 970	..
29	Automobiles, remorques et semi-remorques	60 560	60 200	67 930	73 320	62 670	45 930	71 140	..
30	Autres matériels de transport	6 860	8 510	8 250	8 750	9 480	8 710	9 830	..
31-33	Meubles ; réparation et installation de machines et de matériel	27 290	28 880	30 980	32 550	32 260	30 890	33 500	..
31-32	Meubles, autres activités manufacturières	17 130	17 730	19 560	19 700	19 680	18 050	20 530	..
33	Réparation et installation de machines et d'équipements	10 160	11 150	11 420	12 850	12 580	12 840	12 970	..
35-39	**ÉLECTRICITÉ, GAZ, EAU ET TRAITEMENT DES DÉCHETS**	**57 960**	**60 310**	**64 230**	**67 660**	**76 100**	**76 600**	**77 680**	**76 170**
35	Production et distribution d'électricité, de gaz, de vapeur et d'air conditionné	37 270	38 840	41 530	44 750	51 940	53 360	53 880	52 960
36-39	Distribution d'eau ; assainissement, gestion des déchets et dépollution	20 690	21 470	22 700	22 910	24 160	23 240	23 800	23 210
41-43	**CONSTRUCTION**	**83 990**	**81 650**	**84 540**	**88 690**	**93 320**	**93 350**	**100 430**	**106 050**
45-56	commerce, transports, hébergement et restauration	317 510	326 730	336 450	349 910	352 480	338 950	354 790	369 730
45-47	**Commerce de gros et de détail ; réparations automobiles et motocycles**	**202 160**	**207 830**	**212 230**	**219 360**	**220 910**	**213 240**	**226 160**	**235 820**
49-53	**Transports et entreposage**	**83 200**	**86 170**	**90 860**	**94 930**	**95 960**	**86 950**	**87 610**	**91 300**
55-56	**Activités d'hébergement et de restauration**	**32 150**	**32 730**	**33 360**	**35 620**	**35 610**	**38 760**	**41 020**	**42 610**
58-63	**Information et communication**	**81 360**	**79 710**	**83 490**	**86 860**	**87 260**	**93 330**	**90 030**	**88 960**
58-60	Édition, audiovisuel et diffusion	22 230	23 420	23 560	25 450	26 710	29 810	29 170	..
61	Télécommunications	31 930	27 570	30 070	28 140	26 810	26 590	24 830	..
62-63	Technologies de l'information et informatique	27 200	28 720	29 860	33 270	33 740	36 930	36 030	..
64-66	**Activités financières et d'assurance**	**103 900**	**98 420**	**97 360**	**90 490**	**83 640**	**93 140**	**101 410**	**101 550**
68-82	**Immobilier, locations et activités de services aux entreprises**	**436 960**	**450 420**	**468 890**	**503 910**	**524 610**	**492 450**	**499 480**	**507 090**
68	Activités immobilières	223 600	229 810	238 690	254 660	266 450	262 580	263 220	264 170
69-82	Activ. spécialis., scient., tech. ; serv. admin. et de soutien	213 360	220 610	230 200	249 250	258 160	229 870	236 260	242 920
69-75	Activités professionnelles, scientifiques et techniques	124 810	127 050	133 050	141 870	147 430	129 660	130 730	134 390
69-71	Activités juridiques et comptables, d'architecture et d'ingénierie	95 500	98 130	102 090	108 960	113 580	98 740	99 890	..
73-75	Autres activités professionnelles, scientifiques et techniques	21 660	21 530	23 310	24 280	24 710	21 950	22 160	..
77-82	Activités de services administratifs et de soutien	88 550	93 560	97 150	107 380	110 730	100 210	105 530	108 530
84-99	Services collectifs, sociaux et personnels	441 680	447 190	454 100	462 940	479 730	496 270	507 770	515 040
84-88	Administration publique, enseignement, santé humaine et action social	351 760	356 140	360 450	366 390	379 350	395 460	405 720	412 430
84	**Administration publique et défense ; sécurité sociale obligatoire**	**124 900**	**125 120**	**126 250**	**127 910**	**132 080**	**137 140**	**140 070**	**143 300**
85	**Éducation**	**91 810**	**93 160**	**91 650**	**94 490**	**96 590**	**99 680**	**101 470**	**103 990**
86-88	**Santé humaine et action sociale**	**135 050**	**137 860**	**142 550**	**143 990**	**150 680**	**158 640**	**164 180**	**165 140**
90-99	Autres activités de services	89 920	91 050	93 650	96 550	100 380	100 810	102 050	102 610
90-93	**Arts, spectacles et loisirs**	**28 170**	**28 620**	**29 650**	**30 640**	**31 940**	**31 170**	**31 810**	**32 650**
94-96	**Autres activités de services**	**55 440**	**56 070**	**57 550**	**59 240**	**61 750**	**62 780**	**63 220**	**62 720**
97-98	**Activités des ménages en tant qu'employeurs et pour usage propre**	**6 310**	**6 360**	**6 450**	**6 670**	**6 690**	**6 860**	**7 020**	**7 240**
99	**Activités extra-territoriales**	..	..	..	..	..	..	..	..
05-39	**INDUSTRIES MANUFACTURIÈRES ET ÉNERGIE**	**496 930**	**506 150**	**544 320**	**575 230**	**574 770**	**493 940**	**564 890**	**607 440**
24-33x	**Industrie du métal ; réparation**	**259 260**	**265 310**	**289 990**	**313 400**	**305 770**	**240 160**	**293 760**	..
45-99	**TOTAL SERVICES**	**1 381 410**	**1 402 470**	**1 440 290**	**1 494 110**	**1 527 720**	**1 514 140**	**1 553 480**	**1 582 370**
45-82	**SERVICES DU SECTEUR DES ENTREPRISES**	**939 730**	**955 280**	**986 190**	**1 031 170**	**1 047 990**	**1 017 870**	**1 045 710**	**1 067 330**
45-82x	**SERVICES DU SECTEUR DES ENTREPRISES sauf activités immobilières**	**716 130**	**725 470**	**747 500**	**776 510**	**781 540**	**755 290**	**782 490**	**803 160**
05-82x	**SECTEUR DES ENTREPRISES NON-AGRICOLES sauf activités immobilières**	**1 297 050**	**1 313 270**	**1 376 360**	**1 440 430**	**1 449 630**	**1 342 580**	**1 447 810**	**1 516 650**
ENERGYP	**Activités génératrices d'énergie**	**43 824**	**45 351**	**50 202**	**52 114**	**59 372**	**59 885**	..	..

.. Non disponible

Note : Voir les métadonnées détaillées sur : http://metalinks.oecd.org/stan/20141219/5503.

Informations sur les données concernant Israël : http://oe.cd/israel-disclaimer.

Responsabilité : http://oe.cd/disclaimer

Tableau 3. Valeur ajoutée, volumes

CITI Rév. 4

Millions 2005 EUR

		2004	2005	2006	2007	2008	2009	2010	2011
	TOTAL	**1 989 507**	**2 006 360**	**2 082 401**	**2 162 655**	**2 189 541**	**2 066 350**	**2 160 850**	**2 225 254**
01-03	**AGRICULTURE, SYLVICULTURE ET PÊCHE**	**17 747**	**16 090**	**15 269**	**20 680**	**21 989**	**22 870**	**19 495**	**17 702**
05-09	**INDUSTRIES EXTRACTIVES**	**4 855**	**4 060**	**4 230**	**4 464**	**4 395**	**4 462**	**4 362**	**4 011**
10-33	**ACTIVITÉS DE FABRICATION**	**431 663**	**441 780**	**481 673**	**505 661**	**492 275**	**383 377**	**458 126**	**496 296**
10-12	Produits alimentaires, boissons et tabac	37 242	37 320	38 481	38 134	34 107	31 356	33 748	..
13-15	Textiles, habillement, cuir et articles de cuir	7 827	7 590	7 920	7 982	7 818	6 115	6 855	..
16-18	Bois, papier, imprimerie et reproduction de supports enregistrés	25 442	26 450	27 950	27 466	26 781	23 980	26 061	..
19-23	Produits chimiques, caoutchouc, plastique, minéraux	84 432	87 380	95 202	96 196	97 196	80 103	94 288	..
20-21	Produits chimiques et pharmaceutiques	44 580	47 050	49 470	52 299	53 381	45 427	53 471	..
22-23	Produits en caoutchouc et en plastique, autres produits minéraux	35 071	35 580	39 142	39 921	40 227	31 890	36 067	..
24-25	Produits métalliques de base et ouvrages en métaux	61 618	61 520	67 432	69 345	68 872	49 923	58 481	..
241x2431	Métaux ferreux	..	..	..	..	..	..	..	..
242x2432	Métaux non ferreux	..	..	..	..	..	..	..	..
26-28	Machines et matériel	121 318	123 930	136 913	150 786	153 123	114 060	135 014	..
26	Ordinateurs, articles électroniques et optiques	22 315	25 130	30 329	41 992	45 910	35 328	44 319	..
262	Fabrication d'ordinateurs et d'équipements périphériques	3 339	3 096	2 922	4 449	4 965	..	..	..
27	Équipements électriques	33 374	32 140	35 711	33 593	33 786	28 261	33 162	..
28	Machines et équipements n.c.a.	65 967	66 660	70 873	76 426	75 639	52 668	61 454	..
29-30	Matériel de transport	66 752	68 710	76 728	83 991	74 818	51 299	75 237	..
29	Automobiles, remorques et semi-remorques	59 827	60 200	68 387	75 274	65 787	43 031	65 835	..
30	Autres matériels de transport	6 901	8 510	8 340	8 714	8 993	8 045	9 116	..
31-33	Meubles ; réparation et installation de machines et de matériel	27 139	28 880	31 049	31 730	29 527	25 793	28 106	..
31-32	Meubles, autres activités manufacturières	17 475	17 730	19 631	19 420	18 226	15 328	17 544	..
33	Réparation et installation de machines et d'équipements	9 716	11 150	11 420	12 310	11 304	10 450	10 580	..
35-39	**ÉLECTRICITÉ, GAZ, EAU ET TRAITEMENT DES DÉCHETS**	**60 755**	**60 310**	**54 615**	**57 491**	**59 577**	**65 214**	**63 360**	**59 577**
35	Production et distribution d'électricité, de gaz, de vapeur et d'air conditionné	39 605	38 840	32 781	35 709	36 890	40 129	40 867	37 523
36-39	Distribution d'eau ; assainissement, gestion des déchets et dépollution	21 133	21 470	21 820	21 513	22 462	24 944	21 595	21 412
41-43	**CONSTRUCTION**	**84 696**	**81 650**	**81 781**	**81 095**	**80 956**	**75 681**	**80 866**	**84 614**
45-56	commerce, transports, hébergement et restauration	316 503	326 730	342 315	348 458	356 756	355 384	361 396	372 440
45-47	**Commerce de gros et de détail ; réparations automobiles et motocycles**	**200 452**	**207 830**	**218 076**	**216 746**	**223 189**	**226 597**	**231 793**	**238 901**
49-53	**Transports et entreposage**	**83 516**	**86 170**	**91 133**	**95 623**	**98 087**	**91 883**	**93 089**	**95 226**
55-56	**Activités d'hébergement et de restauration**	**32 527**	**32 730**	**33 110**	**35 957**	**35 303**	**36 631**	**36 366**	**38 058**
58-63	**Information et communication**	**82 269**	**79 710**	**85 130**	**94 082**	**98 577**	**108 350**	**108 127**	**110 159**
58-60	Édition, audiovisuel et diffusion	22 945	23 420	23 460	24 336	24 748	26 397	24 722	..
61	Télécommunications	31 678	27 570	30 421	33 131	35 496	38 978	40 340	..
62-63	Technologies de l'information et informatique	27 554	28 720	31 250	36 713	38 600	43 450	44 355	..
64-66	**Activités financières et d'assurance**	**109 374**	**98 420**	**104 876**	**111 037**	**114 020**	**112 071**	**113 695**	**115 289**
68-82	**Immobilier, locations et activités de services aux entreprises**	**438 700**	**450 420**	**459 124**	**481 185**	**489 184**	**463 459**	**464 987**	**475 618**
68	Activités immobilières	222 870	229 810	231 212	238 359	242 174	245 966	241 875	243 300
69-82	Activ. spécialis., scient., tech. ; serv. admin. et de soutien	215 845	220 610	227 912	242 914	247 105	216 705	222 353	231 641
69-75	Activités professionnelles, scientifiques et techniques	126 504	127 050	132 284	138 205	141 280	123 721	125 436	130 201
69-71	Activités juridiques et comptables, d'architecture et d'ingénierie	96 629	98 130	101 398	105 460	108 483	94 215	96 364	..
73-75	Autres activités professionnelles, scientifiques et techniques	21 791	21 530	23 231	24 118	23 928	20 985	20 919	..
77-82	Activités de services administratifs et de soutien	89 350	93 560	95 618	104 675	105 779	92 943	96 835	101 354
84-99	Services collectifs, sociaux et personnels	443 546	447 190	453 372	457 936	471 361	475 045	480 953	483 878
84-88	Administration publique, enseignement, santé humaine et action social	353 398	356 140	360 592	363 298	374 766	379 966	386 341	389 795
84	**Administration publique et défense ; sécurité sociale obligatoire**	**125 445**	**125 120**	**126 246**	**127 322**	**129 324**	**131 088**	**133 178**	**133 803**
85	**Éducation**	**92 778**	**93 160**	**93 840**	**92 517**	**93 160**	**93 374**	**93 784**	**94 147**
86-88	**Santé humaine et action sociale**	**135 199**	**137 860**	**140 507**	**143 402**	**152 280**	**155 575**	**159 490**	**161 999**
90-99	Autres activités de services	90 149	91 050	92 780	94 628	96 595	95 138	94 701	94 200
90-93	**Arts, spectacles et loisirs**	**28 560**	**28 620**	**29 221**	**29 705**	**30 297**	**29 006**	**29 127**	**29 822**
94-96	**Autres activités de services**	**55 223**	**56 070**	**57 141**	**58 330**	**59 687**	**59 496**	**58 907**	**57 573**
97-98	**Activités des ménages en tant qu'employeurs et pour usage propre**	**6 370**	**6 360**	**6 420**	**6 599**	**6 619**	**6 668**	**6 698**	**6 822**
99	**Activités extra-territoriales**	..	..	..	..	..	..	..	..
05-39	**INDUSTRIES MANUFACTURIÈRES ET ÉNERGIE**	**497 039**	**506 150**	**540 518**	**567 647**	**556 866**	**458 471**	**530 901**	**563 851**
24-33x	**Industrie du métal ; réparation**	**259 263**	**265 310**	**292 493**	**316 348**	**308 007**	**225 908**	**279 239**	..
45-99	**TOTAL SERVICES**	**1 389 708**	**1 402 470**	**1 444 825**	**1 492 649**	**1 529 394**	**1 511 442**	**1 526 168**	**1 554 217**
45-82	**SERVICES DU SECTEUR DES ENTREPRISES**	**946 222**	**955 280**	**991 446**	**1 034 741**	**1 058 113**	**1 036 180**	**1 044 848**	**1 070 203**
45-82x	**SERVICES DU SECTEUR DES ENTREPRISES sauf activités immobilières**	**723 416**	**725 470**	**760 234**	**796 530**	**816 240**	**789 196**	**802 656**	**827 095**
05-82x	**SECTEUR DES ENTREPRISES NON-AGRICOLES sauf activités immobilières**	**1 305 098**	**1 313 270**	**1 382 532**	**1 445 111**	**1 453 276**	**1 319 406**	**1 415 037**	**1 477 138**
ENERGYP	**Activités génératrices d'énergie**	**46 941**	**45 351**	**41 020**	**42 109**	**43 139**	..	..	..

.. Non disponible

Note : Voir les métadonnées détaillées sur : http://metalinks.oecd.org/stan/20141219/5503.

Informations sur les données concernant Israël : http://oe.cd/israel-disclaimer.

Responsabilité : http://oe.cd/disclaimer

Tableau 4. Formation brute de capital fixe, prix courants

CITI Rév. 4

Millions EUR

		2004	2005	2006	2007	2008	2009	2010	2011
	TOTAL	**395 480**	**398 190**	**433 190**	**463 740**	**475 950**	**423 440**	**452 120**	**488 610**
01-03	**AGRICULTURE, SYLVICULTURE ET PÊCHE**	**5 810**	**6 930**	**8 360**	**9 030**	**9 840**	**8 030**	**7 570**	**8 830**
05-09	**INDUSTRIES EXTRACTIVES**	**1 200**	**1 220**	**1 320**	**1 570**	**1 570**	**1 620**	**1 520**	**1 510**
10-33	**ACTIVITÉS DE FABRICATION**	**53 670**	**51 060**	**54 740**	**62 350**	**66 890**	**53 010**	**53 550**	**60 550**
10-12	Produits alimentaires, boissons et tabac	5 120	4 910	5 080	5 540	5 280	5 220	5 180	..
13-15	Textiles, habillement, cuir et articles de cuir	650	650	740	830	770	570	620	..
16-18	Bois, papier, imprimerie et reproduction de supports enregistrés	4 100	3 630	4 070	4 380	4 380	3 060	3 190	..
19-23	Produits chimiques, caoutchouc, plastique, minéraux	10 580	10 850	12 310	13 620	14 110	12 200	11 580	..
20-21	Produits chimiques et pharmaceutiques	5 770	6 040	6 780	7 160	7 690	7 020	6 470	..
22-23	Produits en caoutchouc et en plastique, autres produits minéraux	4 220	4 130	4 410	4 830	5 250	4 170	4 200	..
24-25	Produits métalliques de base et ouvrages en métaux	6 110	6 070	7 000	8 600	9 600	6 870	6 360	..
241x2431	Métaux ferreux	1 401	1 460	1 624	2 390	2 767	2 147	..	..
242x2432	Métaux non ferreux	949	840	856	1 010	1 093	763	..	..
26-28	Machines et matériel	12 270	12 210	13 430	15 320	16 250	11 760	12 090	..
26	Ordinateurs, articles électroniques et optiques	3 400	3 400	3 800	3 930	3 610	2 440	3 470	..
262	Fabrication d'ordinateurs et d'équipements périphériques	71	58	70	101	124	74	..	..
27	Équipements électriques	3 040	3 140	3 270	3 380	3 560	3 070	3 060	..
28	Machines et équipements n.c.a.	5 830	5 670	6 360	8 010	9 080	6 250	5 560	..
29-30	Matériel de transport	13 110	10 930	10 110	11 810	13 950	10 990	12 100	..
29	Automobiles, remorques et semi-remorques	12 150	9 880	9 140	10 860	12 990	10 110	11 290	..
30	Autres matériels de transport	960	1 050	970	950	960	880	810	..
31-33	Meubles ; réparation et installation de machines et de matériel	1 730	1 810	2 000	2 250	2 550	2 340	2 430	..
31-32	Meubles, autres activités manufacturières	1 260	1 320	1 470	1 630	1 830	1 560	1 750	..
33	Réparation et installation de machines et d'équipements	470	490	530	620	720	780	680	..
35-39	**ÉLECTRICITÉ, GAZ, EAU ET TRAITEMENT DES DÉCHETS**	**19 540**	**19 180**	**20 310**	**20 190**	**21 910**	**21 330**	**23 130**	**24 930**
35	Production et distribution d'électricité, de gaz, de vapeur et d'air conditionné	8 760	8 940	9 860	10 070	11 660	11 750	13 050	14 450
36-39	Distribution d'eau ; assainissement, gestion des déchets et dépollution	10 780	10 240	10 450	10 120	10 250	9 580	10 080	10 480
41-43	**CONSTRUCTION**	**3 520**	**3 350**	**3 740**	**4 430**	**4 580**	**4 030**	**4 970**	**5 310**
45-56	commerce, transports, hébergement et restauration	42 270	44 980	50 630	54 190	56 320	46 780	57 290	58 630
45-47	**Commerce de gros et de détail ; réparations automobiles et motocycles**	**14 600**	**15 100**	**16 070**	**17 880**	**18 910**	**16 180**	**16 850**	**18 060**
49-53	**Transports et entreposage**	**25 530**	**27 330**	**32 080**	**33 390**	**34 560**	**27 740**	**37 500**	**37 440**
55-56	**Activités d'hébergement et de restauration**	**2 140**	**2 550**	**2 480**	**2 920**	**2 850**	**2 860**	**2 940**	**3 130**
58-63	**Information et communication**	**16 530**	**16 910**	**19 370**	**18 540**	**19 910**	**17 700**	**18 200**	**18 780**
58-60	Édition, audiovisuel et diffusion	5 010	5 100	5 300	5 240	5 340	5 500	5 590	..
61	Télécommunications	6 790	6 650	8 930	8 270	8 450	7 190	6 830	..
62-63	Technologies de l'information et informatique	4 730	5 160	5 140	5 030	6 120	5 010	5 780	..
64-66	**Activités financières et d'assurance**	**9 220**	**8 310**	**7 080**	**7 190**	**8 770**	**7 800**	**8 700**	**8 960**
68-82	**Immobilier, locations et activités de services aux entreprises**	**183 720**	**183 340**	**200 780**	**214 900**	**213 920**	**195 260**	**206 910**	**226 860**
68	Activités immobilières	128 490	123 310	135 900	143 080	141 690	141 390	147 400	163 550
69-82	Activ. spécialis., scient., tech. ; serv. admin. et de soutien	55 230	60 030	64 880	71 820	72 230	53 870	59 510	63 310
69-75	Activités professionnelles, scientifiques et techniques	7 540	7 920	8 310	9 170	9 680	7 990	9 000	9 540
69-71	Activités juridiques et comptables, d'architecture et d'ingénierie	4 740	4 830	5 230	5 570	5 860	4 490	5 190	..
73-75	Autres activités professionnelles, scientifiques et techniques	900	920	970	1 120	1 170	910	1 130	..
77-82	Activités de services administratifs et de soutien	47 690	52 110	56 570	62 650	62 550	45 880	50 510	53 770
84-99	Services collectifs, sociaux et personnels	60 000	62 910	66 860	71 350	72 240	67 880	70 280	74 250
84-88	Administration publique, enseignement, santé humaine et action social	50 500	52 090	55 130	58 970	60 410	56 900	59 190	63 140
84	**Administration publique et défense ; sécurité sociale obligatoire**	**21 490**	**21 320**	**22 360**	**23 400**	**24 600**	**25 710**	**25 820**	**28 130**
85	**Éducation**	**8 310**	**8 360**	**9 070**	**9 530**	**9 860**	**9 400**	**9 740**	**9 900**
86-88	**Santé humaine et action sociale**	**20 700**	**22 410**	**23 700**	**26 040**	**25 950**	**21 790**	**23 630**	**25 110**
90-99	Autres activités de services	9 500	10 820	11 730	12 380	11 830	10 980	11 090	11 110
90-93	**Arts, spectacles et loisirs**	**7 240**	**8 450**	**9 150**	**9 610**	**8 730**	**8 300**	**8 160**	**7 980**
94-96	**Autres activités de services**	**2 260**	**2 370**	**2 580**	**2 770**	**3 100**	**2 680**	**2 930**	**3 130**
97-98	**Activités des ménages en tant qu'employeurs et pour usage propre**	**0**	**0**	**0**	**0**	**0**	**0**	**0**	**0**
99	**Activités extra-territoriales**	..	..	..	..	..	..	..	..
05-39	**INDUSTRIES MANUFACTURIÈRES ET ÉNERGIE**	**74 410**	**71 460**	**76 370**	**84 110**	**90 370**	**75 960**	**78 200**	**86 990**
24-33x	**Industrie du métal ; réparation**	**31 960**	**29 700**	**31 070**	**36 350**	**40 520**	**30 400**	**31 230**	..
45-99	**TOTAL SERVICES**	**311 740**	**316 450**	**344 720**	**366 170**	**371 160**	**335 420**	**361 380**	**387 480**
45-82	**SERVICES DU SECTEUR DES ENTREPRISES**	**251 740**	**253 540**	**277 860**	**294 820**	**298 920**	**267 540**	**291 100**	**313 230**
45-82x	**SERVICES DU SECTEUR DES ENTREPRISES sauf activités immobilières**	**123 250**	**130 230**	**141 960**	**151 740**	**157 230**	**126 150**	**143 700**	**149 680**
05-82x	**SECTEUR DES ENTREPRISES NON-AGRICOLES sauf activités immobilières**	**201 180**	**205 040**	**222 070**	**240 280**	**252 180**	**206 140**	**226 870**	**241 980**
ENERGYP	**Activités génératrices d'énergie**	**10 200**	**10 476**	**11 860**	**12 737**	**13 873**	..	..	..

.. Non disponible

Note : Voir les métadonnées détaillées sur : http://metalinks.oecd.org/stan/20141219/5503.

Informations sur les données concernant Israël : http://oe.cd/israel-disclaimer.

Responsabilité : http://oe.cd/disclaimer

ALLEMAGNE

Tableau 5. Nombre de personnes engagées, emploi total

CITI Rév. 4

Milliers

		2004	2005	2006	2007	2008	2009	2010	2011
	TOTAL	**39 034**	**38 976**	**39 192**	**39 857**	**40 348**	**40 370**	**40 603**	**41 164**
01-03	**AGRICULTURE, SYLVICULTURE ET PÊCHE**	**687**	**676**	**640**	**662**	**667**	**669**	**663**	**667**
05-09	**INDUSTRIES EXTRACTIVES**	**97**	**92**	**89**	**87**	**84**	**80**	**78**	**78**
10-33	**ACTIVITÉS DE FABRICATION**	**7 299**	**7 167**	**7 113**	**7 212**	**7 361**	**7 161**	**7 042**	**7 175**
10-12	Produits alimentaires, boissons et tabac	873	864	842	842	863	866	879	..
13-15	Textiles, habillement, cuir et articles de cuir	209	195	191	188	182	170	163	..
16-18	Bois, papier, imprimerie et reproduction de supports enregistrés	593	575	559	561	508	485	470	..
19-23	Produits chimiques, caoutchouc, plastique, minéraux	1 129	1 098	1 094	1 105	1 126	1 089	1 074	..
20-21	Produits chimiques et pharmaceutiques	464	451	453	457	464	458	450	..
22-23	Produits en caoutchouc et en plastique, autres produits minéraux	633	617	610	618	632	602	595	..
24-25	Produits métalliques de base et ouvrages en métaux	1 119	1 125	1 106	1 144	1 195	1 131	1 103	..
241x2431	Métaux ferreux	182	180	178	183	191	187	..	..
242x2432	Métaux non ferreux	105	103	102	103	107	98	..	..
26-28	Machines et matériel	1 824	1 782	1 810	1 835	1 957	1 914	1 865	..
26	Ordinateurs, articles électroniques et optiques	393	385	387	399	417	399	381	..
262	Fabrication d'ordinateurs et d'équipements périphériques	40	39	37	40	41	28	..	..
27	Équipements électriques	470	455	474	453	482	471	468	..
28	Machines et équipements n.c.a.	961	942	949	983	1 058	1 044	1 016	..
29-30	Matériel de transport	1 011	992	981	982	988	967	952	..
29	Automobiles, remorques et semi-remorques	875	862	848	845	849	828	812	..
30	Autres matériels de transport	136	130	133	137	139	139	140	..
31-33	Meubles ; réparation et installation de machines et de matériel	541	536	530	555	542	539	536	..
31-32	Meubles, autres activités manufacturières	401	398	393	413	394	380	377	..
33	Réparation et installation de machines et d'équipements	140	138	137	142	148	159	159	..
35-39	**ÉLECTRICITÉ, GAZ, EAU ET TRAITEMENT DES DÉCHETS**	**488**	**482**	**477**	**477**	**481**	**485**	**484**	**486**
35	Production et distribution d'électricité, de gaz, de vapeur et d'air conditionné	255	250	249	247	247	253	251	251
36-39	Distribution d'eau ; assainissement, gestion des déchets et dépollution	233	232	228	230	234	232	233	235
41-43	**CONSTRUCTION**	**2 408**	**2 330**	**2 324**	**2 359**	**2 346**	**2 355**	**2 383**	**2 424**
45-56	commerce, transports, hébergement et restauration	9 157	9 120	9 146	9 278	9 358	9 378	9 360	9 494
45-47	**Commerce de gros et de détail ; réparations automobiles et motocycles**	**5 772**	**5 719**	**5 697**	**5 746**	**5 770**	**5 750**	**5 726**	**5 794**
49-53	**Transports et entreposage**	**1 889**	**1 889**	**1 918**	**1 959**	**1 987**	**1 968**	**1 962**	**2 001**
55-56	**Activités d'hébergement et de restauration**	**1 496**	**1 512**	**1 531**	**1 573**	**1 601**	**1 660**	**1 672**	**1 699**
58-63	**Information et communication**	**1 221**	**1 236**	**1 250**	**1 275**	**1 258**	**1 236**	**1 219**	**1 236**
58-60	Édition, audiovisuel et diffusion	446	448	441	441	407	410	403	..
61	Télécommunications	196	193	192	196	190	170	156	..
62-63	Technologies de l'information et informatique	579	595	617	638	661	656	660	..
64-66	**Activités financières et d'assurance**	**1 262**	**1 257**	**1 253**	**1 225**	**1 202**	**1 212**	**1 213**	**1 207**
68-82	**Immobilier, locations et activités de services aux entreprises**	**4 640**	**4 753**	**4 966**	**5 206**	**5 391**	**5 358**	**5 575**	**5 814**
68	Activités immobilières	432	436	443	443	441	435	440	446
69-82	Activ. spécialis., scient., tech. ; serv. admin. et de soutien	4 208	4 317	4 523	4 763	4 950	4 923	5 135	5 368
69-75	Activités professionnelles, scientifiques et techniques	2 105	2 126	2 173	2 245	2 338	2 368	2 414	2 505
69-71	Activités juridiques et comptables, d'architecture et d'ingénierie	1 507	1 521	1 551	1 602	1 686	1 717	1 753	..
73-75	Autres activités professionnelles, scientifiques et techniques	447	456	470	484	489	486	501	..
77-82	Activités de services administratifs et de soutien	2 103	2 191	2 350	2 518	2 612	2 555	2 721	2 863
84-99	Services collectifs, sociaux et personnels	11 775	11 863	11 934	12 076	12 200	12 436	12 586	12 583
84-88	Administration publique, enseignement, santé humaine et action social	8 894	8 959	9 011	9 096	9 207	9 413	9 553	9 557
84	**Administration publique et défense ; sécurité sociale obligatoire**	**2 776**	**2 763**	**2 750**	**2 734**	**2 725**	**2 741**	**2 732**	**2 623**
85	**Éducation**	**2 283**	**2 307**	**2 340**	**2 380**	**2 419**	**2 470**	**2 504**	**2 527**
86-88	**Santé humaine et action sociale**	**3 835**	**3 889**	**3 921**	**3 982**	**4 063**	**4 202**	**4 317**	**4 407**
90-99	Autres activités de services	2 881	2 904	2 923	2 980	2 993	3 023	3 033	3 026
90-93	**Arts, spectacles et loisirs**	**573**	**587**	**593**	**604**	**622**	**632**	**640**	**650**
94-96	**Autres activités de services**	**1 472**	**1 481**	**1 494**	**1 508**	**1 521**	**1 520**	**1 511**	**1 484**
97-98	**Activités des ménages en tant qu'employeurs et pour usage propre**	**836**	**836**	**836**	**868**	**850**	**871**	**882**	**892**
99	**Activités extra-territoriales**	..	..	..	..	..	..	..	..
05-39	**INDUSTRIES MANUFACTURIÈRES ET ÉNERGIE**	**7 884**	**7 741**	**7 679**	**7 776**	**7 926**	**7 726**	**7 604**	**7 739**
24-33x	**Industrie du métal ; réparation**	**4 094**	**4 037**	**4 034**	**4 103**	**4 288**	**4 171**	**4 079**	..
45-99	**TOTAL SERVICES**	**28 055**	**28 229**	**28 549**	**29 060**	**29 409**	**29 620**	**29 953**	**30 334**
45-82	**SERVICES DU SECTEUR DES ENTREPRISES**	**16 280**	**16 366**	**16 615**	**16 984**	**17 209**	**17 184**	**17 367**	**17 751**
45-82x	**SERVICES DU SECTEUR DES ENTREPRISES sauf activités immobilières**	**15 848**	**15 930**	**16 172**	**16 541**	**16 768**	**16 749**	**16 927**	**17 305**
05-82x	**SECTEUR DES ENTREPRISES NON-AGRICOLES sauf activités immobilières**	**26 140**	**26 001**	**26 175**	**26 676**	**27 040**	**26 830**	**26 914**	**27 468**
ENERGYP	**Activités génératrices d'énergie**	**350**	**339**	**336**	**331**	**329**	**330**	..	..

.. Non disponible

Note : Voir les métadonnées détaillées sur : http://metalinks.oecd.org/stan/20141219/5503.

Informations sur les données concernant Israël : http://oe.cd/israel-disclaimer.

Responsabilité : http://oe.cd/disclaimer

Tableau 6. Coûts de la main-d'oeuvre (rémunération des salariés), prix courants

CITI Rév. 4

Millions EUR

		2004	2005	2006	2007	2008	2009	2010	2011
	TOTAL	**1 147 490**	**1 139 430**	**1 156 980**	**1 186 950**	**1 229 400**	**1 232 430**	**1 269 280**	**1 326 300**
01-03	**AGRICULTURE, SYLVICULTURE ET PÊCHE**	**5 910**	**5 610**	**5 530**	**5 730**	**5 910**	**6 080**	**6 280**	**6 540**
05-09	**INDUSTRIES EXTRACTIVES**	**4 970**	**4 890**	**4 620**	**4 540**	**4 470**	**4 590**	**4 630**	**4 640**
10-33	**ACTIVITÉS DE FABRICATION**	**298 960**	**294 680**	**303 810**	**311 390**	**323 340**	**304 800**	**313 810**	**332 580**
10-12	Produits alimentaires, boissons et tabac	25 530	25 460	24 350	24 590	25 730	26 020	26 910	..
13-15	Textiles, habillement, cuir et articles de cuir	5 640	5 420	5 360	5 460	5 400	4 960	5 010	..
16-18	Bois, papier, imprimerie et reproduction de supports enregistrés	18 970	17 900	17 480	18 020	16 550	15 590	15 500	..
19-23	Produits chimiques, caoutchouc, plastique, minéraux	48 580	48 500	49 000	50 360	52 680	50 640	51 940	..
20-21	Produits chimiques et pharmaceutiques	24 020	24 200	24 750	25 660	27 080	26 620	26 970	..
22-23	Produits en caoutchouc et en plastique, autres produits minéraux	22 460	22 250	22 230	22 650	23 450	21 910	22 800	..
24-25	Produits métalliques de base et ouvrages en métaux	41 090	42 160	43 270	45 300	47 430	41 990	44 080	..
241x2431	Métaux ferreux	7 517	7 840	8 810	8 703	8 956	8 054	..	..
242x2432	Métaux non ferreux	4 333	4 470	4 580	4 827	4 884	4 246	..	..
26-28	Machines et matériel	85 520	82 830	87 310	89 660	97 370	91 190	93 300	..
26	Ordinateurs, articles électroniques et optiques	18 130	18 100	19 010	20 330	21 640	20 100	20 270	..
262	Fabrication d'ordinateurs et d'équipements périphériques	2 117	2 193	2 251	2 310	2 536	1 417	..	..
27	Équipements électriques	21 840	20 600	22 300	20 840	22 860	21 890	22 550	..
28	Machines et équipements n.c.a.	45 550	44 130	46 000	48 490	52 870	49 200	50 480	..
29-30	Matériel de transport	54 400	53 380	57 450	57 240	57 290	53 830	55 720	..
29	Automobiles, remorques et semi-remorques	47 920	46 820	50 650	50 160	49 740	46 080	47 670	..
30	Autres matériels de transport	6 480	6 560	6 800	7 080	7 550	7 750	8 050	..
31-33	Meubles ; réparation et installation de machines et de matériel	19 230	19 030	19 590	20 760	20 890	20 580	21 350	..
31-32	Meubles, autres activités manufacturières	12 880	12 730	13 040	13 910	13 640	12 970	13 520	..
33	Réparation et installation de machines et d'équipements	6 350	6 300	6 550	6 850	7 250	7 610	7 830	..
35-39	**ÉLECTRICITÉ, GAZ, EAU ET TRAITEMENT DES DÉCHETS**	**23 090**	**23 030**	**23 700**	**23 510**	**24 640**	**25 420**	**25 800**	**26 590**
35	Production et distribution d'électricité, de gaz, de vapeur et d'air conditionné	14 680	14 600	15 200	15 020	15 710	16 450	16 640	17 070
36-39	Distribution d'eau ; assainissement, gestion des déchets et dépollution	8 410	8 430	8 500	8 490	8 930	8 970	9 160	9 520
41-43	**CONSTRUCTION**	**64 740**	**61 070**	**61 180**	**63 320**	**63 820**	**66 500**	**68 010**	**71 150**
45-56	commerce, transports, hébergement et restauration	205 530	205 190	207 560	213 330	221 490	221 870	226 370	234 070
45-47	**Commerce de gros et de détail ; réparations automobiles et motocycles**	**133 300**	**132 140**	**132 750**	**135 960**	**140 940**	**140 600**	**143 310**	**148 230**
49-53	**Transports et entreposage**	**53 420**	**54 020**	**55 410**	**57 120**	**59 610**	**59 560**	**60 730**	**62 780**
55-56	**Activités d'hébergement et de restauration**	**18 810**	**19 030**	**19 400**	**20 250**	**20 940**	**21 710**	**22 330**	**23 060**
58-63	**Information et communication**	**48 180**	**48 760**	**49 920**	**52 300**	**53 280**	**52 460**	**53 370**	**56 020**
58-60	Édition, audiovisuel et diffusion	13 940	13 830	13 990	14 150	13 040	13 060	13 420	..
61	Télécommunications	9 570	9 470	9 750	10 100	9 950	9 090	8 570	..
62-63	Technologies de l'information et informatique	24 670	25 460	26 180	28 050	30 290	30 310	31 380	..
64-66	**Activités financières et d'assurance**	**61 450**	**60 540**	**60 350**	**61 510**	**61 280**	**61 650**	**62 770**	**64 030**
68-82	**Immobilier, locations et activités de services aux entreprises**	**103 650**	**106 480**	**109 370**	**116 490**	**125 310**	**124 430**	**132 710**	**144 600**
68	Activités immobilières	10 120	10 140	10 030	10 230	10 320	10 140	10 450	10 890
69-82	Activ. spécialis., scient., tech. ; serv. admin. et de soutien	93 530	96 340	99 340	106 260	114 990	114 290	122 260	133 710
69-75	Activités professionnelles, scientifiques et techniques	58 430	59 050	59 490	62 380	67 750	69 100	72 270	78 510
69-71	Activités juridiques et comptables, d'architecture et d'ingénierie	45 770	46 440	46 590	48 680	53 420	54 440	57 530	..
73-75	Autres activités professionnelles, scientifiques et techniques	5 960	6 070	6 140	6 440	6 880	7 010	7 220	..
77-82	Activités de services administratifs et de soutien	35 100	37 290	39 850	43 880	47 240	45 190	49 990	55 200
84-99	Services collectifs, sociaux et personnels	331 010	329 180	330 940	334 830	345 860	364 630	375 530	386 080
84-88	Administration publique, enseignement, santé humaine et action social	281 680	280 780	282 060	284 940	294 460	311 230	320 660	330 110
84	**Administration publique et défense ; sécurité sociale obligatoire**	**104 600**	**104 730**	**105 250**	**105 730**	**109 020**	**113 680**	**116 330**	**118 520**
85	**Éducation**	**84 380**	**83 300**	**83 360**	**84 140**	**85 420**	**90 380**	**92 640**	**95 460**
86-88	**Santé humaine et action sociale**	**92 700**	**92 750**	**93 450**	**95 070**	**100 020**	**107 170**	**111 690**	**116 130**
90-99	Autres activités de services	49 330	48 400	48 880	49 890	51 400	53 400	54 870	55 970
90-93	**Arts, spectacles et loisirs**	**12 680**	**12 260**	**12 260**	**12 340**	**13 020**	**13 440**	**13 930**	**14 630**
94-96	**Autres activités de services**	**30 340**	**29 780**	**30 170**	**30 880**	**31 690**	**33 100**	**33 920**	**34 100**
97-98	**Activités des ménages en tant qu'employeurs et pour usage propre**	**6 310**	**6 360**	**6 450**	**6 670**	**6 690**	**6 860**	**7 020**	**7 240**
99	**Activités extra-territoriales**	..	..	..	..	..	..	..	..
05-39	**INDUSTRIES MANUFACTURIÈRES ET ÉNERGIE**	**327 020**	**322 600**	**332 130**	**339 440**	**352 450**	**334 810**	**344 240**	**363 810**
24-33x	**Industrie du métal ; réparation**	**187 360**	**184 670**	**194 580**	**199 050**	**209 340**	**194 620**	**200 930**	..
45-99	**TOTAL SERVICES**	**749 820**	**750 150**	**758 140**	**778 460**	**807 220**	**825 040**	**850 750**	**884 800**
45-82	**SERVICES DU SECTEUR DES ENTREPRISES**	**418 810**	**420 970**	**427 200**	**443 630**	**461 360**	**460 410**	**475 220**	**498 720**
45-82x	**SERVICES DU SECTEUR DES ENTREPRISES sauf activités immobilières**	**408 690**	**410 830**	**417 170**	**433 400**	**451 040**	**450 270**	**464 770**	**487 830**
05-82x	**SECTEUR DES ENTREPRISES NON-AGRICOLES sauf activités immobilières**	**800 450**	**794 500**	**810 480**	**836 160**	**867 310**	**851 580**	**877 020**	**922 790**
ENERGYP	**Activités génératrices d'énergie**	**20 248**	**20 140**	**20 376**	**20 152**	**20 882**	**21 629**	..	..

.. Non disponible

Note : Voir les métadonnées détaillées sur : http://metalinks.oecd.org/stan/20141219/5503.

Informations sur les données concernant Israël : http://oe.cd/israel-disclaimer.

Responsabilité : http://oe.cd/disclaimer

Tableau 1. Production brute, prix courants

CITI Rév. 4

Milliards HUF

		2004	2005	2006	2007	2008	2009	2010	2011
	TOTAL	41 578	45 442	50 582	52 642	56 129	51 877	55 764	..
01-03	AGRICULTURE, SYLVICULTURE ET PÊCHE	2 104	1 985	2 103	2 218	2 330	2 069	2 244	..
05-09	INDUSTRIES EXTRACTIVES	98	113	147	135	142	137	114	..
10-33	ACTIVITÉS DE FABRICATION	15 834	17 472	20 052	20 784	21 593	18 300	21 472	..
10-12	Produits alimentaires, boissons et tabac	2 230	2 211	2 331	2 312	2 521	2 462	2 450	..
13-15	Textiles, habillement, cuir et articles de cuir	605	537	554	517	459	396	392	..
16-18	Bois, papier, imprimerie et reproduction de supports enregistrés	723	736	783	800	770	716	823	..
19-23	Produits chimiques, caoutchouc, plastique, minéraux	2 941	3 571	4 194	4 364	4 802	4 000	4 793	..
20-21	Produits chimiques et pharmaceutiques	1 041	1 201	1 404	1 444	1 498	1 382	1 675	..
22-23	Produits en caoutchouc et en plastique, autres produits minéraux	1 076	1 211	1 387	1 553	1 637	1 379	1 555	..
24-25	Produits métalliques de base et ouvrages en métaux	1 378	1 483	1 793	1 847	1 886	1 297	1 564	..
241x2431	Métaux ferreux	336	362	448	401	..	..	..	..
242x2432	Métaux non ferreux	270	282	387	409	..	..	..	..
26-28	Machines et matériel	5 005	5 498	6 130	6 146	6 308	5 692	7 251	..
26	Ordinateurs, articles électroniques et optiques	3 270	3 554	3 953	3 863	3 907	3 516	4 266	..
262	Fabrication d'ordinateurs et d'équipements périphériques	507	643	670	615	494	362	..	..
27	Équipements électriques	1 086	1 204	1 332	1 390	1 436	824	830	..
28	Machines et équipements n.c.a.	649	739	844	893	965	1 353	2 156	..
29-30	Matériel de transport	2 467	2 934	3 699	4 181	4 236	3 125	3 504	..
29	Automobiles, remorques et semi-remorques	2 379	2 853	3 612	4 071	4 094	3 029	3 404	..
30	Autres matériels de transport	88	82	88	110	142	96	100	..
31-33	Meubles ; réparation et installation de machines et de matériel	486	501	568	617	611	612	694	..
31-32	Meubles, autres activités manufacturières	293	305	372	401	413	368	383	..
33	Réparation et installation de machines et d'équipements	193	196	196	216	198	244	311	..
35-39	ÉLECTRICITÉ, GAZ, EAU ET TRAITEMENT DES DÉCHETS	1 432	1 556	1 643	1 993	2 184	2 169	2 335	..
35	Production et distribution d'électricité, de gaz, de vapeur et d'air conditionné	1 050	1 117	1 166	1 502	1 667	1 626	1 751	..
36-39	Distribution d'eau ; assainissement, gestion des déchets et dépollution	382	439	476	491	517	543	583	..
41-43	CONSTRUCTION	2 440	2 724	2 891	2 763	2 965	2 865	2 719	..
45-56	commerce, transports, hébergement et restauration	6 586	7 262	8 117	8 581	9 698	8 888	9 091	..
45-47	Commerce de gros et de détail ; réparations automobiles et motocycles	3 859	4 272	4 764	4 905	5 617	4 981	5 072	..
49-53	Transports et entreposage	1 907	2 123	2 430	2 678	3 006	2 850	3 008	..
55-56	Activités d'hébergement et de restauration	819	868	923	998	1 076	1 056	1 011	..
58-63	Information et communication	1 661	1 813	1 958	2 053	2 093	2 263	2 324	..
58-60	Édition, audiovisuel et diffusion	511	542	571	598	570	711	760	..
61	Télécommunications	765	856	895	901	908	867	845	..
62-63	Technologies de l'information et informatique	385	415	492	554	615	686	718	..
64-66	Activités financières et d'assurance	1 383	1 622	1 764	1 836	1 890	2 007	2 015	..
68-82	Immobilier, locations et activités de services aux entreprises	4 560	4 970	5 506	5 776	6 251	6 169	6 349	..
68	Activités immobilières	2 092	2 304	2 559	2 737	2 893	2 957	3 106	..
69-82	Activ. spécialis., scient., tech. ; serv. admin. et de soutien	2 467	2 666	2 947	3 039	3 358	3 211	3 243	..
69-75	Activités professionnelles, scientifiques et techniques	1 516	1 634	1 816	1 869	2 038	1 919	1 974	..
69-71	Activités juridiques et comptables, d'architecture et d'ingénierie	1 018	1 039	1 182	1 228	1 384	1 280	1 311	..
73-75	Autres activités professionnelles, scientifiques et techniques	364	443	469	481	497	462	486	..
77-82	Activités de services administratifs et de soutien	952	1 032	1 131	1 170	1 319	1 292	1 269	..
84-99	Services collectifs, sociaux et personnels	5 481	5 923	6 401	6 503	6 983	7 009	7 102	..
84-88	Administration publique, enseignement, santé humaine et action social	4 531	4 876	5 301	5 354	5 738	5 785	5 838	..
84	Administration publique et défense ; sécurité sociale obligatoire	2 046	2 183	2 498	2 565	2 770	2 778	2 823	..
85	Éducation	1 194	1 297	1 360	1 346	1 434	1 418	1 415	..
86-88	Santé humaine et action sociale	1 291	1 395	1 443	1 443	1 535	1 589	1 600	..
90-99	Autres activités de services	949	1 048	1 100	1 149	1 245	1 224	1 264	..
90-93	Arts, spectacles et loisirs	428	473	496	516	557	531	567	..
94-96	Autres activités de services	517	572	601	629	685	689	691	..
97-98	Activités des ménages en tant qu'employeurs et pour usage propre	3	3	4	4	3	4	5	..
99	Activités extra-territoriales	0	0	0	0	0	0	0	..
05-39	INDUSTRIES MANUFACTURIÈRES ET ÉNERGIE	17 364	19 141	21 842	22 913	23 919	20 607	23 921	..
24-33x	Industrie du métal ; réparation	9 043	10 112	11 818	12 390	12 628	10 358	12 631	..
45-99	TOTAL SERVICES	19 670	21 591	23 746	24 749	26 916	26 336	26 879	..
45-82	SERVICES DU SECTEUR DES ENTREPRISES	14 190	15 667	17 344	18 246	19 932	19 327	19 778	..
45-82x	SERVICES DU SECTEUR DES ENTREPRISES sauf activités immobilières	12 097	13 364	14 786	15 509	17 039	16 370	16 672	..
05-82x	SECTEUR DES ENTREPRISES NON-AGRICOLES sauf activités immobilières	31 901	35 230	39 519	41 185	43 923	39 841	43 312	..
ENERGYP	Activités génératrices d'énergie	1 903	2 301	2 630	2 938	3 405	2 942	..	..

.. Non disponible

Note : Voir les métadonnées détaillées sur : http://metalinks.oecd.org/stan/20141219/5503.

Informations sur les données concernant Israël : http://oe.cd/israel-disclaimer.

Responsabilité : http://oe.cd/disclaimer

Tableau 2. Valeur ajoutée, prix courants

CITI Rév. 4

Milliards HUF

		2004	2005	2006	2007	2008	2009	2010	2011
	TOTAL	17 620	18 893	20 483	21 393	22 646	21 657	22 615	..
01-03	AGRICULTURE, SYLVICULTURE ET PÊCHE	902	830	853	895	912	747	853	..
05-09	INDUSTRIES EXTRACTIVES	39	44	48	41	55	56	45	..
10-33	ACTIVITÉS DE FABRICATION	3 909	4 219	4 664	4 731	4 881	4 361	5 036	..
10-12	Produits alimentaires, boissons et tabac	505	505	519	512	507	559	531	..
13-15	Textiles, habillement, cuir et articles de cuir	163	141	150	135	127	115	104	..
16-18	Bois, papier, imprimerie et reproduction de supports enregistrés	209	207	211	227	226	199	222	..
19-23	Produits chimiques, caoutchouc, plastique, minéraux	1 001	1 095	1 267	1 253	1 310	1 109	1 303	..
20-21	Produits chimiques et pharmaceutiques	363	381	451	453	437	389	450	..
22-23	Produits en caoutchouc et en plastique, autres produits minéraux	329	359	396	462	475	409	443	..
24-25	Produits métalliques de base et ouvrages en métaux	371	383	452	492	532	351	383	..
241x2431	Métaux ferreux	75	64	95	98	..	..	..	..
242x2432	Métaux non ferreux	55	62	69	62	..	..	..	..
26-28	Machines et matériel	1 002	1 151	1 159	1 100	1 145	1 157	1 523	..
26	Ordinateurs, articles électroniques et optiques	451	512	515	386	418	393	463	..
262	Fabrication d'ordinateurs et d'équipements périphériques	90	102	71	44	47	39	..	..
27	Équipements électriques	367	428	409	458	442	184	191	..
28	Machines et équipements n.c.a.	184	211	236	256	285	580	869	..
29-30	Matériel de transport	491	568	718	812	819	632	705	..
29	Automobiles, remorques et semi-remorques	466	545	695	782	769	602	675	..
30	Autres matériels de transport	25	23	23	30	50	30	31	..
31-33	Meubles ; réparation et installation de machines et de matériel	167	170	188	198	215	239	265	..
31-32	Meubles, autres activités manufacturières	99	100	113	118	126	129	127	..
33	Réparation et installation de machines et d'équipements	68	71	75	81	89	110	138	..
35-39	ÉLECTRICITÉ, GAZ, EAU ET TRAITEMENT DES DÉCHETS	642	661	635	837	842	920	997	..
35	Production et distribution d'électricité, de gaz, de vapeur et d'air conditionné	460	453	410	600	591	660	719	..
36-39	Distribution d'eau ; assainissement, gestion des déchets et dépollution	182	208	225	237	251	259	279	..
41-43	CONSTRUCTION	924	1 027	1 048	1 039	1 113	1 055	996	..
45-56	commerce, transports, hébergement et restauration	3 038	3 235	3 652	3 974	4 241	3 804	3 821	..
45-47	Commerce de gros et de détail ; réparations automobiles et motocycles	1 764	1 887	2 163	2 297	2 547	2 171	2 197	..
49-53	Transports et entreposage	951	1 019	1 142	1 296	1 298	1 245	1 280	..
55-56	Activités d'hébergement et de restauration	322	329	347	380	396	387	345	..
58-63	Information et communication	869	944	1 026	1 098	1 174	1 256	1 279	..
58-60	Édition, audiovisuel et diffusion	183	194	233	254	257	344	375	..
61	Télécommunications	483	527	524	528	562	519	496	..
62-63	Technologies de l'information et informatique	202	223	269	316	355	393	409	..
64-66	Activités financières et d'assurance	755	890	988	942	938	1 047	1 072	..
68-82	Immobilier, locations et activités de services aux entreprises	2 723	2 951	3 261	3 408	3 739	3 783	3 863	..
68	Activités immobilières	1 388	1 504	1 629	1 751	1 886	1 955	2 024	..
69-82	Activ. spécialis., scient., tech. ; serv. admin. et de soutien	1 335	1 447	1 632	1 657	1 853	1 827	1 838	..
69-75	Activités professionnelles, scientifiques et techniques	799	852	974	978	1 106	1 071	1 110	..
69-71	Activités juridiques et comptables, d'architecture et d'ingénierie	549	547	634	673	764	741	766	..
73-75	Autres activités professionnelles, scientifiques et techniques	172	213	242	218	254	233	243	..
77-82	Activités de services administratifs et de soutien	536	596	657	679	747	756	728	..
84-99	Services collectifs, sociaux et personnels	3 820	4 091	4 307	4 430	4 751	4 630	4 653	..
84-88	Administration publique, enseignement, santé humaine et action social	3 314	3 536	3 722	3 798	4 072	3 995	3 999	..
84	Administration publique et défense ; sécurité sociale obligatoire	1 552	1 644	1 764	1 840	2 013	1 996	2 024	..
85	Éducation	943	1 018	1 063	1 057	1 120	1 081	1 076	..
86-88	Santé humaine et action sociale	818	873	895	901	939	917	900	..
90-99	Autres activités de services	506	556	584	631	679	635	654	..
90-93	Arts, spectacles et loisirs	201	234	244	260	270	234	254	..
94-96	Autres activités de services	302	318	337	368	405	397	396	..
97-98	Activités des ménages en tant qu'employeurs et pour usage propre	3	3	4	4	3	4	5	..
99	Activités extra-territoriales	0	0	0	0	0	0	0	..
05-39	INDUSTRIES MANUFACTURIÈRES ET ÉNERGIE	4 590	4 925	5 348	5 608	5 779	5 336	6 078	..
24-33x	Industrie du métal ; réparation	1 932	2 173	2 405	2 485	2 585	2 250	2 749	..
45-99	TOTAL SERVICES	11 204	12 112	13 233	13 851	14 843	14 520	14 688	..
45-82	SERVICES DU SECTEUR DES ENTREPRISES	7 384	8 020	8 927	9 422	10 092	9 890	10 035	..
45-82x	SERVICES DU SECTEUR DES ENTREPRISES sauf activités immobilières	5 996	6 516	7 298	7 671	8 206	7 935	8 011	..
05-82x	SECTEUR DES ENTREPRISES NON-AGRICOLES sauf activités immobilières	11 510	12 468	13 694	14 318	15 098	14 325	15 085	..
ENERGYP	Activités génératrices d'énergie	780	815	845	954	1 015	1 001	..	..

.. Non disponible

Note : Voir les métadonnées détaillées sur : http://metalinks.oecd.org/stan/20141219/5503.

Informations sur les données concernant Israël : http://oe.cd/israel-disclaimer.

Responsabilité : http://oe.cd/disclaimer

Tableau 3. Valeur ajoutée, volumes

CITI Rév. 4

Milliards 2005 HUF

		2004	2005	2006	2007	2008	2009	2010	2011
	TOTAL	**18 189**	**18 893**	**19 637**	**19 631**	**19 773**	**18 413**	**18 701**	..
01-03	**AGRICULTURE, SYLVICULTURE ET PÊCHE**	**875**	**830**	**780**	**625**	**948**	**807**	**675**	..
05-09	**INDUSTRIES EXTRACTIVES**	**39**	**44**	**49**	**41**	**57**	**89**	**67**	..
10-33	**ACTIVITÉS DE FABRICATION**	**3 991**	**4 219**	**4 454**	**4 756**	**4 645**	**3 799**	**4 398**	..
10-12	Produits alimentaires, boissons et tabac	496	505	520	528	423	451	444	..
13-15	Textiles, habillement, cuir et articles de cuir	170	141	143	131	123	104	101	..
16-18	Bois, papier, imprimerie et reproduction de supports enregistrés	206	207	211	207	206	178	204	..
19-23	Produits chimiques, caoutchouc, plastique, minéraux	1 091	1 095	1 157	1 155	1 192	963	1 050	..
20-21	Produits chimiques et pharmaceutiques	386	381	390	384	391	294	336	..
22-23	Produits en caoutchouc et en plastique, autres produits minéraux	334	359	398	439	454	334	365	..
24-25	Produits métalliques de base et ouvrages en métaux	376	383	438	469	477	238	258	..
241x2431	Métaux ferreux	..	..	..	..	..	..	..	..
242x2432	Métaux non ferreux	..	..	..	..	..	..	..	..
26-28	Machines et matériel	979	1 151	1 148	1 257	1 255	1 099	1 526	..
26	Ordinateurs, articles électroniques et optiques	417	512	506	540	544	450	572	..
262	Fabrication d'ordinateurs et d'équipements périphériques	92	102	82	79	73	53	..	..
27	Équipements électriques	370	428	403	445	412	135	130	..
28	Machines et équipements n.c.a.	194	211	238	273	303	546	874	..
29-30	Matériel de transport	514	568	649	804	746	545	601	..
29	Automobiles, remorques et semi-remorques	489	545	622	774	700	519	576	..
30	Autres matériels de transport	25	23	27	30	46	25	25	..
31-33	Meubles ; réparation et installation de machines et de matériel	167	170	187	200	215	223	250	..
31-32	Meubles, autres activités manufacturières	93	100	109	115	120	112	114	..
33	Réparation et installation de machines et d'équipements	75	71	79	86	94	113	140	..
35-39	**ÉLECTRICITÉ, GAZ, EAU ET TRAITEMENT DES DÉCHETS**	**730**	**661**	**679**	**739**	**639**	**638**	**667**	..
35	Production et distribution d'électricité, de gaz, de vapeur et d'air conditionné	539	453	469	532	444	439	465	..
36-39	Distribution d'eau ; assainissement, gestion des déchets et dépollution	194	208	210	210	199	203	205	..
41-43	**CONSTRUCTION**	**968**	**1 027**	**996**	**942**	**860**	**828**	**755**	..
45-56	commerce, transports, hébergement et restauration	3 046	3 235	3 516	3 567	3 502	2 990	2 962	..
45-47	**Commerce de gros et de détail ; réparations automobiles et motocycles**	**1 753**	**1 887**	**2 110**	**2 072**	**2 090**	**1 697**	**1 696**	..
49-53	**Transports et entreposage**	**965**	**1 019**	**1 065**	**1 129**	**1 058**	**955**	**960**	..
55-56	**Activités d'hébergement et de restauration**	**329**	**329**	**341**	**364**	**353**	**340**	**305**	..
58-63	**Information et communication**	**890**	**944**	**992**	**1 024**	**1 055**	**1 194**	**1 251**	..
58-60	Édition, audiovisuel et diffusion	203	194	211	210	186	244	259	..
61	Télécommunications	483	527	531	543	587	626	658	..
62-63	Technologies de l'information et informatique	206	223	250	272	289	317	327	..
64-66	**Activités financières et d'assurance**	**859**	**890**	**885**	**808**	**789**	**793**	**760**	..
68-82	**Immobilier, locations et activités de services aux entreprises**	**2 817**	**2 951**	**3 181**	**3 170**	**3 206**	**3 185**	**3 141**	..
68	Activités immobilières	1 417	1 504	1 623	1 624	1 622	1 663	1 666	..
69-82	Activ. spécialis., scient., tech. ; serv. admin. et de soutien	1 400	1 447	1 558	1 547	1 584	1 523	1 476	..
69-75	Activités professionnelles, scientifiques et techniques	839	852	927	924	963	900	894	..
69-71	Activités juridiques et comptables, d'architecture et d'ingénierie	562	547	614	649	671	623	626	..
73-75	Autres activités professionnelles, scientifiques et techniques	195	213	219	198	224	201	190	..
77-82	Activités de services administratifs et de soutien	561	596	631	622	621	622	582	..
84-99	Services collectifs, sociaux et personnels	3 980	4 091	4 105	3 977	3 990	3 959	3 883	..
84-88	Administration publique, enseignement, santé humaine et action social	3 449	3 536	3 553	3 413	3 422	3 429	3 333	..
84	**Administration publique et défense ; sécurité sociale obligatoire**	**1 612**	**1 644**	**1 676**	**1 642**	**1 693**	**1 731**	**1 659**	..
85	**Éducation**	**985**	**1 018**	**1 010**	**946**	**935**	**906**	**895**	..
86-88	**Santé humaine et action sociale**	**852**	**873**	**868**	**825**	**792**	**791**	**779**	..
90-99	Autres activités de services	531	556	552	564	568	530	549	..
90-93	**Arts, spectacles et loisirs**	**207**	**234**	**244**	**246**	**252**	**221**	**228**	..
94-96	**Autres activités de services**	**321**	**318**	**304**	**315**	**313**	**303**	**314**	..
97-98	**Activités des ménages en tant qu'employeurs et pour usage propre**	**4**	**3**	**4**	**3**	**3**	**4**	**4**	..
99	**Activités extra-territoriales**	**0**	**0**	**0**	**0**	**0**	**0**	**0**	..
05-39	**INDUSTRIES MANUFACTURIÈRES ET ÉNERGIE**	**4 750**	**4 925**	**5 182**	**5 535**	**5 331**	**4 538**	**5 147**	..
24-33x	**Industrie du métal ; réparation**	**1 941**	**2 173**	**2 314**	**2 623**	**2 575**	**1 966**	**2 464**	..
45-99	**TOTAL SERVICES**	**11 590**	**12 112**	**12 678**	**12 541**	**12 532**	**12 092**	**11 957**	..
45-82	**SERVICES DU SECTEUR DES ENTREPRISES**	**7 610**	**8 020**	**8 574**	**8 564**	**8 543**	**8 132**	**8 073**	..
45-82x	**SERVICES DU SECTEUR DES ENTREPRISES sauf activités immobilières**	**6 193**	**6 516**	**6 951**	**6 940**	**6 921**	**6 471**	**6 410**	..
05-82x	**SECTEUR DES ENTREPRISES NON-AGRICOLES sauf activités immobilières**	**11 912**	**12 468**	**13 129**	**13 413**	**13 114**	**11 869**	**12 322**	..
ENERGYP	**Activités génératrices d'énergie**	**925**	**815**	**855**	**874**	**808**	**804**	..	..

.. Non disponible

Note : Voir les métadonnées détaillées sur : http://metalinks.oecd.org/stan/20141219/5503.

Informations sur les données concernant Israël : http://oe.cd/israel-disclaimer.

Responsabilité : http://oe.cd/disclaimer

HONGRIE

Tableau 4. Formation brute de capital fixe, prix courants

CITI Rév. 4

Milliards HUF

		2004	2005	2006	2007	2008	2009	2010	2011
	TOTAL	4 694	5 015	5 148	5 444	5 760	5 295	4 806	..
01-03	AGRICULTURE, SYLVICULTURE ET PÊCHE	176	164	156	194	219	270	214	..
05-09	INDUSTRIES EXTRACTIVES	10	9	33	56	38	32	17	..
10-33	ACTIVITÉS DE FABRICATION	1 025	1 026	1 049	1 273	1 241	986	944	..
10-12	Produits alimentaires, boissons et tabac	118	117	122	130	107	93	101	..
13-15	Textiles, habillement, cuir et articles de cuir	22	12	16	4	16	14	12	..
16-18	Bois, papier, imprimerie et reproduction de supports enregistrés	53	50	61	83	111	78	53	..
19-23	Produits chimiques, caoutchouc, plastique, minéraux	308	355	330	452	408	295	291	..
20-21	Produits chimiques et pharmaceutiques	151	152	129	125	138	130	125	..
22-23	Produits en caoutchouc et en plastique, autres produits minéraux	102	143	144	279	211	119	124	..
24-25	Produits métalliques de base et ouvrages en métaux	61	77	101	122	144	92	85	..
241x2431	Métaux ferreux	10	17	25	38	..	..	..	..
242x2432	Métaux non ferreux	14	20	22	24	..	..	..	..
26-28	Machines et matériel	203	174	179	223	187	165	177	..
26	Ordinateurs, articles électroniques et optiques	117	81	70	103	84	69	81	..
262	Fabrication d'ordinateurs et d'équipements périphériques	6	4	8	9	6	3	..	..
27	Équipements électriques	54	45	56	68	50	49	54	..
28	Machines et équipements n.c.a.	32	47	54	53	53	47	41	..
29-30	Matériel de transport	235	215	216	226	221	209	186	..
29	Automobiles, remorques et semi-remorques	232	212	212	219	212	202	166	..
30	Autres matériels de transport	3	3	4	7	9	7	19	..
31-33	Meubles ; réparation et installation de machines et de matériel	26	26	25	33	47	41	39	..
31-32	Meubles, autres activités manufacturières	21	22	18	30	39	32	29	..
33	Réparation et installation de machines et d'équipements	4	4	7	4	8	10	10	..
35-39	ÉLECTRICITÉ, GAZ, EAU ET TRAITEMENT DES DÉCHETS	254	243	261	244	282	304	317	..
35	Production et distribution d'électricité, de gaz, de vapeur et d'air conditionné	197	177	192	175	190	223	225	..
36-39	Distribution d'eau ; assainissement, gestion des déchets et dépollution	58	66	69	68	92	81	91	..
41-43	CONSTRUCTION	161	229	162	116	150	106	102	..
45-56	commerce, transports, hébergement et restauration	708	805	886	945	1 118	1 063	872	..
45-47	Commerce de gros et de détail ; réparations automobiles et motocycles	363	372	401	397	455	363	320	..
49-53	Transports et entreposage	298	385	435	478	581	654	508	..
55-56	Activités d'hébergement et de restauration	47	49	50	71	82	45	44	..
58-63	Information et communication	263	305	320	247	293	275	241	..
58-60	Édition, audiovisuel et diffusion	50	54	53	30	64	65	47	..
61	Télécommunications	172	191	160	165	184	158	149	..
62-63	Technologies de l'information et informatique	41	61	108	52	45	53	45	..
64-66	Activités financières et d'assurance	91	90	76	115	116	101	99	..
68-82	Immobilier, locations et activités de services aux entreprises	1 274	1 287	1 175	1 373	1 527	1 379	1 146	..
68	Activités immobilières	1 150	1 083	1 006	1 190	1 360	1 215	994	..
69-82	Activ. spécialis., scient., tech. ; serv. admin. et de soutien	124	203	169	182	168	164	153	..
69-75	Activités professionnelles, scientifiques et techniques	40	51	63	56	63	69	66	..
69-71	Activités juridiques et comptables, d'architecture et d'ingénierie	24	28	37	28	41	40	31	..
73-75	Autres activités professionnelles, scientifiques et techniques	9	14	13	13	14	19	25	..
77-82	Activités de services administratifs et de soutien	84	152	106	126	105	95	87	..
84-99	Services collectifs, sociaux et personnels	732	858	1 030	882	777	780	855	..
84-88	Administration publique, enseignement, santé humaine et action social	638	763	924	693	698	690	750	..
84	Administration publique et défense ; sécurité sociale obligatoire	475	590	736	522	516	516	465	..
85	Éducation	86	98	101	90	95	110	197	..
86-88	Santé humaine et action sociale	77	76	88	80	87	63	88	..
90-99	Autres activités de services	94	95	106	189	79	90	105	..
90-93	Arts, spectacles et loisirs	67	71	83	161	41	49	61	..
94-96	Autres activités de services	27	25	23	29	38	41	44	..
97-98	Activités des ménages en tant qu'employeurs et pour usage propre	0	0	0	0	0	0	0	..
99	Activités extra-territoriales	..	..	..	..	..	..	..	..
05-39	INDUSTRIES MANUFACTURIÈRES ET ÉNERGIE	1 290	1 278	1 343	1 573	1 560	1 322	1 277	..
24-33x	Industrie du métal ; réparation	503	470	504	575	560	476	457	..
45-99	TOTAL SERVICES	3 067	3 345	3 487	3 561	3 831	3 597	3 213	..
45-82	SERVICES DU SECTEUR DES ENTREPRISES	2 335	2 486	2 457	2 680	3 054	2 817	2 358	..
45-82x	SERVICES DU SECTEUR DES ENTREPRISES sauf activités immobilières	1 185	1 403	1 451	1 489	1 695	1 602	1 365	..
05-82x	SECTEUR DES ENTREPRISES NON-AGRICOLES sauf activités immobilières	2 636	2 909	2 956	3 178	3 405	3 030	2 743	..
ENERGYP	Activités génératrices d'énergie	253	238	273	275	280	294	..	..

.. Non disponible

Note : Voir les métadonnées détaillées sur : http://metalinks.oecd.org/stan/20141219/5503.

Informations sur les données concernant Israël : http://oe.cd/israel-disclaimer.

Responsabilité : http://oe.cd/disclaimer

Tableau 5. Nombre de personnes engagées, emploi total

CITI Rév. 4

Milliers

		2004	2005	2006	2007	2008	2009	2010	2011
	TOTAL	**4 186**	**4 174**	**4 192**	**4 194**	**4 133**	**4 019**	**4 032**	..
01-03	**AGRICULTURE, SYLVICULTURE ET PÊCHE**	**367**	**345**	**337**	**316**	**293**	**279**	**281**	..
05-09	**INDUSTRIES EXTRACTIVES**	**13**	**14**	**13**	**13**	**8**	**7**	**11**	..
10-33	**ACTIVITÉS DE FABRICATION**	**920**	**889**	**887**	**892**	**885**	**829**	**820**	..
10-12	Produits alimentaires, boissons et tabac	122	113	121	105	131	135	127	..
13-15	Textiles, habillement, cuir et articles de cuir	118	99	96	85	71	67	71	..
16-18	Bois, papier, imprimerie et reproduction de supports enregistrés	72	74	74	76	68	60	58	..
19-23	Produits chimiques, caoutchouc, plastique, minéraux	134	131	129	126	140	126	126	..
20-21	Produits chimiques et pharmaceutiques	52	53	46	46	46	45	45	..
22-23	Produits en caoutchouc et en plastique, autres produits minéraux	77	73	77	74	85	74	74	..
24-25	Produits métalliques de base et ouvrages en métaux	107	108	111	113	104	99	91	..
241x2431	Métaux ferreux	19	19	17	16	..	..	..	..
242x2432	Métaux non ferreux	15	15	14	15	..	..	..	..
26-28	Machines et matériel	218	212	204	227	211	189	192	..
26	Ordinateurs, articles électroniques et optiques	111	108	97	114	88	79	87	..
262	Fabrication d'ordinateurs et d'équipements périphériques	7	5	5	6	9	9	..	..
27	Équipements électriques	63	62	63	66	71	59	58	..
28	Machines et équipements n.c.a.	43	42	44	48	52	51	47	..
29-30	Matériel de transport	76	81	81	94	91	81	86	..
29	Automobiles, remorques et semi-remorques	68	72	71	84	83	72	79	..
30	Autres matériels de transport	9	9	10	9	8	8	7	..
31-33	Meubles ; réparation et installation de machines et de matériel	74	70	70	66	69	71	68	..
31-32	Meubles, autres activités manufacturières	58	54	54	50	49	49	47	..
33	Réparation et installation de machines et d'équipements	16	16	16	16	20	23	22	..
35-39	**ÉLECTRICITÉ, GAZ, EAU ET TRAITEMENT DES DÉCHETS**	**88**	**89**	**92**	**87**	**85**	**88**	**90**	..
35	Production et distribution d'électricité, de gaz, de vapeur et d'air conditionné	39	38	40	38	35	40	38	..
36-39	Distribution d'eau ; assainissement, gestion des déchets et dépollution	48	51	52	49	50	48	51	..
41-43	**CONSTRUCTION**	**298**	**304**	**308**	**315**	**309**	**292**	**275**	..
45-56	commerce, transports, hébergement et restauration	966	1 002	1 008	1 019	998	978	1 005	..
45-47	**Commerce de gros et de détail ; réparations automobiles et motocycles**	**549**	**589**	**585**	**594**	**613**	**565**	**586**	..
49-53	**Transports et entreposage**	**272**	**261**	**272**	**273**	**231**	**263**	**269**	..
55-56	**Activités d'hébergement et de restauration**	**145**	**151**	**151**	**152**	**154**	**150**	**150**	..
58-63	**Information et communication**	**85**	**88**	**99**	**98**	**101**	**93**	**98**	..
58-60	Édition, audiovisuel et diffusion	31	30	32	34	34	32	36	..
61	Télécommunications	21	21	24	22	22	22	22	..
62-63	Technologies de l'information et informatique	33	36	44	42	45	39	40	..
64-66	**Activités financières et d'assurance**	**75**	**75**	**79**	**78**	**89**	**93**	**89**	..
68-82	**Immobilier, locations et activités de services aux entreprises**	**292**	**301**	**299**	**309**	**342**	**332**	**333**	..
68	Activités immobilières	30	30	32	33	36	32	31	..
69-82	Activ. spécialis., scient., tech. ; serv. admin. et de soutien	262	271	267	276	307	300	302	..
69-75	Activités professionnelles, scientifiques et techniques	147	148	140	144	162	150	145	..
69-71	Activités juridiques et comptables, d'architecture et d'ingénierie	96	95	93	96	106	102	101	..
73-75	Autres activités professionnelles, scientifiques et techniques	36	36	35	36	44	35	32	..
77-82	Activités de services administratifs et de soutien	115	123	127	133	145	150	156	..
84-99	Services collectifs, sociaux et personnels	1 083	1 069	1 070	1 065	1 022	1 028	1 031	..
84-88	Administration publique, enseignement, santé humaine et action social	922	902	900	887	851	856	863	..
84	**Administration publique et défense ; sécurité sociale obligatoire**	**303**	**301**	**296**	**294**	**264**	**270**	**245**	..
85	**Éducation**	**345**	**334**	**331**	**328**	**328**	**334**	**338**	..
86-88	**Santé humaine et action sociale**	**274**	**267**	**273**	**264**	**258**	**252**	**279**	..
90-99	Autres activités de services	161	167	170	179	171	172	168	..
90-93	**Arts, spectacles et loisirs**	**66**	**66**	**65**	**70**	**66**	**60**	**62**	..
94-96	**Autres activités de services**	**78**	**85**	**86**	**91**	**89**	**90**	**84**	..
97-98	**Activités des ménages en tant qu'employeurs et pour usage propre**	**17**	**16**	**19**	**18**	**15**	**22**	**23**	..
99	**Activités extra-territoriales**	**0**	**0**	**0**	**0**	**0**	**0**	**0**	..
05-39	**INDUSTRIES MANUFACTURIÈRES ET ÉNERGIE**	**1 021**	**992**	**992**	**992**	**978**	**924**	**920**	..
24-33x	**Industrie du métal ; réparation**	**417**	**417**	**412**	**450**	**426**	**392**	**391**	..
45-99	**TOTAL SERVICES**	**2 500**	**2 534**	**2 556**	**2 571**	**2 553**	**2 525**	**2 557**	..
45-82	**SERVICES DU SECTEUR DES ENTREPRISES**	**1 417**	**1 465**	**1 486**	**1 505**	**1 531**	**1 497**	**1 526**	..
45-82x	**SERVICES DU SECTEUR DES ENTREPRISES sauf activités immobilières**	**1 387**	**1 435**	**1 453**	**1 472**	**1 495**	**1 465**	**1 495**	..
05-82x	**SECTEUR DES ENTREPRISES NON-AGRICOLES sauf activités immobilières**	**2 707**	**2 730**	**2 753**	**2 780**	**2 782**	**2 681**	**2 690**	..
ENERGYP	**Activités génératrices d'énergie**	**53**	**53**	**54**	**53**	**48**	**51**	..	..

.. Non disponible

Note : Voir les métadonnées détaillées sur : http://metalinks.oecd.org/stan/20141219/5503.

Informations sur les données concernant Israël : http://oe.cd/israel-disclaimer.

Responsabilité : http://oe.cd/disclaimer

Tableau 6. Coûts de la main-d'oeuvre (rémunération des salariés), prix courants

CITI Rév. 4

Milliards HUF

		2004	2005	2006	2007	2008	2009	2010	2011
	TOTAL	**9 493**	**10 241**	**10 924**	**11 693**	**12 341**	**11 897**	**11 693**	..
01-03	**AGRICULTURE, SYLVICULTURE ET PÊCHE**	**231**	**231**	**235**	**251**	**265**	**256**	**252**	..
05-09	**INDUSTRIES EXTRACTIVES**	**20**	**21**	**24**	**25**	**25**	**25**	**22**	..
10-33	**ACTIVITÉS DE FABRICATION**	**1 943**	**2 067**	**2 172**	**2 379**	**2 501**	**2 285**	**2 233**	..
10-12	Produits alimentaires, boissons et tabac	294	304	302	310	319	318	297	..
13-15	Textiles, habillement, cuir et articles de cuir	124	115	108	109	110	97	92	..
16-18	Bois, papier, imprimerie et reproduction de supports enregistrés	139	142	145	150	151	139	131	..
19-23	Produits chimiques, caoutchouc, plastique, minéraux	390	420	438	483	506	475	477	..
20-21	Produits chimiques et pharmaceutiques	148	147	167	175	180	184	186	..
22-23	Produits en caoutchouc et en plastique, autres produits minéraux	184	199	213	248	264	231	231	..
24-25	Produits métalliques de base et ouvrages en métaux	217	237	259	291	315	273	263	..
241x2431	Métaux ferreux	35	39	42	45	..	..	..	..
242x2432	Métaux non ferreux	32	34	36	41	..	..	..	..
26-28	Machines et matériel	459	489	517	567	588	531	501	..
26	Ordinateurs, articles électroniques et optiques	182	194	198	223	228	202	212	..
262	Fabrication d'ordinateurs et d'équipements périphériques	21	22	25	32	32	27	..	..
27	Équipements électriques	147	149	168	180	184	129	133	..
28	Machines et équipements n.c.a.	130	146	150	164	176	201	156	..
29-30	Matériel de transport	213	243	280	332	364	286	313	..
29	Automobiles, remorques et semi-remorques	196	226	263	310	329	268	297	..
30	Autres matériels de transport	17	17	16	22	35	17	17	..
31-33	Meubles ; réparation et installation de machines et de matériel	108	116	123	138	148	165	158	..
31-32	Meubles, autres activités manufacturières	66	68	75	82	91	89	83	..
33	Réparation et installation de machines et d'équipements	42	48	49	56	57	76	74	..
35-39	**ÉLECTRICITÉ, GAZ, EAU ET TRAITEMENT DES DÉCHETS**	**287**	**306**	**320**	**332**	**343**	**346**	**345**	..
35	Production et distribution d'électricité, de gaz, de vapeur et d'air conditionné	174	179	185	187	189	192	192	..
36-39	Distribution d'eau ; assainissement, gestion des déchets et dépollution	113	127	135	145	153	155	153	..
41-43	**CONSTRUCTION**	**437**	**507**	**557**	**564**	**570**	**548**	**509**	..
45-56	commerce, transports, hébergement et restauration	2 051	2 154	2 358	2 554	2 726	2 646	2 540	..
45-47	**Commerce de gros et de détail ; réparations automobiles et motocycles**	**1 181**	**1 235**	**1 377**	**1 493**	**1 628**	**1 569**	**1 516**	..
49-53	**Transports et entreposage**	**643**	**685**	**722**	**771**	**789**	**777**	**743**	..
55-56	**Activités d'hébergement et de restauration**	**226**	**234**	**259**	**290**	**309**	**300**	**282**	..
58-63	**Information et communication**	**372**	**421**	**451**	**516**	**537**	**553**	**535**	..
58-60	Édition, audiovisuel et diffusion	98	107	121	140	137	133	130	..
61	Télécommunications	133	152	150	166	162	155	141	..
62-63	Technologies de l'information et informatique	141	161	180	210	238	265	264	..
64-66	**Activités financières et d'assurance**	**345**	**396**	**444**	**513**	**541**	**534**	**529**	..
68-82	**Immobilier, locations et activités de services aux entreprises**	**888**	**1 020**	**1 093**	**1 220**	**1 323**	**1 309**	**1 379**	..
68	Activités immobilières	166	186	195	231	243	230	227	..
69-82	Activ. spécialis., scient., tech. ; serv. admin. et de soutien	722	835	898	989	1 081	1 079	1 152	..
69-75	Activités professionnelles, scientifiques et techniques	439	520	548	599	665	660	700	..
69-71	Activités juridiques et comptables, d'architecture et d'ingénierie	294	347	364	407	460	460	483	..
73-75	Autres activités professionnelles, scientifiques et techniques	85	107	115	117	128	116	127	..
77-82	Activités de services administratifs et de soutien	283	315	350	390	415	419	452	..
84-99	Services collectifs, sociaux et personnels	2 920	3 120	3 270	3 339	3 510	3 393	3 348	..
84-88	Administration publique, enseignement, santé humaine et action social	2 600	2 784	2 913	2 954	3 114	3 001	2 957	..
84	**Administration publique et défense ; sécurité sociale obligatoire**	**1 105**	**1 182**	**1 263**	**1 306**	**1 424**	**1 379**	**1 385**	..
85	**Éducation**	**803**	**863**	**892**	**874**	**897**	**846**	**828**	..
86-88	**Santé humaine et action sociale**	**693**	**738**	**758**	**774**	**794**	**776**	**744**	..
90-99	Autres activités de services	319	336	357	385	396	392	391	..
90-93	**Arts, spectacles et loisirs**	**147**	**151**	**160**	**168**	**178**	**172**	**170**	..
94-96	**Autres activités de services**	**169**	**181**	**193**	**214**	**214**	**215**	**216**	..
97-98	**Activités des ménages en tant qu'employeurs et pour usage propre**	**3**	**3**	**4**	**4**	**3**	**4**	**5**	..
99	**Activités extra-territoriales**	**0**	**0**	**0**	**0**	**0**	**0**	**0**	..
05-39	**INDUSTRIES MANUFACTURIÈRES ET ÉNERGIE**	**2 250**	**2 394**	**2 516**	**2 737**	**2 869**	**2 657**	**2 601**	..
24-33x	**Industrie du métal ; réparation**	**931**	**1 018**	**1 104**	**1 246**	**1 324**	**1 167**	**1 152**	..
45-99	**TOTAL SERVICES**	**6 575**	**7 110**	**7 617**	**8 141**	**8 637**	**8 436**	**8 331**	..
45-82	**SERVICES DU SECTEUR DES ENTREPRISES**	**3 655**	**3 990**	**4 347**	**4 802**	**5 127**	**5 043**	**4 983**	..
45-82x	**SERVICES DU SECTEUR DES ENTREPRISES sauf activités immobilières**	**3 489**	**3 805**	**4 151**	**4 571**	**4 884**	**4 812**	**4 756**	..
05-82x	**SECTEUR DES ENTREPRISES NON-AGRICOLES sauf activités immobilières**	**6 176**	**6 705**	**7 224**	**7 872**	**8 323**	**8 018**	**7 866**	..
ENERGYP	**Activités génératrices d'énergie**	**239**	**260**	**253**	**259**	**263**	**263**	..	..

.. Non disponible

Note : Voir les métadonnées détaillées sur : http://metalinks.oecd.org/stan/20141219/5503.

Informations sur les données concernant Israël : http://oe.cd/israel-disclaimer.

Responsabilité : http://oe.cd/disclaimer

ITALIE

Tableau 1. Production brute, prix courants

CITI Rév. 4

Millions EUR

		2004	2005	2006	2007	2008	2009	2010	2011
	TOTAL	**2 742 867**	**2 847 323**	**2 999 412**	**3 153 861**	**3 209 863**	**2 919 618**	**3 036 477**	**3 133 641**
01-03	**AGRICULTURE, SYLVICULTURE ET PÊCHE**	**51 745**	**47 702**	**47 874**	**49 680**	**51 969**	**48 185**	**48 741**	**51 839**
05-09	**INDUSTRIES EXTRACTIVES**	**8 667**	**9 298**	**9 452**	**9 253**	**9 560**	**7 793**	**8 556**	**8 921**
10-33	**ACTIVITÉS DE FABRICATION**	**899 559**	**933 352**	**1 004 661**	**1 080 991**	**1 078 980**	**849 603**	**931 510**	**978 549**
10-12	Produits alimentaires, boissons et tabac	110 586	112 308	113 434	121 152	126 738	117 575	120 646	124 512
13-15	Textiles, habillement, cuir et articles de cuir	104 773	103 091	105 223	109 084	105 633	88 258	92 556	90 282
16-18	Bois, papier, imprimerie et reproduction de supports enregistrés	57 878	56 859	59 514	62 348	58 897	51 112	53 431	52 990
19-23	Produits chimiques, caoutchouc, plastique, minéraux	190 957	207 527	223 667	235 337	241 550	181 111	203 671	219 956
20-21	Produits chimiques et pharmaceutiques	74 475	78 718	86 308	92 701	92 413	73 366	80 977	82 304
22-23	Produits en caoutchouc et en plastique, autres produits minéraux	85 083	86 233	89 239	92 163	89 834	72 064	74 829	78 748
24-25	Produits métalliques de base et ouvrages en métaux	135 139	145 324	165 472	186 107	184 802	124 999	146 595	162 610
241x2431	Métaux ferreux	..	..	..	..	..	..	..	..
242x2432	Métaux non ferreux	..	..	..	..	..	..	..	..
26-28	Machines et matériel	171 865	176 152	189 801	205 286	203 362	159 077	179 116	188 795
26	Ordinateurs, articles électroniques et optiques	29 226	29 617	30 999	32 678	30 836	26 071	28 971	29 322
262	Fabrication d'ordinateurs et d'équipements périphériques	..	..	..	..	..	..	..	..
27	Équipements électriques	41 014	41 707	44 102	46 762	44 966	36 235	40 262	40 352
28	Machines et équipements n.c.a.	101 625	104 828	114 701	125 846	127 560	96 772	109 882	119 120
29-30	Matériel de transport	64 790	65 989	76 309	85 950	83 999	65 382	70 142	70 907
29	Automobiles, remorques et semi-remorques	45 073	46 112	54 130	61 512	57 588	42 142	49 995	..
30	Autres matériels de transport	19 717	19 877	22 179	24 438	26 411	23 240	20 147	..
31-33	Meubles ; réparation et installation de machines et de matériel	63 572	66 102	71 240	75 727	73 999	62 088	65 354	68 498
31-32	Meubles, autres activités manufacturières	41 081	42 451	45 218	47 720	45 731	38 937	39 560	..
33	Réparation et installation de machines et d'équipements	22 491	23 651	26 023	28 007	28 269	23 151	25 794	..
35-39	**ÉLECTRICITÉ, GAZ, EAU ET TRAITEMENT DES DÉCHETS**	**86 342**	**94 016**	**106 513**	**109 588**	**126 877**	**118 077**	**123 658**	**127 753**
35	Production et distribution d'électricité, de gaz, de vapeur et d'air conditionné	58 666	65 581	77 024	78 421	93 588	86 251	88 896	90 617
36-39	Distribution d'eau ; assainissement, gestion des déchets et dépollution	27 676	28 436	29 489	31 167	33 289	31 827	34 762	37 136
41-43	**CONSTRUCTION**	**198 033**	**211 355**	**221 120**	**231 570**	**233 916**	**216 121**	**210 946**	**213 585**
45-56	commerce, transports, hébergement et restauration	552 441	566 706	588 035	612 637	621 805	588 917	605 435	627 873
45-47	**Commerce de gros et de détail ; réparations automobiles et motocycles**	**286 581**	**289 674**	**299 710**	**309 842**	**313 838**	**297 414**	**304 299**	**314 249**
49-53	**Transports et entreposage**	**171 996**	**180 646**	**186 684**	**195 934**	**198 350**	**182 321**	**190 115**	**198 043**
55-56	**Activités d'hébergement et de restauration**	**93 864**	**96 386**	**101 641**	**106 861**	**109 616**	**109 182**	**111 020**	**115 580**
58-63	**Information et communication**	**116 898**	**119 617**	**122 421**	**126 272**	**125 375**	**124 811**	**125 792**	**123 994**
58-60	Édition, audiovisuel et diffusion	30 707	30 953	31 839	33 531	33 086	31 493	32 272	30 939
61	Télécommunications	46 410	48 618	49 094	49 031	47 961	48 024	47 228	46 613
62-63	Technologies de l'information et informatique	39 782	40 046	41 488	43 709	44 328	45 294	46 292	46 442
64-66	**Activités financières et d'assurance**	**103 002**	**110 416**	**117 134**	**127 286**	**129 784**	**126 788**	**127 764**	**129 008**
68-82	**Immobilier, locations et activités de services aux entreprises**	**380 238**	**394 311**	**409 114**	**423 523**	**433 007**	**429 173**	**437 466**	**452 898**
68	Activités immobilières	172 277	178 052	187 896	193 361	199 971	205 210	209 363	216 666
69-82	Activ. spécialis., scient., tech. ; serv. admin. et de soutien	207 961	216 259	221 218	230 162	233 036	223 963	228 103	236 232
69-75	Activités professionnelles, scientifiques et techniques	139 133	142 365	144 040	148 930	151 887	148 084	149 944	155 930
69-71	Activités juridiques et comptables, d'architecture et d'ingénierie	86 735	88 520	88 952	92 537	94 394	94 371	95 908	100 126
73-75	Autres activités professionnelles, scientifiques et techniques	41 167	42 202	43 046	44 090	44 936	41 866	42 209	43 779
77-82	Activités de services administratifs et de soutien	68 828	73 893	77 178	81 232	81 149	75 880	78 159	80 302
84-99	Services collectifs, sociaux et personnels	345 943	360 551	373 088	383 062	398 590	410 151	416 609	419 221
84-88	Administration publique, enseignement, santé humaine et action social	282 923	296 282	305 981	312 645	325 624	335 848	340 218	339 382
84	**Administration publique et défense ; sécurité sociale obligatoire**	**113 280**	**117 507**	**119 606**	**121 579**	**127 202**	**132 291**	**132 714**	**132 298**
85	**Éducation**	**68 153**	**70 660**	**72 278**	**75 439**	**73 673**	**75 257**	**74 930**	**73 421**
86-88	**Santé humaine et action sociale**	**101 489**	**108 115**	**114 096**	**115 627**	**124 750**	**128 300**	**132 574**	**133 663**
90-99	Autres activités de services	63 021	64 270	67 107	70 417	72 966	74 303	76 391	79 839
90-93	**Arts, spectacles et loisirs**	**24 301**	**24 265**	**25 584**	**27 417**	**28 119**	**28 639**	**30 088**	**31 670**
94-96	**Autres activités de services**	**27 399**	**28 048**	**29 025**	**29 497**	**30 192**	**30 197**	**30 582**	**32 037**
97-98	**Activités des ménages en tant qu'employeurs et pour usage propre**	**11 321**	**11 957**	**12 499**	**13 503**	**14 654**	**15 468**	**15 721**	**16 131**
99	**Activités extra-territoriales**	..	..	..	..	..	..	..	..
05-39	**INDUSTRIES MANUFACTURIÈRES ET ÉNERGIE**	**994 567**	**1 036 666**	**1 120 626**	**1 199 831**	**1 215 418**	**975 473**	**1 063 725**	**1 115 224**
24-33x	**Industrie du métal ; réparation**	**394 284**	**411 116**	**457 605**	**505 350**	**500 432**	**372 609**	**421 647**	..
45-99	**TOTAL SERVICES**	**1 498 523**	**1 551 601**	**1 609 792**	**1 672 780**	**1 708 561**	**1 679 839**	**1 713 066**	**1 752 994**
45-82	**SERVICES DU SECTEUR DES ENTREPRISES**	**1 152 579**	**1 191 049**	**1 236 704**	**1 289 717**	**1 309 971**	**1 269 688**	**1 296 457**	**1 333 773**
45-82x	**SERVICES DU SECTEUR DES ENTREPRISES sauf activités immobilières**	**980 302**	**1 012 998**	**1 048 808**	**1 096 356**	**1 109 999**	**1 064 478**	**1 087 094**	**1 117 107**
05-82x	**SECTEUR DES ENTREPRISES NON-AGRICOLES sauf activités immobilières**	**2 172 902**	**2 261 018**	**2 390 554**	**2 527 757**	**2 559 333**	**2 256 073**	**2 361 764**	**2 445 915**
ENERGYP	**Activités génératrices d'énergie**	**93 414**	**111 423**	**128 589**	**132 337**	**156 690**	**124 969**	..	..

.. Non disponible

Note : Voir les métadonnées détaillées sur : http://metalinks.oecd.org/stan/20141219/5503.

Informations sur les données concernant Israël : http://oe.cd/israel-disclaimer.

Responsabilité : http://oe.cd/disclaimer

Tableau 2. Valeur ajoutée, prix courants

CITI Rév. 4

Millions EUR

		2004	2005	2006	2007	2008	2009	2010	2011
	TOTAL	**1 257 989**	**1 291 692**	**1 332 919**	**1 391 951**	**1 417 500**	**1 368 574**	**1 391 857**	**1 413 548**
01-03	**AGRICULTURE, SYLVICULTURE ET PÊCHE**	**31 969**	**28 600**	**28 359**	**28 743**	**28 851**	**26 314**	**26 371**	**27 655**
05-09	**INDUSTRIES EXTRACTIVES**	**4 905**	**5 079**	**5 244**	**5 131**	**5 593**	**4 166**	**4 869**	**5 036**
10-33	**ACTIVITÉS DE FABRICATION**	**227 885**	**229 848**	**239 826**	**255 144**	**249 873**	**216 678**	**224 539**	**225 489**
10-12	Produits alimentaires, boissons et tabac	24 613	24 005	23 975	24 978	25 044	24 921	24 464	23 819
13-15	Textiles, habillement, cuir et articles de cuir	26 136	25 287	25 372	26 657	26 022	22 183	22 738	21 014
16-18	Bois, papier, imprimerie et reproduction de supports enregistrés	16 938	16 481	16 833	17 330	16 697	15 189	15 389	14 815
19-23	Produits chimiques, caoutchouc, plastique, minéraux	42 460	43 562	43 766	46 314	43 856	37 944	38 313	37 218
20-21	Produits chimiques et pharmaceutiques	15 772	15 422	15 578	16 122	15 624	14 951	15 323	14 501
22-23	Produits en caoutchouc et en plastique, autres produits minéraux	23 289	23 552	23 508	24 611	22 944	21 093	20 761	20 819
24-25	Produits métalliques de base et ouvrages en métaux	36 657	37 856	41 220	45 477	44 629	35 488	38 170	41 024
241x2431	Métaux ferreux	..	..	..	..	..	..	..	..
242x2432	Métaux non ferreux	..	..	..	..	..	..	..	..
26-28	Machines et matériel	46 222	47 468	50 496	53 790	53 532	45 992	49 720	51 995
26	Ordinateurs, articles électroniques et optiques	8 642	8 857	9 046	9 400	8 922	8 089	8 721	9 372
262	Fabrication d'ordinateurs et d'équipements périphériques	..	..	..	..	..	..	..	..
27	Équipements électriques	10 312	10 601	11 151	11 710	11 679	10 333	11 217	11 336
28	Machines et équipements n.c.a.	27 268	28 009	30 299	32 680	32 931	27 570	29 782	31 287
29-30	Matériel de transport	13 600	13 210	14 552	15 759	15 446	12 733	12 919	11 860
29	Automobiles, remorques et semi-remorques	8 629	8 352	9 296	10 136	9 168	7 492	8 040	..
30	Autres matériels de transport	4 971	4 858	5 256	5 623	6 278	5 241	4 879	..
31-33	Meubles ; réparation et installation de machines et de matériel	21 260	21 980	23 613	24 839	24 647	22 227	22 827	23 745
31-32	Meubles, autres activités manufacturières	12 154	12 479	13 314	13 905	13 558	12 193	12 002	..
33	Réparation et installation de machines et d'équipements	9 107	9 501	10 299	10 934	11 089	10 034	10 825	..
35-39	**ÉLECTRICITÉ, GAZ, EAU ET TRAITEMENT DES DÉCHETS**	**25 964**	**26 981**	**28 664**	**29 817**	**33 002**	**34 445**	**35 133**	**32 684**
35	Production et distribution d'électricité, de gaz, de vapeur et d'air conditionné	17 985	18 465	19 671	20 524	23 407	24 176	23 786	20 075
36-39	Distribution d'eau ; assainissement, gestion des déchets et dépollution	7 979	8 516	8 993	9 294	9 595	10 269	11 347	12 609
41-43	**CONSTRUCTION**	**75 131**	**79 919**	**83 685**	**88 052**	**90 253**	**86 719**	**84 501**	**86 204**
45-56	commerce, transports, hébergement et restauration	264 811	269 537	274 440	285 732	287 874	278 742	283 820	292 192
45-47	**Commerce de gros et de détail ; réparations automobiles et motocycles**	**146 603**	**148 469**	**150 167**	**153 086**	**154 180**	**145 122**	**148 532**	**153 715**
49-53	**Transports et entreposage**	**68 773**	**69 583**	**70 390**	**75 977**	**76 615**	**75 870**	**77 582**	**80 049**
55-56	**Activités d'hébergement et de restauration**	**49 435**	**51 485**	**53 883**	**56 669**	**57 080**	**57 749**	**57 706**	**58 428**
58-63	**Information et communication**	**58 836**	**60 030**	**60 168**	**62 385**	**62 753**	**62 290**	**62 713**	**60 458**
58-60	Édition, audiovisuel et diffusion	13 360	13 378	13 599	14 774	14 873	14 666	14 785	14 058
61	Télécommunications	25 390	26 248	25 857	25 525	25 083	24 288	23 957	22 481
62-63	Technologies de l'information et informatique	20 085	20 404	20 712	22 087	22 798	23 336	23 970	23 920
64-66	**Activités financières et d'assurance**	**59 951**	**63 392**	**64 948**	**74 211**	**75 595**	**71 967**	**74 215**	**75 957**
68-82	**Immobilier, locations et activités de services aux entreprises**	**264 387**	**272 978**	**282 565**	**292 188**	**303 023**	**300 893**	**304 687**	**316 123**
68	Activités immobilières	154 931	160 049	169 470	174 714	181 634	183 994	187 112	195 125
69-82	Activ. spécialis., scient., tech. ; serv. admin. et de soutien	109 455	112 929	113 096	117 473	121 389	116 899	117 576	120 997
69-75	Activités professionnelles, scientifiques et techniques	79 787	81 213	80 523	82 821	85 826	83 387	83 445	86 266
69-71	Activités juridiques et comptables, d'architecture et d'ingénierie	55 874	56 588	55 081	56 999	59 279	59 287	59 340	61 921
73-75	Autres activités professionnelles, scientifiques et techniques	17 530	17 985	18 076	18 371	19 011	16 601	16 600	16 821
77-82	Activités de services administratifs et de soutien	29 668	31 715	32 572	34 653	35 563	33 512	34 131	34 731
84-99	Services collectifs, sociaux et personnels	244 151	255 328	265 019	270 546	280 682	286 360	291 008	291 750
84-88	Administration publique, enseignement, santé humaine et action social	204 122	214 007	222 209	225 696	233 477	238 126	241 803	240 439
84	**Administration publique et défense ; sécurité sociale obligatoire**	**80 727**	**83 631**	**86 440**	**88 111**	**91 917**	**93 598**	**95 102**	**95 416**
85	**Éducation**	**57 994**	**60 980**	**62 834**	**65 169**	**63 859**	**65 480**	**64 994**	**63 117**
86-88	**Santé humaine et action sociale**	**65 401**	**69 397**	**72 935**	**72 415**	**77 701**	**79 048**	**81 707**	**81 906**
90-99	Autres activités de services	40 028	41 320	42 810	44 851	47 205	48 234	49 205	51 310
90-93	**Arts, spectacles et loisirs**	**11 555**	**11 904**	**12 471**	**13 573**	**14 213**	**13 975**	**14 593**	**15 377**
94-96	**Autres activités de services**	**17 152**	**17 460**	**17 840**	**17 774**	**18 338**	**18 792**	**18 891**	**19 802**
97-98	**Activités des ménages en tant qu'employeurs et pour usage propre**	**11 321**	**11 957**	**12 499**	**13 503**	**14 654**	**15 468**	**15 721**	**16 131**
99	**Activités extra-territoriales**	..	..	..	..	..	..	..	..
05-39	**INDUSTRIES MANUFACTURIÈRES ET ÉNERGIE**	**258 754**	**261 909**	**273 734**	**290 092**	**288 468**	**255 290**	**264 541**	**263 209**
24-33x	**Industrie du métal ; réparation**	**105 585**	**108 034**	**116 567**	**125 960**	**124 696**	**104 247**	**111 634**	..
45-99	**TOTAL SERVICES**	**892 135**	**921 265**	**947 140**	**985 063**	**1 009 927**	**1 000 252**	**1 016 443**	**1 036 480**
45-82	**SERVICES DU SECTEUR DES ENTREPRISES**	**647 984**	**665 937**	**682 121**	**714 517**	**729 245**	**713 892**	**725 435**	**744 731**
45-82x	**SERVICES DU SECTEUR DES ENTREPRISES sauf activités immobilières**	**493 053**	**505 888**	**512 651**	**539 802**	**547 611**	**529 898**	**538 324**	**549 605**
05-82x	**SECTEUR DES ENTREPRISES NON-AGRICOLES sauf activités immobilières**	**826 938**	**847 715**	**870 071**	**917 947**	**926 332**	**871 906**	**887 366**	**899 018**
ENERGYP	**Activités génératrices d'énergie**	**24 149**	**25 812**	**27 275**	**28 928**	**31 934**	**28 364**	..	..

.. Non disponible

Note : Voir les métadonnées détaillées sur : http://metalinks.oecd.org/stan/20141219/5503.

Informations sur les données concernant Israël : http://oe.cd/israel-disclaimer.

Responsabilité : http://oe.cd/disclaimer

Tableau 3. Valeur ajoutée, volumes

CITI Rév. 4

Millions 2005 EUR

		2004	2005	2006	2007	2008	2009	2010	2011
	TOTAL	1 278 452	1 291 692	1 320 418	1 344 313	1 329 002	1 254 718	1 281 173	1 288 721
01-03	**AGRICULTURE, SYLVICULTURE ET PÊCHE**	29 908	28 600	28 276	28 332	28 729	28 007	27 932	27 825
05-09	**INDUSTRIES EXTRACTIVES**	5 004	5 079	4 972	5 241	5 088	4 362	4 679	4 746
10-33	**ACTIVITÉS DE FABRICATION**	227 912	229 848	239 639	247 336	238 470	198 986	213 067	215 691
10-12	Produits alimentaires, boissons et tabac	23 640	24 005	24 440	24 471	23 710	22 356	23 594	23 828
13-15	Textiles, habillement, cuir et articles de cuir	25 586	25 287	25 485	25 719	24 756	21 109	22 504	21 310
16-18	Bois, papier, imprimerie et reproduction de supports enregistrés	16 821	16 481	16 949	17 039	15 965	14 134	14 585	14 302
19-23	Produits chimiques, caoutchouc, plastique, minéraux	43 604	43 562	43 992	44 512	42 449	36 080	37 787	37 703
20-21	Produits chimiques et pharmaceutiques	15 492	15 422	15 778	15 786	15 922	13 701	14 754	14 366
22-23	Produits en caoutchouc et en plastique, autres produits minéraux	23 500	23 552	23 871	24 029	22 893	18 893	19 388	19 764
24-25	Produits métalliques de base et ouvrages en métaux	36 769	37 856	40 326	42 312	41 104	31 720	34 614	36 311
241x2431	Métaux ferreux	..	..	..	..	..	..	..	..
242x2432	Métaux non ferreux	..	..	..	..	..	..	..	..
26-28	Machines et matériel	46 364	47 468	50 166	52 728	52 056	42 004	46 930	48 718
26	Ordinateurs, articles électroniques et optiques	8 691	8 857	9 188	9 505	8 851	7 728	8 471	8 564
262	Fabrication d'ordinateurs et d'équipements périphériques	..	..	..	..	..	..	..	..
27	Équipements électriques	10 363	10 601	11 087	11 486	11 346	9 505	10 421	10 234
28	Machines et équipements n.c.a.	27 311	28 009	29 891	31 731	31 832	24 767	28 018	29 899
29-30	Matériel de transport	13 640	13 210	14 744	15 703	15 170	11 875	12 380	12 347
29	Automobiles, remorques et semi-remorques	8 486	8 352	9 415	9 970	9 231	6 788	7 914	..
30	Autres matériels de transport	5 163	4 858	5 329	5 733	5 954	5 074	4 394	..
31-33	Meubles ; réparation et installation de machines et de matériel	21 485	21 980	23 539	24 810	23 198	19 685	20 601	20 946
31-32	Meubles, autres activités manufacturières	12 128	12 479	13 121	13 352	12 393	10 536	10 626	..
33	Réparation et installation de machines et d'équipements	9 360	9 501	10 418	11 471	10 826	9 166	10 015	..
35-39	**ÉLECTRICITÉ, GAZ, EAU ET TRAITEMENT DES DÉCHETS**	26 588	26 981	27 399	27 142	27 763	26 617	28 195	28 557
35	Production et distribution d'électricité, de gaz, de vapeur et d'air conditionné	18 218	18 465	18 913	18 897	19 312	18 676	19 825	20 168
36-39	Distribution d'eau ; assainissement, gestion des déchets et dépollution	8 369	8 516	8 486	8 247	8 453	7 932	8 362	8 390
41-43	**CONSTRUCTION**	77 903	79 919	81 495	82 216	80 021	73 300	71 117	69 037
45-56	commerce, transports, hébergement et restauration	264 996	269 537	273 412	278 024	273 073	250 945	259 396	261 792
45-47	**Commerce de gros et de détail ; réparations automobiles et motocycles**	147 583	148 469	150 500	152 599	149 964	132 276	139 266	140 472
49-53	**Transports et entreposage**	66 541	69 583	69 610	70 586	68 261	64 626	65 429	64 919
55-56	**Activités d'hébergement et de restauration**	50 956	51 485	53 302	54 834	54 889	53 867	54 591	56 426
58-63	**Information et communication**	58 795	60 030	61 693	64 909	65 619	66 806	68 421	67 840
58-60	Édition, audiovisuel et diffusion	13 613	13 378	13 692	14 409	14 019	13 711	14 080	13 425
61	Télécommunications	24 963	26 248	26 584	28 103	29 101	30 084	31 020	31 584
62-63	Technologies de l'information et informatique	20 244	20 404	21 417	22 396	22 574	23 184	23 536	23 261
64-66	**Activités financières et d'assurance**	60 085	63 392	67 572	73 233	72 842	75 759	78 294	78 634
68-82	**Immobilier, locations et activités de services aux entreprises**	273 901	272 978	278 115	277 924	276 659	268 457	267 588	271 358
68	Activités immobilières	159 941	160 049	162 871	160 520	161 533	160 204	158 349	160 379
69-82	Activ. spécialis., scient., tech. ; serv. admin. et de soutien	113 966	112 929	115 244	117 538	115 105	108 004	109 072	110 828
69-75	Activités professionnelles, scientifiques et techniques	83 217	81 213	82 367	83 304	81 624	77 789	78 253	79 875
69-71	Activités juridiques et comptables, d'architecture et d'ingénierie	58 264	56 588	57 610	58 562	57 183	55 545	55 949	56 993
73-75	Autres activités professionnelles, scientifiques et techniques	18 399	17 985	18 128	18 090	17 884	16 046	16 270	16 708
77-82	Activités de services administratifs et de soutien	30 757	31 715	32 877	34 225	33 473	30 219	30 814	30 961
84-99	Services collectifs, sociaux et personnels	253 349	255 328	257 843	260 370	261 177	261 881	263 257	263 964
84-88	Administration publique, enseignement, santé humaine et action social	211 531	214 007	215 211	216 666	217 371	218 361	218 952	218 532
84	**Administration publique et défense ; sécurité sociale obligatoire**	82 708	83 631	83 755	84 102	83 998	84 381	84 050	83 455
85	**Éducation**	61 597	60 980	61 007	61 598	61 524	61 258	61 443	61 402
86-88	**Santé humaine et action sociale**	67 268	69 397	70 449	70 966	71 869	72 721	73 468	73 697
90-99	Autres activités de services	41 824	41 320	42 632	43 723	43 824	43 539	44 316	45 438
90-93	**Arts, spectacles et loisirs**	12 713	11 904	12 666	13 365	13 208	12 861	13 349	13 877
94-96	**Autres activités de services**	17 634	17 460	17 601	17 506	17 540	17 337	17 512	18 072
97-98	**Activités des ménages en tant qu'employeurs et pour usage propre**	11 526	11 957	12 365	12 863	13 082	13 330	13 450	13 506
99	**Activités extra-territoriales**	..	..	..	..	..	..	..	..
05-39	**INDUSTRIES MANUFACTURIÈRES ET ÉNERGIE**	259 508	261 909	272 010	279 679	271 375	230 422	246 379	249 438
24-33x	**Industrie du métal ; réparation**	106 133	108 034	115 653	122 198	119 158	94 714	103 892	..
45-99	**TOTAL SERVICES**	910 963	921 265	938 636	954 104	948 978	923 239	936 005	942 899
45-82	**SERVICES DU SECTEUR DES ENTREPRISES**	657 633	665 937	680 793	693 779	687 825	661 275	672 693	678 911
45-82x	**SERVICES DU SECTEUR DES ENTREPRISES sauf activités immobilières**	497 734	505 888	517 922	533 538	526 389	500 767	514 429	518 544
05-82x	**SECTEUR DES ENTREPRISES NON-AGRICOLES sauf activités immobilières**	835 177	847 715	871 427	895 379	877 630	803 951	831 200	835 995
ENERGYP	**Activités génératrices d'énergie**	..	..	..	..	..	..	..	..

.. Non disponible

Note : Voir les métadonnées détaillées sur : http://metalinks.oecd.org/stan/20141219/5503.
Informations sur les données concernant Israël : http://oe.cd/israel-disclaimer.

Responsabilité : http://oe.cd/disclaimer

Tableau 4. Formation brute de capital fixe, prix courants

CITI Rév. 4

Millions EUR

		2004	2005	2006	2007	2008	2009	2010	2011
	TOTAL	**288 429**	**300 766**	**319 062**	**333 533**	**330 648**	**294 680**	**304 531**	**308 908**
01-03	**AGRICULTURE, SYLVICULTURE ET PÊCHE**	**11 531**	**11 779**	**12 043**	**11 897**	**11 841**	**10 353**	**10 734**	**10 900**
05-09	**INDUSTRIES EXTRACTIVES**	**2 508**	**2 609**	**2 703**	**3 094**	**2 961**	**2 663**	**3 053**	**3 210**
10-33	**ACTIVITÉS DE FABRICATION**	**54 079**	**54 362**	**60 071**	**63 735**	**62 813**	**50 894**	**56 980**	**58 013**
10-12	Produits alimentaires, boissons et tabac	7 057	6 660	7 694	7 673	7 807	6 627	7 243	7 363
13-15	Textiles, habillement, cuir et articles de cuir	3 567	3 443	3 519	3 789	3 804	2 948	3 412	3 459
16-18	Bois, papier, imprimerie et reproduction de supports enregistrés	3 949	3 974	4 146	4 294	4 242	3 538	3 917	3 966
19-23	Produits chimiques, caoutchouc, plastique, minéraux	12 236	12 584	14 749	15 310	15 164	12 280	13 713	14 042
20-21	Produits chimiques et pharmaceutiques	3 640	3 890	4 540	4 672	4 669	4 377	4 779	4 919
22-23	Produits en caoutchouc et en plastique, autres produits minéraux	7 224	6 857	7 766	7 613	7 548	5 313	6 061	6 157
24-25	Produits métalliques de base et ouvrages en métaux	9 839	9 567	11 314	13 543	12 924	10 432	11 935	12 105
241x2431	Métaux ferreux	..	..	..	..	..	..	..	..
242x2432	Métaux non ferreux	..	..	..	..	..	..	..	..
26-28	Machines et matériel	8 807	8 809	9 053	9 614	9 179	7 424	8 284	8 437
26	Ordinateurs, articles électroniques et optiques	1 693	1 686	1 709	1 722	1 560	1 563	1 743	1 769
262	Fabrication d'ordinateurs et d'équipements périphériques	..	..	..	..	..	..	..	..
27	Équipements électriques	2 107	2 048	2 194	2 330	2 183	1 816	2 017	2 052
28	Machines et équipements n.c.a.	5 008	5 076	5 149	5 562	5 436	4 045	4 523	4 616
29-30	Matériel de transport	5 207	5 783	5 623	5 413	5 706	4 003	4 547	4 612
29	Automobiles, remorques et semi-remorques	4 198	4 658	4 307	4 036	4 315	2 880	3 280	3 329
30	Autres matériels de transport	1 009	1 125	1 316	1 377	1 391	1 123	1 267	1 284
31-33	Meubles ; réparation et installation de machines et de matériel	3 417	3 542	3 971	4 097	3 987	3 642	3 930	4 028
31-32	Meubles, autres activités manufacturières	1 995	2 144	2 506	2 509	2 460	2 152	2 314	2 368
33	Réparation et installation de machines et d'équipements	1 421	1 397	1 465	1 588	1 527	1 490	1 616	1 660
35-39	**ÉLECTRICITÉ, GAZ, EAU ET TRAITEMENT DES DÉCHETS**	**10 085**	**10 448**	**11 588**	**12 576**	**12 663**	**10 226**	**11 178**	**11 435**
35	Production et distribution d'électricité, de gaz, de vapeur et d'air conditionné	6 248	6 868	7 530	8 538	8 668	6 464	7 167	7 344
36-39	Distribution d'eau ; assainissement, gestion des déchets et dépollution	3 836	3 580	4 058	4 038	3 995	3 762	4 011	4 091
41-43	**CONSTRUCTION**	**11 068**	**11 912**	**12 517**	**13 411**	**12 803**	**9 653**	**11 176**	**11 464**
45-56	commerce, transports, hébergement et restauration	55 067	55 941	59 288	60 461	59 525	52 090	54 189	55 452
45-47	**Commerce de gros et de détail ; réparations automobiles et motocycles**	**21 412**	**21 395**	**22 367**	**23 177**	**22 275**	**19 865**	**21 128**	**21 755**
49-53	**Transports et entreposage**	**25 292**	**25 549**	**26 840**	**27 387**	**27 644**	**26 039**	**26 402**	**26 842**
55-56	**Activités d'hébergement et de restauration**	**8 363**	**8 996**	**10 082**	**9 897**	**9 607**	**6 186**	**6 660**	**6 855**
58-63	**Information et communication**	**13 060**	**13 791**	**13 230**	**14 252**	**13 613**	**12 367**	**13 540**	**13 324**
58-60	Édition, audiovisuel et diffusion	2 811	2 862	2 962	3 306	3 281	2 956	3 140	3 142
61	Télécommunications	6 243	6 872	6 216	6 493	6 231	5 424	6 042	5 818
62-63	Technologies de l'information et informatique	4 006	4 058	4 053	4 453	4 101	3 987	4 358	4 364
64-66	**Activités financières et d'assurance**	**4 113**	**3 805**	**4 428**	**5 701**	**5 392**	**4 247**	**4 440**	**4 146**
68-82	**Immobilier, locations et activités de services aux entreprises**	**90 286**	**99 391**	**105 757**	**110 689**	**112 263**	**102 416**	**103 593**	**105 192**
68	Activités immobilières	77 399	85 702	91 158	94 968	97 297	89 972	89 935	91 104
69-82	Activ. spécialis., scient., tech. ; serv. admin. et de soutien	12 887	13 690	14 599	15 721	14 966	12 444	13 658	14 089
69-75	Activités professionnelles, scientifiques et techniques	6 202	6 599	6 693	6 919	6 761	6 121	6 572	6 683
69-71	Activités juridiques et comptables, d'architecture et d'ingénierie	3 752	3 994	4 018	4 150	4 043	3 500	3 820	3 893
73-75	Autres activités professionnelles, scientifiques et techniques	1 276	1 305	1 345	1 422	1 349	1 132	1 247	1 273
77-82	Activités de services administratifs et de soutien	6 685	7 091	7 906	8 802	8 205	6 323	7 087	7 406
84-99	Services collectifs, sociaux et personnels	36 632	36 726	37 437	37 717	36 773	39 770	35 648	35 772
84-88	Administration publique, enseignement, santé humaine et action social	31 618	31 513	32 364	32 492	31 637	34 655	31 061	31 046
84	**Administration publique et défense ; sécurité sociale obligatoire**	**24 321**	**23 579**	**23 735**	**24 332**	**23 375**	**24 302**	**21 061**	**21 048**
85	**Éducation**	**1 968**	**1 948**	**2 194**	**2 087**	**2 096**	**2 557**	**2 391**	**2 409**
86-88	**Santé humaine et action sociale**	**5 329**	**5 986**	**6 435**	**6 073**	**6 166**	**7 796**	**7 608**	**7 589**
90-99	Autres activités de services	5 014	5 214	5 073	5 225	5 135	5 115	4 587	4 726
90-93	**Arts, spectacles et loisirs**	**3 134**	**3 218**	**3 061**	**3 216**	**3 121**	**3 520**	**2 846**	**2 941**
94-96	**Autres activités de services**	**1 880**	**1 995**	**2 012**	**2 009**	**2 015**	**1 595**	**1 741**	**1 785**
97-98	**Activités des ménages en tant qu'employeurs et pour usage propre**	**0**	**0**	**0**	**0**	**0**	**0**	**0**	**0**
99	**Activités extra-territoriales**	..	..	..	..	..	..	..	..
05-39	**INDUSTRIES MANUFACTURIÈRES ET ÉNERGIE**	**66 672**	**67 419**	**74 362**	**79 405**	**78 437**	**63 784**	**71 210**	**72 658**
24-33x	**Industrie du métal ; réparation**	**25 274**	**25 556**	**27 455**	**30 158**	**29 336**	**23 349**	**26 381**	**26 815**
45-99	**TOTAL SERVICES**	**199 159**	**209 655**	**220 140**	**228 821**	**227 566**	**210 890**	**211 411**	**213 887**
45-82	**SERVICES DU SECTEUR DES ENTREPRISES**	**162 526**	**172 928**	**182 703**	**191 104**	**190 794**	**171 120**	**175 763**	**178 115**
45-82x	**SERVICES DU SECTEUR DES ENTREPRISES sauf activités immobilières**	**85 128**	**87 227**	**91 545**	**96 136**	**93 497**	**81 147**	**85 828**	**87 011**
05-82x	**SECTEUR DES ENTREPRISES NON-AGRICOLES sauf activités immobilières**	**162 868**	**166 558**	**178 424**	**188 951**	**184 737**	**154 584**	**168 214**	**171 133**
ENERGYP	**Activités génératrices d'énergie**	**9 434**	**10 614**	**12 107**	**14 071**	**14 046**	**11 104**	..	..

.. Non disponible

Note : Voir les métadonnées détaillées sur : http://metalinks.oecd.org/stan/20141219/5503.

Informations sur les données concernant Israël : http://oe.cd/israel-disclaimer.

Responsabilité : http://oe.cd/disclaimer

Tableau 5. Nombre de personnes engagées, emploi total

CITI Rév. 4

Milliers

		2004	2005	2006	2007	2008	2009	2010	2011
	TOTAL	**24 256**	**24 396**	**24 875**	**25 188**	**25 256**	**24 840**	**24 661**	**24 743**
01-03	**AGRICULTURE, SYLVICULTURE ET PÊCHE**	**1 016**	**1 012**	**1 032**	**1 007**	**986**	**961**	**975**	**955**
05-09	**INDUSTRIES EXTRACTIVES**	**37**	**38**	**37**	**37**	**36**	**34**	**34**	**34**
10-33	**ACTIVITÉS DE FABRICATION**	**4 867**	**4 830**	**4 879**	**4 914**	**4 874**	**4 642**	**4 473**	**4 485**
10-12	Produits alimentaires, boissons et tabac	462	453	463	470	475	460	455	468
13-15	Textiles, habillement, cuir et articles de cuir	814	765	731	729	723	665	627	618
16-18	Bois, papier, imprimerie et reproduction de supports enregistrés	400	387	389	383	376	362	357	347
19-23	Produits chimiques, caoutchouc, plastique, minéraux	701	704	695	700	685	656	635	642
20-21	Produits chimiques et pharmaceutiques	206	209	210	210	206	198	195	199
22-23	Produits en caoutchouc et en plastique, autres produits minéraux	471	471	460	465	455	434	415	418
24-25	Produits métalliques de base et ouvrages en métaux	798	807	844	865	861	818	778	791
241x2431	Métaux ferreux	..	..	..	..	..	..	..	..
242x2432	Métaux non ferreux	..	..	..	..	..	..	..	..
26-28	Machines et matériel	847	860	881	884	880	852	829	839
26	Ordinateurs, articles électroniques et optiques	156	159	159	159	155	147	141	137
262	Fabrication d'ordinateurs et d'équipements périphériques	..	..	..	..	..	..	..	..
27	Équipements électriques	208	211	213	212	209	198	195	200
28	Machines et équipements n.c.a.	483	490	509	513	516	507	493	502
29-30	Matériel de transport	270	270	277	283	284	273	263	259
29	Automobiles, remorques et semi-remorques	185	184	185	188	188	180	176	..
30	Autres matériels de transport	85	86	92	95	96	93	87	..
31-33	Meubles ; réparation et installation de machines et de matériel	575	585	599	601	590	557	531	522
31-32	Meubles, autres activités manufacturières	346	349	353	354	342	321	298	..
33	Réparation et installation de machines et d'équipements	229	236	247	247	248	236	233	..
35-39	**ÉLECTRICITÉ, GAZ, EAU ET TRAITEMENT DES DÉCHETS**	**258**	**264**	**275**	**273**	**272**	**275**	**280**	**279**
35	Production et distribution d'électricité, de gaz, de vapeur et d'air conditionné	100	98	99	96	94	92	91	89
36-39	Distribution d'eau ; assainissement, gestion des déchets et dépollution	158	166	176	177	179	184	189	190
41-43	**CONSTRUCTION**	**1 810**	**1 888**	**1 913**	**1 973**	**1 981**	**1 953**	**1 917**	**1 850**
45-56	commerce, transports, hébergement et restauration	5 745	5 756	5 905	5 995	6 022	5 931	5 912	5 952
45-47	**Commerce de gros et de détail ; réparations automobiles et motocycles**	**3 559**	**3 556**	**3 633**	**3 648**	**3 643**	**3 600**	**3 581**	**3 594**
49-53	**Transports et entreposage**	**1 060**	**1 063**	**1 069**	**1 083**	**1 093**	**1 070**	**1 063**	**1 067**
55-56	**Activités d'hébergement et de restauration**	**1 126**	**1 137**	**1 202**	**1 264**	**1 287**	**1 261**	**1 268**	**1 291**
58-63	**Information et communication**	**593**	**596**	**617**	**622**	**625**	**638**	**626**	**642**
58-60	Édition, audiovisuel et diffusion	127	129	133	135	136	134	132	132
61	Télécommunications	104	106	105	103	103	100	96	93
62-63	Technologies de l'information et informatique	362	361	379	384	387	404	398	418
64-66	**Activités financières et d'assurance**	**615**	**618**	**633**	**652**	**656**	**650**	**639**	**642**
68-82	**Immobilier, locations et activités de services aux entreprises**	**2 592**	**2 659**	**2 730**	**2 826**	**2 880**	**2 792**	**2 840**	**2 893**
68	Activités immobilières	107	103	109	115	114	114	118	120
69-82	Activ. spécialis., scient., tech. ; serv. admin. et de soutien	2 485	2 556	2 622	2 711	2 766	2 678	2 723	2 773
69-75	Activités professionnelles, scientifiques et techniques	1 478	1 511	1 534	1 569	1 594	1 579	1 592	1 594
69-71	Activités juridiques et comptables, d'architecture et d'ingénierie	998	1 019	1 034	1 068	1 081	1 070	1 084	1 101
73-75	Autres activités professionnelles, scientifiques et techniques	346	356	357	359	368	366	367	353
77-82	Activités de services administratifs et de soutien	1 008	1 045	1 088	1 141	1 172	1 100	1 131	1 180
84-99	Services collectifs, sociaux et personnels	6 723	6 736	6 853	6 889	6 924	6 963	6 965	7 011
84-88	Administration publique, enseignement, santé humaine et action social	4 515	4 510	4 526	4 527	4 535	4 505	4 467	4 462
84	**Administration publique et défense ; sécurité sociale obligatoire**	**1 422**	**1 404**	**1 397**	**1 384**	**1 364**	**1 357**	**1 345**	**1 337**
85	**Éducation**	**1 572**	**1 564**	**1 578**	**1 582**	**1 567**	**1 523**	**1 481**	**1 464**
86-88	**Santé humaine et action sociale**	**1 521**	**1 542**	**1 551**	**1 561**	**1 604**	**1 625**	**1 642**	**1 661**
90-99	Autres activités de services	2 208	2 226	2 328	2 362	2 389	2 458	2 499	2 550
90-93	**Arts, spectacles et loisirs**	**268**	**267**	**286**	**294**	**302**	**297**	**305**	**301**
94-96	**Autres activités de services**	**584**	**593**	**623**	**629**	**623**	**641**	**642**	**637**
97-98	**Activités des ménages en tant qu'employeurs et pour usage propre**	**1 356**	**1 366**	**1 419**	**1 439**	**1 464**	**1 520**	**1 552**	**1 611**
99	**Activités extra-territoriales**	..	..	..	..	..	..	..	..
05-39	**INDUSTRIES MANUFACTURIÈRES ET ÉNERGIE**	**5 162**	**5 132**	**5 191**	**5 224**	**5 182**	**4 952**	**4 786**	**4 798**
24-33x	**Industrie du métal ; réparation**	**2 145**	**2 173**	**2 249**	**2 278**	**2 273**	**2 178**	**2 103**	..
45-99	**TOTAL SERVICES**	**16 268**	**16 364**	**16 739**	**16 984**	**17 107**	**16 974**	**16 983**	**17 140**
45-82	**SERVICES DU SECTEUR DES ENTREPRISES**	**9 545**	**9 628**	**9 885**	**10 095**	**10 183**	**10 011**	**10 017**	**10 129**
45-82x	**SERVICES DU SECTEUR DES ENTREPRISES sauf activités immobilières**	**9 438**	**9 525**	**9 777**	**9 980**	**10 069**	**9 897**	**9 900**	**10 009**
05-82x	**SECTEUR DES ENTREPRISES NON-AGRICOLES sauf activités immobilières**	**16 410**	**16 546**	**16 881**	**17 176**	**17 232**	**16 802**	**16 603**	**16 656**
ENERGYP	**Activités génératrices d'énergie**	**131**	**131**	**132**	**130**	**127**	**125**	..	..

.. Non disponible

Note : Voir les métadonnées détaillées sur : http://metalinks.oecd.org/stan/20141219/5503.

Informations sur les données concernant Israël : http://oe.cd/israel-disclaimer.

Responsabilité : http://oe.cd/disclaimer

ITALIE

Tableau 6. Coûts de la main-d'oeuvre (rémunération des salariés), prix courants

CITI Rév. 4

Millions EUR

		2004	2005	2006	2007	2008	2009	2010	2011
	TOTAL	**557 193**	**582 939**	**609 900**	**633 052**	**658 042**	**650 489**	**656 779**	**667 628**
01-03	**AGRICULTURE, SYLVICULTURE ET PÊCHE**	**7 557**	**8 487**	**8 924**	**9 069**	**8 975**	**8 941**	**9 247**	**9 452**
05-09	**INDUSTRIES EXTRACTIVES**	**1 382**	**1 449**	**1 474**	**1 502**	**1 539**	**1 512**	**1 493**	**1 541**
10-33	**ACTIVITÉS DE FABRICATION**	**131 899**	**134 632**	**140 094**	**145 939**	**150 846**	**138 182**	**138 297**	**143 879**
10-12	Produits alimentaires, boissons et tabac	10 960	11 224	11 595	11 846	12 320	12 376	12 798	13 423
13-15	Textiles, habillement, cuir et articles de cuir	16 136	15 641	15 431	15 935	16 182	14 495	14 221	14 512
16-18	Bois, papier, imprimerie et reproduction de supports enregistrés	8 554	8 537	8 695	8 855	9 097	8 657	8 580	8 545
19-23	Produits chimiques, caoutchouc, plastique, minéraux	24 304	25 249	25 582	26 496	27 004	25 193	25 098	26 228
20-21	Produits chimiques et pharmaceutiques	9 480	9 841	10 073	10 383	10 554	9 981	10 079	10 526
22-23	Produits en caoutchouc et en plastique, autres produits minéraux	13 562	14 079	14 124	14 654	14 944	13 735	13 478	14 067
24-25	Produits métalliques de base et ouvrages en métaux	21 424	21 929	23 600	25 160	26 348	23 308	23 163	24 438
241x2431	Métaux ferreux	..	..	..	..	..	..	..	..
242x2432	Métaux non ferreux	..	..	..	..	..	..	..	..
26-28	Machines et matériel	29 438	30 294	32 034	33 376	34 836	31 700	32 321	33 979
26	Ordinateurs, articles électroniques et optiques	5 832	5 928	6 140	6 319	6 413	5 871	5 876	5 894
262	Fabrication d'ordinateurs et d'équipements périphériques	..	..	..	..	..	..	..	..
27	Équipements électriques	6 464	6 615	6 864	7 114	7 323	6 778	6 987	7 369
28	Machines et équipements n.c.a.	17 142	17 751	19 030	19 944	21 100	19 051	19 458	20 716
29-30	Matériel de transport	9 747	9 751	10 374	11 080	11 286	9 740	9 570	9 956
29	Automobiles, remorques et semi-remorques	6 487	6 395	6 692	7 165	7 149	5 906	5 979	..
30	Autres matériels de transport	3 260	3 356	3 682	3 915	4 138	3 834	3 591	..
31-33	Meubles ; réparation et installation de machines et de matériel	11 335	12 007	12 784	13 191	13 773	12 714	12 547	12 798
31-32	Meubles, autres activités manufacturières	6 604	6 914	7 249	7 412	7 646	7 024	6 694	..
33	Réparation et installation de machines et d'équipements	4 732	5 093	5 535	5 779	6 127	5 690	5 853	..
35-39	**ÉLECTRICITÉ, GAZ, EAU ET TRAITEMENT DES DÉCHETS**	**10 042**	**10 466**	**11 047**	**11 275**	**11 602**	**12 095**	**12 343**	**12 590**
35	Production et distribution d'électricité, de gaz, de vapeur et d'air conditionné	5 077	5 096	5 211	5 268	5 267	5 371	5 344	5 402
36-39	Distribution d'eau ; assainissement, gestion des déchets et dépollution	4 965	5 370	5 836	6 007	6 335	6 724	6 999	7 188
41-43	**CONSTRUCTION**	**30 898**	**33 054**	**34 790**	**37 151**	**39 116**	**39 278**	**38 905**	**38 264**
45-56	commerce, transports, hébergement et restauration	106 716	112 701	117 608	122 731	128 308	129 303	130 932	134 013
45-47	**Commerce de gros et de détail ; réparations automobiles et motocycles**	**49 898**	**53 542**	**56 056**	**58 516**	**61 768**	**62 768**	**63 815**	**65 678**
49-53	**Transports et entreposage**	**35 069**	**36 453**	**38 000**	**39 821**	**41 098**	**40 689**	**40 682**	**41 439**
55-56	**Activités d'hébergement et de restauration**	**21 750**	**22 706**	**23 552**	**24 394**	**25 441**	**25 846**	**26 435**	**26 896**
58-63	**Information et communication**	**20 578**	**21 367**	**22 160**	**23 062**	**23 917**	**24 934**	**24 723**	**25 481**
58-60	Édition, audiovisuel et diffusion	4 606	4 816	4 966	5 161	5 269	5 354	5 298	5 190
61	Télécommunications	5 157	5 411	5 417	5 463	5 627	5 556	5 314	5 226
62-63	Technologies de l'information et informatique	10 815	11 140	11 777	12 438	13 021	14 025	14 111	15 065
64-66	**Activités financières et d'assurance**	**31 554**	**32 959**	**35 666**	**37 674**	**38 144**	**36 470**	**36 682**	**36 595**
68-82	**Immobilier, locations et activités de services aux entreprises**	**38 071**	**40 724**	**43 061**	**46 335**	**49 241**	**49 625**	**51 904**	**54 398**
68	Activités immobilières	1 609	1 592	1 683	1 825	1 882	1 965	2 027	2 144
69-82	Activ. spécialis., scient., tech. ; serv. admin. et de soutien	36 461	39 132	41 378	44 510	47 359	47 660	49 877	52 254
69-75	Activités professionnelles, scientifiques et techniques	18 964	20 386	21 405	22 700	24 365	25 794	26 169	26 591
69-71	Activités juridiques et comptables, d'architecture et d'ingénierie	10 467	11 365	11 624	12 502	13 473	14 751	15 070	15 611
73-75	Autres activités professionnelles, scientifiques et techniques	3 887	4 170	4 323	4 627	5 037	5 117	5 166	5 288
77-82	Activités de services administratifs et de soutien	17 498	18 746	19 973	21 811	22 994	21 866	23 708	25 663
84-99	Services collectifs, sociaux et personnels	178 497	187 101	195 077	198 314	206 354	210 150	212 255	211 415
84-88	Administration publique, enseignement, santé humaine et action social	156 183	163 600	170 356	172 000	178 303	180 580	182 284	180 759
84	**Administration publique et défense ; sécurité sociale obligatoire**	**59 944**	**61 768**	**63 570**	**64 204**	**67 000**	**68 043**	**68 707**	**69 188**
85	**Éducation**	**49 767**	**53 084**	**54 690**	**56 728**	**55 733**	**57 448**	**56 776**	**55 115**
86-88	**Santé humaine et action sociale**	**46 473**	**48 747**	**52 096**	**51 068**	**55 570**	**55 089**	**56 801**	**56 457**
90-99	Autres activités de services	22 315	23 501	24 721	26 314	28 051	29 570	29 971	30 656
90-93	**Arts, spectacles et loisirs**	**4 294**	**4 535**	**4 785**	**5 060**	**5 385**	**5 467**	**5 553**	**5 547**
94-96	**Autres activités de services**	**6 699**	**7 010**	**7 438**	**7 751**	**8 012**	**8 636**	**8 698**	**8 978**
97-98	**Activités des ménages en tant qu'employeurs et pour usage propre**	**11 321**	**11 957**	**12 499**	**13 503**	**14 655**	**15 468**	**15 721**	**16 131**
99	**Activités extra-territoriales**	..	..	..	..	..	..	..	..
05-39	**INDUSTRIES MANUFACTURIÈRES ET ÉNERGIE**	**143 323**	**146 547**	**152 615**	**158 716**	**163 987**	**151 789**	**152 133**	**158 010**
24-33x	**Industrie du métal ; réparation**	**65 342**	**67 067**	**71 542**	**75 395**	**78 597**	**70 438**	**70 906**	..
45-99	**TOTAL SERVICES**	**375 416**	**394 851**	**413 572**	**428 116**	**445 964**	**450 481**	**456 495**	**461 901**
45-82	**SERVICES DU SECTEUR DES ENTREPRISES**	**196 918**	**207 750**	**218 495**	**229 803**	**239 610**	**240 331**	**244 240**	**250 487**
45-82x	**SERVICES DU SECTEUR DES ENTREPRISES sauf activités immobilières**	**195 309**	**206 158**	**216 812**	**227 977**	**237 728**	**238 366**	**242 213**	**248 343**
05-82x	**SECTEUR DES ENTREPRISES NON-AGRICOLES sauf activités immobilières**	**369 530**	**385 759**	**404 216**	**423 844**	**440 831**	**429 433**	**433 250**	**444 617**
ENERGYP	**Activités génératrices d'énergie**	**6 878**	**6 970**	**7 169**	**7 324**	**7 407**	**7 480**	..	..

.. Non disponible

Note : Voir les métadonnées détaillées sur : http://metalinks.oecd.org/stan/20141219/5503.

Informations sur les données concernant Israël : http://oe.cd/israel-disclaimer.

Responsabilité : http://oe.cd/disclaimer

Tableau 1. Production brute, prix courants

CITI Rév. 4

Milliards KRW

		2004	2005	2006	2007	2008	2009	2010	2011
	TOTAL	**1 827 833**	**1 952 934**	**2 080 515**	**2 268 999**	**2 605 114**	**2 636 861**	**2 976 002**	..
01-03	**AGRICULTURE, SYLVICULTURE ET PÊCHE**	**43 626**	**42 813**	**43 504**	**44 199**	**47 880**	**51 067**	**52 905**	..
05-09	**INDUSTRIES EXTRACTIVES**	**3 058**	**3 373**	**3 212**	**3 300**	**3 944**	**3 786**	**3 866**	..
10-33	**ACTIVITÉS DE FABRICATION**	**863 940**	**936 310**	**998 786**	**1 093 273**	**1 319 312**	**1 307 937**	**1 550 853**	..
10-12	Produits alimentaires, boissons et tabac	62 626	62 758	63 379	66 853	76 682	83 249	83 803	..
13-15	Textiles, habillement, cuir et articles de cuir	41 529	40 226	39 707	39 322	42 461	45 631	50 001	..
16-18	Bois, papier, imprimerie et reproduction de supports enregistrés	25 367	25 943	26 392	27 557	31 234	32 673	35 518	..
19-23	Produits chimiques, caoutchouc, plastique, minéraux	199 334	222 697	241 819	264 135	343 386	311 175	374 556	..
20-21	Produits chimiques et pharmaceutiques	88 374	94 117	98 513	108 446	133 785	130 105	151 049	..
22-23	Produits en caoutchouc et en plastique, autres produits minéraux	54 848	61 686	64 688	69 101	77 474	79 463	91 399	..
24-25	Produits métalliques de base et ouvrages en métaux	141 824	160 735	168 133	193 484	257 703	237 358	287 788	..
241x2431	Métaux ferreux	90 272	98 572	94 758	110 715	164 426	148 030	183 237	..
242x2432	Métaux non ferreux	16 621	19 772	26 937	32 070	32 517	32 346	40 981	..
26-28	Machines et matériel	258 778	273 072	291 402	314 189	355 844	384 480	478 607	..
26	Ordinateurs, articles électroniques et optiques	163 551	165 521	173 672	180 767	203 260	227 072	289 362	..
262	Fabrication d'ordinateurs et d'équipements périphériques	7 172	7 871	8 269	8 059	7 863	8 508	9 665	..
27	Équipements électriques	36 606	40 654	44 549	49 680	57 442	62 730	76 117	..
28	Machines et équipements n.c.a.	58 621	66 897	73 181	83 742	95 142	94 679	113 128	..
29-30	Matériel de transport	122 513	138 126	153 838	172 654	196 519	195 856	222 666	..
29	Automobiles, remorques et semi-remorques	93 915	105 199	114 051	122 656	127 433	117 364	148 408	..
30	Autres matériels de transport	28 598	32 927	39 787	49 998	69 086	78 492	74 258	..
31-33	Meubles ; réparation et installation de machines et de matériel	11 968	12 754	14 117	15 080	15 483	17 515	17 914	..
31-32	Meubles, autres activités manufacturières	11 968	12 754	14 117	15 080	15 483	17 515	17 914	..
33	Réparation et installation de machines et d'équipements	..	..	..	..	..	..	..	..
35-39	**ÉLECTRICITÉ, GAZ, EAU ET TRAITEMENT DES DÉCHETS**	**46 154**	**50 769**	**55 803**	**60 291**	**70 008**	**70 951**	**83 114**	..
35	Production et distribution d'électricité, de gaz, de vapeur et d'air conditionné	36 233	40 161	44 530	48 269	57 031	57 310	68 914	..
36-39	Distribution d'eau ; assainissement, gestion des déchets et dépollution	9 921	10 607	11 273	12 021	12 977	13 641	14 200	..
41-43	**CONSTRUCTION**	**140 195**	**142 911**	**147 852**	**160 970**	**174 436**	**181 175**	**182 335**	..
45-56	commerce, transports, hébergement et restauration	238 784	250 049	262 506	287 626	322 904	325 060	366 563	..
45-47	**Commerce de gros et de détail ; réparations automobiles et motocycles**	**110 986**	**116 819**	**122 977**	**132 100**	**138 967**	**149 213**	**173 197**	..
49-53	**Transports et entreposage**	**77 140**	**80 888**	**83 500**	**95 897**	**117 122**	**104 663**	**119 672**	..
55-56	**Activités d'hébergement et de restauration**	**50 658**	**52 342**	**56 030**	**59 629**	**66 814**	**71 184**	**73 693**	..
58-63	**Information et communication**	**74 678**	**80 094**	**85 403**	**90 083**	**92 631**	**95 882**	**99 862**	..
58-60	Édition, audiovisuel et diffusion	30 625	33 275	36 305	38 043	37 784	38 184	40 288	..
61	Télécommunications	38 270	40 286	41 674	44 024	46 020	46 724	47 249	..
62-63	Technologies de l'information et informatique	5 782	6 533	7 423	8 016	8 827	10 974	12 324	..
64-66	**Activités financières et d'assurance**	**81 704**	**87 117**	**95 255**	**109 117**	**119 158**	**121 510**	**130 077**	..
68-82	**Immobilier, locations et activités de services aux entreprises**	**139 218**	**146 819**	**155 224**	**165 431**	**176 120**	**180 355**	**192 218**	..
68	Activités immobilières	82 590	85 693	88 397	92 451	96 253	98 398	100 979	..
69-82	Activ. spécialis., scient., tech. ; serv. admin. et de soutien	56 628	61 126	66 826	72 979	79 867	81 957	91 239	..
69-75	Activités professionnelles, scientifiques et techniques	36 053	38 255	42 543	46 253	51 042	53 360	57 625	..
69-71	Activités juridiques et comptables, d'architecture et d'ingénierie	24 537	25 995	29 350	32 233	36 371	38 598	41 258	..
73-75	Autres activités professionnelles, scientifiques et techniques	7 027	7 333	7 879	8 244	8 188	7 671	8 745	..
77-82	Activités de services administratifs et de soutien	20 575	22 870	24 283	26 727	28 825	28 597	33 614	..
84-99	Services collectifs, sociaux et personnels	196 476	212 680	232 970	254 710	278 722	299 138	314 209	..
84-88	Administration publique, enseignement, santé humaine et action social	164 571	178 780	196 587	214 574	234 888	253 474	265 271	..
84	**Administration publique et défense ; sécurité sociale obligatoire**	**64 662**	**69 886**	**75 976**	**81 513**	**88 597**	**94 751**	**96 614**	..
85	**Éducation**	**53 947**	**57 794**	**63 659**	**69 413**	**76 685**	**81 379**	**83 872**	..
86-88	**Santé humaine et action sociale**	**45 962**	**51 100**	**56 953**	**63 647**	**69 606**	**77 345**	**84 786**	..
90-99	Autres activités de services	31 906	33 900	36 382	40 136	43 834	45 664	48 938	..
90-93	**Arts, spectacles et loisirs**	**16 228**	**17 312**	**18 704**	**21 059**	**22 736**	**23 691**	**25 744**	..
94-96	**Autres activités de services**	**15 324**	**16 269**	**17 284**	**18 642**	**20 575**	**21 395**	**22 481**	..
97-98	**Activités des ménages en tant qu'employeurs et pour usage propre**	..	..	..	..	..	..	..	..
99	**Activités extra-territoriales**	..	..	..	..	..	..	..	..
05-39	**INDUSTRIES MANUFACTURIÈRES ET ÉNERGIE**	**913 152**	**990 452**	**1 057 801**	**1 156 864**	**1 393 264**	**1 382 674**	**1 637 833**	..
24-33x	**Industrie du métal ; réparation**	..	..	..	..	..	..	..	..
45-99	**TOTAL SERVICES**	**730 860**	**776 758**	**831 358**	**906 967**	**989 534**	**1 021 946**	**1 102 928**	..
45-82	**SERVICES DU SECTEUR DES ENTREPRISES**	**534 384**	**564 078**	**598 388**	**652 257**	**710 812**	**722 807**	**788 719**	..
45-82x	**SERVICES DU SECTEUR DES ENTREPRISES sauf activités immobilières**	**451 794**	**478 386**	**509 991**	**559 805**	**614 559**	**624 409**	**687 740**	..
05-82x	**SECTEUR DES ENTREPRISES NON-AGRICOLES sauf activités immobilières**	**1 505 141**	**1 611 748**	**1 715 644**	**1 877 639**	**2 182 259**	**2 188 258**	**2 507 908**	..
ENERGYP	**Activités génératrices d'énergie**	**92 823**	**107 654**	**123 729**	**135 475**	**189 753**	**159 516**	**201 577**	..

.. Non disponible

Note : Voir les métadonnées détaillées sur : http://metalinks.oecd.org/stan/20141219/5503.

Informations sur les données concernant Israël : http://oe.cd/israel-disclaimer.

Responsabilité : http://oe.cd/disclaimer

Tableau 2. Valeur ajoutée, prix courants

CITI Rév. 4

Milliards KRW

		2004	2005	2006	2007	2008	2009	2010	2011
	TOTAL	741 832	775 890	814 686	874 782	919 688	958 836	1 053 933	..
01-03	**AGRICULTURE, SYLVICULTURE ET PÊCHE**	27 681	25 853	25 751	25 209	24 686	26 615	27 832	..
05-09	**INDUSTRIES EXTRACTIVES**	1 759	1 993	1 926	2 001	2 336	2 221	2 223	..
10-33	**ACTIVITÉS DE FABRICATION**	205 826	213 646	220 940	238 611	256 209	266 578	319 275	..
10-12	Produits alimentaires, boissons et tabac	11 547	11 251	11 280	11 762	12 360	13 070	13 176	..
13-15	Textiles, habillement, cuir et articles de cuir	11 182	10 911	10 744	10 307	11 416	12 510	13 538	..
16-18	Bois, papier, imprimerie et reproduction de supports enregistrés	7 615	7 647	7 593	7 642	8 058	9 145	9 429	..
19-23	Produits chimiques, caoutchouc, plastique, minéraux	42 590	44 389	43 983	46 778	49 023	51 229	60 520	..
20-21	Produits chimiques et pharmaceutiques	18 271	18 815	18 508	20 071	21 506	23 520	27 676	..
22-23	Produits en caoutchouc et en plastique, autres produits minéraux	17 460	18 870	19 022	19 933	20 537	22 171	24 965	..
24-25	Produits métalliques de base et ouvrages en métaux	32 305	35 583	35 347	39 520	44 394	42 201	54 866	..
241x2431	Métaux ferreux	18 759	19 461	17 716	20 135	24 939	22 738	31 206	..
242x2432	Métaux non ferreux	2 961	3 544	4 220	4 917	4 392	4 414	5 681	..
26-28	Machines et matériel	69 927	71 276	75 464	80 025	84 612	88 890	111 257	..
26	Ordinateurs, articles électroniques et optiques	44 067	43 248	45 241	46 587	47 414	49 449	64 434	..
262	Fabrication d'ordinateurs et d'équipements périphériques	1 324	1 483	1 570	1 593	1 302	1 413	1 675	..
27	Équipements électriques	9 613	10 334	11 135	12 036	13 956	15 269	18 546	..
28	Machines et équipements n.c.a.	16 247	17 694	19 087	21 402	23 242	24 173	28 277	..
29-30	Matériel de transport	27 308	29 129	32 786	38 633	42 548	45 037	52 003	..
29	Automobiles, remorques et semi-remorques	18 656	20 061	21 659	24 291	23 673	24 198	30 861	..
30	Autres matériels de transport	8 652	9 068	11 127	14 341	18 875	20 839	21 142	..
31-33	Meubles ; réparation et installation de machines et de matériel	3 352	3 460	3 744	3 944	3 798	4 495	4 487	..
31-32	Meubles, autres activités manufacturières	3 352	3 460	3 744	3 944	3 798	4 495	4 487	..
33	Réparation et installation de machines et d'équipements	..	..	..	..	..	..	..	..
35-39	**ÉLECTRICITÉ, GAZ, EAU ET TRAITEMENT DES DÉCHETS**	21 475	21 865	23 089	24 040	17 577	22 823	27 042	..
35	Production et distribution d'électricité, de gaz, de vapeur et d'air conditionné	15 341	15 381	16 228	16 736	9 837	14 811	18 904	..
36-39	Distribution d'eau ; assainissement, gestion des déchets et dépollution	6 133	6 484	6 861	7 304	7 740	8 012	8 138	..
41-43	**CONSTRUCTION**	57 833	59 284	61 359	64 979	64 612	66 577	66 157	..
45-56	commerce, transports, hébergement et restauration	116 402	120 294	126 463	136 354	144 910	147 165	162 349	..
45-47	**Commerce de gros et de détail ; réparations automobiles et motocycles**	63 844	66 726	70 574	75 422	80 789	83 765	94 062	..
49-53	**Transports et entreposage**	34 632	35 292	36 424	40 070	41 613	40 163	44 214	..
55-56	**Activités d'hébergement et de restauration**	17 925	18 276	19 465	20 862	22 507	23 238	24 073	..
58-63	**Information et communication**	33 821	36 256	37 970	39 198	39 667	41 225	42 421	..
58-60	Édition, audiovisuel et diffusion	12 870	13 927	15 207	16 047	16 230	16 863	17 442	..
61	Télécommunications	18 040	19 030	18 993	19 028	18 903	19 152	19 488	..
62-63	Technologies de l'information et informatique	2 910	3 299	3 770	4 122	4 534	5 209	5 491	..
64-66	**Activités financières et d'assurance**	49 868	53 395	55 235	61 114	65 132	65 035	71 847	..
68-82	**Immobilier, locations et activités de services aux entreprises**	96 091	101 108	106 827	114 492	121 792	125 363	131 540	..
68	Activités immobilières	60 153	62 454	64 821	68 434	70 992	73 428	74 904	..
69-82	Activ. spécialis., scient., tech. ; serv. admin. et de soutien	35 938	38 653	42 006	46 058	50 800	51 935	56 636	..
69-75	Activités professionnelles, scientifiques et techniques	21 296	22 675	25 185	27 541	30 836	32 407	34 128	..
69-71	Activités juridiques et comptables, d'architecture et d'ingénierie	17 350	18 365	20 566	22 556	25 359	26 612	28 091	..
73-75	Autres activités professionnelles, scientifiques et techniques	597	616	655	684	691	635	733	..
77-82	Activités de services administratifs et de soutien	14 642	15 979	16 821	18 517	19 965	19 528	22 508	..
84-99	Services collectifs, sociaux et personnels	131 076	142 196	155 126	168 784	182 767	195 234	203 246	..
84-88	Administration publique, enseignement, santé humaine et action social	113 335	123 261	134 917	146 522	158 789	170 247	177 195	..
84	**Administration publique et défense ; sécurité sociale obligatoire**	44 435	48 201	52 263	55 516	59 397	63 707	65 079	..
85	**Éducation**	43 281	46 502	51 037	55 554	60 940	63 449	64 887	..
86-88	**Santé humaine et action sociale**	25 618	28 558	31 618	35 452	38 452	43 092	47 229	..
90-99	Autres activités de services	17 742	18 935	20 209	22 262	23 978	24 986	26 051	..
90-93	**Arts, spectacles et loisirs**	9 437	10 111	10 859	12 209	13 049	13 694	14 290	..
94-96	**Autres activités de services**	8 130	8 668	9 165	9 848	10 690	11 027	11 448	..
97-98	**Activités des ménages en tant qu'employeurs et pour usage propre**	..	..	..	..	..	..	..	..
99	**Activités extra-territoriales**	..	..	..	..	..	..	..	..
05-39	**INDUSTRIES MANUFACTURIÈRES ET ÉNERGIE**	229 060	237 504	245 955	264 652	276 122	291 622	348 541	..
24-33x	**Industrie du métal ; réparation**	..	..	..	..	..	..	..	..
45-99	**TOTAL SERVICES**	427 258	453 248	481 621	519 942	554 268	574 022	611 403	..
45-82	**SERVICES DU SECTEUR DES ENTREPRISES**	296 182	311 052	326 495	351 158	371 500	378 789	408 157	..
45-82x	**SERVICES DU SECTEUR DES ENTREPRISES sauf activités immobilières**	236 028	248 598	261 674	282 724	300 509	305 361	333 253	..
05-82x	**SECTEUR DES ENTREPRISES NON-AGRICOLES sauf activités immobilières**	522 921	545 387	568 988	612 355	641 243	663 559	747 950	..
ENERGYP	**Activités génératrices d'énergie**	22 495	22 525	23 105	23 984	17 260	20 790	27 189	..

.. Non disponible

Note : Voir les métadonnées détaillées sur : http://metalinks.oecd.org/stan/20141219/5503.

Informations sur les données concernant Israël : http://oe.cd/israel-disclaimer.

Responsabilité : http://oe.cd/disclaimer

Tableau 3. Valeur ajoutée, volumes

CITI Rév. 4

Milliards 2005 KRW

		2004	2005	2006	2007	2008	2009	2010	2011
	TOTAL	**746 145**	**775 890**	**815 680**	**859 518**	**881 437**	**886 241**	**941 180**	..
01-03	**AGRICULTURE, SYLVICULTURE ET PÊCHE**	**25 512**	**25 853**	**26 240**	**27 294**	**28 827**	**29 759**	**28 444**	..
05-09	**INDUSTRIES EXTRACTIVES**	**2 002**	**1 993**	**1 992**	**1 910**	**1 922**	**1 906**	**1 743**	..
10-33	**ACTIVITÉS DE FABRICATION**	**201 171**	**213 646**	**230 893**	**247 408**	**254 467**	**250 568**	**287 377**	..
10-12	Produits alimentaires, boissons et tabac	11 606	11 251	11 205	11 406	11 546	11 173	11 188	..
13-15	Textiles, habillement, cuir et articles de cuir	10 993	10 911	11 201	10 969	11 201	10 417	11 034	..
16-18	Bois, papier, imprimerie et reproduction de supports enregistrés	7 596	7 647	7 772	7 766	7 984	8 455	8 824	..
19-23	Produits chimiques, caoutchouc, plastique, minéraux	43 446	44 389	46 682	48 441	48 685	48 538	52 842	..
20-21	Produits chimiques et pharmaceutiques	18 559	18 815	19 943	20 658	21 068	21 999	23 442	..
22-23	Produits en caoutchouc et en plastique, autres produits minéraux	17 632	18 870	19 720	20 951	20 612	19 950	22 043	..
24-25	Produits métalliques de base et ouvrages en métaux	33 459	35 583	35 201	37 095	33 625	31 370	36 423	..
241x2431	Métaux ferreux	19 207	19 461	19 081	20 297	19 518	18 930	23 538	..
242x2432	Métaux non ferreux	3 268	3 544	3 294	3 487	2 821	3 012	3 017	..
26-28	Machines et matériel	63 926	71 276	82 038	91 817	98 550	98 103	123 825	..
26	Ordinateurs, articles électroniques et optiques	38 113	43 248	51 846	58 621	63 269	65 593	83 428	..
262	Fabrication d'ordinateurs et d'équipements périphériques	1 234	1 483	1 702	1 860	1 701	1 785	2 212	..
27	Équipements électriques	9 544	10 334	10 614	11 258	12 171	12 423	15 407	..
28	Machines et équipements n.c.a.	16 377	17 694	19 578	22 047	23 281	20 864	26 210	..
29-30	Matériel de transport	27 095	29 129	33 045	36 156	39 808	40 028	42 807	..
29	Automobiles, remorques et semi-remorques	18 543	20 061	23 223	24 684	25 734	25 786	31 581	..
30	Autres matériels de transport	8 551	9 068	9 822	11 344	13 613	13 748	12 223	..
31-33	Meubles ; réparation et installation de machines et de matériel	3 376	3 460	3 749	3 939	3 860	3 930	4 131	..
31-32	Meubles, autres activités manufacturières	3 376	3 460	3 749	3 939	3 860	3 930	4 131	..
33	Réparation et installation de machines et d'équipements	..	..	..	..	..	..	..	..
35-39	**ÉLECTRICITÉ, GAZ, EAU ET TRAITEMENT DES DÉCHETS**	**20 523**	**21 865**	**22 913**	**23 837**	**25 275**	**26 694**	**27 681**	..
35	Production et distribution d'électricité, de gaz, de vapeur et d'air conditionné	14 189	15 381	16 084	16 730	18 010	18 820	19 728	..
36-39	Distribution d'eau ; assainissement, gestion des déchets et dépollution	6 364	6 484	6 829	7 107	7 272	7 783	7 909	..
41-43	**CONSTRUCTION**	**59 438**	**59 284**	**60 564**	**62 135**	**60 611**	**61 716**	**60 048**	..
45-56	commerce, transports, hébergement et restauration	117 645	120 294	125 456	132 066	135 074	132 045	142 579	..
45-47	**Commerce de gros et de détail ; réparations automobiles et motocycles**	**64 865**	**66 726**	**69 634**	**73 298**	**73 995**	**73 417**	**79 642**	..
49-53	**Transports et entreposage**	**34 379**	**35 292**	**37 083**	**39 137**	**41 033**	**38 666**	**42 657**	..
55-56	**Activités d'hébergement et de restauration**	**18 411**	**18 276**	**18 740**	**19 637**	**20 057**	**19 862**	**20 284**	..
58-63	**Information et communication**	**33 991**	**36 256**	**38 239**	**39 665**	**41 025**	**41 934**	**43 589**	..
58-60	Édition, audiovisuel et diffusion	13 168	13 927	15 212	15 588	15 521	15 565	15 679	..
61	Télécommunications	17 895	19 030	19 258	20 084	21 219	21 401	22 913	..
62-63	Technologies de l'information et informatique	2 930	3 299	3 768	3 994	4 321	4 960	5 104	..
64-66	**Activités financières et d'assurance**	**50 524**	**53 395**	**55 612**	**61 614**	**64 612**	**67 425**	**69 063**	..
68-82	**Immobilier, locations et activités de services aux entreprises**	**98 263**	**101 108**	**104 325**	**107 348**	**109 512**	**109 118**	**111 310**	..
68	Activités immobilières	60 548	62 454	63 888	64 510	65 627	65 494	66 109	..
69-82	Activ. spécialis., scient., tech. ; serv. admin. et de soutien	37 721	38 653	40 437	42 809	43 853	43 598	45 134	..
69-75	Activités professionnelles, scientifiques et techniques	22 610	22 675	24 147	25 391	25 898	26 047	25 596	..
69-71	Activités juridiques et comptables, d'architecture et d'ingénierie	18 443	18 365	19 646	20 748	21 069	21 107	20 499	..
73-75	Autres activités professionnelles, scientifiques et techniques	613	616	649	681	671	629	731	..
77-82	Activités de services administratifs et de soutien	15 124	15 979	16 289	17 420	17 959	17 534	19 681	..
84-99	Services collectifs, sociaux et personnels	137 271	142 196	149 447	156 544	160 704	165 952	170 315	..
84-88	Administration publique, enseignement, santé humaine et action social	119 151	123 261	129 443	135 057	138 734	143 865	147 828	..
84	**Administration publique et défense ; sécurité sociale obligatoire**	**46 897**	**48 201**	**50 521**	**52 184**	**52 903**	**54 888**	**55 768**	..
85	**Éducation**	**45 470**	**46 502**	**48 533**	**49 971**	**51 620**	**52 135**	**52 753**	..
86-88	**Santé humaine et action sociale**	**26 789**	**28 558**	**30 389**	**32 906**	**34 198**	**36 898**	**39 395**	..
90-99	Autres activités de services	18 125	18 935	20 004	21 504	21 983	22 071	22 462	..
90-93	**Arts, spectacles et loisirs**	**9 753**	**10 111**	**10 744**	**11 781**	**12 176**	**12 477**	**12 739**	..
94-96	**Autres activités de services**	**8 195**	**8 668**	**9 071**	**9 533**	**9 593**	**9 376**	**9 509**	..
97-98	**Activités des ménages en tant qu'employeurs et pour usage propre**	..	..	..	..	..	..	..	..
99	**Activités extra-territoriales**	..	..	..	..	..	..	..	..
05-39	**INDUSTRIES MANUFACTURIÈRES ET ÉNERGIE**	**223 677**	**237 504**	**255 797**	**273 119**	**281 654**	**278 637**	**316 679**	..
24-33x	**Industrie du métal ; réparation**	..	..	..	..	..	..	..	..
45-99	**TOTAL SERVICES**	**437 685**	**453 248**	**473 078**	**497 147**	**510 739**	**516 264**	**536 589**	..
45-82	**SERVICES DU SECTEUR DES ENTREPRISES**	**300 413**	**311 052**	**323 632**	**340 618**	**350 056**	**350 081**	**366 224**	..
45-82x	**SERVICES DU SECTEUR DES ENTREPRISES sauf activités immobilières**	**239 863**	**248 598**	**259 743**	**276 128**	**284 474**	**284 634**	**300 273**	..
05-82x	**SECTEUR DES ENTREPRISES NON-AGRICOLES sauf activités immobilières**	**522 786**	**545 387**	**576 105**	**611 292**	**626 488**	**624 914**	**676 517**	..
ENERGYP	**Activités génératrices d'énergie**	**21 802**	**22 525**	**23 515**	**23 960**	**25 334**	**25 441**	**27 082**	..

.. Non disponible

Note : Voir les métadonnées détaillées sur : http://metalinks.oecd.org/stan/20141219/5503.

Informations sur les données concernant Israël : http://oe.cd/israel-disclaimer.

Responsabilité : http://oe.cd/disclaimer

Tableau 6. Coûts de la main-d'oeuvre (rémunération des salariés), prix courants

CITI Rév. 4

Milliards KRW

		2004	2005	2006	2007	2008	2009	2010	2011
	TOTAL	**369 205**	**396 338**	**419 927**	**448 994**	**474 954**	**493 686**	**526 279**	..
01-03	**AGRICULTURE, SYLVICULTURE ET PÊCHE**	**2 884**	**2 762**	**2 736**	**2 756**	**2 792**	**3 386**	**3 551**	..
05-09	**INDUSTRIES EXTRACTIVES**	**678**	**709**	**676**	**769**	**896**	**817**	**789**	..
10-33	**ACTIVITÉS DE FABRICATION**	**99 305**	**108 920**	**115 626**	**123 310**	**127 363**	**130 022**	**147 116**	..
10-12	Produits alimentaires, boissons et tabac	5 455	5 560	5 667	5 866	6 128	6 153	6 568	..
13-15	Textiles, habillement, cuir et articles de cuir	7 262	7 092	7 058	6 848	7 030	6 667	6 937	..
16-18	Bois, papier, imprimerie et reproduction de supports enregistrés	4 013	4 232	4 260	4 437	4 440	4 531	4 766	..
19-23	Produits chimiques, caoutchouc, plastique, minéraux	17 826	19 698	20 383	21 014	22 070	22 381	24 633	..
20-21	Produits chimiques et pharmaceutiques	7 474	8 212	8 508	8 924	9 502	9 623	10 450	..
22-23	Produits en caoutchouc et en plastique, autres produits minéraux	8 657	9 635	9 989	10 330	10 679	10 930	12 024	..
24-25	Produits métalliques de base et ouvrages en métaux	13 123	14 623	15 613	17 148	16 878	18 436	21 737	..
241x2431	Métaux ferreux	5 639	5 814	5 941	6 898	6 982	8 613	10 128	..
242x2432	Métaux non ferreux	1 263	1 446	1 710	1 881	1 748	1 982	2 252	..
26-28	Machines et matériel	31 093	35 704	38 614	41 493	43 725	44 698	51 553	..
26	Ordinateurs, articles électroniques et optiques	15 433	18 195	19 643	20 918	21 873	21 551	24 775	..
262	Fabrication d'ordinateurs et d'équipements périphériques	730	981	1 093	1 110	1 065	906	1 034	..
27	Équipements électriques	5 830	6 297	6 789	7 314	7 923	8 367	9 626	..
28	Machines et équipements n.c.a.	9 830	11 211	12 182	13 260	13 928	14 779	17 152	..
29-30	Matériel de transport	18 265	19 535	21 408	23 651	24 258	24 147	27 822	..
29	Automobiles, remorques et semi-remorques	11 924	12 962	14 203	15 583	14 846	13 892	17 856	..
30	Autres matériels de transport	6 341	6 573	7 205	8 068	9 413	10 255	9 966	..
31-33	Meubles ; réparation et installation de machines et de matériel	2 269	2 476	2 623	2 854	2 834	3 008	3 100	..
31-32	Meubles, autres activités manufacturières	2 269	2 476	2 623	2 854	2 834	3 008	3 100	..
33	Réparation et installation de machines et d'équipements	..	..	..	0	0	..	..	..
35-39	**ÉLECTRICITÉ, GAZ, EAU ET TRAITEMENT DES DÉCHETS**	**6 878**	**7 522**	**8 079**	**8 697**	**9 595**	**10 593**	**11 137**	..
35	Production et distribution d'électricité, de gaz, de vapeur et d'air conditionné	3 116	3 520	3 800	4 115	4 620	5 508	6 020	..
36-39	Distribution d'eau ; assainissement, gestion des déchets et dépollution	3 762	4 001	4 279	4 581	4 975	5 084	5 117	..
41-43	**CONSTRUCTION**	**41 632**	**42 020**	**42 088**	**44 097**	**45 156**	**46 416**	**47 395**	..
45-56	commerce, transports, hébergement et restauration	56 935	58 603	60 982	64 389	69 677	71 869	76 594	..
45-47	**Commerce de gros et de détail ; réparations automobiles et motocycles**	**28 317**	**29 467**	**30 520**	**32 410**	**33 817**	**35 373**	**37 937**	..
49-53	**Transports et entreposage**	**17 578**	**18 251**	**19 097**	**20 152**	**22 632**	**22 395**	**24 078**	..
55-56	**Activités d'hébergement et de restauration**	**11 041**	**10 885**	**11 365**	**11 827**	**13 229**	**14 101**	**14 580**	..
58-63	**Information et communication**	**16 725**	**18 355**	**19 518**	**20 140**	**21 283**	**22 687**	**23 037**	..
58-60	Édition, audiovisuel et diffusion	9 203	9 906	10 512	10 731	11 282	11 573	12 470	..
61	Télécommunications	6 054	6 793	7 104	7 591	7 413	7 802	6 912	..
62-63	Technologies de l'information et informatique	1 468	1 656	1 902	1 818	2 588	3 312	3 655	..
64-66	**Activités financières et d'assurance**	**19 101**	**21 670**	**23 313**	**26 089**	**25 934**	**26 832**	**27 910**	..
68-82	**Immobilier, locations et activités de services aux entreprises**	**28 287**	**30 367**	**32 589**	**35 030**	**38 554**	**39 300**	**42 633**	..
68	Activités immobilières	4 522	4 754	4 832	4 936	5 113	5 226	5 032	..
69-82	Activ. spécialis., scient., tech. ; serv. admin. et de soutien	23 766	25 613	27 757	30 095	33 440	34 074	37 601	..
69-75	Activités professionnelles, scientifiques et techniques	13 735	14 670	16 152	17 386	19 617	20 320	21 725	..
69-71	Activités juridiques et comptables, d'architecture et d'ingénierie	10 396	11 012	12 246	13 154	14 976	15 429	16 712	..
73-75	Autres activités professionnelles, scientifiques et techniques	435	448	462	485	505	459	482	..
77-82	Activités de services administratifs et de soutien	10 030	10 944	11 604	12 709	13 823	13 754	15 876	..
84-99	Services collectifs, sociaux et personnels	96 777	105 411	114 320	123 717	133 703	141 763	146 117	..
84-88	Administration publique, enseignement, santé humaine et action social	86 722	94 612	102 855	111 022	119 943	127 548	131 354	..
84	**Administration publique et défense ; sécurité sociale obligatoire**	**31 431**	**34 490**	**36 888**	**38 837**	**40 949**	**43 529**	**43 381**	..
85	**Éducation**	**36 526**	**39 212**	**42 879**	**46 635**	**50 992**	**52 871**	**53 824**	..
86-88	**Santé humaine et action sociale**	**18 765**	**20 910**	**23 089**	**25 550**	**28 002**	**31 148**	**34 150**	..
90-99	Autres activités de services	10 055	10 799	11 465	12 695	13 760	14 214	14 763	..
90-93	**Arts, spectacles et loisirs**	**4 870**	**5 240**	**5 567**	**6 304**	**6 745**	**7 082**	**7 308**	..
94-96	**Autres activités de services**	**5 125**	**5 505**	**5 835**	**6 323**	**6 932**	**6 870**	**7 146**	..
97-98	**Activités des ménages en tant qu'employeurs et pour usage propre**	..	..	..	..	..	..	..	..
99	**Activités extra-territoriales**	..	..	..	..	..	..	..	..
05-39	**INDUSTRIES MANUFACTURIÈRES ET ÉNERGIE**	**106 862**	**117 150**	**124 381**	**132 776**	**137 854**	**141 432**	**159 041**	..
24-33x	**Industrie du métal ; réparation**	..	..	..	..	..	..	..	..
45-99	**TOTAL SERVICES**	**217 827**	**234 406**	**250 722**	**269 366**	**289 151**	**302 452**	**316 292**	..
45-82	**SERVICES DU SECTEUR DES ENTREPRISES**	**121 049**	**128 995**	**136 402**	**145 649**	**155 448**	**160 689**	**170 175**	..
45-82x	**SERVICES DU SECTEUR DES ENTREPRISES sauf activités immobilières**	**116 528**	**124 241**	**131 570**	**140 713**	**150 335**	**155 463**	**165 143**	..
05-82x	**SECTEUR DES ENTREPRISES NON-AGRICOLES sauf activités immobilières**	**265 022**	**283 412**	**298 039**	**317 585**	**333 346**	**343 311**	**371 579**	..
ENERGYP	**Activités génératrices d'énergie**	**4 992**	**5 569**	**5 870**	**6 093**	**6 723**	**7 512**	**8 345**	..

.. Non disponible

Note : Voir les métadonnées détaillées sur : http://metalinks.oecd.org/stan/20141219/5503.

Informations sur les données concernant Israël : http://oe.cd/israel-disclaimer.

Responsabilité : http://oe.cd/disclaimer

Tableau 1. Production brute, prix courants

CITI Rév. 4

Millions EUR

		2004	2005	2006	2007	2008	2009	2010	2011
	TOTAL	912 631	960 793	1 020 578	1 084 270	1 148 128	1 095 141	1 140 223	1 186 309
01-03	AGRICULTURE, SYLVICULTURE ET PÊCHE	21 832	22 301	24 266	25 368	26 274	24 568	26 646	27 213
05-09	INDUSTRIES EXTRACTIVES	14 765	17 241	21 089	20 716	27 128	20 993	22 769	25 498
10-33	ACTIVITÉS DE FABRICATION	215 566	230 088	247 579	268 667	283 031	237 987	272 407	304 294
10-12	Produits alimentaires, boissons et tabac	47 704	48 287	50 266	55 769	59 679	56 289	60 218	66 861
13-15	Textiles, habillement, cuir et articles de cuir	3 781	3 768	3 849	4 072	3 868	3 495	3 872	4 131
16-18	Bois, papier, imprimerie et reproduction de supports enregistrés	13 607	13 815	14 292	15 142	14 729	13 133	13 492	14 070
19-23	Produits chimiques, caoutchouc, plastique, minéraux	71 644	82 351	91 024	97 097	105 181	83 084	102 613	118 738
20-21	Produits chimiques et pharmaceutiques	41 588	45 635	50 120	53 077	53 399	43 695	54 672	61 148
22-23	Produits en caoutchouc et en plastique, autres produits minéraux	11 763	12 270	13 336	14 343	14 694	12 894	12 978	13 949
24-25	Produits métalliques de base et ouvrages en métaux	21 005	22 611	24 812	27 891	28 974	23 049	26 240	28 253
241x2431	Métaux ferreux	..	..	..	..	..	..	..	..
242x2432	Métaux non ferreux	..	..	..	..	..	..	..	..
26-28	Machines et matériel	30 170	31 125	33 602	35 489	35 770	31 189	35 329	38 718
26	Ordinateurs, articles électroniques et optiques	11 470	11 916	12 059	11 736	12 070	11 059	12 230	12 897
262	Fabrication d'ordinateurs et d'équipements périphériques	1 493	1 414	1 527	1 319	1 179	937	..	..
27	Équipements électriques	3 504	3 505	4 071	4 650	4 796	3 940	3 973	4 197
28	Machines et équipements n.c.a.	15 196	15 704	17 472	19 103	18 904	16 190	19 126	21 624
29-30	Matériel de transport	12 349	12 205	12 884	15 228	16 100	10 103	12 288	14 939
29	Automobiles, remorques et semi-remorques	8 864	8 644	9 233	10 669	11 098	5 312	7 621	10 229
30	Autres matériels de transport	3 485	3 561	3 651	4 559	5 002	4 791	4 667	4 710
31-33	Meubles ; réparation et installation de machines et de matériel	15 306	15 926	16 850	17 979	18 730	17 645	18 355	18 584
31-32	Meubles, autres activités manufacturières	9 258	9 531	9 809	10 304	10 742	10 029	10 254	10 171
33	Réparation et installation de machines et d'équipements	6 048	6 395	7 041	7 675	7 988	7 616	8 101	8 413
35-39	ÉLECTRICITÉ, GAZ, EAU ET TRAITEMENT DES DÉCHETS	33 639	37 431	42 398	44 213	49 886	50 078	50 852	50 388
35	Production et distribution d'électricité, de gaz, de vapeur et d'air conditionné	23 311	27 334	31 874	33 271	38 076	38 227	38 543	37 468
36-39	Distribution d'eau ; assainissement, gestion des déchets et dépollution	10 328	10 097	10 524	10 942	11 810	11 851	12 309	12 920
41-43	CONSTRUCTION	65 645	68 720	73 719	80 454	86 687	83 713	75 696	78 971
45-56	commerce, transports, hébergement et restauration	160 981	167 508	176 554	188 413	194 919	181 103	187 891	194 643
45-47	Commerce de gros et de détail ; réparations automobiles et motocycles	100 042	103 226	109 405	117 448	120 988	113 096	118 803	122 780
49-53	Transports et entreposage	44 743	47 612	49 684	52 458	55 358	50 087	51 117	53 232
55-56	Activités d'hébergement et de restauration	16 196	16 670	17 465	18 507	18 573	17 920	17 971	18 631
58-63	Information et communication	45 820	47 428	49 741	53 162	53 919	51 452	51 442	51 787
58-60	Édition, audiovisuel et diffusion	12 547	12 669	13 201	13 930	14 030	13 513	13 614	13 388
61	Télécommunications	19 385	19 543	19 616	20 249	19 460	18 509	18 463	18 748
62-63	Technologies de l'information et informatique	13 888	15 216	16 924	18 983	20 429	19 430	19 365	19 651
64-66	Activités financières et d'assurance	59 385	63 684	62 856	61 648	64 875	77 364	82 883	80 605
68-82	Immobilier, locations et activités de services aux entreprises	141 029	147 848	157 185	167 800	176 685	171 957	169 912	171 754
68	Activités immobilières	51 338	53 223	55 209	57 249	58 853	59 130	59 955	61 158
69-82	Activ. spécialis., scient., tech. ; serv. admin. et de soutien	89 691	94 625	101 976	110 551	117 832	112 827	109 957	110 596
69-75	Activités professionnelles, scientifiques et techniques	55 106	57 747	61 267	64 938	68 825	66 283	63 879	62 960
69-71	Activités juridiques et comptables, d'architecture et d'ingénierie	38 852	41 155	44 108	47 272	50 623	49 252	47 080	46 180
73-75	Autres activités professionnelles, scientifiques et techniques	12 540	12 783	13 176	13 638	14 295	13 394	13 129	13 079
77-82	Activités de services administratifs et de soutien	34 585	36 878	40 709	45 613	49 007	46 544	46 078	47 636
84-99	Services collectifs, sociaux et personnels	153 969	158 544	165 191	173 829	184 724	195 926	199 725	201 156
84-88	Administration publique, enseignement, santé humaine et action social	133 754	137 717	143 511	151 109	161 142	172 027	175 554	176 725
84	Administration publique et défense ; sécurité sociale obligatoire	55 239	56 453	59 049	61 638	65 677	70 418	70 614	68 851
85	Éducation	26 879	27 801	28 736	30 595	32 297	34 073	34 855	35 220
86-88	Santé humaine et action sociale	51 636	53 463	55 726	58 876	63 168	67 536	70 085	72 654
90-99	Autres activités de services	20 215	20 827	21 680	22 720	23 582	23 899	24 171	24 431
90-93	Arts, spectacles et loisirs	9 589	9 901	10 423	10 941	11 272	11 350	11 449	11 445
94-96	Autres activités de services	8 705	8 958	9 224	9 690	10 145	10 300	10 414	10 592
97-98	Activités des ménages en tant qu'employeurs et pour usage propre	1 921	1 968	2 033	2 089	2 165	2 249	2 308	2 394
99	Activités extra-territoriales	0	0	0	0	0	0	0	0
05-39	INDUSTRIES MANUFACTURIÈRES ET ÉNERGIE	263 970	284 760	311 066	333 596	360 045	309 058	346 028	380 180
24-33x	Industrie du métal ; réparation	69 572	72 336	78 339	86 283	88 832	71 957	81 958	90 323
45-99	TOTAL SERVICES	561 184	585 012	611 527	644 852	675 122	677 802	691 853	699 945
45-82	SERVICES DU SECTEUR DES ENTREPRISES	407 215	426 468	446 336	471 023	490 398	481 876	492 128	498 789
45-82x	SERVICES DU SECTEUR DES ENTREPRISES sauf activités immobilières	355 877	373 245	391 127	413 774	431 545	422 746	432 173	437 631
05-82x	SECTEUR DES ENTREPRISES NON-AGRICOLES sauf activités immobilières	685 492	726 725	775 912	827 824	878 277	815 517	853 897	896 782
ENERGYP	Activités génératrices d'énergie	55 347	68 004	79 533	82 684	101 173	84 817	..	..

.. Non disponible

Note : Voir les métadonnées détaillées sur : http://metalinks.oecd.org/stan/20141219/5503.

Informations sur les données concernant Israël : http://oe.cd/israel-disclaimer.

Responsabilité : http://oe.cd/disclaimer

Tableau 2. Valeur ajoutée, prix courants

CITI Rév. 4

Millions EUR

		2004	2005	2006	2007	2008	2009	2010	2011
	TOTAL	**436 874**	**456 182**	**479 012**	**507 650**	**528 239**	**510 852**	**526 176**	**539 375**
01-03	**AGRICULTURE, SYLVICULTURE ET PÊCHE**	**8 671**	**8 826**	**9 808**	**9 738**	**8 837**	**7 898**	**9 297**	**8 663**
05-09	**INDUSTRIES EXTRACTIVES**	**11 267**	**12 532**	**15 906**	**15 637**	**21 541**	**15 556**	**17 039**	**19 708**
10-33	**ACTIVITÉS DE FABRICATION**	**58 850**	**61 405**	**62 743**	**67 416**	**67 700**	**60 025**	**65 086**	**69 626**
10-12	Produits alimentaires, boissons et tabac	11 604	11 937	12 151	13 106	12 916	13 546	13 531	14 287
13-15	Textiles, habillement, cuir et articles de cuir	1 092	1 097	1 120	1 208	1 166	1 100	1 232	1 275
16-18	Bois, papier, imprimerie et reproduction de supports enregistrés	4 880	4 910	4 921	5 258	5 104	4 646	4 680	4 762
19-23	Produits chimiques, caoutchouc, plastique, minéraux	16 999	18 095	18 009	18 986	19 359	15 710	18 425	20 241
20-21	Produits chimiques et pharmaceutiques	10 638	10 813	11 405	11 942	11 721	8 829	11 859	13 062
22-23	Produits en caoutchouc et en plastique, autres produits minéraux	3 957	3 952	4 237	4 589	4 588	4 636	4 315	4 413
24-25	Produits métalliques de base et ouvrages en métaux	6 871	7 451	7 756	8 562	8 312	6 876	7 143	7 461
241x2431	Métaux ferreux	..	..	..	..	..	..	..	..
242x2432	Métaux non ferreux	..	..	..	..	..	..	..	..
26-28	Machines et matériel	7 484	7 795	8 248	9 013	8 915	7 738	9 209	10 258
26	Ordinateurs, articles électroniques et optiques	1 710	1 918	1 688	1 770	1 729	1 586	1 942	2 101
262	Fabrication d'ordinateurs et d'équipements périphériques	188	190	185	165	144	126	..	..
27	Équipements électriques	1 062	1 006	1 104	1 253	1 313	1 048	898	869
28	Machines et équipements n.c.a.	4 712	4 871	5 456	5 990	5 873	5 104	6 369	7 288
29-30	Matériel de transport	2 978	2 929	3 006	3 366	3 592	2 211	2 651	3 203
29	Automobiles, remorques et semi-remorques	1 988	1 911	1 971	2 113	2 303	1 007	1 515	2 061
30	Autres matériels de transport	990	1 018	1 035	1 253	1 289	1 204	1 136	1 142
31-33	Meubles ; réparation et installation de machines et de matériel	6 942	7 191	7 532	7 917	8 336	8 198	8 215	8 139
31-32	Meubles, autres activités manufacturières	4 997	5 103	5 274	5 478	5 746	5 681	5 694	5 548
33	Réparation et installation de machines et d'équipements	1 945	2 088	2 258	2 439	2 590	2 517	2 521	2 591
35-39	**ÉLECTRICITÉ, GAZ, EAU ET TRAITEMENT DES DÉCHETS**	**9 842**	**10 876**	**12 114**	**13 227**	**13 805**	**17 259**	**16 877**	**15 699**
35	Production et distribution d'électricité, de gaz, de vapeur et d'air conditionné	5 765	6 933	8 015	9 016	9 445	12 895	12 385	11 104
36-39	Distribution d'eau ; assainissement, gestion des déchets et dépollution	4 077	3 943	4 099	4 211	4 360	4 364	4 492	4 595
41-43	**CONSTRUCTION**	**24 122**	**25 264**	**26 930**	**28 914**	**30 956**	**30 678**	**27 985**	**28 727**
45-56	commerce, transports, hébergement et restauration	87 967	90 548	94 644	101 033	102 011	94 259	98 004	101 201
45-47	**Commerce de gros et de détail ; réparations automobiles et motocycles**	**57 362**	**59 035**	**62 036**	**66 745**	**67 489**	**62 208**	**66 114**	**68 689**
49-53	**Transports et entreposage**	**22 334**	**23 043**	**23 855**	**24 948**	**25 306**	**23 006**	**22 817**	**23 042**
55-56	**Activités d'hébergement et de restauration**	**8 271**	**8 470**	**8 753**	**9 340**	**9 216**	**9 045**	**9 073**	**9 470**
58-63	**Information et communication**	**22 530**	**23 372**	**24 482**	**26 200**	**26 376**	**25 022**	**25 333**	**25 351**
58-60	Édition, audiovisuel et diffusion	5 408	5 335	5 551	5 832	5 856	5 762	5 982	5 860
61	Télécommunications	9 231	9 393	9 299	9 423	8 781	8 247	8 275	8 387
62-63	Technologies de l'information et informatique	7 891	8 644	9 632	10 945	11 739	11 013	11 076	11 104
64-66	**Activités financières et d'assurance**	**32 221**	**35 093**	**32 415**	**30 014**	**30 058**	**38 022**	**43 423**	**42 534**
68-82	**Immobilier, locations et activités de services aux entreprises**	**79 045**	**83 241**	**91 955**	**102 098**	**107 234**	**94 912**	**92 030**	**94 860**
68	Activités immobilières	31 984	33 212	37 022	41 230	42 434	33 161	32 405	34 975
69-82	Activ. spécialis., scient., tech. ; serv. admin. et de soutien	47 061	50 029	54 933	60 868	64 800	61 751	59 625	59 885
69-75	Activités professionnelles, scientifiques et techniques	26 623	27 979	29 945	32 227	34 228	32 831	31 422	30 771
69-71	Activités juridiques et comptables, d'architecture et d'ingénierie	20 121	21 277	22 945	24 888	26 584	25 781	24 442	23 810
73-75	Autres activités professionnelles, scientifiques et techniques	4 561	4 717	4 913	5 240	5 580	5 169	5 091	5 062
77-82	Activités de services administratifs et de soutien	20 438	22 050	24 988	28 641	30 572	28 920	28 203	29 114
84-99	Services collectifs, sociaux et personnels	102 359	105 025	108 015	113 373	119 721	127 221	131 102	133 006
84-88	Administration publique, enseignement, santé humaine et action social	91 230	93 645	96 363	101 224	107 168	114 103	117 736	119 377
84	**Administration publique et défense ; sécurité sociale obligatoire**	**32 024**	**32 540**	**33 163**	**34 596**	**36 216**	**38 030**	**39 053**	**38 937**
85	**Éducation**	**21 076**	**21 720**	**22 222**	**23 469**	**24 849**	**26 406**	**27 052**	**27 158**
86-88	**Santé humaine et action sociale**	**38 130**	**39 385**	**40 978**	**43 159**	**46 103**	**49 667**	**51 631**	**53 282**
90-99	Autres activités de services	11 129	11 380	11 652	12 149	12 553	13 118	13 366	13 629
90-93	**Arts, spectacles et loisirs**	**4 102**	**4 204**	**4 312**	**4 515**	**4 632**	**4 810**	**4 877**	**4 879**
94-96	**Autres activités de services**	**5 106**	**5 208**	**5 307**	**5 545**	**5 756**	**6 059**	**6 181**	**6 356**
97-98	**Activités des ménages en tant qu'employeurs et pour usage propre**	**1 921**	**1 968**	**2 033**	**2 089**	**2 165**	**2 249**	**2 308**	**2 394**
99	**Activités extra-territoriales**	**0**	**0**	**0**	**0**	**0**	**0**	**0**	**0**
05-39	**INDUSTRIES MANUFACTURIÈRES ET ÉNERGIE**	**79 959**	**84 813**	**90 763**	**96 280**	**103 046**	**92 840**	**99 002**	**105 033**
24-33x	**Industrie du métal ; réparation**	**19 278**	**20 263**	**21 268**	**23 380**	**23 409**	**19 342**	**21 524**	**23 513**
45-99	**TOTAL SERVICES**	**324 122**	**337 279**	**351 511**	**372 718**	**385 400**	**379 436**	**389 892**	**396 952**
45-82	**SERVICES DU SECTEUR DES ENTREPRISES**	**221 763**	**232 254**	**243 496**	**259 345**	**265 679**	**252 215**	**258 790**	**263 946**
45-82x	**SERVICES DU SECTEUR DES ENTREPRISES sauf activités immobilières**	**189 779**	**199 042**	**206 474**	**218 115**	**223 245**	**219 054**	**226 385**	**228 971**
05-82x	**SECTEUR DES ENTREPRISES NON-AGRICOLES sauf activités immobilières**	**293 860**	**309 119**	**324 167**	**343 309**	**357 247**	**342 572**	**353 372**	**362 731**
ENERGYP	**Activités génératrices d'énergie**	**18 941**	**22 338**	**25 872**	**26 682**	**33 563**	**30 366**	**..**	**..**

.. Non disponible

Note : Voir les métadonnées détaillées sur : http://metalinks.oecd.org/stan/20141219/5503.

Informations sur les données concernant Israël : http://oe.cd/israel-disclaimer.

Responsabilité : http://oe.cd/disclaimer

Tableau 3. Valeur ajoutée, volumes

CITI Rév. 4

Millions 2005 EUR

		2004	2005	2006	2007	2008	2009	2010	2011
	TOTAL	**446 701**	**456 182**	**471 469**	**490 010**	**500 226**	**483 761**	**492 674**	**498 498**
01-03	**AGRICULTURE, SYLVICULTURE ET PÊCHE**	**8 875**	**8 826**	**8 749**	**9 084**	**9 283**	**9 703**	**9 594**	**9 745**
05-09	**INDUSTRIES EXTRACTIVES**	**15 226**	**12 532**	**12 198**	**12 178**	**13 175**	**12 495**	**14 105**	**13 043**
10-33	**ACTIVITÉS DE FABRICATION**	**60 112**	**61 405**	**63 505**	**67 281**	**66 308**	**60 206**	**64 314**	**66 628**
10-12	Produits alimentaires, boissons et tabac	11 489	11 937	12 188	12 542	12 301	12 416	12 494	12 621
13-15	Textiles, habillement, cuir et articles de cuir	1 090	1 097	1 124	1 204	1 172	1 048	1 200	1 252
16-18	Bois, papier, imprimerie et reproduction de supports enregistrés	4 794	4 910	4 991	5 120	5 029	4 627	4 737	4 796
19-23	Produits chimiques, caoutchouc, plastique, minéraux	17 887	18 095	18 871	19 881	19 169	18 012	18 812	18 855
20-21	Produits chimiques et pharmaceutiques	10 744	10 813	11 448	11 987	11 176	10 748	11 859	11 663
22-23	Produits en caoutchouc et en plastique, autres produits minéraux	3 849	3 952	4 220	4 442	4 386	3 828	3 842	4 026
24-25	Produits métalliques de base et ouvrages en métaux	7 233	7 451	7 687	8 353	8 371	7 081	7 999	8 346
241x2431	Métaux ferreux	..	..	..	..	..	..	..	..
242x2432	Métaux non ferreux	..	..	..	..	..	..	..	..
26-28	Machines et matériel	7 614	7 795	8 293	8 992	8 774	7 264	8 813	9 879
26	Ordinateurs, articles électroniques et optiques	1 747	1 918	1 897	2 011	2 022	1 751	2 160	2 311
262	Fabrication d'ordinateurs et d'équipements périphériques	..	..	..	..	..	..	..	..
27	Équipements électriques	1 023	1 006	1 110	1 256	1 281	1 042	1 033	1 072
28	Machines et équipements n.c.a.	4 843	4 871	5 287	5 721	5 479	4 493	5 626	6 461
29-30	Matériel de transport	2 937	2 929	2 964	3 346	3 392	2 180	2 702	3 319
29	Automobiles, remorques et semi-remorques	1 928	1 911	1 938	2 115	2 167	1 000	1 570	2 209
30	Autres matériels de transport	1 008	1 018	1 025	1 233	1 228	1 185	1 142	1 130
31-33	Meubles ; réparation et installation de machines et de matériel	7 069	7 191	7 406	7 831	8 046	7 507	7 523	7 488
31-32	Meubles, autres activités manufacturières	5 036	5 103	5 174	5 422	5 621	5 222	5 170	5 062
33	Réparation et installation de machines et d'équipements	2 032	2 088	2 231	2 412	2 430	2 286	2 349	2 431
35-39	**ÉLECTRICITÉ, GAZ, EAU ET TRAITEMENT DES DÉCHETS**	**9 897**	**10 876**	**10 777**	**10 664**	**11 020**	**11 140**	**11 677**	**11 215**
35	Production et distribution d'électricité, de gaz, de vapeur et d'air conditionné	5 877	6 933	6 758	6 615	6 854	6 933	7 337	6 893
36-39	Distribution d'eau ; assainissement, gestion des déchets et dépollution	4 005	3 943	4 019	4 061	4 172	4 212	4 290	4 368
41-43	**CONSTRUCTION**	**24 489**	**25 264**	**25 869**	**27 303**	**28 167**	**26 630**	**23 676**	**24 743**
45-56	commerce, transports, hébergement et restauration	87 090	90 548	95 910	101 226	101 746	94 727	98 061	100 835
45-47	**Commerce de gros et de détail ; réparations automobiles et motocycles**	**56 459**	**59 035**	**63 496**	**67 487**	**68 102**	**63 413**	**66 446**	**68 415**
49-53	**Transports et entreposage**	**22 267**	**23 043**	**23 713**	**24 849**	**25 155**	**23 452**	**23 993**	**24 539**
55-56	**Activités d'hébergement et de restauration**	**8 371**	**8 470**	**8 701**	**8 904**	**8 525**	**7 900**	**7 735**	**7 985**
58-63	**Information et communication**	**22 418**	**23 372**	**24 729**	**26 253**	**26 914**	**25 876**	**25 956**	**26 054**
58-60	Édition, audiovisuel et diffusion	5 424	5 335	5 469	5 618	5 540	5 219	5 215	4 979
61	Télécommunications	8 936	9 393	9 819	10 424	10 567	10 283	10 435	10 432
62-63	Technologies de l'information et informatique	8 069	8 644	9 434	10 210	10 770	10 370	10 342	10 667
64-66	**Activités financières et d'assurance**	**34 060**	**35 093**	**36 961**	**38 628**	**41 119**	**40 665**	**41 316**	**40 741**
68-82	**Immobilier, locations et activités de services aux entreprises**	**81 277**	**83 241**	**86 537**	**89 927**	**92 259**	**88 433**	**87 774**	**88 390**
68	Activités immobilières	33 144	33 212	33 233	33 331	33 465	33 361	34 182	34 905
69-82	Activ. spécialis., scient., tech. ; serv. admin. et de soutien	48 143	50 029	53 304	56 694	59 004	55 075	53 716	53 682
69-75	Activités professionnelles, scientifiques et techniques	27 475	27 979	29 073	29 895	31 032	29 631	28 801	28 127
69-71	Activités juridiques et comptables, d'architecture et d'ingénierie	20 959	21 277	22 234	22 917	23 906	23 205	22 506	21 924
73-75	Autres activités professionnelles, scientifiques et techniques	4 547	4 717	4 779	4 939	5 124	4 628	4 489	4 394
77-82	Activités de services administratifs et de soutien	20 679	22 050	24 231	26 798	27 972	25 438	24 906	25 522
84-99	Services collectifs, sociaux et personnels	104 271	105 025	106 105	107 885	110 663	114 216	116 561	117 906
84-88	Administration publique, enseignement, santé humaine et action social	93 061	93 645	94 497	95 997	98 727	102 385	104 860	106 266
84	**Administration publique et défense ; sécurité sociale obligatoire**	**32 778**	**32 540**	**32 609**	**33 011**	**33 440**	**34 573**	**35 535**	**35 173**
85	**Éducation**	**21 750**	**21 720**	**21 638**	**21 710**	**22 088**	**22 209**	**22 468**	**22 594**
86-88	**Santé humaine et action sociale**	**38 554**	**39 385**	**40 253**	**41 261**	**43 208**	**45 650**	**46 937**	**48 571**
90-99	Autres activités de services	11 211	11 380	11 608	11 889	11 929	11 808	11 676	11 620
90-93	**Arts, spectacles et loisirs**	**4 114**	**4 204**	**4 404**	**4 524**	**4 519**	**4 450**	**4 358**	**4 269**
94-96	**Autres activités de services**	**5 137**	**5 208**	**5 234**	**5 394**	**5 430**	**5 367**	**5 324**	**5 346**
97-98	**Activités des ménages en tant qu'employeurs et pour usage propre**	**1 960**	**1 968**	**1 970**	**1 973**	**1 981**	**1 990**	**1 991**	**2 000**
99	**Activités extra-territoriales**	**0**	**0**	**0**	**0**	**0**	**0**	**0**	**0**
05-39	**INDUSTRIES MANUFACTURIÈRES ET ÉNERGIE**	**84 553**	**84 813**	**86 480**	**89 889**	**90 586**	**84 263**	**90 557**	**90 913**
24-33x	**Industrie du métal ; réparation**	**19 821**	**20 263**	**21 176**	**23 105**	**22 969**	**18 799**	**21 851**	**23 999**
45-99	**TOTAL SERVICES**	**329 077**	**337 279**	**350 243**	**363 823**	**372 297**	**363 613**	**369 275**	**373 465**
45-82	**SERVICES DU SECTEUR DES ENTREPRISES**	**224 814**	**232 254**	**244 138**	**255 987**	**261 674**	**249 034**	**252 289**	**255 126**
45-82x	**SERVICES DU SECTEUR DES ENTREPRISES sauf activités immobilières**	**191 696**	**199 042**	**210 904**	**222 865**	**228 582**	**215 577**	**218 018**	**220 161**
05-82x	**SECTEUR DES ENTREPRISES NON-AGRICOLES sauf activités immobilières**	**300 646**	**309 119**	**323 253**	**339 987**	**347 172**	**326 199**	**331 922**	**335 563**
ENERGYP	**Activités génératrices d'énergie**	..	..	..	..	..	..	..	..

.. Non disponible

Note : Voir les métadonnées détaillées sur : http://metalinks.oecd.org/stan/20141219/5503.

Informations sur les données concernant Israël : http://oe.cd/israel-disclaimer.

Responsabilité : http://oe.cd/disclaimer

Tableau 4. Formation brute de capital fixe, prix courants

CITI Rév. 4

Millions EUR

		2004	2005	2006	2007	2008	2009	2010	2011
	TOTAL	**94 336**	**99 170**	**108 568**	**116 712**	**124 190**	**113 384**	**109 722**	..
01-03	**AGRICULTURE, SYLVICULTURE ET PÊCHE**	**3 221**	**3 262**	**3 446**	**4 201**	**4 519**	**3 900**	**3 738**	..
05-09	**INDUSTRIES EXTRACTIVES**	**1 201**	**1 375**	**2 032**	**1 585**	**2 074**	**1 906**	**1 872**	..
10-33	**ACTIVITÉS DE FABRICATION**	**7 103**	**7 594**	**8 065**	**8 861**	**9 447**	**8 598**	**8 735**	..
10-12	Produits alimentaires, boissons et tabac	1 638	1 780	1 577	1 797	1 904	1 832	..	..
13-15	Textiles, habillement, cuir et articles de cuir	104	104	91	120	149	90	..	..
16-18	Bois, papier, imprimerie et reproduction de supports enregistrés	769	863	681	737	724	620	..	..
19-23	Produits chimiques, caoutchouc, plastique, minéraux	2 161	2 253	2 673	2 456	2 920	2 621	..	..
20-21	Produits chimiques et pharmaceutiques	1 418	1 414	1 811	1 379	1 804	1 682	..	..
22-23	Produits en caoutchouc et en plastique, autres produits minéraux	463	457	499	618	613	508	..	..
24-25	Produits métalliques de base et ouvrages en métaux	664	703	907	1 196	1 099	1 282	..	..
241x2431	Métaux ferreux	..	..	..	..	..	..	..	..
242x2432	Métaux non ferreux	..	..	..	..	..	..	..	..
26-28	Machines et matériel	1 058	1 139	1 280	1 499	1 461	1 226	..	..
26	Ordinateurs, articles électroniques et optiques	546	608	635	533	590	516	..	..
262	Fabrication d'ordinateurs et d'équipements périphériques	52	60	58	58	..	..	..	..
27	Équipements électriques	139	137	163	238	271	231	..	..
28	Machines et équipements n.c.a.	373	394	482	728	600	479	..	..
29-30	Matériel de transport	245	299	286	400	399	254	..	..
29	Automobiles, remorques et semi-remorques	170	219	188	277	271	149	..	..
30	Autres matériels de transport	75	80	98	123	128	105	..	..
31-33	Meubles ; réparation et installation de machines et de matériel	464	453	570	656	791	673	..	..
31-32	Meubles, autres activités manufacturières	308	288	373	386	548	489	..	..
33	Réparation et installation de machines et d'équipements	156	165	197	270	243	184	..	..
35-39	**ÉLECTRICITÉ, GAZ, EAU ET TRAITEMENT DES DÉCHETS**	**2 784**	**2 932**	**3 397**	**3 757**	**3 803**	**3 909**	**3 812**	..
35	Production et distribution d'électricité, de gaz, de vapeur et d'air conditionné	1 281	1 233	1 876	2 299	1 827	1 847	1 842	..
36-39	Distribution d'eau ; assainissement, gestion des déchets et dépollution	1 503	1 699	1 521	1 458	1 976	2 062	1 970	..
41-43	**CONSTRUCTION**	**1 475**	**1 574**	**1 786**	**2 197**	**2 465**	**2 206**	**2 243**	..
45-56	commerce, transports, hébergement et restauration	11 125	11 662	12 480	13 111	15 658	14 446	14 029	..
45-47	**Commerce de gros et de détail ; réparations automobiles et motocycles**	**5 222**	**5 657**	**5 834**	**6 618**	**7 111**	**5 989**	..	..
49-53	**Transports et entreposage**	**5 261**	**5 390**	**6 037**	**5 679**	**7 683**	**7 717**	..	..
55-56	**Activités d'hébergement et de restauration**	**642**	**615**	**609**	**814**	**864**	**740**	..	..
58-63	**Information et communication**	**2 935**	**3 356**	**3 611**	**3 742**	**3 944**	**3 640**	**3 978**	..
58-60	Édition, audiovisuel et diffusion	260	265	254	258	305	270	..	..
61	Télécommunications	2 113	2 462	2 666	2 555	2 632	2 463	..	..
62-63	Technologies de l'information et informatique	562	629	691	929	1 007	907	..	..
64-66	**Activités financières et d'assurance**	**5 385**	**4 979**	**5 853**	**5 162**	**5 815**	**5 717**	**5 228**	..
68-82	**Immobilier, locations et activités de services aux entreprises**	**39 330**	**42 239**	**46 389**	**50 854**	**51 642**	**43 833**	**41 033**	..
68	Activités immobilières	31 278	33 793	37 087	40 536	41 230	36 138	32 332	..
69-82	Activ. spécialis., scient., tech. ; serv. admin. et de soutien	8 052	8 446	9 302	10 318	10 412	7 695	8 701	..
69-75	Activités professionnelles, scientifiques et techniques	1 876	1 956	2 128	2 621	2 807	2 533	..	..
69-71	Activités juridiques et comptables, d'architecture et d'ingénierie	1 326	1 419	1 526	1 826	1 887	1 694	..	..
73-75	Autres activités professionnelles, scientifiques et techniques	371	383	428	532	559	496	..	..
77-82	Activités de services administratifs et de soutien	6 176	6 490	7 174	7 697	7 605	5 162	..	..
84-99	Services collectifs, sociaux et personnels	19 777	20 197	21 509	23 242	24 824	25 229	25 054	..
84-88	Administration publique, enseignement, santé humaine et action social	18 606	18 905	20 136	21 813	23 340	23 947	23 716	..
84	**Administration publique et défense ; sécurité sociale obligatoire**	**12 344**	**12 797**	**13 460**	**14 415**	**15 494**	**16 459**	..	..
85	**Éducation**	**1 967**	**2 049**	**2 483**	**2 817**	**3 174**	**3 136**	..	..
86-88	**Santé humaine et action sociale**	**4 295**	**4 059**	**4 193**	**4 581**	**4 672**	**4 352**	..	..
90-99	Autres activités de services	1 171	1 292	1 373	1 429	1 484	1 282	1 338	..
90-93	**Arts, spectacles et loisirs**	**641**	**640**	**682**	**741**	**708**	**613**	..	..
94-96	**Autres activités de services**	**530**	**652**	**691**	**688**	**776**	**669**	..	..
97-98	**Activités des ménages en tant qu'employeurs et pour usage propre**	**0**	**0**	**0**	**0**	**0**	**0**	**0**	**0**
99	**Activités extra-territoriales**	..	..	..	..	..	..	..	..
05-39	**INDUSTRIES MANUFACTURIÈRES ET ÉNERGIE**	**11 088**	**11 901**	**13 494**	**14 203**	**15 324**	**14 413**	**14 419**	..
24-33x	**Industrie du métal ; réparation**	**2 123**	**2 306**	**2 670**	**3 365**	**3 202**	**2 946**	..	..
45-99	**TOTAL SERVICES**	**78 552**	**82 433**	**89 842**	**96 111**	**101 882**	**92 865**	**89 322**	..
45-82	**SERVICES DU SECTEUR DES ENTREPRISES**	**58 775**	**62 236**	**68 333**	**72 869**	**77 058**	**67 636**	**64 268**	..
45-82x	**SERVICES DU SECTEUR DES ENTREPRISES sauf activités immobilières**	**27 497**	**28 443**	**31 246**	**32 333**	**35 828**	**31 498**	**31 936**	..
05-82x	**SECTEUR DES ENTREPRISES NON-AGRICOLES sauf activités immobilières**	**40 060**	**41 918**	**46 526**	**48 733**	**53 617**	**48 117**	**48 598**	..
ENERGYP	**Activités génératrices d'énergie**	**2 713**	**2 928**	**4 222**	**4 295**	..	..	..	..

.. Non disponible

Note : Voir les métadonnées détaillées sur : http://metalinks.oecd.org/stan/20141219/5503.

Informations sur les données concernant Israël : http://oe.cd/israel-disclaimer.

Responsabilité : http://oe.cd/disclaimer

Tableau 5. Nombre de personnes engagées, emploi total

CITI Rév. 4

Milliers

		2004	2005	2006	2007	2008	2009	2010	2011
	TOTAL	8 211	8 251	8 392	8 606	8 733	8 671	8 636	8 698
01-03	AGRICULTURE, SYLVICULTURE ET PÊCHE	250	245	240	237	233	228	226	225
05-09	INDUSTRIES EXTRACTIVES	9	8	7	7	7	8	8	8
10-33	ACTIVITÉS DE FABRICATION	902	883	879	884	892	869	843	836
10-12	Produits alimentaires, boissons et tabac	143	140	139	137	137	138	137	136
13-15	Textiles, habillement, cuir et articles de cuir	24	23	22	22	22	21	20	20
16-18	Bois, papier, imprimerie et reproduction de supports enregistrés	91	89	88	88	87	82	76	73
19-23	Produits chimiques, caoutchouc, plastique, minéraux	141	139	138	138	137	132	129	127
20-21	Produits chimiques et pharmaceutiques	70	68	68	67	66	64	64	63
22-23	Produits en caoutchouc et en plastique, autres produits minéraux	66	65	64	65	65	62	59	59
24-25	Produits métalliques de base et ouvrages en métaux	118	117	116	119	121	113	110	110
241x2431	Métaux ferreux	..	..	..	..	..	..	..	..
242x2432	Métaux non ferreux	..	..	..	..	..	..	..	..
26-28	Machines et matériel	145	141	142	145	148	144	138	141
26	Ordinateurs, articles électroniques et optiques	51	49	49	48	49	48	48	48
262	Fabrication d'ordinateurs et d'équipements périphériques	5	4	4	4	4	4	..	..
27	Équipements électriques	19	18	18	19	19	17	15	16
28	Machines et équipements n.c.a.	75	74	75	78	80	79	74	77
29-30	Matériel de transport	44	42	41	42	43	43	41	41
29	Automobiles, remorques et semi-remorques	25	24	24	24	24	22	20	20
30	Autres matériels de transport	19	18	17	18	19	20	21	20
31-33	Meubles ; réparation et installation de machines et de matériel	194	192	193	194	196	196	192	189
31-32	Meubles, autres activités manufacturières	161	159	159	159	161	161	157	155
33	Réparation et installation de machines et d'équipements	34	33	33	35	36	35	34	34
35-39	ÉLECTRICITÉ, GAZ, EAU ET TRAITEMENT DES DÉCHETS	62	62	60	61	62	63	64	65
35	Production et distribution d'électricité, de gaz, de vapeur et d'air conditionné	24	24	24	24	25	25	26	27
36-39	Distribution d'eau ; assainissement, gestion des déchets et dépollution	38	37	37	37	37	38	38	38
41-43	CONSTRUCTION	482	482	491	497	506	497	485	476
45-56	commerce, transports, hébergement et restauration	2 078	2 065	2 086	2 154	2 162	2 137	2 137	2 171
45-47	Commerce de gros et de détail ; réparations automobiles et motocycles	1 372	1 361	1 379	1 423	1 436	1 421	1 421	1 442
49-53	Transports et entreposage	408	403	401	411	412	405	398	401
55-56	Activités d'hébergement et de restauration	298	300	306	320	315	312	318	328
58-63	Information et communication	235	243	253	263	271	264	255	260
58-60	Édition, audiovisuel et diffusion	71	70	71	71	70	67	64	64
61	Télécommunications	44	43	42	41	39	37	34	34
62-63	Technologies de l'information et informatique	121	130	140	151	162	161	158	163
64-66	Activités financières et d'assurance	277	278	287	288	281	278	269	264
68-82	Immobilier, locations et activités de services aux entreprises	1 276	1 328	1 409	1 493	1 535	1 485	1 421	1 438
68	Activités immobilières	71	72	73	76	78	79	75	73
69-82	Activ. spécialis., scient., tech. ; serv. admin. et de soutien	1 204	1 255	1 335	1 417	1 457	1 406	1 346	1 365
69-75	Activités professionnelles, scientifiques et techniques	547	551	570	592	617	617	581	579
69-71	Activités juridiques et comptables, d'architecture et d'ingénierie	393	396	413	431	455	456	424	421
73-75	Autres activités professionnelles, scientifiques et techniques	120	122	124	126	125	124	121	121
77-82	Activités de services administratifs et de soutien	657	705	766	826	840	789	765	787
84-99	Services collectifs, sociaux et personnels	2 640	2 659	2 679	2 721	2 783	2 841	2 929	2 954
84-88	Administration publique, enseignement, santé humaine et action social	2 078	2 090	2 107	2 140	2 181	2 231	2 311	2 337
84	Administration publique et défense ; sécurité sociale obligatoire	505	494	486	485	484	496	510	499
85	Éducation	455	455	456	468	478	484	486	485
86-88	Santé humaine et action sociale	1 119	1 141	1 164	1 186	1 219	1 251	1 315	1 353
90-99	Autres activités de services	562	569	572	581	602	610	618	617
90-93	Arts, spectacles et loisirs	127	130	131	134	145	149	150	151
94-96	Autres activités de services	160	163	165	170	179	183	188	186
97-98	Activités des ménages en tant qu'employeurs et pour usage propre	275	275	277	277	278	278	279	280
99	Activités extra-territoriales	0	0	0	0	0	0	0	0
05-39	INDUSTRIES MANUFACTURIÈRES ET ÉNERGIE	973	952	947	952	961	939	915	909
24-33x	Industrie du métal ; réparation	341	333	333	340	348	335	324	325
45-99	TOTAL SERVICES	6 506	6 573	6 713	6 919	7 032	7 006	7 010	7 088
45-82	SERVICES DU SECTEUR DES ENTREPRISES	3 866	3 914	4 034	4 198	4 249	4 165	4 081	4 134
45-82x	SERVICES DU SECTEUR DES ENTREPRISES sauf activités immobilières	3 795	3 841	3 961	4 122	4 171	4 085	4 007	4 061
05-82x	SECTEUR DES ENTREPRISES NON-AGRICOLES sauf activités immobilières	5 250	5 276	5 399	5 572	5 639	5 522	5 407	5 446
ENERGYP	Activités génératrices d'énergie	37	35	35	35	37	37	..	..

.. Non disponible

Note : Voir les métadonnées détaillées sur : http://metalinks.oecd.org/stan/20141219/5503.

Informations sur les données concernant Israël : http://oe.cd/israel-disclaimer.

Responsabilité : http://oe.cd/disclaimer

Tableau 6. Coûts de la main-d'oeuvre (rémunération des salariés), prix courants

CITI Rév. 4

Millions EUR

		2004	2005	2006	2007	2008	2009	2010	2011
	TOTAL	**251 030**	**254 563**	**264 925**	**280 309**	**294 716**	**298 488**	**300 434**	**306 609**
01-03	**AGRICULTURE, SYLVICULTURE ET PÊCHE**	**2 527**	**2 523**	**2 573**	**2 695**	**2 763**	**2 818**	**2 859**	**2 934**
05-09	**INDUSTRIES EXTRACTIVES**	**689**	**574**	**577**	**603**	**636**	**648**	**671**	**747**
10-33	**ACTIVITÉS DE FABRICATION**	**35 577**	**35 117**	**35 965**	**37 248**	**38 839**	**38 192**	**38 013**	**38 636**
10-12	Produits alimentaires, boissons et tabac	5 552	5 466	5 597	5 775	5 873	5 945	6 097	6 138
13-15	Textiles, habillement, cuir et articles de cuir	719	671	671	692	698	659	651	663
16-18	Bois, papier, imprimerie et reproduction de supports enregistrés	3 352	3 247	3 265	3 333	3 383	3 175	3 024	2 896
19-23	Produits chimiques, caoutchouc, plastique, minéraux	7 285	7 232	7 451	7 648	7 916	7 604	7 619	7 815
20-21	Produits chimiques et pharmaceutiques	4 128	4 088	4 227	4 317	4 394	4 154	4 322	4 468
22-23	Produits en caoutchouc et en plastique, autres produits minéraux	2 707	2 688	2 769	2 858	2 982	2 906	2 833	2 871
24-25	Produits métalliques de base et ouvrages en métaux	4 613	4 633	4 734	5 045	5 356	5 091	4 975	5 053
241x2431	Métaux ferreux	..	..	..	..	..	..	..	..
242x2432	Métaux non ferreux	..	..	..	..	..	..	..	..
26-28	Machines et matériel	6 684	6 591	6 803	7 097	7 591	7 565	7 531	7 948
26	Ordinateurs, articles électroniques et optiques	2 514	2 436	2 492	2 519	2 702	2 705	2 832	2 859
262	Fabrication d'ordinateurs et d'équipements périphériques	232	217	219	217	226	206	..	..
27	Équipements électriques	816	791	815	853	893	794	737	785
28	Machines et équipements n.c.a.	3 354	3 364	3 496	3 725	3 996	4 066	3 962	4 304
29-30	Matériel de transport	1 811	1 745	1 771	1 819	1 961	2 009	1 988	2 054
29	Automobiles, remorques et semi-remorques	1 063	1 035	1 054	1 039	1 104	1 044	966	998
30	Autres matériels de transport	748	710	717	780	857	965	1 022	1 056
31-33	Meubles ; réparation et installation de machines et de matériel	5 561	5 532	5 673	5 839	6 061	6 144	6 128	6 069
31-32	Meubles, autres activités manufacturières	4 171	4 144	4 244	4 305	4 453	4 542	4 524	4 446
33	Réparation et installation de machines et d'équipements	1 390	1 388	1 429	1 534	1 608	1 602	1 604	1 623
35-39	**ÉLECTRICITÉ, GAZ, EAU ET TRAITEMENT DES DÉCHETS**	**3 269**	**3 266**	**3 315**	**3 450**	**3 638**	**3 812**	**3 951**	**4 068**
35	Production et distribution d'électricité, de gaz, de vapeur et d'air conditionné	1 450	1 454	1 478	1 554	1 665	1 725	1 801	1 927
36-39	Distribution d'eau ; assainissement, gestion des déchets et dépollution	1 819	1 812	1 837	1 896	1 973	2 087	2 150	2 141
41-43	**CONSTRUCTION**	**16 280**	**16 360**	**16 856**	**17 637**	**18 569**	**18 542**	**18 086**	**18 095**
45-56	commerce, transports, hébergement et restauration	51 653	51 746	53 639	56 559	59 321	59 471	59 959	61 753
45-47	**Commerce de gros et de détail ; réparations automobiles et motocycles**	**33 411**	**33 469**	**34 880**	**36 850**	**38 854**	**38 996**	**39 422**	**40 607**
49-53	**Transports et entreposage**	**14 058**	**14 031**	**14 331**	**15 103**	**15 683**	**15 618**	**15 549**	**15 927**
55-56	**Activités d'hébergement et de restauration**	**4 184**	**4 246**	**4 428**	**4 606**	**4 784**	**4 857**	**4 988**	**5 219**
58-63	**Information et communication**	**10 848**	**11 416**	**12 150**	**13 062**	**13 919**	**14 053**	**13 709**	**14 043**
58-60	Édition, audiovisuel et diffusion	2 633	2 679	2 765	2 874	2 983	2 910	2 761	2 764
61	Télécommunications	2 235	2 234	2 298	2 372	2 336	2 289	2 180	2 189
62-63	Technologies de l'information et informatique	5 980	6 503	7 087	7 816	8 600	8 854	8 768	9 090
64-66	**Activités financières et d'assurance**	**16 210**	**16 585**	**17 605**	**18 854**	**18 880**	**18 794**	**18 863**	**19 214**
68-82	**Immobilier, locations et activités de services aux entreprises**	**37 307**	**38 697**	**41 867**	**45 873**	**49 213**	**48 363**	**47 270**	**48 956**
68	Activités immobilières	2 854	2 915	3 032	3 190	3 377	3 442	3 318	3 330
69-82	Activ. spécialis., scient., tech. ; serv. admin. et de soutien	34 453	35 782	38 835	42 683	45 836	44 921	43 952	45 626
69-75	Activités professionnelles, scientifiques et techniques	19 935	20 294	21 479	22 984	24 783	25 300	24 424	24 888
69-71	Activités juridiques et comptables, d'architecture et d'ingénierie	15 678	16 087	17 099	18 345	19 851	20 190	19 309	19 591
73-75	Autres activités professionnelles, scientifiques et techniques	2 288	2 316	2 389	2 491	2 653	2 638	2 741	2 757
77-82	Activités de services administratifs et de soutien	14 518	15 488	17 356	19 699	21 053	19 621	19 528	20 738
84-99	Services collectifs, sociaux et personnels	76 670	78 279	80 378	84 328	88 938	93 795	97 053	98 163
84-88	Administration publique, enseignement, santé humaine et action social	70 243	71 790	73 699	77 303	81 595	86 141	89 186	90 345
84	**Administration publique et défense ; sécurité sociale obligatoire**	**23 286**	**23 389**	**23 611**	**24 522**	**25 554**	**26 929**	**27 668**	**27 276**
85	**Éducation**	**17 991**	**18 476**	**18 843**	**19 852**	**20 999**	**22 304**	**22 798**	**22 821**
86-88	**Santé humaine et action sociale**	**28 966**	**29 925**	**31 245**	**32 929**	**35 042**	**36 908**	**38 720**	**40 248**
90-99	Autres activités de services	6 427	6 489	6 679	7 025	7 343	7 654	7 867	7 818
90-93	**Arts, spectacles et loisirs**	**2 799**	**2 847**	**2 955**	**3 098**	**3 249**	**3 362**	**3 387**	**3 398**
94-96	**Autres activités de services**	**3 591**	**3 605**	**3 686**	**3 888**	**4 054**	**4 250**	**4 432**	**4 371**
97-98	**Activités des ménages en tant qu'employeurs et pour usage propre**	**37**	**37**	**38**	**39**	**40**	**42**	**48**	**49**
99	**Activités extra-territoriales**	**0**	**0**	**0**	**0**	**0**	**0**	**0**	**0**
05-39	**INDUSTRIES MANUFACTURIÈRES ET ÉNERGIE**	**39 535**	**38 957**	**39 857**	**41 301**	**43 113**	**42 652**	**42 635**	**43 451**
24-33x	**Industrie du métal ; réparation**	**14 498**	**14 357**	**14 737**	**15 495**	**16 516**	**16 267**	**16 098**	**16 678**
45-99	**TOTAL SERVICES**	**192 688**	**196 723**	**205 639**	**218 676**	**230 271**	**234 476**	**236 854**	**242 129**
45-82	**SERVICES DU SECTEUR DES ENTREPRISES**	**116 018**	**118 444**	**125 261**	**134 348**	**141 333**	**140 681**	**139 801**	**143 966**
45-82x	**SERVICES DU SECTEUR DES ENTREPRISES sauf activités immobilières**	**113 164**	**115 529**	**122 229**	**131 158**	**137 956**	**137 239**	**136 483**	**140 636**
05-82x	**SECTEUR DES ENTREPRISES NON-AGRICOLES sauf activités immobilières**	**168 979**	**170 846**	**178 942**	**190 096**	**199 638**	**198 433**	**197 204**	**202 182**
ENERGYP	**Activités génératrices d'énergie**	**2 464**	**2 363**	**2 386**	**2 508**	**2 720**	**2 800**	**..**	**..**

.. Non disponible

Note : Voir les métadonnées détaillées sur : http://metalinks.oecd.org/stan/20141219/5503.

Informations sur les données concernant Israël : http://oe.cd/israel-disclaimer.

Responsabilité : http://oe.cd/disclaimer

NORVÈGE

Tableau 1. Production brute, prix courants

CITI Rév. 4

Millions NOK

		2004	2005	2006	2007	2008	2009	2010	2011
	TOTAL	**2 870 617**	**3 182 537**	**3 578 160**	**3 902 125**	**4 337 764**	**4 021 098**	**4 256 607**	**4 579 019**
01-03	**AGRICULTURE, SYLVICULTURE ET PÊCHE**	**54 115**	**58 260**	**64 465**	**64 935**	**67 863**	**72 021**	**85 288**	**86 359**
05-09	**INDUSTRIES EXTRACTIVES**	**414 581**	**524 842**	**623 456**	**618 377**	**785 073**	**589 081**	**653 525**	**782 892**
10-33	**ACTIVITÉS DE FABRICATION**	**494 988**	**547 466**	**644 318**	**730 699**	**760 636**	**671 156**	**707 743**	**765 265**
10-12	Produits alimentaires, boissons et tabac	124 343	128 094	133 085	145 139	147 765	146 664	153 270	158 594
13-15	Textiles, habillement, cuir et articles de cuir	5 402	5 989	6 791	7 240	7 403	6 106	5 261	5 217
16-18	Bois, papier, imprimerie et reproduction de supports enregistrés	52 327	52 715	55 077	60 826	58 366	46 982	51 261	50 284
19-23	Produits chimiques, caoutchouc, plastique, minéraux	98 745	120 160	140 087	154 267	169 410	139 105	155 364	183 148
20-21	Produits chimiques et pharmaceutiques	..	..	..	..	..	..	..	..
22-23	Produits en caoutchouc et en plastique, autres produits minéraux	24 740	27 475	30 678	35 553	38 769	33 777	33 418	34 610
24-25	Produits métalliques de base et ouvrages en métaux	76 383	80 380	100 723	120 705	118 341	94 950	108 942	117 412
241x2431	Métaux ferreux	13 929	11 705	11 296	14 094	20 122	..	..	..
242x2432	Métaux non ferreux	39 165	41 709	57 449	67 795	52 640	..	..	..
26-28	Machines et matériel	56 311	64 107	80 871	102 255	118 695	117 193	116 075	127 140
26	Ordinateurs, articles électroniques et optiques	16 532	17 948	20 514	23 068	23 992	20 712	19 996	20 718
262	Fabrication d'ordinateurs et d'équipements périphériques	333	411	429	497	..	..	..	..
27	Équipements électriques	13 147	14 372	17 291	20 067	21 485	17 984	17 256	20 960
28	Machines et équipements n.c.a.	26 632	31 787	43 066	59 120	73 218	78 497	78 823	85 462
29-30	Matériel de transport	45 880	57 405	81 464	87 176	89 583	72 687	68 829	72 761
29	Automobiles, remorques et semi-remorques	7 214	7 435	8 264	8 763	8 523	5 120	..	..
30	Autres matériels de transport	38 666	49 970	73 200	78 413	81 060	67 567	..	..
31-33	Meubles ; réparation et installation de machines et de matériel	35 597	38 616	46 220	53 091	51 073	47 469	48 741	50 709
31-32	Meubles, autres activités manufacturières	16 122	16 756	18 159	19 337	16 216	13 583	13 182	13 292
33	Réparation et installation de machines et d'équipements	19 475	21 860	28 061	33 754	34 857	33 886	35 559	37 417
35-39	**ÉLECTRICITÉ, GAZ, EAU ET TRAITEMENT DES DÉCHETS**	**70 929**	**80 663**	**88 991**	**86 401**	**108 097**	**101 779**	**119 310**	**119 250**
35	Production et distribution d'électricité, de gaz, de vapeur et d'air conditionné	47 032	55 114	61 622	56 113	72 980	67 600	80 895	78 812
36-39	Distribution d'eau ; assainissement, gestion des déchets et dépollution	23 897	25 549	27 369	30 288	35 117	34 179	38 415	40 438
41-43	**CONSTRUCTION**	**203 395**	**233 127**	**273 842**	**331 088**	**359 593**	**323 827**	**333 073**	**362 711**
45-56	commerce, transports, hébergement et restauration	559 913	599 911	647 363	708 696	776 147	711 103	735 448	750 225
45-47	**Commerce de gros et de détail ; réparations automobiles et motocycles**	**256 210**	**273 816**	**301 012**	**334 900**	**375 193**	**336 217**	**344 849**	**360 861**
49-53	**Transports et entreposage**	**258 786**	**279 439**	**295 122**	**317 802**	**340 901**	**314 363**	**328 229**	**322 319**
55-56	**Activités d'hébergement et de restauration**	**44 917**	**46 656**	**51 229**	**55 994**	**60 053**	**60 523**	**62 370**	**67 045**
58-63	**Information et communication**	**139 098**	**144 858**	**157 450**	**168 684**	**179 920**	**179 270**	**183 066**	**193 071**
58-60	Édition, audiovisuel et diffusion	47 307	50 146	54 105	57 288	59 924	57 976	59 136	63 934
61	Télécommunications	57 370	55 972	60 246	62 767	65 131	65 720	67 474	67 193
62-63	Technologies de l'information et informatique	34 421	38 740	43 099	48 629	54 865	55 574	56 456	61 944
64-66	**Activités financières et d'assurance**	**101 202**	**110 581**	**118 311**	**139 404**	**139 635**	**153 524**	**163 726**	**167 066**
68-82	**Immobilier, locations et activités de services aux entreprises**	**349 810**	**378 879**	**423 907**	**472 640**	**526 827**	**535 033**	**556 471**	**595 172**
68	Activités immobilières	182 861	191 718	203 913	214 985	229 774	243 664	255 423	266 719
69-82	Activ. spécialis., scient., tech. ; serv. admin. et de soutien	166 949	187 161	219 994	257 655	297 053	291 369	301 048	328 453
69-75	Activités professionnelles, scientifiques et techniques	103 545	114 687	135 916	159 649	187 299	182 237	186 446	198 842
69-71	Activités juridiques et comptables, d'architecture et d'ingénierie	69 209	78 044	103 069	123 959	139 788	142 513	146 157	155 767
73-75	Autres activités professionnelles, scientifiques et techniques	24 957	27 931	23 858	26 288	36 499	29 036	28 927	31 244
77-82	Activités de services administratifs et de soutien	63 404	72 474	84 078	98 006	109 754	109 132	114 602	129 611
84-99	Services collectifs, sociaux et personnels	482 586	503 950	536 057	581 201	633 973	684 304	718 957	757 008
84-88	Administration publique, enseignement, santé humaine et action social	419 039	438 015	466 330	509 664	558 164	604 181	633 771	667 709
84	**Administration publique et défense ; sécurité sociale obligatoire**	**139 978**	**142 175**	**151 199**	**170 255**	**186 839**	**205 932**	**214 599**	**223 896**
85	**Éducation**	**95 232**	**100 315**	**105 210**	**109 971**	**119 036**	**128 020**	**134 414**	**138 866**
86-88	**Santé humaine et action sociale**	**183 829**	**195 525**	**209 921**	**229 438**	**252 289**	**270 229**	**284 758**	**304 947**
90-99	Autres activités de services	63 547	65 935	69 727	71 537	75 809	80 123	85 186	89 299
90-93	**Arts, spectacles et loisirs**	**36 250**	**37 914**	**39 815**	**38 678**	**40 041**	**42 106**	**45 752**	**48 541**
94-96	**Autres activités de services**	**26 696**	**27 497**	**29 469**	**32 571**	**35 410**	**37 643**	**39 026**	**40 348**
97-98	**Activités des ménages en tant qu'employeurs et pour usage propre**	**601**	**524**	**443**	**288**	**358**	**374**	**408**	**410**
99	**Activités extra-territoriales**	..	..	..	..	..	..	..	..
05-39	**INDUSTRIES MANUFACTURIÈRES ET ÉNERGIE**	**980 498**	**1 152 971**	**1 356 765**	**1 435 477**	**1 653 806**	**1 362 016**	**1 480 578**	**1 667 407**
24-33x	**Industrie du métal ; réparation**	**198 049**	**223 752**	**291 119**	**343 890**	**361 476**	**318 716**	**329 405**	**354 730**
45-99	**TOTAL SERVICES**	**1 632 609**	**1 738 179**	**1 883 088**	**2 070 625**	**2 256 502**	**2 263 234**	**2 357 668**	**2 462 542**
45-82	**SERVICES DU SECTEUR DES ENTREPRISES**	**1 150 023**	**1 234 229**	**1 347 031**	**1 489 424**	**1 622 529**	**1 578 930**	**1 638 711**	**1 705 534**
45-82x	**SERVICES DU SECTEUR DES ENTREPRISES sauf activités immobilières**	**967 162**	**1 042 511**	**1 143 118**	**1 274 439**	**1 392 755**	**1 335 266**	**1 383 288**	**1 438 815**
05-82x	**SECTEUR DES ENTREPRISES NON-AGRICOLES sauf activités immobilières**	**2 151 055**	**2 428 609**	**2 773 725**	**3 041 004**	**3 406 154**	**3 021 109**	**3 196 939**	**3 468 933**
ENERGYP	**Activités génératrices d'énergie**	**459 343**	**586 428**	**692 229**	**668 377**	..	..	..	..

.. Non disponible

Note : Voir les métadonnées détaillées sur : http://metalinks.oecd.org/stan/20141219/5503.

Informations sur les données concernant Israël : http://oe.cd/israel-disclaimer.

Responsabilité : http://oe.cd/disclaimer

NORVÈGE

Tableau 2. Valeur ajoutée, prix courants

CITI Rév. 4

Millions NOK

		2004	2005	2006	2007	2008	2009	2010	2011
	TOTAL	**1 553 105**	**1 744 398**	**1 941 884**	**2 041 633**	**2 299 280**	**2 095 316**	**2 240 843**	**2 426 471**
01-03	**AGRICULTURE, SYLVICULTURE ET PÊCHE**	**24 600**	**27 275**	**29 770**	**26 918**	**27 371**	**29 083**	**38 772**	**35 303**
05-09	**INDUSTRIES EXTRACTIVES**	**349 022**	**451 380**	**533 409**	**506 587**	**652 766**	**441 390**	**503 328**	**619 847**
10-33	**ACTIVITÉS DE FABRICATION**	**146 216**	**156 675**	**177 882**	**187 513**	**194 508**	**170 973**	**175 092**	**187 660**
10-12	Produits alimentaires, boissons et tabac	30 000	31 076	32 800	32 407	30 998	29 803	29 765	30 867
13-15	Textiles, habillement, cuir et articles de cuir	2 221	2 434	2 714	2 621	2 765	2 210	1 871	1 650
16-18	Bois, papier, imprimerie et reproduction de supports enregistrés	17 103	16 833	17 927	17 836	16 011	13 037	12 726	12 374
19-23	Produits chimiques, caoutchouc, plastique, minéraux	24 190	27 558	30 334	34 991	36 814	30 407	32 591	36 760
20-21	Produits chimiques et pharmaceutiques	..	..	..	..	..	..	..	..
22-23	Produits en caoutchouc et en plastique, autres produits minéraux	8 766	9 992	10 689	11 848	12 420	10 642	9 651	9 603
24-25	Produits métalliques de base et ouvrages en métaux	22 749	23 575	28 137	30 071	32 308	21 705	25 631	29 416
241x2431	Métaux ferreux	4 706	2 934	2 615	4 172	7 955	..	..	..
242x2432	Métaux non ferreux	8 021	9 449	12 679	10 731	8 105	..	..	..
26-28	Machines et matériel	20 642	22 424	26 358	31 193	36 803	37 254	36 259	38 502
26	Ordinateurs, articles électroniques et optiques	6 793	7 251	7 188	8 518	8 342	7 393	7 237	7 139
262	Fabrication d'ordinateurs et d'équipements périphériques	138	154	83	100	..	..	..	..
27	Équipements électriques	4 654	5 060	5 740	6 111	6 594	6 240	5 728	6 700
28	Machines et équipements n.c.a.	9 195	10 113	13 430	16 564	21 867	23 621	23 294	24 663
29-30	Matériel de transport	12 603	15 555	21 317	19 838	21 122	19 254	17 999	18 934
29	Automobiles, remorques et semi-remorques	2 715	2 646	2 641	2 393	2 317	1 529	..	..
30	Autres matériels de transport	9 888	12 909	18 676	17 445	18 805	17 725	..	..
31-33	Meubles ; réparation et installation de machines et de matériel	16 708	17 220	18 295	18 556	17 687	17 303	18 250	19 157
31-32	Meubles, autres activités manufacturières	6 878	6 879	7 035	6 926	5 920	5 435	5 117	5 159
33	Réparation et installation de machines et d'équipements	9 830	10 341	11 260	11 630	11 767	11 868	13 133	13 998
35-39	**ÉLECTRICITÉ, GAZ, EAU ET TRAITEMENT DES DÉCHETS**	**46 036**	**54 826**	**60 675**	**53 232**	**68 609**	**62 831**	**76 319**	**74 912**
35	Production et distribution d'électricité, de gaz, de vapeur et d'air conditionné	34 645	42 475	47 831	41 768	56 011	50 309	62 128	59 593
36-39	Distribution d'eau ; assainissement, gestion des déchets et dépollution	11 391	12 351	12 844	11 464	12 598	12 522	14 191	15 319
41-43	**CONSTRUCTION**	**74 608**	**84 088**	**98 528**	**116 106**	**123 812**	**121 389**	**129 126**	**142 893**
45-56	commerce, transports, hébergement et restauration	250 112	266 099	290 082	318 608	334 230	316 822	314 989	302 495
45-47	**Commerce de gros et de détail ; réparations automobiles et motocycles**	**130 459**	**136 941**	**149 617**	**174 744**	**183 301**	**171 069**	**174 529**	**180 727**
49-53	**Transports et entreposage**	**98 534**	**106 896**	**115 385**	**116 879**	**122 352**	**116 964**	**110 761**	**90 239**
55-56	**Activités d'hébergement et de restauration**	**21 119**	**22 262**	**25 080**	**26 985**	**28 577**	**28 789**	**29 699**	**31 529**
58-63	**Information et communication**	**64 366**	**69 201**	**71 316**	**76 612**	**78 213**	**81 875**	**82 821**	**86 724**
58-60	Édition, audiovisuel et diffusion	22 340	24 211	24 651	26 306	27 043	27 305	28 381	30 848
61	Télécommunications	21 662	22 111	23 150	22 140	19 063	22 149	21 837	20 528
62-63	Technologies de l'information et informatique	20 364	22 879	23 515	28 166	32 107	32 421	32 603	35 347
64-66	**Activités financières et d'assurance**	**66 699**	**68 379**	**65 545**	**77 941**	**83 421**	**97 194**	**104 293**	**106 366**
68-82	**Immobilier, locations et activités de services aux entreprises**	**201 265**	**219 259**	**244 672**	**276 504**	**297 804**	**305 802**	**322 325**	**346 008**
68	Activités immobilières	117 559	124 044	134 454	143 132	149 363	156 934	166 194	174 488
69-82	Activ. spécialis., scient., tech. ; serv. admin. et de soutien	83 706	95 215	110 218	133 372	148 441	148 868	156 131	171 520
69-75	Activités professionnelles, scientifiques et techniques	52 296	58 388	67 100	79 938	91 771	92 086	95 325	102 157
69-71	Activités juridiques et comptables, d'architecture et d'ingénierie	39 272	44 964	52 523	63 755	74 069	75 363	78 030	83 648
73-75	Autres activités professionnelles, scientifiques et techniques	8 261	9 638	9 843	11 089	12 129	10 612	10 746	11 650
77-82	Activités de services administratifs et de soutien	31 410	36 827	43 118	53 434	56 670	56 782	60 806	69 363
84-99	Services collectifs, sociaux et personnels	330 181	347 216	370 005	401 612	438 546	467 957	493 778	524 263
84-88	Administration publique, enseignement, santé humaine et action social	295 268	311 372	332 044	363 217	398 909	426 796	449 620	478 168
84	**Administration publique et défense ; sécurité sociale obligatoire**	**82 939**	**85 324**	**91 620**	**101 201**	**110 798**	**119 083**	**124 376**	**131 441**
85	**Éducation**	**72 058**	**75 846**	**79 266**	**84 224**	**91 505**	**98 090**	**104 201**	**108 387**
86-88	**Santé humaine et action sociale**	**140 271**	**150 202**	**161 158**	**177 792**	**196 606**	**209 623**	**221 043**	**238 340**
90-99	Autres activités de services	34 913	35 844	37 961	38 395	39 637	41 161	44 158	46 095
90-93	**Arts, spectacles et loisirs**	**20 421**	**20 888**	**21 739**	**20 135**	**20 179**	**20 355**	**22 488**	**23 708**
94-96	**Autres activités de services**	**13 891**	**14 432**	**15 779**	**17 972**	**19 100**	**20 432**	**21 262**	**21 977**
97-98	**Activités des ménages en tant qu'employeurs et pour usage propre**	**601**	**524**	**443**	**288**	**358**	**374**	**408**	**410**
99	**Activités extra-territoriales**	..	..	..	..	..	..	..	..
05-39	**INDUSTRIES MANUFACTURIÈRES ET ÉNERGIE**	**541 274**	**662 881**	**771 966**	**747 332**	**915 883**	**675 194**	**754 739**	**882 419**
24-33x	**Industrie du métal ; réparation**	**65 824**	**71 895**	**87 072**	**92 732**	**102 000**	**90 081**	**93 022**	**100 850**
45-99	**TOTAL SERVICES**	**912 623**	**970 154**	**1 041 620**	**1 151 277**	**1 232 214**	**1 269 650**	**1 318 206**	**1 365 856**
45-82	**SERVICES DU SECTEUR DES ENTREPRISES**	**582 442**	**622 938**	**671 615**	**749 665**	**793 668**	**801 693**	**824 428**	**841 593**
45-82x	**SERVICES DU SECTEUR DES ENTREPRISES sauf activités immobilières**	**464 883**	**498 894**	**537 161**	**606 533**	**644 305**	**644 759**	**658 234**	**667 105**
05-82x	**SECTEUR DES ENTREPRISES NON-AGRICOLES sauf activités immobilières**	**1 080 765**	**1 245 863**	**1 407 655**	**1 469 971**	**1 684 000**	**1 441 342**	**1 542 099**	**1 692 417**
ENERGYP	**Activités génératrices d'énergie**	**373 489**	**479 518**	**562 137**	**525 054**	..	..	..	..

.. Non disponible

Note : Voir les métadonnées détaillées sur : http://metalinks.oecd.org/stan/20141219/5503.

Informations sur les données concernant Israël : http://oe.cd/israel-disclaimer.

Responsabilité : http://oe.cd/disclaimer

Tableau 3. Valeur ajoutée, volumes

CITI Rév. 4

Millions 2005 NOK

		2004	2005	2006	2007	2008	2009	2010	2011
	TOTAL	1 703 359	1 744 398	1 778 626	1 816 085	1 819 626	1 789 472	1 794 450	1 815 444
01-03	**AGRICULTURE, SYLVICULTURE ET PÊCHE**	27 302	27 275	27 166	28 470	30 548	30 090	32 979	32 682
05-09	**INDUSTRIES EXTRACTIVES**	472 155	451 380	426 554	407 786	397 591	390 832	372 854	361 295
10-33	**ACTIVITÉS DE FABRICATION**	150 493	156 675	160 521	165 767	171 957	160 055	163 608	166 810
10-12	Produits alimentaires, boissons et tabac	30 891	31 076	29 025	27 922	27 755	29 142	29 550	29 137
13-15	Textiles, habillement, cuir et articles de cuir	2 187	2 434	2 643	2 731	2 922	2 165	1 849	1 906
16-18	Bois, papier, imprimerie et reproduction de supports enregistrés	17 462	16 833	17 624	17 148	15 502	13 006	13 943	13 357
19-23	Produits chimiques, caoutchouc, plastique, minéraux	25 759	27 558	27 937	29 101	30 864	28 610	31 888	32 294
20-21	Produits chimiques et pharmaceutiques	..	..	..	..	..	..	..	..
22-23	Produits en caoutchouc et en plastique, autres produits minéraux	9 059	9 992	10 512	10 827	11 812	9 001	9 172	9 218
24-25	Produits métalliques de base et ouvrages en métaux	22 866	23 575	20 463	21 179	23 488	20 082	20 444	20 812
241x2431	Métaux ferreux	4 177	2 934	3 513	3 953	..	..	..	..
242x2432	Métaux non ferreux	8 166	9 449	5 292	4 931	..	..	..	..
26-28	Machines et matériel	20 978	22 424	25 524	31 540	36 492	37 027	36 747	39 452
26	Ordinateurs, articles électroniques et optiques	6 509	7 251	6 881	7 734	7 379	8 692	8 553	8 878
262	Fabrication d'ordinateurs et d'équipements périphériques	115	154	85	94	..	..	..	..
27	Équipements électriques	4 668	5 060	5 910	6 619	7 109	7 529	7 160	8 434
28	Machines et équipements n.c.a.	9 838	10 113	12 732	17 125	22 125	20 776	20 900	22 133
29-30	Matériel de transport	13 060	15 555	20 050	19 068	19 201	15 515	14 832	15 455
29	Automobiles, remorques et semi-remorques	2 700	2 646	2 813	3 150	2 634	2 315	..	..
30	Autres matériels de transport	10 335	12 909	17 246	15 987	16 467	13 157	..	..
31-33	Meubles ; réparation et installation de machines et de matériel	17 255	17 220	17 254	17 289	15 698	14 961	14 976	14 990
31-32	Meubles, autres activités manufacturières	6 893	6 879	6 693	6 941	5 789	4 625	4 500	4 388
33	Réparation et installation de machines et d'équipements	10 362	10 341	10 558	10 347	9 861	10 157	10 299	10 422
35-39	**ÉLECTRICITÉ, GAZ, EAU ET TRAITEMENT DES DÉCHETS**	45 996	54 826	52 829	50 974	49 454	46 455	46 118	46 967
35	Production et distribution d'électricité, de gaz, de vapeur et d'air conditionné	34 337	42 475	40 181	40 021	38 500	36 151	35 284	35 848
36-39	Distribution d'eau ; assainissement, gestion des déchets et dépollution	11 707	12 351	12 647	10 738	10 738	10 104	10 710	11 021
41-43	**CONSTRUCTION**	82 764	84 088	85 938	94 790	94 031	87 449	87 099	90 496
45-56	commerce, transports, hébergement et restauration	257 179	266 099	297 701	307 063	294 912	287 640	293 311	300 427
45-47	**Commerce de gros et de détail ; réparations automobiles et motocycles**	131 170	136 941	163 097	173 861	174 904	175 779	178 591	182 520
49-53	**Transports et entreposage**	104 697	106 896	110 317	108 110	95 029	89 137	91 811	93 831
55-56	**Activités d'hébergement et de restauration**	21 385	22 262	24 288	25 794	26 258	24 814	24 814	25 955
58-63	**Information et communication**	64 373	69 201	71 692	76 711	78 782	82 800	83 545	87 304
58-60	Édition, audiovisuel et diffusion	23 058	24 211	23 896	24 804	24 730	23 716	23 337	24 153
61	Télécommunications	20 607	22 111	25 671	28 418	27 594	33 333	34 700	34 943
62-63	Technologies de l'information et informatique	20 705	22 879	22 170	23 633	25 925	26 859	27 100	29 241
64-66	**Activités financières et d'assurance**	63 431	68 379	69 815	75 679	75 452	75 301	76 808	77 192
68-82	**Immobilier, locations et activités de services aux entreprises**	208 687	219 259	235 645	251 770	260 341	259 952	262 620	270 706
68	Activités immobilières	122 331	124 044	129 626	136 107	138 013	142 153	143 575	145 010
69-82	Activ. spécialis., scient., tech. ; serv. admin. et de soutien	86 390	95 215	106 019	115 658	122 083	118 032	119 275	125 588
69-75	Activités professionnelles, scientifiques et techniques	54 670	58 388	64 110	69 688	75 681	72 881	72 953	74 996
69-71	Activités juridiques et comptables, d'architecture et d'ingénierie	41 518	44 964	50 360	55 396	60 769	59 614	59 674	61 405
73-75	Autres activités professionnelles, scientifiques et techniques	8 330	9 638	9 445	10 144	10 570	8 752	8 568	8 894
77-82	Activités de services administratifs et de soutien	31 775	36 827	41 909	45 974	46 434	45 180	46 355	50 620
84-99	Services collectifs, sociaux et personnels	339 141	347 216	350 765	362 847	373 286	377 166	383 955	392 107
84-88	Administration publique, enseignement, santé humaine et action social	303 647	311 372	314 992	328 379	338 513	342 920	349 092	356 683
84	**Administration publique et défense ; sécurité sociale obligatoire**	85 581	85 324	86 092	90 827	94 369	97 955	98 739	100 615
85	**Éducation**	74 068	75 846	75 694	77 587	78 052	78 052	80 238	81 521
86-88	**Santé humaine et action sociale**	144 010	150 202	153 206	159 947	166 025	166 855	170 025	174 446
90-99	Autres activités de services	35 489	35 844	35 772	34 485	34 795	34 238	34 854	35 412
90-93	**Arts, spectacles et loisirs**	20 478	20 888	20 240	17 629	17 612	16 837	17 308	17 810
94-96	**Autres activités de services**	14 418	14 432	15 053	16 558	16 823	17 041	17 178	17 229
97-98	**Activités des ménages en tant qu'employeurs et pour usage propre**	599	524	503	323	398	410	432	426
99	**Activités extra-territoriales**	..	..	..	..	..	..	..	..
05-39	**INDUSTRIES MANUFACTURIÈRES ET ÉNERGIE**	663 510	662 881	639 904	623 501	617 453	598 092	583 064	574 743
24-33x	**Industrie du métal ; réparation**	67 280	71 895	76 595	81 810	88 663	81 842	81 321	84 857
45-99	**TOTAL SERVICES**	932 587	970 154	1 025 618	1 073 972	1 083 480	1 083 213	1 100 692	1 127 662
45-82	**SERVICES DU SECTEUR DES ENTREPRISES**	593 488	622 938	674 854	711 392	710 100	705 749	716 370	735 326
45-82x	**SERVICES DU SECTEUR DES ENTREPRISES sauf activités immobilières**	471 264	498 894	545 228	575 313	572 121	563 824	573 001	590 546
05-82x	**SECTEUR DES ENTREPRISES NON-AGRICOLES sauf activités immobilières**	1 214 471	1 245 863	1 271 069	1 289 129	1 279 007	1 243 514	1 237 514	1 249 085
ENERGYP	**Activités génératrices d'énergie**	491 495	479 518	449 077	428 862	..	..	..	..

.. Non disponible

Note : Voir les métadonnées détaillées sur : http://metalinks.oecd.org/stan/20141219/5503.

Informations sur les données concernant Israël : http://oe.cd/israel-disclaimer.

Responsabilité : http://oe.cd/disclaimer

Tableau 4. Formation brute de capital fixe, prix courants

CITI Rév. 4

Millions NOK

		2004	2005	2006	2007	2008	2009	2010	2011
	TOTAL	**319 520**	**376 107**	**433 103**	**513 771**	**542 277**	**515 580**	**499 059**	**549 991**
01-03	**AGRICULTURE, SYLVICULTURE ET PÊCHE**	**6 531**	**7 961**	**8 829**	**8 878**	**11 137**	**9 507**	**10 363**	**11 629**
05-09	**INDUSTRIES EXTRACTIVES**	**68 694**	**81 022**	**94 412**	**113 252**	**131 157**	**146 195**	**126 702**	**141 516**
10-33	**ACTIVITÉS DE FABRICATION**	**19 370**	**20 412**	**22 597**	**29 286**	**38 020**	**22 970**	**18 331**	**19 829**
10-12	Produits alimentaires, boissons et tabac	3 671	3 474	4 297	3 978	6 930	5 336	6 636	7 234
13-15	Textiles, habillement, cuir et articles de cuir	121	122	213	270	288	55	72	110
16-18	Bois, papier, imprimerie et reproduction de supports enregistrés	2 446	2 657	2 429	2 647	2 400	1 649	1 386	1 467
19-23	Produits chimiques, caoutchouc, plastique, minéraux	4 426	6 801	7 276	9 233	15 759	9 051	5 207	4 743
20-21	Produits chimiques et pharmaceutiques	..	..	..	..	..	..	..	..
22-23	Produits en caoutchouc et en plastique, autres produits minéraux	1 350	1 872	3 082	4 357	2 225	1 738	1 521	1 500
24-25	Produits métalliques de base et ouvrages en métaux	4 076	3 040	2 942	3 287	4 566	2 833	2 216	2 608
241x2431	Métaux ferreux	454	926	287	368	..	..	..	..
242x2432	Métaux non ferreux	2 546	1 429	1 535	1 883	..	..	..	..
26-28	Machines et matériel	2 321	2 022	2 335	2 908	3 393	2 057	1 590	1 814
26	Ordinateurs, articles électroniques et optiques	625	604	610	1 117	893	426	388	208
262	Fabrication d'ordinateurs et d'équipements périphériques	4	16	5	4	..	..	..	..
27	Équipements électriques	813	585	598	396	548	521	543	565
28	Machines et équipements n.c.a.	883	833	1 127	1 395	1 952	1 110	659	1 041
29-30	Matériel de transport	1 206	1 130	1 377	5 258	2 513	721	635	846
29	Automobiles, remorques et semi-remorques	401	378	199	115	245	116	..	..
30	Autres matériels de transport	805	752	1 178	5 143	2 268	605	..	..
31-33	Meubles ; réparation et installation de machines et de matériel	1 103	1 166	1 728	1 705	2 171	1 268	589	1 007
31-32	Meubles, autres activités manufacturières	559	617	678	530	511	173	179	164
33	Réparation et installation de machines et d'équipements	544	549	1 050	1 175	1 660	1 095	410	843
35-39	**ÉLECTRICITÉ, GAZ, EAU ET TRAITEMENT DES DÉCHETS**	**13 511**	**14 523**	**15 245**	**17 862**	**24 124**	**21 887**	**24 380**	**26 930**
35	Production et distribution d'électricité, de gaz, de vapeur et d'air conditionné	7 752	8 553	9 248	12 045	14 223	12 109	14 241	16 540
36-39	Distribution d'eau ; assainissement, gestion des déchets et dépollution	5 759	5 970	5 997	5 817	9 901	9 778	10 139	10 390
41-43	**CONSTRUCTION**	**8 130**	**11 879**	**14 412**	**16 213**	**13 729**	**12 744**	**12 615**	**13 708**
45-56	commerce, transports, hébergement et restauration	40 018	46 728	47 457	49 101	43 981	51 622	55 443	46 757
45-47	**Commerce de gros et de détail ; réparations automobiles et motocycles**	**15 717**	**13 378**	**14 064**	**14 617**	**13 458**	**9 742**	**9 760**	**8 017**
49-53	**Transports et entreposage**	**22 225**	**31 252**	**31 421**	**31 690**	**28 428**	**39 841**	**43 714**	**36 724**
55-56	**Activités d'hébergement et de restauration**	**2 076**	**2 098**	**1 972**	**2 794**	**2 095**	**2 039**	**1 969**	**2 016**
58-63	**Information et communication**	**9 653**	**11 579**	**12 000**	**12 199**	**15 679**	**13 143**	**13 725**	**13 964**
58-60	Édition, audiovisuel et diffusion	2 549	3 210	3 910	3 343	3 887	3 161	3 136	3 278
61	Télécommunications	5 919	6 498	5 454	6 850	8 594	7 847	8 407	8 318
62-63	Technologies de l'information et informatique	1 185	1 871	2 636	2 006	3 198	2 135	2 183	2 369
64-66	**Activités financières et d'assurance**	**6 507**	**4 193**	**8 954**	**8 178**	**9 852**	**5 745**	**6 320**	**6 748**
68-82	**Immobilier, locations et activités de services aux entreprises**	**91 850**	**119 218**	**141 280**	**182 949**	**171 300**	**141 906**	**145 231**	**176 947**
68	Activités immobilières	85 850	105 410	126 656	164 675	156 151	131 350	133 949	164 576
69-82	Activ. spécialis., scient., tech. ; serv. admin. et de soutien	6 000	13 808	14 624	18 274	15 149	10 556	11 282	12 371
69-75	Activités professionnelles, scientifiques et techniques	2 558	5 223	6 389	9 319	7 629	6 392	6 452	6 921
69-71	Activités juridiques et comptables, d'architecture et d'ingénierie	1 893	4 016	4 594	7 964	6 294	5 445	5 476	5 878
73-75	Autres activités professionnelles, scientifiques et techniques	442	931	1 356	894	750	427	432	474
77-82	Activités de services administratifs et de soutien	3 442	8 585	8 235	8 955	7 520	4 164	4 830	5 450
84-99	Services collectifs, sociaux et personnels	55 256	58 592	67 917	75 853	83 298	89 861	85 949	91 963
84-88	Administration publique, enseignement, santé humaine et action social	49 153	52 495	60 247	69 760	76 724	82 670	78 570	84 155
84	**Administration publique et défense ; sécurité sociale obligatoire**	**24 720**	**27 459**	**32 695**	**38 146**	**45 622**	**50 182**	**48 750**	**55 471**
85	**Éducation**	**9 873**	**10 390**	**11 683**	**13 616**	**13 911**	**16 547**	**15 942**	**15 258**
86-88	**Santé humaine et action sociale**	**14 560**	**14 646**	**15 869**	**17 998**	**17 191**	**15 941**	**13 878**	**13 426**
90-99	Autres activités de services	6 103	6 097	7 670	6 093	6 574	7 191	7 379	7 808
90-93	**Arts, spectacles et loisirs**	**4 880**	**4 783**	**5 100**	**4 351**	**4 566**	**5 311**	**5 421**	**5 731**
94-96	**Autres activités de services**	**1 223**	**1 314**	**2 570**	**1 742**	**2 008**	**1 880**	**1 958**	**2 077**
97-98	**Activités des ménages en tant qu'employeurs et pour usage propre**	**0**	**0**	**0**	**0**	**0**	**0**	**0**	..
99	**Activités extra-territoriales**	..	..	..	..	..	..	..	..
05-39	**INDUSTRIES MANUFACTURIÈRES ET ÉNERGIE**	**101 575**	**115 957**	**132 254**	**160 400**	**193 301**	**191 052**	**169 413**	**188 275**
24-33x	**Industrie du métal ; réparation**	**8 147**	**6 741**	**7 704**	**12 628**	**12 132**	**6 706**	**4 851**	**6 111**
45-99	**TOTAL SERVICES**	**203 284**	**240 310**	**277 608**	**328 280**	**324 110**	**302 277**	**306 668**	**336 379**
45-82	**SERVICES DU SECTEUR DES ENTREPRISES**	**148 028**	**181 718**	**209 691**	**252 427**	**240 812**	**212 416**	**220 719**	**244 416**
45-82x	**SERVICES DU SECTEUR DES ENTREPRISES sauf activités immobilières**	**62 178**	**76 308**	**83 035**	**87 752**	**84 661**	**81 066**	**86 770**	**79 840**
05-82x	**SECTEUR DES ENTREPRISES NON-AGRICOLES sauf activités immobilières**	**171 883**	**204 144**	**229 701**	**264 365**	**291 691**	**284 862**	**268 798**	**281 823**
ENERGYP	**Activités génératrices d'énergie**	**73 242**	**87 096**	**100 225**	**118 040**	..	..	..	..

.. Non disponible

Note : Voir les métadonnées détaillées sur : http://metalinks.oecd.org/stan/20141219/5503.

Informations sur les données concernant Israël : http://oe.cd/israel-disclaimer.

Responsabilité : http://oe.cd/disclaimer

Tableau 5. Nombre de personnes engagées, emploi total

CITI Rév. 4

Milliers

		2004	2005	2006	2007	2008	2009	2010	2011
	TOTAL	**2 320**	**2 351**	**2 432**	**2 532**	**2 614**	**2 602**	**2 600**	**2 636**
01-03	**AGRICULTURE, SYLVICULTURE ET PÊCHE**	**81**	**77**	**75**	**73**	**72**	**70**	**71**	**70**
05-09	**INDUSTRIES EXTRACTIVES**	**37**	**39**	**42**	**49**	**51**	**54**	**56**	**59**
10-33	**ACTIVITÉS DE FABRICATION**	**241**	**245**	**259**	**265**	**270**	**256**	**246**	**245**
10-12	Produits alimentaires, boissons et tabac	50	50	50	51	51	52	52	51
13-15	Textiles, habillement, cuir et articles de cuir	6	5	5	5	6	5	5	5
16-18	Bois, papier, imprimerie et reproduction de supports enregistrés	32	31	31	32	31	28	27	26
19-23	Produits chimiques, caoutchouc, plastique, minéraux	30	32	33	34	35	30	30	30
20-21	Produits chimiques et pharmaceutiques	..	..	..	..	..	..	..	..
22-23	Produits en caoutchouc et en plastique, autres produits minéraux	14	15	16	18	19	16	16	16
24-25	Produits métalliques de base et ouvrages en métaux	32	33	36	38	40	39	37	37
241x2431	Métaux ferreux	4	4	3	3	..	..	..	..
242x2432	Métaux non ferreux	9	9	10	9	..	..	..	..
26-28	Machines et matériel	35	37	38	40	40	40	38	40
26	Ordinateurs, articles électroniques et optiques	10	10	11	10	10	10	9	9
262	Fabrication d'ordinateurs et d'équipements périphériques	0	0	0	0	..	..	..	..
27	Équipements électriques	8	8	8	8	8	8	8	8
28	Machines et équipements n.c.a.	17	19	19	21	21	22	21	23
29-30	Matériel de transport	32	32	36	34	35	31	30	30
29	Automobiles, remorques et semi-remorques	5	5	5	5	5	3	..	..
30	Autres matériels de transport	27	27	32	29	30	28	..	..
31-33	Meubles ; réparation et installation de machines et de matériel	24	25	30	31	33	30	28	28
31-32	Meubles, autres activités manufacturières	13	14	13	14	13	12	11	10
33	Réparation et installation de machines et d'équipements	11	12	16	18	20	19	18	18
35-39	**ÉLECTRICITÉ, GAZ, EAU ET TRAITEMENT DES DÉCHETS**	**24**	**25**	**26**	**27**	**28**	**27**	**27**	**27**
35	Production et distribution d'électricité, de gaz, de vapeur et d'air conditionné	13	13	13	13	13	13	13	13
36-39	Distribution d'eau ; assainissement, gestion des déchets et dépollution	11	12	13	14	15	14	14	14
41-43	**CONSTRUCTION**	**155**	**163**	**177**	**193**	**199**	**190**	**190**	**196**
45-56	commerce, transports, hébergement et restauration	583	591	596	621	642	634	622	624
45-47	**Commerce de gros et de détail ; réparations automobiles et motocycles**	**343**	**349**	**353**	**368**	**382**	**376**	**367**	**370**
49-53	**Transports et entreposage**	**169**	**170**	**168**	**173**	**177**	**178**	**176**	**175**
55-56	**Activités d'hébergement et de restauration**	**71**	**73**	**75**	**80**	**83**	**80**	**79**	**79**
58-63	**Information et communication**	**83**	**83**	**84**	**84**	**85**	**86**	**86**	**88**
58-60	Édition, audiovisuel et diffusion	40	38	38	36	34	36	35	35
61	Télécommunications	13	14	12	13	13	13	14	14
62-63	Technologies de l'information et informatique	30	32	34	35	37	37	37	39
64-66	**Activités financières et d'assurance**	**49**	**47**	**48**	**49**	**50**	**53**	**54**	**54**
68-82	**Immobilier, locations et activités de services aux entreprises**	**189**	**200**	**223**	**246**	**264**	**257**	**251**	**258**
68	Activités immobilières	18	18	19	22	24	24	25	26
69-82	Activ. spécialis., scient., tech. ; serv. admin. et de soutien	171	182	204	224	240	233	226	233
69-75	Activités professionnelles, scientifiques et techniques	86	89	99	109	116	117	118	121
69-71	Activités juridiques et comptables, d'architecture et d'ingénierie	62	66	73	82	85	89	90	93
73-75	Autres activités professionnelles, scientifiques et techniques	16	16	18	19	21	19	20	19
77-82	Activités de services administratifs et de soutien	86	92	105	114	124	116	108	111
84-99	Services collectifs, sociaux et personnels	878	881	902	925	953	977	997	1 015
84-88	Administration publique, enseignement, santé humaine et action social	802	804	826	848	869	890	910	926
84	**Administration publique et défense ; sécurité sociale obligatoire**	**170**	**167**	**169**	**174**	**177**	**182**	**183**	**185**
85	**Éducation**	**179**	**180**	**182**	**186**	**188**	**192**	**197**	**199**
86-88	**Santé humaine et action sociale**	**453**	**458**	**475**	**489**	**504**	**515**	**530**	**543**
90-99	Autres activités de services	76	77	76	78	84	87	87	89
90-93	**Arts, spectacles et loisirs**	**32**	**33**	**33**	**34**	**39**	**41**	**42**	**43**
94-96	**Autres activités de services**	**39**	**40**	**40**	**41**	**42**	**43**	**42**	**43**
97-98	**Activités des ménages en tant qu'employeurs et pour usage propre**	**5**	**4**	**4**	**2**	**4**	**4**	**4**	**4**
99	**Activités extra-territoriales**	..	..	..	..	..	..	..	..
05-39	**INDUSTRIES MANUFACTURIÈRES ET ÉNERGIE**	**302**	**309**	**327**	**341**	**349**	**336**	**329**	**332**
24-33x	**Industrie du métal ; réparation**	**110**	**113**	**127**	**129**	**134**	**129**	**123**	**124**
45-99	**TOTAL SERVICES**	**1 782**	**1 802**	**1 853**	**1 924**	**1 994**	**2 006**	**2 010**	**2 038**
45-82	**SERVICES DU SECTEUR DES ENTREPRISES**	**904**	**921**	**951**	**999**	**1 041**	**1 029**	**1 012**	**1 023**
45-82x	**SERVICES DU SECTEUR DES ENTREPRISES sauf activités immobilières**	**886**	**903**	**932**	**977**	**1 016**	**1 006**	**987**	**998**
05-82x	**SECTEUR DES ENTREPRISES NON-AGRICOLES sauf activités immobilières**	**1 344**	**1 374**	**1 435**	**1 511**	**1 564**	**1 532**	**1 507**	**1 526**
ENERGYP	**Activités génératrices d'énergie**	**31**	**32**	**33**	**34**	**35**	**36**	..	..

.. Non disponible

Note : Voir les métadonnées détaillées sur : http://metalinks.oecd.org/stan/20141219/5503.

Informations sur les données concernant Israël : http://oe.cd/israel-disclaimer.

Responsabilité : http://oe.cd/disclaimer

NORVÈGE

Tableau 6. Coûts de la main-d'oeuvre (rémunération des salariés), prix courants

CITI Rév. 4

Millions NOK

		2004	2005	2006	2007	2008	2009	2010	2011
	TOTAL	**765 896**	**813 424**	**888 629**	**986 652**	**1 082 877**	**1 113 553**	**1 155 377**	**1 226 874**
01-03	**AGRICULTURE, SYLVICULTURE ET PÊCHE**	**6 013**	**6 177**	**6 620**	**7 066**	**7 680**	**7 841**	**8 498**	**9 004**
05-09	**INDUSTRIES EXTRACTIVES**	**26 476**	**29 606**	**32 213**	**39 214**	**44 507**	**50 656**	**54 298**	**59 686**
10-33	**ACTIVITÉS DE FABRICATION**	**95 397**	**101 833**	**114 998**	**123 636**	**131 243**	**125 827**	**126 195**	**131 033**
10-12	Produits alimentaires, boissons et tabac	17 828	18 217	19 215	20 603	21 617	22 106	22 901	23 094
13-15	Textiles, habillement, cuir et articles de cuir	1 478	1 510	1 629	1 768	1 796	1 609	1 595	1 657
16-18	Bois, papier, imprimerie et reproduction de supports enregistrés	11 358	11 745	12 149	12 755	12 897	11 800	11 819	11 964
19-23	Produits chimiques, caoutchouc, plastique, minéraux	13 868	14 994	16 533	17 850	18 322	16 789	17 240	18 000
20-21	Produits chimiques et pharmaceutiques	..	..	..	..	..	..	..	..
22-23	Produits en caoutchouc et en plastique, autres produits minéraux	5 811	6 333	6 966	7 895	8 477	7 804	7 831	7 999
24-25	Produits métalliques de base et ouvrages en métaux	13 625	14 053	16 316	17 705	19 357	18 697	18 896	19 558
241x2431	Métaux ferreux	1 686	1 591	1 490	1 622	1 918	..	..	..
242x2432	Métaux non ferreux	4 329	4 178	5 033	4 759	5 083	..	..	..
26-28	Machines et matériel	14 493	16 474	18 444	20 744	22 733	24 025	23 556	25 261
26	Ordinateurs, articles électroniques et optiques	4 243	4 520	5 243	5 437	5 893	6 039	5 723	5 980
262	Fabrication d'ordinateurs et d'équipements périphériques	73	81	82	68	..	..	..	..
27	Équipements électriques	3 238	3 627	3 957	4 421	4 698	4 748	4 684	4 989
28	Machines et équipements n.c.a.	7 012	8 327	9 244	10 886	12 142	13 238	13 149	14 292
29-30	Matériel de transport	13 889	14 915	17 893	17 476	18 760	16 754	16 549	17 323
29	Automobiles, remorques et semi-remorques	1 914	1 896	1 938	2 073	2 181	1 588	..	..
30	Autres matériels de transport	11 975	13 019	15 955	15 403	16 579	15 166	..	..
31-33	Meubles ; réparation et installation de machines et de matériel	8 858	9 925	12 819	14 735	15 761	14 047	13 639	14 176
31-32	Meubles, autres activités manufacturières	4 115	4 423	4 737	5 027	4 784	4 388	4 230	4 191
33	Réparation et installation de machines et d'équipements	4 743	5 502	8 082	9 708	10 977	9 659	9 409	9 984
35-39	**ÉLECTRICITÉ, GAZ, EAU ET TRAITEMENT DES DÉCHETS**	**10 252**	**11 061**	**11 901**	**13 444**	**15 087**	**14 531**	**15 214**	**16 323**
35	Production et distribution d'électricité, de gaz, de vapeur et d'air conditionné	6 137	6 464	6 850	7 464	8 183	7 957	8 347	9 133
36-39	Distribution d'eau ; assainissement, gestion des déchets et dépollution	4 115	4 597	5 051	5 980	6 904	6 574	6 867	7 190
41-43	**CONSTRUCTION**	**50 361**	**54 993**	**62 365**	**72 593**	**81 153**	**80 135**	**82 880**	**88 979**
45-56	commerce, transports, hébergement et restauration	172 546	180 318	191 125	209 223	227 401	229 016	233 692	243 740
45-47	**Commerce de gros et de détail ; réparations automobiles et motocycles**	**99 505**	**104 282**	**110 183**	**120 138**	**131 277**	**132 289**	**134 624**	**141 407**
49-53	**Transports et entreposage**	**56 713**	**59 209**	**63 038**	**69 343**	**74 941**	**75 394**	**76 859**	**79 485**
55-56	**Activités d'hébergement et de restauration**	**16 328**	**16 827**	**17 904**	**19 742**	**21 183**	**21 333**	**22 209**	**22 848**
58-63	**Information et communication**	**38 409**	**40 960**	**44 208**	**49 478**	**54 393**	**55 571**	**57 722**	**61 927**
58-60	Édition, audiovisuel et diffusion	15 871	16 602	17 683	19 267	20 657	20 622	21 181	22 321
61	Télécommunications	7 691	7 901	7 290	8 556	9 484	9 776	10 317	11 002
62-63	Technologies de l'information et informatique	14 847	16 457	19 235	21 655	24 252	25 173	26 224	28 604
64-66	**Activités financières et d'assurance**	**25 833**	**27 440**	**29 822**	**33 733**	**37 392**	**39 146**	**42 320**	**45 303**
68-82	**Immobilier, locations et activités de services aux entreprises**	**67 297**	**74 323**	**89 233**	**104 220**	**117 835**	**118 516**	**121 202**	**130 776**
68	Activités immobilières	6 396	6 967	7 803	9 371	10 629	10 582	11 997	12 995
69-82	Activ. spécialis., scient., tech. ; serv. admin. et de soutien	60 901	67 356	81 430	94 849	107 206	107 934	109 205	117 781
69-75	Activités professionnelles, scientifiques et techniques	37 642	40 823	48 134	56 240	63 551	66 285	69 184	74 099
69-71	Activités juridiques et comptables, d'architecture et d'ingénierie	27 559	30 511	36 811	43 328	48 882	52 367	54 596	58 947
73-75	Autres activités professionnelles, scientifiques et techniques	5 819	6 087	6 700	7 627	8 717	7 615	8 047	8 222
77-82	Activités de services administratifs et de soutien	23 259	26 533	33 296	38 609	43 655	41 649	40 021	43 682
84-99	Services collectifs, sociaux et personnels	273 312	286 713	306 144	334 045	366 186	392 314	413 356	440 103
84-88	Administration publique, enseignement, santé humaine et action social	254 005	266 270	284 783	311 430	341 099	365 401	384 965	410 137
84	**Administration publique et défense ; sécurité sociale obligatoire**	**65 696**	**67 291**	**72 277**	**79 602**	**86 646**	**92 574**	**96 039**	**100 946**
85	**Éducation**	**65 908**	**68 826**	**72 183**	**76 207**	**82 595**	**88 626**	**94 063**	**97 737**
86-88	**Santé humaine et action sociale**	**122 401**	**130 153**	**140 323**	**155 621**	**171 858**	**184 201**	**194 863**	**211 454**
90-99	Autres activités de services	19 307	20 443	21 361	22 615	25 087	26 913	28 391	29 966
90-93	**Arts, spectacles et loisirs**	**8 276**	**9 044**	**9 689**	**10 057**	**11 274**	**12 094**	**12 771**	**13 636**
94-96	**Autres activités de services**	**10 430**	**10 875**	**11 229**	**12 270**	**13 455**	**14 445**	**15 220**	**15 922**
97-98	**Activités des ménages en tant qu'employeurs et pour usage propre**	**601**	**524**	**443**	**288**	**358**	**374**	**400**	**408**
99	**Activités extra-territoriales**	..	..	..	..	..	..	..	..
05-39	**INDUSTRIES MANUFACTURIÈRES ET ÉNERGIE**	**132 125**	**142 500**	**159 112**	**176 294**	**190 837**	**191 014**	**195 707**	**207 042**
24-33x	**Industrie du métal ; réparation**	**46 750**	**50 944**	**60 735**	**65 633**	**71 827**	**69 135**	**68 410**	**72 126**
45-99	**TOTAL SERVICES**	**577 397**	**609 754**	**660 532**	**730 699**	**803 207**	**834 563**	**868 292**	**921 849**
45-82	**SERVICES DU SECTEUR DES ENTREPRISES**	**304 085**	**323 041**	**354 388**	**396 654**	**437 021**	**442 249**	**454 936**	**481 746**
45-82x	**SERVICES DU SECTEUR DES ENTREPRISES sauf activités immobilières**	**297 689**	**316 074**	**346 585**	**387 283**	**426 392**	**431 667**	**442 939**	**468 751**
05-82x	**SECTEUR DES ENTREPRISES NON-AGRICOLES sauf activités immobilières**	**480 175**	**513 567**	**568 062**	**636 170**	**698 382**	**702 816**	**721 526**	**764 772**
ENERGYP	**Activités génératrices d'énergie**	**21 988**	**23 551**	**24 220**	**27 255**	..	..	..	..

.. Non disponible

Note : Voir les métadonnées détaillées sur : http://metalinks.oecd.org/stan/20141219/5503.

Informations sur les données concernant Israël : http://oe.cd/israel-disclaimer.

Responsabilité : http://oe.cd/disclaimer

SLOVÉNIE

Tableau 1. Production brute, prix courants

CITI Rév. 4

Millions EUR

		2004	2005	2006	2007	2008	2009	2010	2011
	TOTAL	**52 948**	**56 571**	**62 518**	**71 276**	**76 709**	**68 793**	**70 625**	..
01-03	**AGRICULTURE, SYLVICULTURE ET PÊCHE**	**1 386**	**1 383**	**1 351**	**1 595**	**1 647**	**1 521**	**1 534**	..
05-09	**INDUSTRIES EXTRACTIVES**	**234**	**239**	**272**	**295**	**304**	**292**	**292**	..
10-33	**ACTIVITÉS DE FABRICATION**	**18 624**	**19 670**	**21 557**	**24 237**	**24 576**	**19 834**	**21 777**	..
10-12	Produits alimentaires, boissons et tabac	1 787	1 719	1 816	1 879	1 930	1 775	1 709	..
13-15	Textiles, habillement, cuir et articles de cuir	1 550	1 676	1 658	1 574	1 458	1 215	1 176	..
16-18	Bois, papier, imprimerie et reproduction de supports enregistrés	1 612	1 670	1 842	2 072	1 958	1 734	1 800	..
19-23	Produits chimiques, caoutchouc, plastique, minéraux	3 959	4 209	4 788	5 255	5 444	4 548	5 127	..
20-21	Produits chimiques et pharmaceutiques	2 082	2 135	2 451	2 674	2 791	2 425	2 734	..
22-23	Produits en caoutchouc et en plastique, autres produits minéraux	1 872	2 068	2 330	2 575	2 642	2 115	2 388	..
24-25	Produits métalliques de base et ouvrages en métaux	3 139	3 444	4 128	4 997	5 075	3 428	4 085	..
241x2431	Métaux ferreux	..	..	..	..	..	..	..	..
242x2432	Métaux non ferreux	..	..	..	..	..	..	..	..
26-28	Machines et matériel	3 455	3 476	3 882	4 372	4 591	3 553	3 946	..
26	Ordinateurs, articles électroniques et optiques	760	629	654	691	693	523	600	..
262	Fabrication d'ordinateurs et d'équipements périphériques	..	..	..	..	..	..	..	..
27	Équipements électriques	1 742	1 760	1 938	2 167	2 215	1 749	2 078	..
28	Machines et équipements n.c.a.	952	1 087	1 291	1 514	1 684	1 281	1 268	..
29-30	Matériel de transport	1 959	2 315	2 308	2 835	2 810	2 532	2 885	..
29	Automobiles, remorques et semi-remorques	1 814	2 184	2 177	2 680	2 640	2 439	2 790	..
30	Autres matériels de transport	145	131	131	155	169	93	95	..
31-33	Meubles ; réparation et installation de machines et de matériel	1 163	1 162	1 136	1 253	1 311	1 050	1 050	..
31-32	Meubles, autres activités manufacturières	790	801	818	895	929	730	708	..
33	Réparation et installation de machines et d'équipements	373	361	318	358	382	320	342	..
35-39	**ÉLECTRICITÉ, GAZ, EAU ET TRAITEMENT DES DÉCHETS**	**1 775**	**1 893**	**2 103**	**2 310**	**2 617**	**2 636**	**2 924**	..
35	Production et distribution d'électricité, de gaz, de vapeur et d'air conditionné	1 236	1 318	1 441	1 551	1 777	1 887	1 975	..
36-39	Distribution d'eau ; assainissement, gestion des déchets et dépollution	538	574	662	759	840	749	949	..
41-43	**CONSTRUCTION**	**5 080**	**5 658**	**6 791**	**8 733**	**9 827**	**8 237**	**6 916**	..
45-56	commerce, transports, hébergement et restauration	9 144	9 909	11 112	12 904	14 400	13 137	13 379	..
45-47	**Commerce de gros et de détail ; réparations automobiles et motocycles**	**5 291**	**5 725**	**6 301**	**7 367**	**8 179**	**7 613**	**7 481**	..
49-53	**Transports et entreposage**	**2 851**	**3 082**	**3 548**	**4 119**	**4 694**	**4 062**	**4 442**	..
55-56	**Activités d'hébergement et de restauration**	**1 003**	**1 102**	**1 264**	**1 418**	**1 528**	**1 462**	**1 456**	..
58-63	**Information et communication**	**1 919**	**2 141**	**2 367**	**2 613**	**2 908**	**2 833**	**2 878**	..
58-60	Édition, audiovisuel et diffusion	538	575	623	665	710	668	654	..
61	Télécommunications	919	1 040	1 148	1 237	1 370	1 330	1 329	..
62-63	Technologies de l'information et informatique	462	526	596	711	829	836	895	..
64-66	**Activités financières et d'assurance**	**1 784**	**1 965**	**2 270**	**2 507**	**2 554**	**2 618**	**2 873**	..
68-82	**Immobilier, locations et activités de services aux entreprises**	**5 938**	**6 240**	**6 821**	**7 789**	**8 723**	**8 182**	**8 280**	..
68	Activités immobilières	2 104	2 249	2 384	2 676	2 956	2 857	2 755	..
69-82	Activ. spécialis., scient., tech. ; serv. admin. et de soutien	3 834	3 991	4 437	5 114	5 767	5 325	5 525	..
69-75	Activités professionnelles, scientifiques et techniques	2 764	2 923	3 276	3 714	4 262	3 954	4 086	..
69-71	Activités juridiques et comptables, d'architecture et d'ingénierie	1 830	1 967	2 160	2 483	2 880	2 665	2 765	..
73-75	Autres activités professionnelles, scientifiques et techniques	747	746	858	954	1 061	974	976	..
77-82	Activités de services administratifs et de soutien	1 070	1 068	1 161	1 400	1 505	1 371	1 439	..
84-99	Services collectifs, sociaux et personnels	7 064	7 473	7 873	8 294	9 153	9 502	9 772	..
84-88	Administration publique, enseignement, santé humaine et action social	5 722	6 094	6 452	6 702	7 447	7 815	8 094	..
84	**Administration publique et défense ; sécurité sociale obligatoire**	**2 235**	**2 389**	**2 563**	**2 580**	**2 895**	**2 966**	**3 114**	..
85	**Éducation**	**1 722**	**1 826**	**1 942**	**2 038**	**2 222**	**2 323**	**2 393**	..
86-88	**Santé humaine et action sociale**	**1 766**	**1 879**	**1 947**	**2 084**	**2 330**	**2 526**	**2 587**	..
90-99	Autres activités de services	1 342	1 379	1 421	1 592	1 706	1 687	1 678	..
90-93	**Arts, spectacles et loisirs**	**654**	**721**	**768**	**891**	**960**	**952**	**945**	..
94-96	**Autres activités de services**	**669**	**639**	**634**	**680**	**723**	**710**	**707**	..
97-98	**Activités des ménages en tant qu'employeurs et pour usage propre**	**19**	**19**	**19**	**21**	**23**	**24**	**26**	..
99	**Activités extra-territoriales**	..	..	..	..	..	..	..	..
05-39	**INDUSTRIES MANUFACTURIÈRES ET ÉNERGIE**	**20 633**	**21 802**	**23 932**	**26 841**	**27 496**	**22 763**	**24 993**	..
24-33x	**Industrie du métal ; réparation**	**8 926**	**9 596**	**10 636**	**12 563**	**12 858**	**9 833**	**11 258**	..
45-99	**TOTAL SERVICES**	**25 849**	**27 727**	**30 444**	**34 106**	**37 739**	**36 272**	**37 182**	..
45-82	**SERVICES DU SECTEUR DES ENTREPRISES**	**18 785**	**20 255**	**22 571**	**25 813**	**28 586**	**26 770**	**27 410**	..
45-82x	**SERVICES DU SECTEUR DES ENTREPRISES sauf activités immobilières**	**16 681**	**18 006**	**20 186**	**23 137**	**25 629**	**23 914**	**24 656**	..
05-82x	**SECTEUR DES ENTREPRISES NON-AGRICOLES sauf activités immobilières**	**42 394**	**45 466**	**50 910**	**58 711**	**62 952**	**54 913**	**56 564**	..
ENERGYP	**Activités génératrices d'énergie**	**1 397**	**1 482**	**1 598**	**1 715**	**1 946**	**2 052**	..	..

.. Non disponible

Note : Voir les métadonnées détaillées sur : http://metalinks.oecd.org/stan/20141219/5503.

Informations sur les données concernant Israël : http://oe.cd/israel-disclaimer.

Responsabilité : http://oe.cd/disclaimer

SLOVÉNIE

Tableau 2. Valeur ajoutée, prix courants

CITI Rév. 4

Millions EUR

		2004	2005	2006	2007	2008	2009	2010	2011
	TOTAL	**23 776**	**25 177**	**27 225**	**30 336**	**32 716**	**30 788**	**30 822**	..
01-03	**AGRICULTURE, SYLVICULTURE ET PÊCHE**	**630**	**666**	**627**	**743**	**798**	**750**	**767**	..
05-09	**INDUSTRIES EXTRACTIVES**	**126**	**130**	**135**	**144**	**143**	**140**	**135**	..
10-33	**ACTIVITÉS DE FABRICATION**	**5 700**	**5 788**	**6 209**	**6 881**	**6 981**	**5 840**	**5 967**	..
10-12	Produits alimentaires, boissons et tabac	500	476	480	503	472	501	451	..
13-15	Textiles, habillement, cuir et articles de cuir	387	384	369	385	361	280	240	..
16-18	Bois, papier, imprimerie et reproduction de supports enregistrés	536	534	553	623	575	541	488	..
19-23	Produits chimiques, caoutchouc, plastique, minéraux	1 473	1 448	1 668	1 761	1 776	1 574	1 626	..
20-21	Produits chimiques et pharmaceutiques	826	798	952	987	1 012	925	950	..
22-23	Produits en caoutchouc et en plastique, autres produits minéraux	647	649	713	772	762	648	675	..
24-25	Produits métalliques de base et ouvrages en métaux	929	1 029	1 101	1 295	1 383	973	1 041	..
241x2431	Métaux ferreux	..	..	..	..	..	..	..	..
242x2432	Métaux non ferreux	..	..	..	..	..	..	..	..
26-28	Machines et matériel	1 094	1 088	1 179	1 302	1 376	1 104	1 178	..
26	Ordinateurs, articles électroniques et optiques	282	219	229	241	245	188	209	..
262	Fabrication d'ordinateurs et d'équipements périphériques	..	..	..	..	..	..	..	..
27	Équipements électriques	499	530	565	605	619	495	570	..
28	Machines et équipements n.c.a.	314	339	386	456	512	422	399	..
29-30	Matériel de transport	326	377	420	521	526	447	519	..
29	Automobiles, remorques et semi-remorques	296	343	383	485	485	429	500	..
30	Autres matériels de transport	30	34	37	36	41	18	18	..
31-33	Meubles ; réparation et installation de machines et de matériel	456	453	439	492	513	421	424	..
31-32	Meubles, autres activités manufacturières	297	296	295	326	338	269	261	..
33	Réparation et installation de machines et d'équipements	159	157	145	166	175	152	164	..
35-39	**ÉLECTRICITÉ, GAZ, EAU ET TRAITEMENT DES DÉCHETS**	**852**	**897**	**973**	**1 046**	**1 142**	**1 131**	**1 157**	..
35	Production et distribution d'électricité, de gaz, de vapeur et d'air conditionné	592	625	686	717	795	801	832	..
36-39	Distribution d'eau ; assainissement, gestion des déchets et dépollution	260	271	288	329	347	330	325	..
41-43	**CONSTRUCTION**	**1 482**	**1 672**	**1 957**	**2 451**	**2 762**	**2 465**	**1 969**	..
45-56	commerce, transports, hébergement et restauration	4 580	4 967	5 437	6 234	6 852	6 338	6 342	..
45-47	**Commerce de gros et de détail ; réparations automobiles et motocycles**	**2 795**	**3 060**	**3 299**	**3 798**	**4 218**	**3 932**	**3 879**	..
49-53	**Transports et entreposage**	**1 271**	**1 351**	**1 513**	**1 735**	**1 894**	**1 704**	**1 775**	..
55-56	**Activités d'hébergement et de restauration**	**514**	**556**	**626**	**701**	**740**	**702**	**689**	..
58-63	**Information et communication**	**915**	**1 012**	**1 100**	**1 216**	**1 294**	**1 209**	**1 258**	..
58-60	Édition, audiovisuel et diffusion	226	238	254	260	273	249	247	..
61	Télécommunications	447	489	519	566	572	510	527	..
62-63	Technologies de l'information et informatique	243	284	327	390	449	450	485	..
64-66	**Activités financières et d'assurance**	**1 088**	**1 164**	**1 376**	**1 460**	**1 539**	**1 582**	**1 731**	..
68-82	**Immobilier, locations et activités de services aux entreprises**	**3 790**	**3 970**	**4 277**	**4 761**	**5 289**	**5 112**	**5 104**	..
68	Activités immobilières	1 779	1 920	2 008	2 151	2 387	2 357	2 265	..
69-82	Activ. spécialis., scient., tech. ; serv. admin. et de soutien	2 010	2 050	2 269	2 611	2 902	2 755	2 838	..
69-75	Activités professionnelles, scientifiques et techniques	1 356	1 439	1 604	1 802	2 073	1 987	2 028	..
69-71	Activités juridiques et comptables, d'architecture et d'ingénierie	823	895	994	1 155	1 348	1 299	1 335	..
73-75	Autres activités professionnelles, scientifiques et techniques	424	417	458	482	542	507	503	..
77-82	Activités de services administratifs et de soutien	654	611	666	809	829	768	810	..
84-99	Services collectifs, sociaux et personnels	4 614	4 913	5 133	5 400	5 918	6 222	6 393	..
84-88	Administration publique, enseignement, santé humaine et action social	3 930	4 171	4 371	4 597	5 064	5 361	5 515	..
84	**Administration publique et défense ; sécurité sociale obligatoire**	**1 443**	**1 520**	**1 608**	**1 692**	**1 887**	**1 977**	**2 044**	..
85	**Éducation**	**1 337**	**1 431**	**1 509**	**1 575**	**1 683**	**1 753**	**1 809**	..
86-88	**Santé humaine et action sociale**	**1 150**	**1 219**	**1 254**	**1 331**	**1 494**	**1 632**	**1 663**	..
90-99	Autres activités de services	684	742	763	803	854	861	878	..
90-93	**Arts, spectacles et loisirs**	**379**	**422**	**437**	**451**	**480**	**482**	**494**	..
94-96	**Autres activités de services**	**286**	**301**	**306**	**331**	**351**	**354**	**358**	..
97-98	**Activités des ménages en tant qu'employeurs et pour usage propre**	**19**	**19**	**19**	**21**	**23**	**24**	**26**	..
99	**Activités extra-territoriales**	..	..	..	..	..	..	..	..
05-39	**INDUSTRIES MANUFACTURIÈRES ET ÉNERGIE**	**6 678**	**6 814**	**7 317**	**8 070**	**8 265**	**7 112**	**7 259**	..
24-33x	**Industrie du métal ; réparation**	**2 508**	**2 651**	**2 845**	**3 282**	**3 460**	**2 675**	**2 900**	..
45-99	**TOTAL SERVICES**	**14 986**	**16 025**	**17 323**	**19 071**	**20 892**	**20 462**	**20 828**	..
45-82	**SERVICES DU SECTEUR DES ENTREPRISES**	**10 372**	**11 113**	**12 190**	**13 672**	**14 974**	**14 241**	**14 435**	..
45-82x	**SERVICES DU SECTEUR DES ENTREPRISES sauf activités immobilières**	**8 593**	**9 192**	**10 183**	**11 521**	**12 587**	**11 884**	**12 170**	..
05-82x	**SECTEUR DES ENTREPRISES NON-AGRICOLES sauf activités immobilières**	**16 753**	**17 678**	**19 457**	**22 042**	**23 613**	**21 460**	**21 398**	..
ENERGYP	**Activités génératrices d'énergie**	**686**	**724**	**777**	**808**	**882**	**889**	..	..

.. Non disponible

Note : Voir les métadonnées détaillées sur : http://metalinks.oecd.org/stan/20141219/5503.

Informations sur les données concernant Israël : http://oe.cd/israel-disclaimer.

Responsabilité : http://oe.cd/disclaimer

Tableau 3. Valeur ajoutée, volumes

CITI Rév. 4

Millions 2000 EUR

		2004	2005	2006	2007	2008	2009	2010	2011
	TOTAL	24 240	25 177	26 712	28 594	29 513	27 161	27 621	..
01-03	**AGRICULTURE, SYLVICULTURE ET PÊCHE**	695	666	661	681	679	632	602	..
05-09	**INDUSTRIES EXTRACTIVES**	126	130	140	145	144	137	141	..
10-33	**ACTIVITÉS DE FABRICATION**	5 593	5 788	6 216	6 740	6 754	5 605	6 021	..
10-12	Produits alimentaires, boissons et tabac	485	476	497	527	474	447	437	..
13-15	Textiles, habillement, cuir et articles de cuir	372	384	379	385	363	276	268	..
16-18	Bois, papier, imprimerie et reproduction de supports enregistrés	513	534	571	624	565	501	516	..
19-23	Produits chimiques, caoutchouc, plastique, minéraux	1 462	1 448	1 609	1 713	1 760	1 494	1 634	..
20-21	Produits chimiques et pharmaceutiques	823	798	928	1 029	1 105	1 002	1 083	..
22-23	Produits en caoutchouc et en plastique, autres produits minéraux	637	649	680	684	662	512	569	..
24-25	Produits métalliques de base et ouvrages en métaux	966	1 029	1 099	1 164	1 158	974	1 076	..
241x2431	Métaux ferreux	..	..	..	..	..	..	..	..
242x2432	Métaux non ferreux	..	..	..	..	..	..	..	..
26-28	Machines et matériel	1 016	1 088	1 244	1 421	1 520	1 161	1 288	..
26	Ordinateurs, articles électroniques et optiques	223	219	248	305	357	272	315	..
262	Fabrication d'ordinateurs et d'équipements périphériques	..	..	..	..	..	..	..	..
27	Équipements électriques	486	530	589	659	654	503	595	..
28	Machines et équipements n.c.a.	302	339	407	458	512	389	389	..
29-30	Matériel de transport	310	377	390	456	468	405	463	..
29	Automobiles, remorques et semi-remorques	281	343	353	417	424	378	434	..
30	Autres matériels de transport	29	34	37	39	43	26	26	..
31-33	Meubles ; réparation et installation de machines et de matériel	474	453	429	451	452	343	343	..
31-32	Meubles, autres activités manufacturières	300	296	290	305	301	216	207	..
33	Réparation et installation de machines et d'équipements	175	157	138	146	151	125	135	..
35-39	**ÉLECTRICITÉ, GAZ, EAU ET TRAITEMENT DES DÉCHETS**	871	897	959	981	1 046	974	1 001	..
35	Production et distribution d'électricité, de gaz, de vapeur et d'air conditionné	601	625	659	663	684	644	668	..
36-39	Distribution d'eau ; assainissement, gestion des déchets et dépollution	271	271	300	318	364	330	332	..
41-43	**CONSTRUCTION**	1 615	1 672	1 915	2 251	2 360	1 994	1 596	..
45-56	commerce, transports, hébergement et restauration	4 728	4 967	5 324	5 696	5 881	5 319	5 451	..
45-47	**Commerce de gros et de détail ; réparations automobiles et motocycles**	2 881	3 060	3 295	3 483	3 618	3 293	3 261	..
49-53	**Transports et entreposage**	1 307	1 351	1 435	1 595	1 676	1 507	1 674	..
55-56	**Activités d'hébergement et de restauration**	540	556	594	615	587	520	524	..
58-63	**Information et communication**	908	1 012	1 104	1 204	1 321	1 260	1 305	..
58-60	Édition, audiovisuel et diffusion	226	238	260	267	277	242	239	..
61	Télécommunications	428	489	535	597	665	642	656	..
62-63	Technologies de l'information et informatique	254	284	309	339	378	374	403	..
64-66	**Activités financières et d'assurance**	1 048	1 164	1 229	1 413	1 530	1 571	1 650	..
68-82	**Immobilier, locations et activités de services aux entreprises**	3 943	3 970	4 177	4 411	4 630	4 390	4 529	..
68	Activités immobilières	1 859	1 920	1 972	2 056	2 172	2 108	2 133	..
69-82	Activ. spécialis., scient., tech. ; serv. admin. et de soutien	2 083	2 050	2 205	2 354	2 459	2 286	2 397	..
69-75	Activités professionnelles, scientifiques et techniques	1 406	1 439	1 558	1 632	1 768	1 651	1 730	..
69-71	Activités juridiques et comptables, d'architecture et d'ingénierie	854	895	956	1 019	1 130	1 067	1 146	..
73-75	Autres activités professionnelles, scientifiques et techniques	428	417	453	454	471	420	411	..
77-82	Activités de services administratifs et de soutien	677	611	648	723	692	636	668	..
84-99	Services collectifs, sociaux et personnels	4 723	4 913	4 988	5 067	5 157	5 241	5 358	..
84-88	Administration publique, enseignement, santé humaine et action social	4 028	4 171	4 247	4 328	4 417	4 522	4 634	..
84	**Administration publique et défense ; sécurité sociale obligatoire**	1 474	1 520	1 567	1 590	1 641	1 686	1 745	..
85	**Éducation**	1 381	1 431	1 447	1 471	1 479	1 519	1 565	..
86-88	**Santé humaine et action sociale**	1 173	1 219	1 233	1 268	1 297	1 318	1 325	..
90-99	Autres activités de services	696	742	741	738	740	719	725	..
90-93	**Arts, spectacles et loisirs**	380	422	423	413	411	393	394	..
94-96	**Autres activités de services**	298	301	300	307	310	307	311	..
97-98	**Activités des ménages en tant qu'employeurs et pour usage propre**	18	19	18	19	19	19	20	..
99	**Activités extra-territoriales**	..	..	..	..	..	..	..	..
05-39	**INDUSTRIES MANUFACTURIÈRES ET ÉNERGIE**	6 590	6 814	7 315	7 864	7 946	6 723	7 165	..
24-33x	**Industrie du métal ; réparation**	2 461	2 651	2 870	3 186	3 286	2 674	2 973	..
45-99	**TOTAL SERVICES**	15 342	16 025	16 822	17 798	18 522	17 768	18 272	..
45-82	**SERVICES DU SECTEUR DES ENTREPRISES**	10 619	11 113	11 834	12 731	13 364	12 519	12 906	..
45-82x	**SERVICES DU SECTEUR DES ENTREPRISES sauf activités immobilières**	8 761	9 192	9 862	10 674	11 192	10 412	10 774	..
05-82x	**SECTEUR DES ENTREPRISES NON-AGRICOLES sauf activités immobilières**	16 967	17 678	19 092	20 791	21 509	19 160	19 508	..
ENERGYP	**Activités génératrices d'énergie**	..	..	..	..	..	..	..	..

.. Non disponible

Note : Voir les métadonnées détaillées sur : http://metalinks.oecd.org/stan/20141219/5503.

Informations sur les données concernant Israël : http://oe.cd/israel-disclaimer.

Responsabilité : http://oe.cd/disclaimer

SLOVÉNIE

Tableau 4. Formation brute de capital fixe, prix courants

CITI Rév. 4

Millions EUR

		2004	2005	2006	2007	2008	2009	2010	2011
	TOTAL	**6 790**	**7 294**	**8 235**	**9 604**	**10 730**	**8 268**	**7 651**	..
01-03	**AGRICULTURE, SYLVICULTURE ET PÊCHE**	**198**	**221**	**234**	**250**	**293**	**243**	..	..
05-09	**INDUSTRIES EXTRACTIVES**	**40**	**54**	**32**	**43**	**53**	**35**	..	..
10-33	**ACTIVITÉS DE FABRICATION**	**1 483**	**1 466**	**1 553**	**1 558**	**1 691**	**1 173**	..	..
10-12	Produits alimentaires, boissons et tabac	161	110	100	92	112	86	..	..
13-15	Textiles, habillement, cuir et articles de cuir	39	34	25	37	41	31	..	..
16-18	Bois, papier, imprimerie et reproduction de supports enregistrés	146	127	199	172	163	106	..	..
19-23	Produits chimiques, caoutchouc, plastique, minéraux	437	382	330	427	525	332	..	..
20-21	Produits chimiques et pharmaceutiques	282	218	185	251	302	194	..	..
22-23	Produits en caoutchouc et en plastique, autres produits minéraux	155	164	144	176	222	137	..	..
24-25	Produits métalliques de base et ouvrages en métaux	256	259	326	302	346	255	..	..
241x2431	Métaux ferreux	..	..	..	..	..	112	..	..
242x2432	Métaux non ferreux	..	..	..	..	..	14	..	..
26-28	Machines et matériel	270	251	242	275	273	194	..	..
26	Ordinateurs, articles électroniques et optiques	51	52	54	44	43	37	..	..
262	Fabrication d'ordinateurs et d'équipements périphériques	..	..	..	..	..	5	..	..
27	Équipements électriques	155	127	107	135	118	95	..	..
28	Machines et équipements n.c.a.	64	72	81	96	112	62	..	..
29-30	Matériel de transport	98	242	267	174	151	122	..	..
29	Automobiles, remorques et semi-remorques	88	227	257	153	139	117	..	..
30	Autres matériels de transport	10	15	9	21	11	5	..	..
31-33	Meubles ; réparation et installation de machines et de matériel	77	62	64	79	81	48	..	..
31-32	Meubles, autres activités manufacturières	49	39	44	55	56	38	..	..
33	Réparation et installation de machines et d'équipements	28	23	20	24	25	10	..	..
35-39	**ÉLECTRICITÉ, GAZ, EAU ET TRAITEMENT DES DÉCHETS**	**389**	**450**	**551**	**666**	**679**	**640**	..	..
35	Production et distribution d'électricité, de gaz, de vapeur et d'air conditionné	224	304	390	492	510	448	..	..
36-39	Distribution d'eau ; assainissement, gestion des déchets et dépollution	165	145	161	174	169	191	..	..
41-43	**CONSTRUCTION**	**228**	**267**	**368**	**414**	**447**	**315**	..	..
45-56	commerce, transports, hébergement et restauration	1 589	1 575	1 921	2 362	2 682	1 708	..	..
45-47	**Commerce de gros et de détail ; réparations automobiles et motocycles**	**614**	**628**	**687**	**778**	**929**	**566**	..	..
49-53	**Transports et entreposage**	**799**	**765**	**1 010**	**1 317**	**1 439**	**836**	..	..
55-56	**Activités d'hébergement et de restauration**	**177**	**182**	**224**	**267**	**314**	**306**	..	..
58-63	**Information et communication**	**310**	**268**	**321**	**399**	**474**	**298**	..	..
58-60	Édition, audiovisuel et diffusion	75	49	44	42	40	41	..	..
61	Télécommunications	207	187	237	312	378	183	..	..
62-63	Technologies de l'information et informatique	29	33	41	46	56	74	..	..
64-66	**Activités financières et d'assurance**	**279**	**289**	**228**	**314**	**275**	**242**	..	..
68-82	**Immobilier, locations et activités de services aux entreprises**	**1 232**	**1 572**	**1 720**	**1 984**	**2 353**	**1 875**	..	..
68	Activités immobilières	958	1 230	1 395	1 682	1 961	1 553	..	..
69-82	Activ. spécialis., scient., tech. ; serv. admin. et de soutien	273	342	325	303	392	322	..	..
69-75	Activités professionnelles, scientifiques et techniques	228	288	274	241	338	274	..	..
69-71	Activités juridiques et comptables, d'architecture et d'ingénierie	170	231	220	176	262	214	..	..
73-75	Autres activités professionnelles, scientifiques et techniques	35	30	24	31	28	24	..	..
77-82	Activités de services administratifs et de soutien	46	54	51	62	54	48	..	..
84-99	Services collectifs, sociaux et personnels	..	..	..	..	..	..	..	..
84-88	Administration publique, enseignement, santé humaine et action social	913	955	1 147	1 398	1 611	1 574	..	..
84	**Administration publique et défense ; sécurité sociale obligatoire**	**648**	**671**	**838**	**1 062**	**1 100**	**1 100**	..	..
85	**Éducation**	**134**	**144**	**155**	**181**	**235**	**193**	..	..
86-88	**Santé humaine et action sociale**	**131**	**139**	**154**	**155**	**277**	**281**	..	..
90-99	Autres activités de services	..	..	..	..	..	..	..	..
90-93	**Arts, spectacles et loisirs**	**89**	**102**	**123**	**174**	**129**	**132**	..	..
94-96	**Autres activités de services**	**40**	**76**	**36**	**42**	**43**	**34**	..	..
97-98	**Activités des ménages en tant qu'employeurs et pour usage propre**	..	..	..	..	..	..	..	..
99	**Activités extra-territoriales**	..	..	..	..	..	..	..	..
05-39	**INDUSTRIES MANUFACTURIÈRES ET ÉNERGIE**	**1 913**	**1 969**	**2 136**	**2 267**	**2 423**	**1 848**	..	..
24-33x	**Industrie du métal ; réparation**	**652**	**775**	**854**	**775**	**795**	**581**	..	..
45-99	**TOTAL SERVICES**	..	..	..	..	..	..	..	..
45-82	**SERVICES DU SECTEUR DES ENTREPRISES**	**3 410**	**3 705**	**4 191**	**5 060**	**5 783**	**4 123**	..	..
45-82x	**SERVICES DU SECTEUR DES ENTREPRISES sauf activités immobilières**	**2 451**	**2 474**	**2 796**	**3 378**	**3 822**	**2 570**	..	..
05-82x	**SECTEUR DES ENTREPRISES NON-AGRICOLES sauf activités immobilières**	**4 592**	**4 710**	**5 299**	**6 059**	**6 692**	**4 732**	..	..
ENERGYP	**Activités génératrices d'énergie**	**249**	**334**	**407**	**517**	**527**	..	..	..

.. Non disponible

Note : Voir les métadonnées détaillées sur : http://metalinks.oecd.org/stan/20141219/5503.

Informations sur les données concernant Israël : http://oe.cd/israel-disclaimer.

Responsabilité : http://oe.cd/disclaimer

Tableau 5. Nombre de personnes engagées, emploi total

CITI Rév. 4

Milliers

		2004	2005	2006	2007	2008	2009	2010	2011
	TOTAL	**935**	**931**	**945**	**977**	**1 002**	**984**	**959**	..
01-03	**AGRICULTURE, SYLVICULTURE ET PÊCHE**	**94**	**91**	**88**	**86**	**84**	**83**	**81**	..
05-09	**INDUSTRIES EXTRACTIVES**	**4**	**4**	**4**	**4**	**4**	**3**	**3**	..
10-33	**ACTIVITÉS DE FABRICATION**	**238**	**233**	**230**	**232**	**230**	**209**	**195**	..
10-12	Produits alimentaires, boissons et tabac	22	21	19	18	17	17	16	..
13-15	Textiles, habillement, cuir et articles de cuir	32	28	25	24	23	19	14	..
16-18	Bois, papier, imprimerie et reproduction de supports enregistrés	26	25	25	24	23	21	19	..
19-23	Produits chimiques, caoutchouc, plastique, minéraux	38	38	37	38	38	35	34	..
20-21	Produits chimiques et pharmaceutiques	14	14	14	14	14	13	13	..
22-23	Produits en caoutchouc et en plastique, autres produits minéraux	24	24	24	24	24	22	21	..
24-25	Produits métalliques de base et ouvrages en métaux	40	41	42	44	46	42	39	..
241x2431	Métaux ferreux	..	..	..	..	..	6	..	..
242x2432	Métaux non ferreux	..	..	..	..	..	3	..	..
26-28	Machines et matériel	45	44	45	46	47	42	40	..
26	Ordinateurs, articles électroniques et optiques	11	10	10	9	9	8	8	..
262	Fabrication d'ordinateurs et d'équipements périphériques	..	..	..	..	..	..	..	..
27	Équipements électriques	21	20	21	21	21	19	19	..
28	Machines et équipements n.c.a.	13	14	15	16	17	15	14	..
29-30	Matériel de transport	12	14	14	15	16	14	14	..
29	Automobiles, remorques et semi-remorques	11	12	12	14	14	13	13	..
30	Autres matériels de transport	2	2	2	2	2	1	1	..
31-33	Meubles ; réparation et installation de machines et de matériel	24	23	22	22	21	20	19	..
31-32	Meubles, autres activités manufacturières	16	16	15	15	15	14	13	..
33	Réparation et installation de machines et d'équipements	7	7	6	7	6	6	6	..
35-39	**ÉLECTRICITÉ, GAZ, EAU ET TRAITEMENT DES DÉCHETS**	**16**	**16**	**16**	**17**	**17**	**17**	**18**	..
35	Production et distribution d'électricité, de gaz, de vapeur et d'air conditionné	8	8	8	8	8	8	8	..
36-39	Distribution d'eau ; assainissement, gestion des déchets et dépollution	8	8	8	9	9	9	9	..
41-43	**CONSTRUCTION**	**66**	**68**	**73**	**82**	**92**	**91**	**82**	..
45-56	commerce, transports, hébergement et restauration	189	191	196	204	212	212	206	..
45-47	**Commerce de gros et de détail ; réparations automobiles et motocycles**	**111**	**112**	**114**	**118**	**123**	**123**	**120**	..
49-53	**Transports et entreposage**	**47**	**48**	**49**	**52**	**54**	**54**	**51**	..
55-56	**Activités d'hébergement et de restauration**	**31**	**32**	**33**	**34**	**35**	**35**	**35**	..
58-63	**Information et communication**	**19**	**20**	**21**	**23**	**24**	**25**	**25**	..
58-60	Édition, audiovisuel et diffusion	7	7	7	8	8	8	7	..
61	Télécommunications	5	5	5	5	5	5	5	..
62-63	Technologies de l'information et informatique	7	8	9	10	11	12	12	..
64-66	**Activités financières et d'assurance**	**22**	**23**	**23**	**24**	**25**	**26**	**25**	..
68-82	**Immobilier, locations et activités de services aux entreprises**	**102**	**96**	**103**	**113**	**116**	**116**	**118**	..
68	Activités immobilières	4	4	4	5	5	5	5	..
69-82	Activ. spécialis., scient., tech. ; serv. admin. et de soutien	98	92	99	108	111	110	112	..
69-75	Activités professionnelles, scientifiques et techniques	53	52	56	59	63	65	67	..
69-71	Activités juridiques et comptables, d'architecture et d'ingénierie	29	30	32	34	37	39	40	..
73-75	Autres activités professionnelles, scientifiques et techniques	20	18	20	20	22	21	22	..
77-82	Activités de services administratifs et de soutien	46	40	43	50	48	45	46	..
84-99	Services collectifs, sociaux et personnels	185	189	191	193	198	202	207	..
84-88	Administration publique, enseignement, santé humaine et action social	156	160	162	163	166	170	174	..
84	**Administration publique et défense ; sécurité sociale obligatoire**	**50**	**51**	**52**	**52**	**52**	**53**	**53**	..
85	**Éducation**	**58**	**59**	**60**	**60**	**62**	**63**	**65**	..
86-88	**Santé humaine et action sociale**	**48**	**49**	**50**	**51**	**52**	**54**	**55**	..
90-99	Autres activités de services	29	29	29	30	32	33	33	..
90-93	**Arts, spectacles et loisirs**	**11**	**11**	**12**	**13**	**13**	**14**	**14**	..
94-96	**Autres activités de services**	**17**	**16**	**16**	**16**	**17**	**17**	**17**	..
97-98	**Activités des ménages en tant qu'employeurs et pour usage propre**	**1**	**1**	**1**	**1**	**2**	**2**	**2**	..
99	**Activités extra-territoriales**	..	..	..	..	..	..	..	..
05-39	**INDUSTRIES MANUFACTURIÈRES ET ÉNERGIE**	**258**	**254**	**250**	**252**	**251**	**229**	**216**	..
24-33x	**Industrie du métal ; réparation**	**105**	**106**	**108**	**112**	**115**	**104**	**99**	..
45-99	**TOTAL SERVICES**	**517**	**518**	**535**	**557**	**575**	**581**	**580**	..
45-82	**SERVICES DU SECTEUR DES ENTREPRISES**	**332**	**329**	**344**	**364**	**377**	**378**	**373**	..
45-82x	**SERVICES DU SECTEUR DES ENTREPRISES sauf activités immobilières**	**328**	**325**	**339**	**359**	**372**	**373**	**368**	..
05-82x	**SECTEUR DES ENTREPRISES NON-AGRICOLES sauf activités immobilières**	**653**	**647**	**662**	**693**	**715**	**693**	**666**	..
ENERGYP	**Activités génératrices d'énergie**	**11**	**11**	**11**	**11**	**10**	**10**	..	..

.. Non disponible

Note : Voir les métadonnées détaillées sur : http://metalinks.oecd.org/stan/20141219/5503.

Informations sur les données concernant Israël : http://oe.cd/israel-disclaimer.

Responsabilité : http://oe.cd/disclaimer

Tableau 6. Coûts de la main-d'oeuvre (rémunération des salariés), prix courants

CITI Rév. 4

Millions EUR

		2004	2005	2006	2007	2008	2009	2010	2011
	TOTAL	**13 815**	**14 616**	**15 650**	**17 212**	**18 956**	**18 792**	**18 989**	..
01-03	**AGRICULTURE, SYLVICULTURE ET PÊCHE**	**132**	**129**	**115**	**122**	**125**	**123**	**123**	..
05-09	**INDUSTRIES EXTRACTIVES**	**101**	**102**	**102**	**103**	**111**	**105**	**99**	..
10-33	**ACTIVITÉS DE FABRICATION**	**3 581**	**3 739**	**3 905**	**4 235**	**4 423**	**4 013**	**4 067**	..
10-12	Produits alimentaires, boissons et tabac	349	331	334	330	314	309	303	..
13-15	Textiles, habillement, cuir et articles de cuir	345	322	297	318	301	255	218	..
16-18	Bois, papier, imprimerie et reproduction de supports enregistrés	346	352	365	400	384	353	348	..
19-23	Produits chimiques, caoutchouc, plastique, minéraux	735	789	838	904	955	897	939	..
20-21	Produits chimiques et pharmaceutiques	376	403	423	453	478	467	475	..
22-23	Produits en caoutchouc et en plastique, autres produits minéraux	358	384	413	450	475	428	462	..
24-25	Produits métalliques de base et ouvrages en métaux	578	622	688	779	857	744	766	..
241x2431	Métaux ferreux	..	..	..	..	..	..	..	..
242x2432	Métaux non ferreux	..	..	..	..	..	..	..	..
26-28	Machines et matériel	717	770	829	879	942	854	863	..
26	Ordinateurs, articles électroniques et optiques	173	180	186	181	189	171	159	..
262	Fabrication d'ordinateurs et d'équipements périphériques	..	..	..	..	..	..	..	..
27	Équipements électriques	326	350	365	387	405	367	402	..
28	Machines et équipements n.c.a.	218	240	279	311	348	317	302	..
29-30	Matériel de transport	208	241	256	298	323	287	306	..
29	Automobiles, remorques et semi-remorques	182	214	228	269	288	264	290	..
30	Autres matériels de transport	27	27	27	29	35	23	16	..
31-33	Meubles ; réparation et installation de machines et de matériel	303	314	299	327	348	313	324	..
31-32	Meubles, autres activités manufacturières	198	202	206	219	234	207	203	..
33	Réparation et installation de machines et d'équipements	106	112	93	107	114	106	121	..
35-39	**ÉLECTRICITÉ, GAZ, EAU ET TRAITEMENT DES DÉCHETS**	**328**	**372**	**382**	**420**	**459**	**481**	**518**	..
35	Production et distribution d'électricité, de gaz, de vapeur et d'air conditionné	187	219	217	234	252	267	295	..
36-39	Distribution d'eau ; assainissement, gestion des déchets et dépollution	141	154	165	186	207	213	223	..
41-43	**CONSTRUCTION**	**812**	**872**	**985**	**1 209**	**1 472**	**1 393**	**1 289**	..
45-56	commerce, transports, hébergement et restauration	2 699	2 926	3 216	3 585	4 004	3 960	3 994	..
45-47	**Commerce de gros et de détail ; réparations automobiles et motocycles**	**1 667**	**1 811**	**1 985**	**2 218**	**2 468**	**2 430**	**2 460**	..
49-53	**Transports et entreposage**	**705**	**761**	**838**	**935**	**1 063**	**1 048**	**1 049**	..
55-56	**Activités d'hébergement et de restauration**	**327**	**353**	**394**	**432**	**473**	**483**	**485**	..
58-63	**Information et communication**	**456**	**516**	**568**	**625**	**715**	**739**	**746**	..
58-60	Édition, audiovisuel et diffusion	157	169	179	188	204	210	207	..
61	Télécommunications	135	148	159	166	188	195	191	..
62-63	Technologies de l'information et informatique	164	199	230	271	322	334	349	..
64-66	**Activités financières et d'assurance**	**583**	**631**	**687**	**776**	**833**	**843**	**844**	..
68-82	**Immobilier, locations et activités de services aux entreprises**	**1 454**	**1 475**	**1 645**	**1 873**	**2 070**	**2 054**	**2 116**	..
68	Activités immobilières	67	77	91	117	135	121	127	..
69-82	Activ. spécialis., scient., tech. ; serv. admin. et de soutien	1 387	1 398	1 554	1 756	1 935	1 934	1 989	..
69-75	Activités professionnelles, scientifiques et techniques	813	868	963	1 052	1 201	1 242	1 271	..
69-71	Activités juridiques et comptables, d'architecture et d'ingénierie	475	527	581	667	776	809	826	..
73-75	Autres activités professionnelles, scientifiques et techniques	240	236	263	252	275	274	275	..
77-82	Activités de services administratifs et de soutien	574	530	591	704	734	692	718	..
84-99	Services collectifs, sociaux et personnels	3 668	3 854	4 044	4 264	4 745	5 082	5 193	..
84-88	Administration publique, enseignement, santé humaine et action social	3 252	3 420	3 600	3 785	4 219	4 536	4 640	..
84	**Administration publique et défense ; sécurité sociale obligatoire**	**1 135**	**1 180**	**1 246**	**1 308**	**1 471**	**1 553**	**1 571**	..
85	**Éducation**	**1 205**	**1 285**	**1 363**	**1 424**	**1 547**	**1 639**	**1 692**	..
86-88	**Santé humaine et action sociale**	**912**	**954**	**990**	**1 053**	**1 202**	**1 345**	**1 377**	..
90-99	Autres activités de services	415	435	445	479	525	546	553	..
90-93	**Arts, spectacles et loisirs**	**226**	**240**	**257**	**279**	**307**	**321**	**325**	..
94-96	**Autres activités de services**	**171**	**176**	**169**	**179**	**196**	**200**	**202**	..
97-98	**Activités des ménages en tant qu'employeurs et pour usage propre**	**19**	**19**	**19**	**21**	**23**	**24**	**26**	..
99	**Activités extra-territoriales**	..	..	..	..	..	..	..	..
05-39	**INDUSTRIES MANUFACTURIÈRES ET ÉNERGIE**	**4 010**	**4 214**	**4 389**	**4 759**	**4 992**	**4 599**	**4 684**	..
24-33x	**Industrie du métal ; réparation**	**1 609**	**1 744**	**1 866**	**2 064**	**2 235**	**1 992**	**2 056**	..
45-99	**TOTAL SERVICES**	**8 860**	**9 402**	**10 160**	**11 122**	**12 366**	**12 677**	**12 894**	..
45-82	**SERVICES DU SECTEUR DES ENTREPRISES**	**5 193**	**5 547**	**6 116**	**6 859**	**7 622**	**7 595**	**7 700**	..
45-82x	**SERVICES DU SECTEUR DES ENTREPRISES sauf activités immobilières**	**5 125**	**5 470**	**6 026**	**6 742**	**7 487**	**7 475**	**7 574**	..
05-82x	**SECTEUR DES ENTREPRISES NON-AGRICOLES sauf activités immobilières**	**9 948**	**10 555**	**11 400**	**12 709**	**13 951**	**13 466**	**13 546**	..
ENERGYP	**Activités génératrices d'énergie**	**273**	**304**	**299**	**314**	**337**	**348**	..	..

.. Non disponible

Note : Voir les métadonnées détaillées sur : http://metalinks.oecd.org/stan/20141219/5503.

Informations sur les données concernant Israël : http://oe.cd/israel-disclaimer.

Responsabilité : http://oe.cd/disclaimer

Tableau 1. Production brute, prix courants

CITI Rév. 4

Millions SEK

		2004	2005	2006	2007	2008	2009	2010	2011
	TOTAL	4 887 201	5 172 099	5 552 821	5 941 389	6 188 370	5 795 464	6 235 847	..
01-03	**AGRICULTURE, SYLVICULTURE ET PÊCHE**	76 733	63 965	72 030	83 702	90 696	84 342	93 557	..
05-09	**INDUSTRIES EXTRACTIVES**	17 961	23 349	28 163	30 540	35 493	23 975	45 577	..
10-33	**ACTIVITÉS DE FABRICATION**	1 466 053	1 568 901	1 706 889	1 822 349	1 840 725	1 521 066	1 703 868	..
10-12	Produits alimentaires, boissons et tabac	125 772	127 877	134 024	134 601	146 008	144 990	147 475	..
13-15	Textiles, habillement, cuir et articles de cuir	13 154	12 680	12 752	13 402	12 406	10 688	11 119	..
16-18	Bois, papier, imprimerie et reproduction de supports enregistrés	208 203	217 165	230 290	245 120	237 476	219 762	238 478	..
19-23	Produits chimiques, caoutchouc, plastique, minéraux	241 006	269 368	301 517	303 237	333 985	313 317	344 641	..
20-21	Produits chimiques et pharmaceutiques	130 093	138 575	150 014	149 316	147 310	161 871	165 198	..
22-23	Produits en caoutchouc et en plastique, autres produits minéraux	61 290	65 176	71 910	78 342	79 550	68 872	79 099	..
24-25	Produits métalliques de base et ouvrages en métaux	205 665	229 441	262 689	297 970	294 581	206 830	257 705	..
241x2431	Métaux ferreux	80 802	92 707	102 674	122 609	..	..	..	..
242x2432	Métaux non ferreux	27 582	31 138	44 885	45 375	..	..	..	..
26-28	Machines et matériel	328 301	353 387	388 698	421 748	432 582	344 249	377 595	..
26	Ordinateurs, articles électroniques et optiques	127 011	131 112	142 781	146 939	152 641	139 820	148 760	..
262	Fabrication d'ordinateurs et d'équipements périphériques	5 195	5 282	6 270	4 897	5 104	3 859	..	..
27	Équipements électriques	50 790	52 883	57 355	63 098	65 024	57 513	57 916	..
28	Machines et équipements n.c.a.	150 500	169 392	188 562	211 711	214 917	146 916	170 919	..
29-30	Matériel de transport	272 373	284 843	298 397	320 204	296 710	198 133	244 822	..
29	Automobiles, remorques et semi-remorques	248 041	258 142	269 950	288 871	264 792	165 367	212 388	..
30	Autres matériels de transport	24 332	26 701	28 447	31 333	31 918	32 766	32 434	..
31-33	Meubles ; réparation et installation de machines et de matériel	71 579	74 140	78 522	86 067	86 977	83 097	82 033	..
31-32	Meubles, autres activités manufacturières	46 533	46 823	49 162	54 032	53 273	50 237	51 443	..
33	Réparation et installation de machines et d'équipements	25 046	27 317	29 360	32 035	33 704	32 860	30 590	..
35-39	**ÉLECTRICITÉ, GAZ, EAU ET TRAITEMENT DES DÉCHETS**	133 932	139 172	147 515	155 869	178 171	174 446	197 522	..
35	Production et distribution d'électricité, de gaz, de vapeur et d'air conditionné	94 678	99 790	106 099	108 659	128 812	127 691	146 190	..
36-39	Distribution d'eau ; assainissement, gestion des déchets et dépollution	39 254	39 382	41 416	47 210	49 359	46 755	51 332	..
41-43	**CONSTRUCTION**	251 996	268 594	300 475	335 742	339 916	321 139	344 860	..
45-56	commerce, transports, hébergement et restauration	841 320	901 680	962 934	1 031 483	1 111 753	1 051 972	1 128 945	..
45-47	**Commerce de gros et de détail ; réparations automobiles et motocycles**	394 873	422 662	451 589	483 557	527 913	499 358	543 115	..
49-53	**Transports et entreposage**	368 466	396 467	422 902	453 082	481 972	451 421	476 939	..
55-56	**Activités d'hébergement et de restauration**	77 981	82 551	88 443	94 844	101 868	101 193	108 891	..
58-63	**Information et communication**	280 158	300 256	309 124	327 852	342 111	336 811	348 992	..
58-60	Édition, audiovisuel et diffusion	81 292	85 993	90 664	94 869	97 911	97 264	100 258	..
61	Télécommunications	87 755	92 643	97 303	101 331	103 265	104 939	106 715	..
62-63	Technologies de l'information et informatique	111 111	121 620	121 157	131 652	140 935	134 608	142 019	..
64-66	**Activités financières et d'assurance**	159 032	169 949	166 426	173 284	180 595	188 304	188 803	..
68-82	**Immobilier, locations et activités de services aux entreprises**	775 035	818 064	887 295	967 007	1 008 936	1 007 010	1 056 337	..
68	Activités immobilières	394 847	415 647	430 635	451 490	469 547	488 444	498 419	..
69-82	Activ. spécialis., scient., tech. ; serv. admin. et de soutien	380 188	402 417	456 660	515 517	539 389	518 566	557 918	..
69-75	Activités professionnelles, scientifiques et techniques	253 736	267 345	306 530	349 746	361 571	348 396	374 147	..
69-71	Activités juridiques et comptables, d'architecture et d'ingénierie	..	..	..	..	..	..	..	..
73-75	Autres activités professionnelles, scientifiques et techniques	64 031	67 317	74 117	79 994	84 772	79 566	84 547	..
77-82	Activités de services administratifs et de soutien	125 778	134 413	149 471	165 073	177 106	169 444	183 121	..
84-99	Services collectifs, sociaux et personnels	884 981	918 169	971 970	1 013 561	1 059 974	1 086 399	1 127 386	..
84-88	Administration publique, enseignement, santé humaine et action social	748 172	773 281	817 268	851 437	890 344	912 880	945 806	..
84	**Administration publique et défense ; sécurité sociale obligatoire**	218 135	223 152	237 661	242 823	247 280	248 466	261 242	..
85	**Éducation**	192 912	200 002	211 099	219 282	229 697	233 677	240 604	..
86-88	**Santé humaine et action sociale**	337 125	350 127	368 508	389 332	413 367	430 737	443 960	..
90-99	Autres activités de services	136 809	144 888	154 702	162 124	169 630	173 519	181 580	..
90-93	**Arts, spectacles et loisirs**	55 535	58 778	64 887	68 505	71 267	72 031	75 443	..
94-96	**Autres activités de services**	80 669	85 413	89 010	92 699	97 345	100 445	105 061	..
97-98	**Activités des ménages en tant qu'employeurs et pour usage propre**	605	697	805	920	1 018	1 043	1 076	..
99	**Activités extra-territoriales**	..	..	..	..	..	..	..	..
05-39	**INDUSTRIES MANUFACTURIÈRES ET ÉNERGIE**	1 617 946	1 731 422	1 882 567	2 008 758	2 054 389	1 719 487	1 946 967	..
24-33x	**Industrie du métal ; réparation**	831 385	894 988	979 144	1 071 957	1 057 577	782 072	910 712	..
45-99	**TOTAL SERVICES**	2 940 526	3 108 118	3 297 749	3 513 187	3 703 369	3 670 496	3 850 463	..
45-82	**SERVICES DU SECTEUR DES ENTREPRISES**	2 055 545	2 189 949	2 325 779	2 499 626	2 643 395	2 584 097	2 723 077	..
45-82x	**SERVICES DU SECTEUR DES ENTREPRISES sauf activités immobilières**	1 660 698	1 774 302	1 895 144	2 048 136	2 173 848	2 095 653	2 224 658	..
05-82x	**SECTEUR DES ENTREPRISES NON-AGRICOLES sauf activités immobilières**	3 530 640	3 774 318	4 078 186	4 392 636	4 568 153	4 136 279	4 516 485	..
ENERGYP	**Activités génératrices d'énergie**	145 569	166 388	186 848	185 263	237 139	..	..	..

.. Non disponible

Note : Voir les métadonnées détaillées sur : http://metalinks.oecd.org/stan/20141219/5503.

Informations sur les données concernant Israël : http://oe.cd/israel-disclaimer.

Responsabilité : http://oe.cd/disclaimer

Tableau 2. Valeur ajoutée, prix courants

CITI Rév. 4

Millions SEK

		2004	2005	2006	2007	2008	2009	2010	2011
	TOTAL	2 334 990	2 422 199	2 578 627	2 739 790	2 809 850	2 710 429	2 914 026	3 076 027
01-03	**AGRICULTURE, SYLVICULTURE ET PÊCHE**	44 225	28 984	36 677	45 812	48 742	42 851	50 029	54 298
05-09	**INDUSTRIES EXTRACTIVES**	8 051	12 287	16 751	17 719	21 376	10 858	28 022	30 766
10-33	**ACTIVITÉS DE FABRICATION**	451 132	468 095	494 440	522 580	481 320	417 945	494 175	515 497
10-12	Produits alimentaires, boissons et tabac	36 206	35 430	37 160	36 253	36 217	37 451	39 688	39 144
13-15	Textiles, habillement, cuir et articles de cuir	4 961	4 778	4 672	4 886	4 699	4 082	4 175	4 018
16-18	Bois, papier, imprimerie et reproduction de supports enregistrés	63 232	65 596	66 956	70 426	59 567	58 845	62 835	62 576
19-23	Produits chimiques, caoutchouc, plastique, minéraux	81 398	88 515	93 476	94 877	93 424	107 658	109 052	113 502
20-21	Produits chimiques et pharmaceutiques	55 618	61 335	63 873	61 195	58 342	74 160	73 851	..
22-23	Produits en caoutchouc et en plastique, autres produits minéraux	22 387	22 886	24 762	27 777	27 099	23 092	27 211	30 597
24-25	Produits métalliques de base et ouvrages en métaux	67 028	73 016	77 049	90 211	84 258	52 983	70 155	74 216
241x2431	Métaux ferreux	19 012	21 334	22 821	31 760	..	..	..	..
242x2432	Métaux non ferreux	5 695	6 431	7 155	7 037	..	..	..	..
26-28	Machines et matériel	108 467	112 674	121 881	128 621	123 565	93 081	123 468	131 610
26	Ordinateurs, articles électroniques et optiques	43 005	41 606	44 270	42 027	38 528	37 929	46 529	44 802
262	Fabrication d'ordinateurs et d'équipements périphériques	2 306	1 818	1 669	1 606	..	..	..	..
27	Équipements électriques	16 557	16 848	17 881	19 975	19 938	15 986	16 422	17 821
28	Machines et équipements n.c.a.	48 905	54 220	59 730	66 619	65 099	39 166	60 517	68 987
29-30	Matériel de transport	62 195	59 425	61 929	63 738	46 625	33 886	54 691	62 615
29	Automobiles, remorques et semi-remorques	52 319	48 848	50 885	51 668	34 729	19 731	41 306	..
30	Autres matériels de transport	9 876	10 577	11 044	12 070	11 896	14 155	13 385	..
31-33	Meubles ; réparation et installation de machines et de matériel	27 645	28 661	31 317	33 568	32 965	29 959	30 111	27 816
31-32	Meubles, autres activités manufacturières	17 960	18 304	19 894	20 701	20 303	18 404	19 088	..
33	Réparation et installation de machines et d'équipements	9 685	10 357	11 423	12 867	12 662	11 555	11 023	..
35-39	**ÉLECTRICITÉ, GAZ, EAU ET TRAITEMENT DES DÉCHETS**	78 427	80 811	83 565	84 409	101 697	99 285	109 812	106 503
35	Production et distribution d'électricité, de gaz, de vapeur et d'air conditionné	61 091	64 387	66 648	66 133	82 717	81 596	91 217	86 336
36-39	Distribution d'eau ; assainissement, gestion des déchets et dépollution	17 336	16 424	16 917	18 276	18 980	17 689	18 595	20 167
41-43	**CONSTRUCTION**	110 714	115 307	128 718	145 371	146 270	138 917	152 049	171 275
45-56	commerce, transports, hébergement et restauration	432 051	455 309	481 877	515 083	540 349	520 444	552 223	584 866
45-47	**Commerce de gros et de détail ; réparations automobiles et motocycles**	253 111	267 453	285 123	304 920	319 375	314 192	338 805	357 996
49-53	**Transports et entreposage**	147 286	153 989	160 648	171 327	179 954	166 956	172 752	184 056
55-56	**Activités d'hébergement et de restauration**	31 654	33 867	36 106	38 836	41 020	39 296	40 666	42 814
58-63	**Information et communication**	125 452	129 548	134 376	139 444	149 025	143 335	154 345	165 394
58-60	Édition, audiovisuel et diffusion	32 204	33 040	35 444	36 597	38 770	36 419	39 132	39 512
61	Télécommunications	31 448	30 735	32 215	31 796	31 668	33 051	37 280	40 846
62-63	Technologies de l'information et informatique	61 800	65 773	66 717	71 051	78 587	73 865	77 933	85 036
64-66	**Activités financières et d'assurance**	106 095	114 351	105 243	106 962	109 684	121 268	117 505	118 287
68-82	**Immobilier, locations et activités de services aux entreprises**	408 720	426 654	476 192	511 270	530 990	520 467	537 550	579 966
68	Activités immobilières	213 656	220 482	239 897	248 077	261 759	263 924	253 552	268 135
69-82	Activ. spécialis., scient., tech. ; serv. admin. et de soutien	195 064	206 172	236 295	263 193	269 231	256 543	283 998	311 831
69-75	Activités professionnelles, scientifiques et techniques	130 471	137 625	158 835	178 186	176 905	167 568	186 614	204 011
69-71	Activités juridiques et comptables, d'architecture et d'ingénierie	..	..	..	..	..	..	..	..
73-75	Autres activités professionnelles, scientifiques et techniques	22 470	23 534	26 993	29 206	30 710	28 525	30 753	32 649
77-82	Activités de services administratifs et de soutien	64 371	68 325	77 240	84 783	92 101	88 741	97 167	107 820
84-99	Services collectifs, sociaux et personnels	570 123	590 853	620 788	651 140	680 397	695 059	718 316	749 175
84-88	Administration publique, enseignement, santé humaine et action social	493 205	509 461	533 934	561 089	585 607	598 647	617 995	644 279
84	**Administration publique et défense ; sécurité sociale obligatoire**	112 947	116 036	124 700	130 118	131 217	131 564	137 795	143 149
85	**Éducation**	132 987	137 355	142 938	148 122	154 579	158 270	161 901	168 775
86-88	**Santé humaine et action sociale**	247 271	256 070	266 296	282 849	299 811	308 813	318 299	332 355
90-99	Autres activités de services	76 918	81 392	86 854	90 051	94 790	96 412	100 321	104 896
90-93	**Arts, spectacles et loisirs**	26 475	27 676	30 851	32 118	33 486	32 510	33 578	35 270
94-96	**Autres activités de services**	49 838	53 019	55 198	57 013	60 286	62 859	65 667	68 527
97-98	**Activités des ménages en tant qu'employeurs et pour usage propre**	605	697	805	920	1 018	1 043	1 076	1 099
99	**Activités extra-territoriales**	..	..	..	..	..	..	..	..
05-39	**INDUSTRIES MANUFACTURIÈRES ET ÉNERGIE**	537 610	561 193	594 756	624 708	604 393	528 088	632 009	652 766
24-33x	**Industrie du métal ; réparation**	247 375	255 472	272 282	295 437	267 110	191 505	259 337	..
45-99	**TOTAL SERVICES**	1 642 441	1 716 715	1 818 476	1 923 899	2 010 445	2 000 573	2 079 939	2 197 688
45-82	**SERVICES DU SECTEUR DES ENTREPRISES**	1 072 318	1 125 862	1 197 688	1 272 759	1 330 048	1 305 514	1 361 623	1 448 513
45-82x	**SERVICES DU SECTEUR DES ENTREPRISES sauf activités immobilières**	858 662	905 380	957 791	1 024 682	1 068 289	1 041 590	1 108 071	1 180 378
05-82x	**SECTEUR DES ENTREPRISES NON-AGRICOLES sauf activités immobilières**	1 506 986	1 581 880	1 681 265	1 794 761	1 818 952	1 708 595	1 892 129	2 004 419
ENERGYP	**Activités génératrices d'énergie**	64 767	68 923	71 796	72 375	90 997	..	..	..

.. Non disponible

Note : Voir les métadonnées détaillées sur : http://metalinks.oecd.org/stan/20141219/5503.

Informations sur les données concernant Israël : http://oe.cd/israel-disclaimer.

Responsabilité : http://oe.cd/disclaimer

Tableau 3. Valeur ajoutée, volumes

CITI Rév. 4

Millions 2005 SEK

		2004	2005	2006	2007	2008	2009	2010	2011
	TOTAL	**2 351 492**	**2 422 199**	**2 527 590**	**2 611 753**	**2 600 684**	**2 458 240**	**2 623 602**	**2 741 682**
01-03	**AGRICULTURE, SYLVICULTURE ET PÊCHE**	**30 027**	**28 984**	**32 346**	**33 940**	**34 346**	**32 926**	**30 781**	**31 176**
05-09	**INDUSTRIES EXTRACTIVES**	**13 626**	**12 287**	**11 181**	**12 201**	**11 046**	**8 896**	**12 066**	**12 525**
10-33	**ACTIVITÉS DE FABRICATION**	**444 690**	**468 095**	**501 330**	**520 522**	**492 436**	**388 519**	**495 245**	**528 162**
10-12	Produits alimentaires, boissons et tabac	35 005	35 430	37 450	38 831	35 961	33 410	41 666	39 732
13-15	Textiles, habillement, cuir et articles de cuir	4 926	4 778	4 539	5 065	4 998	4 080	4 334	4 190
16-18	Bois, papier, imprimerie et reproduction de supports enregistrés	67 254	65 596	68 434	63 636	63 875	60 532	65 844	65 010
19-23	Produits chimiques, caoutchouc, plastique, minéraux	80 464	88 515	97 091	93 946	95 694	95 660	105 247	114 530
20-21	Produits chimiques et pharmaceutiques	57 164	61 335	64 034	58 759	55 999	61 764	66 978	..
22-23	Produits en caoutchouc et en plastique, autres produits minéraux	22 445	22 886	25 431	27 507	27 477	20 654	25 578	28 147
24-25	Produits métalliques de base et ouvrages en métaux	71 166	73 016	75 663	79 683	73 403	39 805	58 338	60 749
241x2431	Métaux ferreux	..	..	..	..	..	..	..	..
242x2432	Métaux non ferreux	..	..	..	..	..	..	..	..
26-28	Machines et matériel	100 205	112 674	126 031	139 460	136 846	100 222	146 550	163 107
26	Ordinateurs, articles électroniques et optiques	34 991	41 606	50 052	54 920	58 332	65 446	94 986	101 314
262	Fabrication d'ordinateurs et d'équipements périphériques	..	..	..	..	..	..	..	..
27	Équipements électriques	16 326	16 848	17 909	19 510	18 516	13 293	15 466	16 570
28	Machines et équipements n.c.a.	49 340	54 220	58 070	64 956	61 052	30 905	49 286	57 161
29-30	Matériel de transport	58 679	59 425	60 605	64 731	48 643	29 120	46 758	56 659
29	Automobiles, remorques et semi-remorques	48 506	48 848	49 923	53 147	37 760	18 318	38 932	..
30	Autres matériels de transport	10 143	10 577	10 683	11 582	10 736	9 985	8 800	..
31-33	Meubles ; réparation et installation de machines et de matériel	27 968	28 661	31 766	34 885	32 675	28 118	29 206	26 893
31-32	Meubles, autres activités manufacturières	18 011	18 304	20 684	23 026	21 709	19 073	20 153	..
33	Réparation et installation de machines et d'équipements	9 953	10 357	11 082	11 879	11 009	9 156	9 249	..
35-39	**ÉLECTRICITÉ, GAZ, EAU ET TRAITEMENT DES DÉCHETS**	**79 003**	**80 811**	**72 023**	**78 429**	**76 105**	**75 173**	**74 853**	**76 159**
35	Production et distribution d'électricité, de gaz, de vapeur et d'air conditionné	61 683	64 387	55 502	60 717	58 528	56 145	58 013	58 354
36-39	Distribution d'eau ; assainissement, gestion des déchets et dépollution	17 306	16 424	16 522	17 664	17 551	19 512	16 053	17 244
41-43	**CONSTRUCTION**	**112 309**	**115 307**	**121 534**	**128 798**	**121 418**	**112 886**	**117 383**	**128 298**
45-56	commerce, transports, hébergement et restauration	436 855	455 309	467 814	486 291	488 413	463 268	486 669	511 083
45-47	**Commerce de gros et de détail ; réparations automobiles et motocycles**	**255 398**	**267 453**	**278 135**	**291 058**	**290 749**	**282 286**	**300 107**	**316 368**
49-53	**Transports et entreposage**	**148 909**	**153 989**	**155 199**	**159 881**	**160 554**	**145 955**	**152 248**	**159 774**
55-56	**Activités d'hébergement et de restauration**	**32 580**	**33 867**	**34 375**	**35 459**	**37 050**	**35 018**	**34 578**	**35 138**
58-63	**Information et communication**	**122 279**	**129 548**	**140 947**	**148 254**	**158 411**	**154 878**	**168 505**	**181 055**
58-60	Édition, audiovisuel et diffusion	32 747	33 040	34 516	34 446	35 130	31 660	32 982	33 043
61	Télécommunications	29 075	30 735	37 435	40 662	43 890	48 715	56 307	62 948
62-63	Technologies de l'information et informatique	60 511	65 773	68 996	73 403	79 914	76 889	83 071	90 558
64-66	**Activités financières et d'assurance**	**106 236**	**114 351**	**120 565**	**122 438**	**121 605**	**125 359**	**126 527**	**125 010**
68-82	**Immobilier, locations et activités de services aux entreprises**	**419 970**	**426 654**	**466 605**	**484 106**	**494 252**	**478 257**	**488 452**	**516 520**
68	Activités immobilières	220 850	220 482	232 863	231 858	243 206	239 478	229 157	235 551
69-82	Activ. spécialis., scient., tech. ; serv. admin. et de soutien	199 182	206 172	233 780	252 492	251 064	238 688	259 658	281 459
69-75	Activités professionnelles, scientifiques et techniques	133 954	137 625	156 844	171 589	164 946	156 717	173 185	186 090
69-71	Activités juridiques et comptables, d'architecture et d'ingénierie	..	..	..	..	..	..	..	..
73-75	Autres activités professionnelles, scientifiques et techniques	23 431	23 534	26 023	26 923	28 755	28 430	29 687	30 799
77-82	Activités de services administratifs et de soutien	65 009	68 325	76 740	80 685	85 847	81 682	86 257	95 255
84-99	Services collectifs, sociaux et personnels	586 724	590 853	593 352	596 500	602 533	611 945	621 009	630 633
84-88	Administration publique, enseignement, santé humaine et action social	508 580	509 461	510 333	512 859	517 858	528 543	535 638	543 214
84	**Administration publique et défense ; sécurité sociale obligatoire**	**117 645**	**116 036**	**120 854**	**121 817**	**118 346**	**118 785**	**121 440**	**122 778**
85	**Éducation**	**138 416**	**137 355**	**134 770**	**131 809**	**132 537**	**136 686**	**137 207**	**136 515**
86-88	**Santé humaine et action sociale**	**252 579**	**256 070**	**254 709**	**259 290**	**266 952**	**272 969**	**276 939**	**283 935**
90-99	Autres activités de services	78 182	81 392	83 019	83 641	84 678	83 379	85 332	87 365
90-93	**Arts, spectacles et loisirs**	**26 659**	**27 676**	**28 719**	**28 964**	**29 045**	**27 939**	**28 597**	**29 498**
94-96	**Autres activités de services**	**50 895**	**53 019**	**53 526**	**53 821**	**54 735**	**54 588**	**55 881**	**57 012**
97-98	**Activités des ménages en tant qu'employeurs et pour usage propre**	**627**	**697**	**774**	**855**	**909**	**893**	**897**	**899**
99	**Activités extra-territoriales**	..	..	..	..	..	..	..	..
05-39	**INDUSTRIES MANUFACTURIÈRES ET ÉNERGIE**	**536 497**	**561 193**	**584 534**	**611 943**	**580 229**	**477 528**	**584 462**	**617 602**
24-33x	**Industrie du métal ; réparation**	**239 567**	**255 472**	**273 382**	**295 588**	**269 272**	**176 041**	**257 246**	..
45-99	**TOTAL SERVICES**	**1 671 599**	**1 716 715**	**1 789 283**	**1 837 289**	**1 864 384**	**1 832 566**	**1 888 827**	**1 961 288**
45-82	**SERVICES DU SECTEUR DES ENTREPRISES**	**1 085 065**	**1 125 862**	**1 195 931**	**1 241 359**	**1 262 610**	**1 219 948**	**1 267 722**	**1 331 648**
45-82x	**SERVICES DU SECTEUR DES ENTREPRISES sauf activités immobilières**	**864 449**	**905 380**	**963 106**	**1 009 911**	**1 019 358**	**980 209**	**1 039 091**	**1 096 871**
05-82x	**SECTEUR DES ENTREPRISES NON-AGRICOLES sauf activités immobilières**	**1 513 236**	**1 581 880**	**1 669 174**	**1 750 712**	**1 720 356**	**1 570 650**	**1 741 964**	**1 844 642**
ENERGYP	**Activités génératrices d'énergie**	**62 824**	**68 923**	**63 428**	**69 169**	**71 299**	**69 362**	..	..

.. Non disponible

Note : Voir les métadonnées détaillées sur : http://metalinks.oecd.org/stan/20141219/5503.

Informations sur les données concernant Israël : http://oe.cd/israel-disclaimer.

Responsabilité : http://oe.cd/disclaimer

Tableau 4. Formation brute de capital fixe, prix courants

CITI Rév. 4

Millions SEK

		2004	2005	2006	2007	2008	2009	2010	2011
	TOTAL	453 261	495 703	551 106	611 964	641 807	558 629	601 691	646 004
01-03	**AGRICULTURE, SYLVICULTURE ET PÊCHE**	13 573	14 345	15 046	15 914	18 112	16 950	18 619	18 970
05-09	**INDUSTRIES EXTRACTIVES**	2 141	4 918	6 519	8 368	9 211	6 541	5 733	8 012
10-33	**ACTIVITÉS DE FABRICATION**	70 470	78 849	75 233	84 445	86 880	67 297	68 149	73 075
10-12	Produits alimentaires, boissons et tabac	6 910	5 420	5 096	6 744	5 830	5 579	5 926	6 193
13-15	Textiles, habillement, cuir et articles de cuir	449	454	602	520	824	302	299	373
16-18	Bois, papier, imprimerie et reproduction de supports enregistrés	13 451	17 006	13 709	14 329	15 402	12 152	12 395	13 526
19-23	Produits chimiques, caoutchouc, plastique, minéraux	12 162	14 627	13 758	15 971	16 238	13 809	12 254	13 210
20-21	Produits chimiques et pharmaceutiques	6 539	7 512	8 283	8 790	9 778	8 384	6 320	6 644
22-23	Produits en caoutchouc et en plastique, autres produits minéraux	3 999	3 978	4 027	4 575	4 773	3 540	4 116	4 583
24-25	Produits métalliques de base et ouvrages en métaux	10 245	11 451	12 193	15 254	17 155	12 005	11 872	14 399
241x2431	Métaux ferreux	3 341	3 572	4 919	..	..	..	..	..
242x2432	Métaux non ferreux	1 253	1 481	694	..	..	..	..	..
26-28	Machines et matériel	10 817	10 985	11 025	13 633	13 481	9 583	11 070	13 347
26	Ordinateurs, articles électroniques et optiques	3 414	3 422	3 089	3 862	4 241	3 402	4 185	4 490
262	Fabrication d'ordinateurs et d'équipements périphériques	200	211	155	..	..	..	..	..
27	Équipements électriques	1 461	1 462	1 490	1 819	1 759	1 205	1 761	1 674
28	Machines et équipements n.c.a.	5 942	6 101	6 446	7 952	7 481	4 976	5 124	7 183
29-30	Matériel de transport	13 021	15 816	15 762	14 038	14 386	10 762	11 181	9 235
29	Automobiles, remorques et semi-remorques	11 466	14 796	14 681	12 904	13 206	9 702	9 522	7 377
30	Autres matériels de transport	1 555	1 020	1 081	1 134	1 180	1 060	1 659	1 858
31-33	Meubles ; réparation et installation de machines et de matériel	3 415	3 090	3 088	3 956	3 564	3 105	3 152	2 792
31-32	Meubles, autres activités manufacturières	2 041	1 864	1 835	2 490	2 135	1 769	1 992	1 931
33	Réparation et installation de machines et d'équipements	1 374	1 226	1 253	1 466	1 429	1 336	1 160	861
35-39	**ÉLECTRICITÉ, GAZ, EAU ET TRAITEMENT DES DÉCHETS**	26 898	34 467	43 100	49 175	51 167	49 161	47 419	43 620
35	Production et distribution d'électricité, de gaz, de vapeur et d'air conditionné	19 843	26 590	34 928	39 918	40 168	38 208	38 274	34 771
36-39	Distribution d'eau ; assainissement, gestion des déchets et dépollution	7 055	7 877	8 172	9 257	10 999	10 953	9 145	8 849
41-43	**CONSTRUCTION**	13 797	15 191	18 382	20 741	26 733	19 704	24 879	25 940
45-56	commerce, transports, hébergement et restauration	99 290	102 425	112 667	118 829	133 278	116 657	117 729	125 916
45-47	**Commerce de gros et de détail ; réparations automobiles et motocycles**	33 452	35 545	39 158	44 224	48 695	38 782	41 516	44 488
49-53	**Transports et entreposage**	60 797	61 816	67 953	68 159	77 921	71 871	70 377	75 059
55-56	**Activités d'hébergement et de restauration**	5 041	5 064	5 556	6 446	6 662	6 004	5 836	6 369
58-63	**Information et communication**	26 110	23 831	21 999	26 630	28 547	24 968	24 393	26 221
58-60	Édition, audiovisuel et diffusion	3 468	3 502	3 505	4 008	4 149	4 289	4 516	4 488
61	Télécommunications	14 916	12 776	10 281	13 432	13 285	11 765	10 171	11 584
62-63	Technologies de l'information et informatique	7 726	7 553	8 213	9 190	11 113	8 914	9 706	10 149
64-66	**Activités financières et d'assurance**	11 352	16 008	16 801	18 046	17 331	17 717	19 774	21 272
68-82	**Immobilier, locations et activités de services aux entreprises**	132 477	145 016	174 386	198 785	194 715	163 003	193 119	217 650
68	Activités immobilières	102 755	116 640	141 744	161 131	152 478	130 230	152 826	174 865
69-82	Activ. spécialis., scient., tech. ; serv. admin. et de soutien	29 722	28 376	32 642	37 654	42 237	32 773	40 293	42 785
69-75	Activités professionnelles, scientifiques et techniques	17 587	16 482	18 424	22 265	24 466	20 026	23 337	23 996
69-71	Activités juridiques et comptables, d'architecture et d'ingénierie	..	..	..	..	..	..	..	..
73-75	Autres activités professionnelles, scientifiques et techniques	2 259	2 140	2 326	2 769	3 621	2 710	2 901	2 169
77-82	Activités de services administratifs et de soutien	12 135	11 894	14 218	15 389	17 771	12 747	16 956	18 789
84-99	Services collectifs, sociaux et personnels	55 088	58 104	64 772	68 922	73 514	74 343	79 546	83 025
84-88	Administration publique, enseignement, santé humaine et action social	43 853	45 876	51 700	55 022	58 669	60 341	65 110	67 637
84	**Administration publique et défense ; sécurité sociale obligatoire**	20 846	22 946	27 101	28 371	29 194	30 833	32 547	33 675
85	**Éducation**	10 729	10 653	11 835	12 446	13 021	12 585	13 593	14 153
86-88	**Santé humaine et action sociale**	12 278	12 277	12 764	14 205	16 454	16 923	18 970	19 809
90-99	Autres activités de services	11 235	12 228	13 072	13 900	14 845	14 002	14 436	15 388
90-93	**Arts, spectacles et loisirs**	8 019	8 785	9 596	10 472	10 742	10 542	10 559	11 129
94-96	**Autres activités de services**	3 216	3 443	3 476	3 428	4 103	3 460	3 877	4 259
97-98	**Activités des ménages en tant qu'employeurs et pour usage propre**	0	0	0	0	0	0	0	0
99	**Activités extra-territoriales**	..	..	..	..	..	..	..	..
05-39	**INDUSTRIES MANUFACTURIÈRES ET ÉNERGIE**	99 509	118 234	124 852	141 988	147 258	122 999	121 301	124 707
24-33x	**Industrie du métal ; réparation**	35 457	39 478	40 233	44 391	46 451	33 686	35 283	37 842
45-99	**TOTAL SERVICES**	324 317	345 384	390 625	431 212	447 385	396 688	434 561	474 084
45-82	**SERVICES DU SECTEUR DES ENTREPRISES**	269 229	287 280	325 853	362 290	373 871	322 345	355 015	391 059
45-82x	**SERVICES DU SECTEUR DES ENTREPRISES sauf activités immobilières**	166 474	170 640	184 109	201 159	221 393	192 115	202 189	216 194
05-82x	**SECTEUR DES ENTREPRISES NON-AGRICOLES sauf activités immobilières**	279 780	304 065	327 343	363 888	395 384	334 818	348 369	366 841
ENERGYP	**Activités génératrices d'énergie**	21 611	29 866	36 508	42 698	41 971	..	..	..

.. Non disponible

Note : Voir les métadonnées détaillées sur : http://metalinks.oecd.org/stan/20141219/5503.

Informations sur les données concernant Israël : http://oe.cd/israel-disclaimer.

Responsabilité : http://oe.cd/disclaimer

Tableau 5. Nombre de personnes engagées, emploi total

CITI Rév. 4

Milliers

		2004	2005	2006	2007	2008	2009	2010	2011
	TOTAL	**4 337**	**4 349**	**4 422**	**4 524**	**4 565**	**4 455**	**4 509**	**4 608**
01-03	**AGRICULTURE, SYLVICULTURE ET PÊCHE**	**99**	**95**	**93**	**91**	**93**	**92**	**94**	**94**
05-09	**INDUSTRIES EXTRACTIVES**	**8**	**8**	**8**	**8**	**9**	**8**	**8**	**8**
10-33	**ACTIVITÉS DE FABRICATION**	**680**	**673**	**666**	**681**	**683**	**616**	**611**	**618**
10-12	Produits alimentaires, boissons et tabac	63	60	59	58	58	57	57	57
13-15	Textiles, habillement, cuir et articles de cuir	12	11	11	11	11	10	9	9
16-18	Bois, papier, imprimerie et reproduction de supports enregistrés	100	98	95	95	94	85	84	82
19-23	Produits chimiques, caoutchouc, plastique, minéraux	85	85	85	85	83	76	76	78
20-21	Produits chimiques et pharmaceutiques	40	40	39	39	37	35	33	..
22-23	Produits en caoutchouc et en plastique, autres produits minéraux	43	42	43	43	43	38	40	43
24-25	Produits métalliques de base et ouvrages en métaux	115	115	115	121	124	109	109	114
241x2431	Métaux ferreux	28	28	28	28	..	..	..	..
242x2432	Métaux non ferreux	8	8	8	8	..	..	..	..
26-28	Machines et matériel	159	159	159	166	168	153	150	152
26	Ordinateurs, articles électroniques et optiques	43	43	42	42	44	44	42	40
262	Fabrication d'ordinateurs et d'équipements périphériques	3	3	3	3	2	2	..	..
27	Équipements électriques	29	28	28	30	30	28	27	27
28	Machines et équipements n.c.a.	87	88	89	94	94	81	81	85
29-30	Matériel de transport	95	95	93	94	92	77	76	80
29	Automobiles, remorques et semi-remorques	80	79	78	79	77	61	61	..
30	Autres matériels de transport	15	16	15	15	15	16	15	..
31-33	Meubles ; réparation et installation de machines et de matériel	53	53	52	53	55	51	50	46
31-32	Meubles, autres activités manufacturières	32	32	32	32	33	31	31	..
33	Réparation et installation de machines et d'équipements	21	21	20	21	22	20	19	..
35-39	**ÉLECTRICITÉ, GAZ, EAU ET TRAITEMENT DES DÉCHETS**	**47**	**46**	**48**	**49**	**51**	**53**	**52**	**53**
35	Production et distribution d'électricité, de gaz, de vapeur et d'air conditionné	27	26	27	27	28	29	29	29
36-39	Distribution d'eau ; assainissement, gestion des déchets et dépollution	20	20	21	22	23	24	23	24
41-43	**CONSTRUCTION**	**235**	**243**	**257**	**277**	**296**	**294**	**301**	**316**
45-56	commerce, transports, hébergement et restauration	889	892	903	920	931	922	945	970
45-47	**Commerce de gros et de détail ; réparations automobiles et motocycles**	**521**	**525**	**531**	**535**	**536**	**534**	**549**	**565**
49-53	**Transports et entreposage**	**245**	**244**	**246**	**251**	**256**	**245**	**248**	**250**
55-56	**Activités d'hébergement et de restauration**	**123**	**122**	**126**	**133**	**139**	**142**	**148**	**155**
58-63	**Information et communication**	**161**	**162**	**163**	**168**	**174**	**169**	**169**	**167**
58-60	Édition, audiovisuel et diffusion	51	51	52	54	56	55	54	54
61	Télécommunications	26	28	27	26	25	24	23	22
62-63	Technologies de l'information et informatique	84	83	84	88	93	90	92	91
64-66	**Activités financières et d'assurance**	**91**	**90**	**94**	**93**	**97**	**93**	**95**	**94**
68-82	**Immobilier, locations et activités de services aux entreprises**	**476**	**487**	**506**	**546**	**564**	**551**	**573**	**607**
68	Activités immobilières	61	63	66	69	69	69	69	71
69-82	Activ. spécialis., scient., tech. ; serv. admin. et de soutien	415	424	440	477	495	482	504	536
69-75	Activités professionnelles, scientifiques et techniques	238	241	249	269	277	277	285	292
69-71	Activités juridiques et comptables, d'architecture et d'ingénierie	..	..	..	..	..	..	..	..
73-75	Autres activités professionnelles, scientifiques et techniques	53	53	56	60	61	58	59	57
77-82	Activités de services administratifs et de soutien	177	182	190	207	217	205	218	244
84-99	Services collectifs, sociaux et personnels	1 653	1 654	1 686	1 689	1 668	1 658	1 663	1 682
84-88	Administration publique, enseignement, santé humaine et action social	1 414	1 414	1 435	1 442	1 426	1 415	1 417	1 436
84	**Administration publique et défense ; sécurité sociale obligatoire**	**264**	**262**	**275**	**274**	**255**	**246**	**248**	**250**
85	**Éducation**	**428**	**431**	**441**	**436**	**436**	**438**	**440**	**445**
86-88	**Santé humaine et action sociale**	**722**	**721**	**719**	**732**	**735**	**731**	**729**	**741**
90-99	Autres activités de services	239	240	251	247	242	243	246	246
90-93	**Arts, spectacles et loisirs**	**78**	**79**	**84**	**83**	**82**	**80**	**82**	**81**
94-96	**Autres activités de services**	**159**	**159**	**165**	**162**	**157**	**160**	**161**	**163**
97-98	**Activités des ménages en tant qu'employeurs et pour usage propre**	**2**	**2**	**2**	**2**	**3**	**3**	**3**	**2**
99	**Activités extra-territoriales**	..	..	..	..	..	..	..	..
05-39	**INDUSTRIES MANUFACTURIÈRES ET ÉNERGIE**	**735**	**727**	**722**	**738**	**743**	**677**	**671**	**679**
24-33x	**Industrie du métal ; réparation**	**390**	**390**	**387**	**402**	**406**	**359**	**354**	..
45-99	**TOTAL SERVICES**	**3 270**	**3 285**	**3 352**	**3 416**	**3 434**	**3 393**	**3 445**	**3 520**
45-82	**SERVICES DU SECTEUR DES ENTREPRISES**	**1 617**	**1 631**	**1 666**	**1 727**	**1 766**	**1 735**	**1 782**	**1 838**
45-82x	**SERVICES DU SECTEUR DES ENTREPRISES sauf activités immobilières**	**1 556**	**1 568**	**1 600**	**1 658**	**1 697**	**1 666**	**1 713**	**1 767**
05-82x	**SECTEUR DES ENTREPRISES NON-AGRICOLES sauf activités immobilières**	**2 526**	**2 538**	**2 579**	**2 673**	**2 736**	**2 637**	**2 685**	**2 762**
ENERGYP	**Activités génératrices d'énergie**	**30**	**30**	**30**	**31**	**32**	..	..	..

.. Non disponible

Note : Voir les métadonnées détaillées sur : http://metalinks.oecd.org/stan/20141219/5503.

Informations sur les données concernant Israël : http://oe.cd/israel-disclaimer.

Responsabilité : http://oe.cd/disclaimer

Tableau 6. Coûts de la main-d'oeuvre (rémunération des salariés), prix courants

CITI Rév. 4

Millions SEK

		2004	2005	2006	2007	2008	2009	2010	2011
	TOTAL	**1 452 834**	**1 502 255**	**1 558 778**	**1 678 060**	**1 724 586**	**1 706 880**	**1 775 649**	**1 836 391**
01-03	**AGRICULTURE, SYLVICULTURE ET PÊCHE**	**14 015**	**14 809**	**14 220**	**15 613**	**16 458**	**16 929**	**17 867**	**18 694**
05-09	**INDUSTRIES EXTRACTIVES**	**3 249**	**3 469**	**3 770**	**3 924**	**4 082**	**3 963**	**4 407**	**4 695**
10-33	**ACTIVITÉS DE FABRICATION**	**272 773**	**277 849**	**280 100**	**300 181**	**304 165**	**279 165**	**281 131**	**288 188**
10-12	Produits alimentaires, boissons et tabac	22 222	22 170	21 975	22 187	22 395	22 777	22 775	22 893
13-15	Textiles, habillement, cuir et articles de cuir	3 446	3 246	3 260	3 336	3 289	2 924	2 889	2 748
16-18	Bois, papier, imprimerie et reproduction de supports enregistrés	38 098	38 219	37 671	39 514	39 809	37 173	37 124	36 788
19-23	Produits chimiques, caoutchouc, plastique, minéraux	37 559	38 309	38 797	41 046	39 934	37 398	38 474	40 126
20-21	Produits chimiques et pharmaceutiques	20 662	20 939	21 080	21 943	21 125	20 006	19 775	..
22-23	Produits en caoutchouc et en plastique, autres produits minéraux	15 961	16 180	16 636	17 999	17 668	16 090	17 183	18 892
24-25	Produits métalliques de base et ouvrages en métaux	42 764	44 264	44 800	49 531	51 162	44 665	45 133	47 823
241x2431	Métaux ferreux	10 981	11 695	11 915	12 694	..	..	..	..
242x2432	Métaux non ferreux	3 695	3 804	3 666	3 674	..	..	..	..
26-28	Machines et matériel	69 391	71 051	71 972	78 873	79 294	73 618	73 713	74 793
26	Ordinateurs, articles électroniques et optiques	22 883	23 624	23 562	24 463	25 087	25 121	25 231	24 193
262	Fabrication d'ordinateurs et d'équipements périphériques	1 301	1 380	1 291	1 283	1 101	980	..	..
27	Équipements électriques	12 247	11 814	11 958	13 608	13 185	12 787	12 610	12 428
28	Machines et équipements n.c.a.	34 261	35 613	36 452	40 802	41 022	35 710	35 872	38 172
29-30	Matériel de transport	39 910	41 283	41 792	44 308	46 395	39 413	40 361	43 807
29	Automobiles, remorques et semi-remorques	32 946	33 991	34 367	36 579	38 349	31 025	31 917	..
30	Autres matériels de transport	6 964	7 292	7 425	7 729	8 046	8 388	8 444	..
31-33	Meubles ; réparation et installation de machines et de matériel	19 383	19 307	19 833	21 386	21 887	21 197	20 662	19 210
31-32	Meubles, autres activités manufacturières	11 505	11 258	11 587	12 453	12 705	12 420	12 558	..
33	Réparation et installation de machines et d'équipements	7 878	8 049	8 246	8 933	9 182	8 777	8 104	..
35-39	**ÉLECTRICITÉ, GAZ, EAU ET TRAITEMENT DES DÉCHETS**	**20 001**	**20 376**	**21 452**	**22 641**	**23 441**	**24 294**	**25 237**	**25 627**
35	Production et distribution d'électricité, de gaz, de vapeur et d'air conditionné	13 144	13 289	13 967	14 297	15 150	15 958	16 507	16 550
36-39	Distribution d'eau ; assainissement, gestion des déchets et dépollution	6 857	7 087	7 485	8 344	8 291	8 336	8 730	9 077
41-43	**CONSTRUCTION**	**82 313**	**88 147**	**93 582**	**106 685**	**114 344**	**112 530**	**118 492**	**126 861**
45-56	commerce, transports, hébergement et restauration	283 911	293 119	302 566	326 022	335 799	332 689	348 213	362 677
45-47	**Commerce de gros et de détail ; réparations automobiles et motocycles**	**172 510**	**181 072**	**187 996**	**201 978**	**206 771**	**205 948**	**214 843**	**223 926**
49-53	**Transports et entreposage**	**85 950**	**85 632**	**86 913**	**93 859**	**96 292**	**94 146**	**98 230**	**101 212**
55-56	**Activités d'hébergement et de restauration**	**25 451**	**26 415**	**27 657**	**30 185**	**32 736**	**32 595**	**35 140**	**37 539**
58-63	**Information et communication**	**77 905**	**79 734**	**82 300**	**88 426**	**92 161**	**92 095**	**94 172**	**95 997**
58-60	Édition, audiovisuel et diffusion	20 977	21 515	22 269	23 642	24 791	24 871	24 979	24 612
61	Télécommunications	11 837	13 066	12 815	12 906	12 876	12 865	12 464	12 189
62-63	Technologies de l'information et informatique	45 091	45 153	47 216	51 878	54 494	54 359	56 729	59 196
64-66	**Activités financières et d'assurance**	**46 779**	**49 468**	**54 335**	**55 610**	**55 528**	**55 297**	**57 552**	**57 346**
68-82	**Immobilier, locations et activités de services aux entreprises**	**158 562**	**167 057**	**178 685**	**203 913**	**214 712**	**216 367**	**229 859**	**246 025**
68	Activités immobilières	20 905	21 506	22 525	24 947	25 299	25 220	26 269	27 092
69-82	Activ. spécialis., scient., tech. ; serv. admin. et de soutien	137 657	145 551	156 160	178 966	189 413	191 147	203 590	218 933
69-75	Activités professionnelles, scientifiques et techniques	88 807	93 345	99 438	113 759	119 908	123 950	130 986	138 446
69-71	Activités juridiques et comptables, d'architecture et d'ingénierie	..	..	..	..	..	..	..	..
73-75	Autres activités professionnelles, scientifiques et techniques	14 504	15 274	16 733	19 111	19 734	19 385	20 188	19 832
77-82	Activités de services administratifs et de soutien	48 635	51 991	56 512	64 993	69 295	66 979	72 400	80 487
84-99	Services collectifs, sociaux et personnels	493 326	508 227	527 768	555 045	563 896	573 551	598 719	610 281
84-88	Administration publique, enseignement, santé humaine et action social	432 893	445 501	462 558	487 571	495 840	502 971	524 885	535 298
84	**Administration publique et défense ; sécurité sociale obligatoire**	**93 680**	**95 630**	**102 528**	**106 480**	**104 354**	**103 409**	**109 936**	**111 438**
85	**Éducation**	**117 526**	**120 841**	**124 176**	**128 371**	**130 996**	**133 550**	**137 908**	**140 371**
86-88	**Santé humaine et action sociale**	**221 687**	**229 030**	**235 854**	**252 720**	**260 490**	**266 012**	**277 041**	**283 489**
90-99	Autres activités de services	60 433	62 726	65 210	67 474	68 056	70 580	73 834	74 983
90-93	**Arts, spectacles et loisirs**	**16 375**	**17 066**	**18 150**	**18 737**	**19 058**	**19 279**	**19 889**	**20 393**
94-96	**Autres activités de services**	**43 480**	**44 993**	**46 292**	**47 858**	**48 035**	**50 314**	**52 917**	**53 559**
97-98	**Activités des ménages en tant qu'employeurs et pour usage propre**	**578**	**667**	**768**	**879**	**963**	**987**	**1 028**	**1 031**
99	**Activités extra-territoriales**	..	..	..	..	..	..	..	..
05-39	**INDUSTRIES MANUFACTURIÈRES ET ÉNERGIE**	**296 023**	**301 694**	**305 322**	**326 746**	**331 688**	**307 422**	**310 775**	**318 510**
24-33x	**Industrie du métal ; réparation**	**159 943**	**164 647**	**166 810**	**181 645**	**186 033**	**166 473**	**167 311**	..
45-99	**TOTAL SERVICES**	**1 060 483**	**1 097 605**	**1 145 654**	**1 229 016**	**1 262 096**	**1 269 999**	**1 328 515**	**1 372 326**
45-82	**SERVICES DU SECTEUR DES ENTREPRISES**	**567 157**	**589 378**	**617 886**	**673 971**	**698 200**	**696 448**	**729 796**	**762 045**
45-82x	**SERVICES DU SECTEUR DES ENTREPRISES sauf activités immobilières**	**546 252**	**567 872**	**595 361**	**649 024**	**672 901**	**671 228**	**703 527**	**734 953**
05-82x	**SECTEUR DES ENTREPRISES NON-AGRICOLES sauf activités immobilières**	**924 588**	**957 713**	**994 265**	**1 082 455**	**1 118 933**	**1 091 180**	**1 132 794**	**1 180 324**
ENERGYP	**Activités génératrices d'énergie**	**14 303**	**14 673**	**15 243**	**15 598**	**16 521**	..	..	..

.. Non disponible

Note : Voir les métadonnées détaillées sur : http://metalinks.oecd.org/stan/20141219/5503.

Informations sur les données concernant Israël : http://oe.cd/israel-disclaimer.

Responsabilité : http://oe.cd/disclaimer

Tableau 1. Production brute, prix courants

CITI Rév. 4

Milliards USD

		2004	2005	2006	2007	2008	2009	2010	2011
	TOTAL	**21 268**	**23 047**	**24 477**	**25 820**	**26 562**	**24 569**	**25 811**	..
01-03	**AGRICULTURE, SYLVICULTURE ET PÊCHE**	**306**	**298**	**299**	**347**	**382**	**344**	**371**	..
05-09	**INDUSTRIES EXTRACTIVES**	**287**	**372**	**423**	**466**	**579**	**353**	**424**	..
10-33	**ACTIVITÉS DE FABRICATION**	**4 242**	**4 658**	**4 922**	**5 240**	**5 329**	**4 365**	**4 833**	..
10-12	Produits alimentaires, boissons et tabac	627	660	664	717	773	758	802	..
13-15	Textiles, habillement, cuir et articles de cuir	111	113	106	90	79	66	68	..
16-18	Bois, papier, imprimerie et reproduction de supports enregistrés	355	373	384	384	367	312	324	..
19-23	Produits chimiques, caoutchouc, plastique, minéraux	1 119	1 339	1 477	1 606	1 719	1 309	1 545	..
20-21	Produits chimiques et pharmaceutiques	516	574	617	679	684	586	633	..
22-23	Produits en caoutchouc et en plastique, autres produits minéraux	282	309	332	330	310	252	268	..
24-25	Produits métalliques de base et ouvrages en métaux	438	486	543	591	627	435	495	..
241x2431	Métaux ferreux	110	119	131	140	167	89	..	..
242x2432	Métaux non ferreux	71	82	100	114	110	73	..	..
26-28	Machines et matériel	734	778	823	865	861	719	798	..
26	Ordinateurs, articles électroniques et optiques	372	378	392	403	392	341	377	..
262	Fabrication d'ordinateurs et d'équipements périphériques	64	65	67	65	67	54	..	..
27	Équipements électriques	102	108	117	126	126	103	114	..
28	Machines et équipements n.c.a.	261	291	315	336	342	275	307	..
29-30	Matériel de transport	651	682	690	756	672	563	589	..
29	Automobiles, remorques et semi-remorques	486	491	490	501	409	311	360	..
30	Autres matériels de transport	165	191	200	255	263	251	229	..
31-33	Meubles ; réparation et installation de machines et de matériel	207	225	234	230	232	203	212	..
31-32	Meubles, autres activités manufacturières	207	225	234	230	232	203	212	..
33	Réparation et installation de machines et d'équipements	..	..	..	..	..	..	..	..
35-39	**ÉLECTRICITÉ, GAZ, EAU ET TRAITEMENT DES DÉCHETS**	**397**	**459**	**462**	**486**	**541**	**438**	**451**	..
35	Production et distribution d'électricité, de gaz, de vapeur et d'air conditionné	334	391	387	407	458	361	367	..
36-39	Distribution d'eau ; assainissement, gestion des déchets et dépollution	63	68	75	79	83	76	84	..
41-43	**CONSTRUCTION**	**1 114**	**1 246**	**1 328**	**1 317**	**1 260**	**1 089**	**989**	..
45-56	commerce, transports, hébergement et restauration	3 524	3 738	3 989	4 142	4 196	3 773	4 201	..
45-47	**Commerce de gros et de détail ; réparations automobiles et motocycles**	**2 161**	**2 280**	**2 424**	**2 500**	**2 495**	**2 226**	**2 567**	..
49-53	**Transports et entreposage**	**742**	**793**	**850**	**888**	**931**	**803**	**863**	..
55-56	**Activités d'hébergement et de restauration**	**621**	**666**	**714**	**754**	**770**	**744**	**771**	..
58-63	**Information et communication**	**1 185**	**1 250**	**1 316**	**1 403**	**1 453**	**1 416**	**1 477**	..
58-60	Édition, audiovisuel et diffusion	366	383	401	424	430	408	420	..
61	Télécommunications	542	570	592	618	637	626	645	..
62-63	Technologies de l'information et informatique	277	297	323	361	387	382	412	..
64-66	**Activités financières et d'assurance**	**1 764**	**1 945**	**2 136**	**2 273**	**2 238**	**2 246**	**2 333**	..
68-82	**Immobilier, locations et activités de services aux entreprises**	**3 965**	**4 329**	**4 570**	**4 821**	**4 943**	**4 791**	**4 766**	..
68	Activités immobilières	1 955	2 148	2 239	2 306	2 324	2 313	2 252	..
69-82	Activ. spécialis., scient., tech. ; serv. admin. et de soutien	2 010	2 181	2 331	2 515	2 619	2 478	2 514	..
69-75	Activités professionnelles, scientifiques et techniques	1 314	1 418	1 514	1 643	1 706	1 617	1 670	..
69-71	Activités juridiques et comptables, d'architecture et d'ingénierie	..	..	..	..	..	..	..	..
73-75	Autres activités professionnelles, scientifiques et techniques	..	..	..	..	..	..	..	..
77-82	Activités de services administratifs et de soutien	696	763	818	872	913	861	843	..
84-99	Services collectifs, sociaux et personnels	4 484	4 751	5 032	5 324	5 642	5 753	5 969	..
84-88	Administration publique, enseignement, santé humaine et action social	3 809	4 054	4 289	4 547	4 843	4 989	5 187	..
84	**Administration publique et défense ; sécurité sociale obligatoire**	**1 709**	**1 823**	**1 928**	**2 037**	**2 187**	**2 253**	**2 366**	..
85	**Éducation**	**812**	**859**	**913**	**974**	**1 028**	**1 033**	**1 055**	..
86-88	**Santé humaine et action sociale**	**1 288**	**1 372**	**1 449**	**1 536**	**1 629**	**1 703**	**1 766**	..
90-99	Autres activités de services	675	697	743	777	798	764	782	..
90-93	**Arts, spectacles et loisirs**	**182**	**188**	**206**	**223**	**229**	**220**	**226**	..
94-96	**Autres activités de services**	**478**	**493**	**521**	**536**	**550**	**526**	**541**	..
97-98	**Activités des ménages en tant qu'employeurs et pour usage propre**	**15**	**15**	**17**	**18**	**19**	**18**	**16**	..
99	**Activités extra-territoriales**	..	..	..	..	..	..	..	..
05-39	**INDUSTRIES MANUFACTURIÈRES ET ÉNERGIE**	**4 926**	**5 489**	**5 807**	**6 192**	**6 448**	**5 156**	**5 707**	..
24-33x	**Industrie du métal ; réparation**	..	..	..	..	..	..	..	..
45-99	**TOTAL SERVICES**	**14 922**	**16 014**	**17 043**	**17 963**	**18 472**	**17 979**	**18 744**	..
45-82	**SERVICES DU SECTEUR DES ENTREPRISES**	**10 438**	**11 263**	**12 011**	**12 639**	**12 831**	**12 226**	**12 776**	..
45-82x	**SERVICES DU SECTEUR DES ENTREPRISES sauf activités immobilières**	**8 483**	**9 115**	**9 772**	**10 333**	**10 507**	**9 913**	**10 524**	..
05-82x	**SECTEUR DES ENTREPRISES NON-AGRICOLES sauf activités immobilières**	**14 522**	**15 850**	**16 906**	**17 843**	**18 215**	**16 159**	**17 219**	..
ENERGYP	**Activités génératrices d'énergie**	**827**	**1 066**	**1 138**	**1 249**	**1 510**	**1 015**	**1 244**	..

.. Non disponible

Note : Voir les métadonnées détaillées sur : http://metalinks.oecd.org/stan/20141219/5503.
Informations sur les données concernant Israël : http://oe.cd/israel-disclaimer.

Responsabilité : http://oe.cd/disclaimer

Tableau 2. Valeur ajoutée, prix courants

CITI Rév. 4

Milliards USD

		2004	2005	2006	2007	2008	2009	2010	2011
	TOTAL	**11 853**	**12 623**	**13 377**	**14 029**	**14 292**	**13 939**	**14 527**	..
01-03	**AGRICULTURE, SYLVICULTURE ET PÊCHE**	**143**	**127**	**122**	**145**	**159**	**140**	**157**	..
05-09	**INDUSTRIES EXTRACTIVES**	**159**	**192**	**230**	**255**	**319**	**213**	**240**	..
10-33	**ACTIVITÉS DE FABRICATION**	**1 483**	**1 569**	**1 648**	**1 698**	**1 628**	**1 540**	**1 702**	..
10-12	Produits alimentaires, boissons et tabac	168	172	181	178	186	217	207	..
13-15	Textiles, habillement, cuir et articles de cuir	43	39	36	36	36	31	27	..
16-18	Bois, papier, imprimerie et reproduction de supports enregistrés	123	124	128	126	113	113	111	..
19-23	Produits chimiques, caoutchouc, plastique, minéraux	400	433	458	491	452	433	499	..
20-21	Produits chimiques et pharmaceutiques	187	183	207	223	205	231	226	..
22-23	Produits en caoutchouc et en plastique, autres produits minéraux	107	111	111	114	97	101	102	..
24-25	Produits métalliques de base et ouvrages en métaux	165	174	185	192	191	151	164	..
241x2431	Métaux ferreux	34	34	37	36	39	20	..	..
242x2432	Métaux non ferreux	18	19	23	23	20	18	..	..
26-28	Machines et matériel	299	333	361	368	383	372	449	..
26	Ordinateurs, articles électroniques et optiques	160	183	199	198	208	209	265	..
262	Fabrication d'ordinateurs et d'équipements périphériques	23	28	30	28	33	28	..	..
27	Équipements électriques	39	40	45	46	50	51	44	..
28	Machines et équipements n.c.a.	100	110	116	125	125	111	140	..
29-30	Matériel de transport	185	189	189	195	159	118	127	..
29	Automobiles, remorques et semi-remorques	117	112	107	102	68	29	55	..
30	Autres matériels de transport	67	76	82	92	91	90	72	..
31-33	Meubles ; réparation et installation de machines et de matériel	99	104	111	113	109	105	118	..
31-32	Meubles, autres activités manufacturières	99	104	111	113	109	105	118	..
33	Réparation et installation de machines et d'équipements	..	..	..	..	..	..	..	..
35-39	**ÉLECTRICITÉ, GAZ, EAU ET TRAITEMENT DES DÉCHETS**	**243**	**244**	**271**	**288**	**299**	**298**	**308**	..
35	Production et distribution d'électricité, de gaz, de vapeur et d'air conditionné	208	206	236	249	258	258	265	..
36-39	Distribution d'eau ; assainissement, gestion des déchets et dépollution	35	38	35	39	41	40	43	..
41-43	**CONSTRUCTION**	**554**	**613**	**651**	**654**	**614**	**542**	**512**	..
45-56	commerce, transports, hébergement et restauration	2 237	2 362	2 490	2 587	2 556	2 445	2 561	..
45-47	**Commerce de gros et de détail ; réparations automobiles et motocycles**	**1 479**	**1 563**	**1 645**	**1 705**	**1 673**	**1 606**	**1 682**	..
49-53	**Transports et entreposage**	**413**	**433**	**460**	**471**	**478**	**452**	**463**	..
55-56	**Activités d'hébergement et de restauration**	**344**	**367**	**385**	**412**	**405**	**388**	**417**	..
58-63	**Information et communication**	**678**	**718**	**735**	**797**	**807**	**787**	**808**	..
58-60	Édition, audiovisuel et diffusion	195	205	193	218	204	199	202	..
61	Télécommunications	288	311	316	346	357	339	347	..
62-63	Technologies de l'information et informatique	195	202	227	233	246	249	259	..
64-66	**Activités financières et d'assurance**	**919**	**1 019**	**1 093**	**1 080**	**1 041**	**1 099**	**1 242**	..
68-82	**Immobilier, locations et activités de services aux entreprises**	**2 675**	**2 871**	**3 061**	**3 275**	**3 447**	**3 332**	**3 321**	..
68	Activités immobilières	1 339	1 427	1 489	1 590	1 671	1 679	1 564	..
69-82	Activ. spécialis., scient., tech. ; serv. admin. et de soutien	1 336	1 444	1 572	1 685	1 775	1 653	1 757	..
69-75	Activités professionnelles, scientifiques et techniques	893	958	1 038	1 121	1 193	1 111	1 175	..
69-71	Activités juridiques et comptables, d'architecture et d'ingénierie	..	..	..	..	..	..	..	..
73-75	Autres activités professionnelles, scientifiques et techniques	..	..	..	..	..	..	..	..
77-82	Activités de services administratifs et de soutien	443	486	534	563	582	542	581	..
84-99	Services collectifs, sociaux et personnels	2 763	2 908	3 077	3 252	3 420	3 542	3 677	..
84-88	Administration publique, enseignement, santé humaine et action social	2 347	2 476	2 617	2 771	2 945	3 071	3 181	..
84	**Administration publique et défense ; sécurité sociale obligatoire**	**948**	**1 005**	**1 056**	**1 114**	**1 181**	**1 234**	**1 274**	..
85	**Éducation**	**610**	**638**	**675**	**718**	**758**	**784**	**797**	..
86-88	**Santé humaine et action sociale**	**790**	**833**	**886**	**939**	**1 006**	**1 054**	**1 109**	..
90-99	Autres activités de services	416	432	459	481	475	471	496	..
90-93	**Arts, spectacles et loisirs**	**115**	**119**	**128**	**137**	**132**	**130**	**139**	..
94-96	**Autres activités de services**	**286**	**298**	**315**	**326**	**324**	**323**	**341**	..
97-98	**Activités des ménages en tant qu'employeurs et pour usage propre**	**15**	**15**	**17**	**18**	**19**	**18**	**16**	..
99	**Activités extra-territoriales**	..	..	..	..	..	..	..	..
05-39	**INDUSTRIES MANUFACTURIÈRES ET ÉNERGIE**	**1 885**	**2 005**	**2 149**	**2 240**	**2 247**	**2 052**	**2 250**	..
24-33x	**Industrie du métal ; réparation**	..	..	..	..	..	..	..	..
45-99	**TOTAL SERVICES**	**9 272**	**9 878**	**10 455**	**10 990**	**11 271**	**11 205**	**11 608**	..
45-82	**SERVICES DU SECTEUR DES ENTREPRISES**	**6 509**	**6 970**	**7 378**	**7 739**	**7 851**	**7 663**	**7 932**	..
45-82x	**SERVICES DU SECTEUR DES ENTREPRISES sauf activités immobilières**	**5 170**	**5 543**	**5 890**	**6 149**	**6 180**	**5 984**	**6 368**	..
05-82x	**SECTEUR DES ENTREPRISES NON-AGRICOLES sauf activités immobilières**	**7 609**	**8 161**	**8 689**	**9 042**	**9 041**	**8 578**	**9 129**	..
ENERGYP	**Activités génératrices d'énergie**	**421**	**474**	**524**	**566**	**627**	**489**	**584**	..

.. Non disponible

Note : Voir les métadonnées détaillées sur : http://metalinks.oecd.org/stan/20141219/5503.

Informations sur les données concernant Israël : http://oe.cd/israel-disclaimer.

Responsabilité : http://oe.cd/disclaimer

Tableau 3. Valeur ajoutée, volumes

CITI Rév. 4

Milliards 2005 USD

		2004	2005	2006	2007	2008	2009	2010	2011
	TOTAL	**12 247**	**12 623**	**12 958**	**13 206**	**13 162**	**12 703**	**13 088**	..
01-03	**AGRICULTURE, SYLVICULTURE ET PÊCHE**	**123**	**127**	**128**	**118**	**129**	**143**	**138**	..
05-09	**INDUSTRIES EXTRACTIVES**	**229**	**192**	**208**	**214**	**206**	**249**	**234**	..
10-33	**ACTIVITÉS DE FABRICATION**	**1 517**	**1 569**	**1 635**	**1 692**	**1 594**	**1 444**	**1 606**	..
10-12	Produits alimentaires, boissons et tabac	162	172	192	197	176	173	185	..
13-15	Textiles, habillement, cuir et articles de cuir	43	39	36	36	35	29	26	..
16-18	Bois, papier, imprimerie et reproduction de supports enregistrés	124	124	124	126	114	107	104	..
19-23	Produits chimiques, caoutchouc, plastique, minéraux	449	433	420	437	387	374	403	..
20-21	Produits chimiques et pharmaceutiques	193	183	201	217	176	182	178	..
22-23	Produits en caoutchouc et en plastique, autres produits minéraux	112	111	99	104	89	84	87	..
24-25	Produits métalliques de base et ouvrages en métaux	179	174	171	169	161	134	143	..
241x2431	Métaux ferreux	..	..	..	..	..	..	..	..
242x2432	Métaux non ferreux	..	..	..	..	..	..	..	..
26-28	Machines et matériel	286	333	384	413	453	426	534	..
26	Ordinateurs, articles électroniques et optiques	144	183	224	251	295	306	403	..
262	Fabrication d'ordinateurs et d'équipements périphériques	..	..	..	..	..	..	..	..
27	Équipements électriques	40	40	45	43	45	42	37	..
28	Machines et équipements n.c.a.	103	110	116	122	121	96	125	..
29-30	Matériel de transport	176	189	200	209	179	110	124	..
29	Automobiles, remorques et semi-remorques	106	112	120	119	87	24	52	..
30	Autres matériels de transport	69	76	80	90	88	82	66	..
31-33	Meubles ; réparation et installation de machines et de matériel	101	104	110	110	105	95	109	..
31-32	Meubles, autres activités manufacturières	101	104	110	110	105	95	109	..
33	Réparation et installation de machines et d'équipements	..	..	..	..	..	..	..	..
35-39	**ÉLECTRICITÉ, GAZ, EAU ET TRAITEMENT DES DÉCHETS**	**251**	**244**	**241**	**251**	**262**	**234**	**243**	..
35	Production et distribution d'électricité, de gaz, de vapeur et d'air conditionné	216	206	207	214	224	198	205	..
36-39	Distribution d'eau ; assainissement, gestion des déchets et dépollution	35	38	34	37	38	36	38	..
41-43	**CONSTRUCTION**	**619**	**613**	**594**	**561**	**524**	**456**	**442**	..
45-56	commerce, transports, hébergement et restauration	2 306	2 362	2 423	2 479	2 402	2 188	2 329	..
45-47	**Commerce de gros et de détail ; réparations automobiles et motocycles**	**1 538**	**1 563**	**1 603**	**1 646**	**1 589**	**1 462**	**1 565**	..
49-53	**Transports et entreposage**	**412**	**433**	**446**	**449**	**448**	**394**	**405**	..
55-56	**Activités d'hébergement et de restauration**	**356**	**367**	**374**	**384**	**365**	**333**	**360**	..
58-63	**Information et communication**	**661**	**718**	**739**	**802**	**823**	**804**	**842**	..
58-60	Édition, audiovisuel et diffusion	197	205	189	212	197	189	197	..
61	Télécommunications	272	311	325	354	376	359	371	..
62-63	Technologies de l'information et informatique	192	202	226	236	251	257	276	..
64-66	**Activités financières et d'assurance**	**938**	**1 019**	**1 084**	**1 046**	**978**	**1 044**	**1 112**	..
68-82	**Immobilier, locations et activités de services aux entreprises**	**2 760**	**2 871**	**2 950**	**3 038**	**3 136**	**2 989**	**2 956**	..
68	Activités immobilières	1 372	1 427	1 440	1 505	1 545	1 528	1 440	..
69-82	Activ. spécialis., scient., tech. ; serv. admin. et de soutien	1 388	1 444	1 509	1 533	1 590	1 462	1 514	..
69-75	Activités professionnelles, scientifiques et techniques	939	958	989	999	1 042	966	984	..
69-71	Activités juridiques et comptables, d'architecture et d'ingénierie	..	..	..	..	..	..	..	..
73-75	Autres activités professionnelles, scientifiques et techniques	..	..	..	..	..	..	..	..
77-82	Activités de services administratifs et de soutien	449	486	521	534	548	496	530	..
84-99	Services collectifs, sociaux et personnels	2 883	2 908	2 958	2 993	3 051	3 064	3 116	..
84-88	Administration publique, enseignement, santé humaine et action social	2 449	2 476	2 516	2 546	2 625	2 657	2 696	..
84	**Administration publique et défense ; sécurité sociale obligatoire**	**998**	**1 005**	**1 009**	**1 018**	**1 044**	**1 066**	**1 079**	..
85	**Éducation**	**638**	**638**	**643**	**651**	**659**	**661**	**658**	..
86-88	**Santé humaine et action sociale**	**814**	**833**	**863**	**878**	**922**	**932**	**961**	..
90-99	Autres activités de services	433	432	443	447	426	406	420	..
90-93	**Arts, spectacles et loisirs**	**118**	**119**	**124**	**129**	**122**	**117**	**125**	..
94-96	**Autres activités de services**	**299**	**298**	**299**	**301**	**289**	**274**	**282**	..
97-98	**Activités des ménages en tant qu'employeurs et pour usage propre**	**16**	**15**	**16**	**17**	**17**	**16**	**14**	..
99	**Activités extra-territoriales**	..	..	..	..	..	..	..	..
05-39	**INDUSTRIES MANUFACTURIÈRES ET ÉNERGIE**	**1 986**	**2 005**	**2 084**	**2 158**	**2 065**	**1 956**	**2 119**	..
24-33x	**Industrie du métal ; réparation**	..	..	..	..	..	..	..	..
45-99	**TOTAL SERVICES**	**9 544**	**9 878**	**10 154**	**10 357**	**10 393**	**10 095**	**10 358**	..
45-82	**SERVICES DU SECTEUR DES ENTREPRISES**	**6 663**	**6 970**	**7 196**	**7 364**	**7 341**	**7 026**	**7 237**	..
45-82x	**SERVICES DU SECTEUR DES ENTREPRISES sauf activités immobilières**	**5 291**	**5 543**	**5 756**	**5 858**	**5 795**	**5 497**	**5 795**	..
05-82x	**SECTEUR DES ENTREPRISES NON-AGRICOLES sauf activités immobilières**	**7 893**	**8 161**	**8 434**	**8 575**	**8 380**	**7 901**	**8 342**	..
ENERGYP	**Activités génératrices d'énergie**	**513**	**474**	**475**	**486**	**489**	**521**	**541**	..

.. Non disponible

Note : Voir les métadonnées détaillées sur : http://metalinks.oecd.org/stan/20141219/5503.

Informations sur les données concernant Israël : http://oe.cd/israel-disclaimer.

Responsabilité : http://oe.cd/disclaimer

Tableau 4. Formation brute de capital fixe, prix courants

CITI Rév. 4

Milliards USD

		2004	2005	2006	2007	2008	2009	2010	2011
	TOTAL	**2 187**	**2 420**	**2 590**	**2 620**	**2 508**	**2 084**	**2 062**	**2 180**
01-03	**AGRICULTURE, SYLVICULTURE ET PÊCHE**	**35**	**38**	**37**	**37**	**44**	**43**	**47**	**54**
05-09	**INDUSTRIES EXTRACTIVES**	**68**	**97**	**144**	**168**	**193**	**124**	**140**	**177**
10-33	**ACTIVITÉS DE FABRICATION**	**151**	**173**	**182**	**209**	**221**	**167**	**168**	**192**
10-12	Produits alimentaires, boissons et tabac	16	18	19	19	23	20	20	23
13-15	Textiles, habillement, cuir et articles de cuir	2	2	2	2	2	2	1	2
16-18	Bois, papier, imprimerie et reproduction de supports enregistrés	13	15	17	16	15	9	11	13
19-23	Produits chimiques, caoutchouc, plastique, minéraux	42	49	52	68	65	57	48	56
20-21	Produits chimiques et pharmaceutiques	21	22	23	30	27	27	23	25
22-23	Produits en caoutchouc et en plastique, autres produits minéraux	12	13	15	17	15	10	11	14
24-25	Produits métalliques de base et ouvrages en métaux	13	15	16	21	26	18	18	20
241x2431	Métaux ferreux	3	4	4	6	8	5	..	..
242x2432	Métaux non ferreux	2	2	3	3	4	4	..	..
26-28	Machines et matériel	36	45	44	52	60	37	41	45
26	Ordinateurs, articles électroniques et optiques	24	33	30	37	43	24	26	29
262	Fabrication d'ordinateurs et d'équipements périphériques	2	3	3	3	2	3	..	..
27	Équipements électriques	3	3	4	4	4	3	3	4
28	Machines et équipements n.c.a.	9	10	11	11	13	10	11	12
29-30	Matériel de transport	20	21	22	22	23	18	23	26
29	Automobiles, remorques et semi-remorques	16	16	16	15	15	11	16	19
30	Autres matériels de transport	5	6	6	7	8	7	7	7
31-33	Meubles ; réparation et installation de machines et de matériel	8	8	9	8	8	6	7	8
31-32	Meubles, autres activités manufacturières	8	8	9	8	8	6	7	8
33	Réparation et installation de machines et d'équipements	..	..	..	..	..	..	..	..
35-39	**ÉLECTRICITÉ, GAZ, EAU ET TRAITEMENT DES DÉCHETS**	**64**	**65**	**76**	**97**	**109**	**112**	**102**	**104**
35	Production et distribution d'électricité, de gaz, de vapeur et d'air conditionné	59	61	70	91	104	108	97	99
36-39	Distribution d'eau ; assainissement, gestion des déchets et dépollution	4	5	6	5	4	4	5	6
41-43	**CONSTRUCTION**	**38**	**42**	**47**	**53**	**50**	**21**	**22**	**31**
45-56	commerce, transports, hébergement et restauration	224	255	279	273	286	214	206	223
45-47	**Commerce de gros et de détail ; réparations automobiles et motocycles**	**144**	**160**	**167**	**153**	**149**	**114**	**120**	**132**
49-53	**Transports et entreposage**	**54**	**63**	**74**	**72**	**78**	**60**	**62**	**69**
55-56	**Activités d'hébergement et de restauration**	**26**	**32**	**39**	**48**	**58**	**39**	**24**	**22**
58-63	**Information et communication**	**132**	**134**	**160**	**176**	**165**	**155**	**170**	**176**
58-60	Édition, audiovisuel et diffusion	24	24	28	31	28	29	26	28
61	Télécommunications	74	79	94	104	103	88	89	90
62-63	Technologies de l'information et informatique	34	31	39	40	34	38	55	58
64-66	**Activités financières et d'assurance**	**157**	**161**	**169**	**188**	**153**	**118**	**117**	**133**
68-82	**Immobilier, locations et activités de services aux entreprises**	**863**	**979**	**980**	**854**	**698**	**549**	**531**	**546**
68	Activités immobilières	703	795	790	662	507	377	360	359
69-82	Activ. spécialis., scient., tech. ; serv. admin. et de soutien	160	183	190	192	191	172	172	188
69-75	Activités professionnelles, scientifiques et techniques	85	100	93	107	124	117	108	114
69-71	Activités juridiques et comptables, d'architecture et d'ingénierie	..	..	..	..	..	..	..	..
73-75	Autres activités professionnelles, scientifiques et techniques	..	..	..	..	..	..	..	..
77-82	Activités de services administratifs et de soutien	75	84	97	85	67	55	63	73
84-99	Services collectifs, sociaux et personnels	456	475	516	565	590	582	559	544
84-88	Administration publique, enseignement, santé humaine et action social	411	432	466	509	537	534	522	507
84	**Administration publique et défense ; sécurité sociale obligatoire**	**241**	**251**	**269**	**292**	**308**	**312**	**312**	..
85	**Éducation**	**86**	**87**	**98**	**105**	**114**	**112**	**99**	..
86-88	**Santé humaine et action sociale**	**85**	**94**	**99**	**112**	**116**	**110**	**111**	..
90-99	Autres activités de services	45	43	49	56	53	48	..	..
90-93	**Arts, spectacles et loisirs**	**17**	**16**	**18**	**23**	**21**	**21**	**15**	**15**
94-96	**Autres activités de services**	..	..	..	..	..	..	..	..
97-98	**Activités des ménages en tant qu'employeurs et pour usage propre**	**0**	**0**	**0**	**0**	**0**	**0**	**0**	**0**
99	**Activités extra-territoriales**	..	..	..	..	..	..	..	..
05-39	**INDUSTRIES MANUFACTURIÈRES ET ÉNERGIE**	**282**	**335**	**402**	**474**	**523**	**402**	**410**	**473**
24-33x	**Industrie du métal ; réparation**	..	..	..	..	..	..	..	..
45-99	**TOTAL SERVICES**	**1 832**	**2 004**	**2 104**	**2 056**	**1 891**	**1 618**	**1 583**	**1 622**
45-82	**SERVICES DU SECTEUR DES ENTREPRISES**	**1 376**	**1 529**	**1 589**	**1 491**	**1 302**	**1 036**	**1 024**	**1 078**
45-82x	**SERVICES DU SECTEUR DES ENTREPRISES sauf activités immobilières**	**673**	**734**	**799**	**829**	**794**	**659**	**664**	**719**
05-82x	**SECTEUR DES ENTREPRISES NON-AGRICOLES sauf activités immobilières**	**993**	**1 112**	**1 248**	**1 355**	**1 367**	**1 082**	**1 096**	**1 224**
ENERGYP	**Activités génératrices d'énergie**	**125**	**156**	**206**	**256**	**290**	**231**	**230**	**266**

.. Non disponible

Note : Voir les métadonnées détaillées sur : http://metalinks.oecd.org/stan/20141219/5503.

Informations sur les données concernant Israël : http://oe.cd/israel-disclaimer.

Responsabilité : http://oe.cd/disclaimer

Tableau 5. Nombre de personnes engagées, emploi total

CITI Rév. 4

Milliers

		2004	2005	2006	2007	2008	2009	2010	2011
	TOTAL	**148 241**	**150 223**	**152 830**	**154 193**	**153 346**	**146 906**	**146 022**	**147 392**
01-03	**AGRICULTURE, SYLVICULTURE ET PÊCHE**	**2 199**	**2 156**	**2 199**	**2 122**	**2 112**	**2 062**	**2 092**	**2 124**
05-09	**INDUSTRIES EXTRACTIVES**	**536**	**568**	**625**	**678**	**732**	**658**	**668**	**747**
10-33	**ACTIVITÉS DE FABRICATION**	**14 621**	**14 556**	**14 498**	**14 226**	**13 732**	**12 177**	**11 829**	**12 016**
10-12	Produits alimentaires, boissons et tabac	1 727	1 708	1 703	1 702	1 701	1 683	1 658	1 678
13-15	Textiles, habillement, cuir et articles de cuir	773	720	677	639	582	503	470	452
16-18	Bois, papier, imprimerie et reproduction de supports enregistrés	1 763	1 752	1 710	1 661	1 549	1 343	1 286	1 244
19-23	Produits chimiques, caoutchouc, plastique, minéraux	2 317	2 322	2 319	2 260	2 181	1 953	1 915	1 923
20-21	Produits chimiques et pharmaceutiques	890	886	877	867	855	803	796	793
22-23	Produits en caoutchouc et en plastique, autres produits minéraux	1 317	1 324	1 328	1 277	1 209	1 036	1 008	1 018
24-25	Produits métalliques de base et ouvrages en métaux	1 993	2 020	2 059	2 048	2 006	1 713	1 681	1 763
241x2431	Métaux ferreux	272	260	262	248	249	208	..	..
242x2432	Métaux non ferreux	216	210	209	209	198	159	..	..
26-28	Machines et matériel	2 926	2 922	2 940	2 915	2 878	2 553	2 473	2 549
26	Ordinateurs, articles électroniques et optiques	1 327	1 311	1 312	1 281	1 255	1 145	1 109	1 113
262	Fabrication d'ordinateurs et d'équipements périphériques	124	133	123	104	113	111	..	..
27	Équipements électriques	445	438	433	431	426	374	358	366
28	Machines et équipements n.c.a.	1 154	1 173	1 195	1 203	1 197	1 034	1 006	1 070
29-30	Matériel de transport	1 780	1 786	1 779	1 726	1 626	1 366	1 341	1 406
29	Automobiles, remorques et semi-remorques	1 122	1 107	1 079	1 004	892	685	686	740
30	Autres matériels de transport	658	679	700	722	734	681	655	666
31-33	Meubles ; réparation et installation de machines et de matériel	1 342	1 326	1 312	1 275	1 210	1 064	1 004	1 000
31-32	Meubles, autres activités manufacturières	1 342	1 326	1 312	1 275	1 210	1 064	1 004	1 000
33	Réparation et installation de machines et d'équipements	..	..	..	..	..	..	..	..
35-39	**ÉLECTRICITÉ, GAZ, EAU ET TRAITEMENT DES DÉCHETS**	**902**	**907**	**915**	**929**	**937**	**924**	**937**	**938**
35	Production et distribution d'électricité, de gaz, de vapeur et d'air conditionné	559	551	548	551	559	562	553	551
36-39	Distribution d'eau ; assainissement, gestion des déchets et dépollution	343	356	367	378	378	362	384	387
41-43	**CONSTRUCTION**	**9 130**	**9 436**	**9 861**	**9 783**	**9 255**	**7 948**	**7 466**	**7 369**
45-56	commerce, transports, hébergement et restauration	38 798	39 538	40 079	40 602	40 265	38 322	38 069	38 643
45-47	**Commerce de gros et de détail ; réparations automobiles et motocycles**	**22 124**	**22 529**	**22 689**	**22 938**	**22 612**	**21 383**	**21 229**	**21 471**
49-53	**Transports et entreposage**	**5 622**	**5 734**	**5 812**	**5 859**	**5 814**	**5 482**	**5 349**	**5 421**
55-56	**Activités d'hébergement et de restauration**	**11 052**	**11 275**	**11 578**	**11 805**	**11 839**	**11 457**	**11 491**	**11 751**
58-63	**Information et communication**	**4 547**	**4 541**	**4 593**	**4 686**	**4 713**	**4 530**	**4 457**	**4 484**
58-60	Édition, audiovisuel et diffusion	1 433	1 416	1 415	1 448	1 428	1 344	1 315	1 302
61	Télécommunications	1 382	1 347	1 326	1 386	1 355	1 310	1 228	1 196
62-63	Technologies de l'information et informatique	1 732	1 778	1 852	1 852	1 930	1 876	1 914	1 986
64-66	**Activités financières et d'assurance**	**6 278**	**6 377**	**6 523**	**6 498**	**6 335**	**6 046**	**5 961**	**6 011**
68-82	**Immobilier, locations et activités de services aux entreprises**	**19 500**	**19 998**	**20 568**	**20 884**	**20 600**	**19 273**	**19 402**	**19 884**
68	Activités immobilières	1 962	1 983	2 052	2 030	1 972	1 872	1 860	1 844
69-82	Activ. spécialis., scient., tech. ; serv. admin. et de soutien	17 538	18 015	18 516	18 854	18 628	17 401	17 542	18 040
69-75	Activités professionnelles, scientifiques et techniques	8 548	8 772	9 080	9 284	9 395	9 022	8 942	9 174
69-71	Activités juridiques et comptables, d'architecture et d'ingénierie	..	..	..	..	..	..	..	..
73-75	Autres activités professionnelles, scientifiques et techniques	..	..	..	..	..	..	..	..
77-82	Activités de services administratifs et de soutien	8 990	9 243	9 436	9 570	9 233	8 379	8 600	8 866
84-99	Services collectifs, sociaux et personnels	51 730	52 147	52 973	53 784	54 665	54 964	55 143	55 179
84-88	Administration publique, enseignement, santé humaine et action social	41 441	41 857	42 604	43 292	44 134	44 669	45 048	45 012
84	**Administration publique et défense ; sécurité sociale obligatoire**	**13 363**	**13 343**	**13 418**	**13 524**	**13 743**	**13 823**	**13 906**	**13 662**
85	**Éducation**	**12 833**	**12 977**	**13 141**	**13 330**	**13 576**	**13 703**	**13 717**	**13 688**
86-88	**Santé humaine et action sociale**	**15 245**	**15 537**	**16 045**	**16 438**	**16 815**	**17 143**	**17 425**	**17 662**
90-99	Autres activités de services	10 289	10 290	10 369	10 492	10 531	10 295	10 095	10 167
90-93	**Arts, spectacles et loisirs**	**2 275**	**2 332**	**2 329**	**2 396**	**2 437**	**2 363**	**2 324**	**2 381**
94-96	**Autres activités de services**	**6 731**	**6 685**	**6 767**	**6 770**	**6 778**	**6 643**	**6 626**	**6 626**
97-98	**Activités des ménages en tant qu'employeurs et pour usage propre**	**1 283**	**1 273**	**1 273**	**1 326**	**1 316**	**1 289**	**1 145**	**1 161**
99	**Activités extra-territoriales**	..	..	..	..	..	..	..	..
05-39	**INDUSTRIES MANUFACTURIÈRES ET ÉNERGIE**	**16 059**	**16 031**	**16 038**	**15 833**	**15 401**	**13 759**	**13 434**	**13 701**
24-33x	**Industrie du métal ; réparation**	..	..	..	..	..	..	..	..
45-99	**TOTAL SERVICES**	**120 853**	**122 601**	**124 736**	**126 454**	**126 578**	**123 135**	**123 032**	**124 201**
45-82	**SERVICES DU SECTEUR DES ENTREPRISES**	**69 123**	**70 454**	**71 763**	**72 670**	**71 913**	**68 171**	**67 889**	**69 022**
45-82x	**SERVICES DU SECTEUR DES ENTREPRISES sauf activités immobilières**	**67 161**	**68 471**	**69 711**	**70 640**	**69 941**	**66 299**	**66 029**	**67 178**
05-82x	**SECTEUR DES ENTREPRISES NON-AGRICOLES sauf activités immobilières**	**92 350**	**93 938**	**95 610**	**96 256**	**94 597**	**88 006**	**86 929**	**88 248**
ENERGYP	**Activités génératrices d'énergie**	**794**	**792**	**798**	**815**	**838**	**840**	**826**	**835**

.. Non disponible

Note : Voir les métadonnées détaillées sur : http://metalinks.oecd.org/stan/20141219/5503.

Informations sur les données concernant Israël : http://oe.cd/israel-disclaimer.

Responsabilité : http://oe.cd/disclaimer

Tableau 6. Coûts de la main-d'oeuvre (rémunération des salariés), prix courants

CITI Rév. 4

Milliards USD

		2004	2005	2006	2007	2008	2009	2010	2011
	TOTAL	**6 700**	**7 071**	**7 484**	**7 863**	**8 079**	**7 815**	**7 981**	..
01-03	**AGRICULTURE, SYLVICULTURE ET PÊCHE**	**35**	**36**	**40**	**42**	**43**	**43**	**44**	..
05-09	**INDUSTRIES EXTRACTIVES**	**43**	**48**	**58**	**63**	**73**	**65**	**69**	..
10-33	**ACTIVITÉS DE FABRICATION**	**882**	**901**	**925**	**939**	**941**	**852**	**867**	..
10-12	Produits alimentaires, boissons et tabac	81	81	82	84	88	85	87	..
13-15	Textiles, habillement, cuir et articles de cuir	29	27	26	25	24	21	21	..
16-18	Bois, papier, imprimerie et reproduction de supports enregistrés	87	89	90	88	84	75	74	..
19-23	Produits chimiques, caoutchouc, plastique, minéraux	161	165	170	172	179	164	166	..
20-21	Produits chimiques et pharmaceutiques	81	82	82	85	89	86	87	..
22-23	Produits en caoutchouc et en plastique, autres produits minéraux	67	69	71	70	68	60	61	..
24-25	Produits métalliques de base et ouvrages en métaux	109	113	118	122	124	106	109	..
241x2431	Métaux ferreux	19	19	20	19	20	16	..	..
242x2432	Métaux non ferreux	12	13	13	14	13	11	..	..
26-28	Machines et matériel	220	229	238	244	245	224	232	..
26	Ordinateurs, articles électroniques et optiques	119	124	130	132	128	120	126	..
262	Fabrication d'ordinateurs et d'équipements périphériques	11	12	11	9	10	9	..	..
27	Équipements électriques	28	28	29	30	31	29	29	..
28	Machines et équipements n.c.a.	73	76	79	82	85	75	77	..
29-30	Matériel de transport	133	132	135	135	130	116	117	..
29	Automobiles, remorques et semi-remorques	78	74	74	71	63	51	52	..
30	Autres matériels de transport	55	58	61	64	66	65	64	..
31-33	Meubles ; réparation et installation de machines et de matériel	64	65	67	68	68	61	61	..
31-32	Meubles, autres activités manufacturières	64	65	67	68	68	61	61	..
33	Réparation et installation de machines et d'équipements	..	..	..	..	..	..	..	..
35-39	**ÉLECTRICITÉ, GAZ, EAU ET TRAITEMENT DES DÉCHETS**	**74**	**75**	**80**	**82**	**89**	**89**	**91**	..
35	Production et distribution d'électricité, de gaz, de vapeur et d'air conditionné	56	57	60	61	67	68	68	..
36-39	Distribution d'eau ; assainissement, gestion des déchets et dépollution	18	19	20	21	22	21	23	..
41-43	**CONSTRUCTION**	**357**	**391**	**426**	**442**	**440**	**377**	**354**	..
45-56	commerce, transports, hébergement et restauration	1 315	1 378	1 440	1 512	1 513	1 436	1 465	..
45-47	**Commerce de gros et de détail ; réparations automobiles et motocycles**	**818**	**859**	**900**	**938**	**940**	**888**	**901**	..
49-53	**Transports et entreposage**	**285**	**297**	**308**	**321**	**323**	**307**	**311**	..
55-56	**Activités d'hébergement et de restauration**	**212**	**222**	**231**	**254**	**251**	**241**	**253**	..
58-63	**Information et communication**	**340**	**353**	**372**	**399**	**409**	**394**	**405**	..
58-60	Édition, audiovisuel et diffusion	95	98	102	112	113	106	110	..
61	Télécommunications	106	104	107	116	116	110	107	..
62-63	Technologies de l'information et informatique	139	151	164	171	180	177	188	..
64-66	**Activités financières et d'assurance**	**497**	**542**	**584**	**610**	**610**	**568**	**585**	..
68-82	**Immobilier, locations et activités de services aux entreprises**	**903**	**984**	**1 063**	**1 135**	**1 171**	**1 107**	**1 146**	..
68	Activités immobilières	69	74	80	82	81	75	77	..
69-82	Activ. spécialis., scient., tech. ; serv. admin. et de soutien	834	910	983	1 053	1 090	1 031	1 069	..
69-75	Activités professionnelles, scientifiques et techniques	577	627	682	733	767	734	758	..
69-71	Activités juridiques et comptables, d'architecture et d'ingénierie	..	..	..	..	..	..	..	..
73-75	Autres activités professionnelles, scientifiques et techniques	..	..	..	..	..	..	..	..
77-82	Activités de services administratifs et de soutien	257	283	301	320	323	298	311	..
84-99	Services collectifs, sociaux et personnels	2 253	2 365	2 495	2 639	2 789	2 884	2 954	..
84-88	Administration publique, enseignement, santé humaine et action social	1 980	2 087	2 202	2 328	2 469	2 570	2 635	..
84	**Administration publique et défense ; sécurité sociale obligatoire**	**775**	**818**	**855**	**904**	**958**	**1 001**	**1 033**	..
85	**Éducation**	**556**	**581**	**614**	**651**	**686**	**706**	**718**	..
86-88	**Santé humaine et action sociale**	**649**	**687**	**733**	**774**	**825**	**862**	**885**	..
90-99	Autres activités de services	273	279	294	311	320	314	318	..
90-93	**Arts, spectacles et loisirs**	**68**	**69**	**76**	**81**	**81**	**80**	**82**	..
94-96	**Autres activités de services**	**190**	**194**	**201**	**212**	**220**	**217**	**221**	..
97-98	**Activités des ménages en tant qu'employeurs et pour usage propre**	**15**	**15**	**17**	**18**	**19**	**18**	**16**	..
99	**Activités extra-territoriales**	..	..	..	..	..	..	..	..
05-39	**INDUSTRIES MANUFACTURIÈRES ET ÉNERGIE**	**998**	**1 023**	**1 063**	**1 083**	**1 103**	**1 007**	**1 028**	..
24-33x	**Industrie du métal ; réparation**	..	..	..	..	..	..	..	..
45-99	**TOTAL SERVICES**	**5 308**	**5 622**	**5 955**	**6 296**	**6 492**	**6 388**	**6 554**	..
45-82	**SERVICES DU SECTEUR DES ENTREPRISES**	**3 055**	**3 256**	**3 459**	**3 656**	**3 704**	**3 504**	**3 601**	..
45-82x	**SERVICES DU SECTEUR DES ENTREPRISES sauf activités immobilières**	**2 986**	**3 182**	**3 380**	**3 574**	**3 623**	**3 429**	**3 524**	..
05-82x	**SECTEUR DES ENTREPRISES NON-AGRICOLES sauf activités immobilières**	**4 342**	**4 596**	**4 869**	**5 099**	**5 167**	**4 813**	**4 906**	..
ENERGYP	**Activités génératrices d'énergie**	**86**	**88**	**98**	**100**	**117**	**113**	**114**	..

.. Non disponible

Note : Voir les métadonnées détaillées sur : http://metalinks.oecd.org/stan/20141219/5503.

Informations sur les données concernant Israël : http://oe.cd/israel-disclaimer.

Responsabilité : http://oe.cd/disclaimer

ORGANISATION DE COOPÉRATION ET DE DÉVELOPPEMENT ÉCONOMIQUES

L'OCDE est un forum unique en son genre où les gouvernements œuvrent ensemble pour relever les défis économiques, sociaux et environnementaux liés à la mondialisation. À l'avant-garde des efforts engagés pour comprendre les évolutions du monde actuel et les préoccupations qu'elles suscitent, l'OCDE aide les gouvernements à y faire face en menant une réflexion sur des thèmes tels que le gouvernement d'entreprise, l'économie de l'information et la problématique du vieillissement démographique. L'Organisation offre aux gouvernements un cadre leur permettant de confronter leurs expériences en matière d'action publique, de chercher des réponses à des problèmes communs, de recenser les bonnes pratiques et de travailler à la coordination des politiques nationales et internationales.

Les pays membres de l'OCDE sont : l'Allemagne, l'Australie, l'Autriche, la Belgique, le Canada, le Chili, la Corée, le Danemark, l'Espagne, l'Estonie, les États-Unis, la Finlande, la France, la Grèce, la Hongrie, l'Irlande, l'Islande, Israël, l'Italie, le Japon, le Luxembourg, le Mexique, la Norvège, la Nouvelle-Zélande, les Pays-Bas, la Pologne, le Portugal, la République slovaque, la République tchèque, le Royaume-Uni, la Slovénie, la Suède, la Suisse et la Turquie. L'Union européenne participe aux travaux de l'OCDE.

Les Éditions OCDE assurent une large diffusion aux travaux de l'Organisation. Ces derniers comprennent les résultats de l'activité de collecte de statistiques, les travaux de recherche menés sur des questions économiques, sociales et environnementales, ainsi que les conventions, les principes directeurs et les modèles développés par les pays membres.

ÉDITIONS OCDE, 2, rue André-Pascal, 75775 PARIS CEDEX 16
(01 2014 25 2 P) ISBN 978-92-64-22678-4 – 2015-01

www.ingramcontent.com/pod-product-compliance
Lightning Source LLC
LaVergne TN
LVHW081418110826
845149LV00010B/1784

* 9 7 8 9 2 6 4 2 2 6 7 8 4 *